KB120454

증보 신채호의 사회사상 연구

나남출판

나남신서 · 1010

증보 신채호의 사회사상 연구

신 용 하

나남출판

Studies in the Social Thought and National Independence Movement of Sin Chae-ho

Shin Yong-Ha

NANAM
NANAM Publishing House

丹齋 申采浩 先生

머리말

이 책은 단재 신채호의 생애와 사상과 활동에 대하여 저자가 쓴 다수의 논문들 중에서 7편을 뽑아 하나의 단행본이 되도록 엮은 것이다. 원래 이 책은 6편의 논문으로 한 책을 편집하여 20년 전에 한길사에서 한 번 간행되었다. 그 사이 많은 학생들과 시민들로부터 이 책에 대한 문의가 있었지만, 절판된 책이어서 필요에 응하지 못했었다.

이번 〈신용하 저작집〉에 이 책을 포함하게 됨을 계기로 1편을 추가하여 증보하고 다시 내용을 다듬어 증보판을 나남출판에서 새로 내게 되었다. 이에 따라 책이름을 《증보 신채호의 사회사상 연구》로 붙인 것이다.

단재 신채호는 우리들이 모두 아는 바와 같이 우리나라가 낳은 20세기 최고의 위대한 애국계몽사상가이고 역사학자이며, 조국과 민족의 자유해방을 위하여 일본 제국주의에 완강하게 항쟁한 위대한 독립운동가이고, 민족혁명가였다. 그는 자기를 낳아준 나라와 겨레의 자유와 해방을 위하여 여순 감옥에서 순국할 때까지 자기의 모든 것을 다 바친 참으로 위대한 민족혁명가였다.

단재 신채호는, 뿐만 아니라, 구한말부터 일제강점기에 걸쳐 목숨이 다하는 날까지 일본 제국주의 어용사가들의 한국역사에 대한 날조

왜곡과 일제 초기 식민주의사관을 철저하게 비판하면서, 과학적으로 우리나라의 근대민족사학을 수립하고 위대한 학문적 업적을 창조한 대학자였다. 단재 신채호의 민족사 연구의 개척과 성과는 우리 후학들에게 끊임없이 새로운 관점과 사실을 가르쳐주며 새로운 해석을 가르쳐준다. 그의 저작은 논문 한 편, 글 한 구절에 이르기까지 이제는 모두 후학들이 배우고 또 배워야 할 우리시대의 '고전'이 되었다.

저자는 단재 신채호의 민족사학을 배우고 계승·발전시키는 것을 학문연구의 임무의 하나로 생각하면서 공부해 왔으며, 이 책도 그러한 저자의 생각에서 쓰고 편집한 것이다.

학문발전의 초석을 위하여 이 책의 출판을 맡아주시고 교정까지 도와주신 나남출판 조상호 사장님께 깊이 감사드리며, 성실하게 교정을 보아주신 나남출판 직원 여러분들께도 사의를 표하는 바이다.

이 책이 독자들께 단재 신채호의 생애·사상·활동을 이해하는 데 도움이 되기를 간절히 희망한다.

2003년 12월

신용하 삼가 씀

나남신서 · 1010

증보 신채호의 사회사상 연구

차 례

▪ 머리말 / 7

제 1 장 신채호의 생애와 업적 ··· 13
   1. 출생과 성장 13
   2. 청년기의 주자학 수학 17
   3. 개화자강파로의 전환 19
   4. 애국계몽운동의 전개 22
   5. 근대민족주의 사학의 창립 28
   6. 망명 33
   7. 1910년대의 독립운동 38
   8. 3·1운동 직후의 독립운동 52
   9. '조선혁명선언' 집필 64
   10. 실의와 좌절의 시대 69
   11. 국사연구 75
   12. 무정부주의자의 시기 81
   13. 투옥과 순국 85

제2장 신채호의 민족국가관과 시민적 민족주의 사상 ····························· 95

　1. 머리말 95

　2. 민족주의의 개념 97

　3. 민족주의의 역할 98

　4. 민족국가관(民族國家觀) 101

　5. 민족국가의 구성 107

　6. 입헌공화국의 건설 111

　7. 민족주의이론과 사회진화론 113

　8. 역사민족주의 118

　9. 근대민족주의 사학의 창건 122

　10. 민족문화의 보전과 발전 127

　11. 무장투쟁론과 전투적 민족주의 130

　12. 완전독립론과 절대독립론 133

　13. 맺음말 136

제 3 장 신채호의 애국계몽사상 ·· 139

　1. 머리말 139

　2. 제국주의와 민족주의 142

　3. 국권회복론과 애국론 146

　4. 신국민론 161

　5. 역사민족주의와 애국계몽사학 166

　6. 국수보전론과 고유문화 182

　7. 신구국교육론 190

　8. 문무쌍전론(文武雙全論)과 무력양성론 203

　9. 신동국영웅론과 외경사상 207

　10. 사회관습개혁론 216

　11. 신국민경제론 224

12. 민족종교론 227

13. 국문론 234

14. 애국계몽문학론 237

15. 맺음말 241

제 4 장 신채호의 '독사신론'(讀史新論) ··· 249

1. 머리말 249

2. '독사신론'에 의한 근대민족주의 사학의 성립 254

3. '부여-고구려 주족론'과 마한(또는 삼한) 정통론의 부정 265

4. '단군-추장시대론'과 태백산=장백산론 275

5. '기자조선'의 부정과 '기자일읍수위설'(箕子一邑守尉說) 281

6. 국토지리 중시 및 '만주영토론'과 부여족의 발달 288

7. '임나일본부설'의 부정과 초기 대일관계 신론 294

8. 고구려의 강성과 지나족·선비족과의 관계 307

9. 삼국흥망의 원인신론 316

10. 삼국통일과 김춘추(金春秋)의 공죄론 319

11. 발해사의 국사편입 및 '양국시대론'과 김부식 비판 323

12. 맺음말 330

제 5 장 신채호의 혁명적 민족주의 사상 ··· 335

1. 머리말 335

2. 의열단선언문으로서의 "조선혁명선언" 338

3. 조선혁명선언의 사상적 성격 344

4. 적(賊) 강도(强盜) 일본에 대한 민족혁명선언 345

5. 타협주의와 문화운동자에 대한 '적'(敵) 선언 351

6. 외교론과 준비론 비판 354

7. '민중직접혁명'의 선언 359

8. 오파괴(五破壞)와 오건설(五建設)의 선언 366

9. 맺음말 370

제 6 장 신채호의 무정부주의 독립사상 ··· 373

1. 머리말 373

2. 신채호의 무정부주의의 전환의 이유와 배경 376

3. 무정부주의로의 전환 403

4. 신채호의 무정부주의 독립사상 408

5. 맺음말 444

제 7 장 신채호의 민족독립운동론의 특징 ·· 449

1. 머리말 449

2. 무장투쟁론 450

3. 절대독립론 456

4. 민족혁명론 461

5. 맺음말 469

• 찾아보기 ·· 471

제 1 장

신채호의 생애와 업적

1. 출생과 성장

신채호는 자본주의 열강의 한반도에 대한 침입이 본격화되어 민족
적 위기가 조성되기 시작한 시기인 1880년 12월 8일(음력 11월 7일)
충청남도 대덕군(大德郡) 산내면(山內面) 어남리(於南里) 도림(桃林)
마을에서 한 농촌 선비의 둘째아들로 태어났다.[1]

신채호의 이름은 처음에는 채호(寀浩)였다가 뒤에 채호(采浩)로 간
략하게 표기했다. 호(號)는 정몽주(鄭夢周)의 단심가(丹心歌)에서 취
하여 '일편단생'(一片丹生)과 '단생'(丹生)을 스스로 지어 쓰다가 뒤에
'단재'(丹齋)로 고쳤다.[2] 그 밖에 필명으로 무애생(無涯生)·금협산인

---

1) "年譜,"《改訂版 丹齋申采浩全集》(이하《전집》으로 약함), 하권 (丹齋申采
浩先生紀念事業會, 1977), pp. 495~507 참조. 여기서는 이 연보에 오류가
있다고 명백히 판단되는 부분을 제외하고는 이 연보에 의거하였다.

2) 卞榮晚, "丹齋傳,"《전집》, 하권, p. 452 참조.

(錦頰山人)·연시몽인(燕市夢人)·한놈·적심(赤心) 등을 썼다. 국외에 망명하여 독립운동하는 기간에는 필요에 따라 유병택(劉炳澤)·유맹원(劉孟源)·박부(朴鈇)·왕조숭(王兆崇)·왕국금(王國錦)·윤인원(尹仁元) 등의 가명을 쓰기도 하였다.3)

신채호는 고령 신씨(高靈 申氏)로서 시조 신성용(申成用)의 26대손이자 신숙주(申淑舟)의 18대손에 해당되며 '양반'가문 출신이었다. 신채호의 5대조 할아버지 신두모(申斗模)와 고조 신상구(申商求)는 관직에 나간 적이 없는 한미한 양반이었다. 증조 신명휴(申命休)의 대에 이르러서야 첨지중추부사(僉知中樞府事)를 지냈는데 이 자리는 병조(兵曹)에 속한 정 3품으로서 직위는 당상관(堂上官)이지만 소임이 없는 한직이었다.4)

신채호의 할아버지 신성우(申星雨)는 1867년의 정묘(丁卯) 식년문과(式年文科, 大科)에 병과(丙科)로 당당히 급제했으며, 정 6품의 사간원 정언(司諫院 正言)의 실직을 지냈다.5) 신채호의 아버지 신광식(申光植)은 한미한 농촌 선비였다.

할아버지 신성우는 서울의 관직을 떠나게 되자 그의 본래의 고향인 충북 청원군(淸原郡) 낭성면(琅城面) 귀래리(歸來里)로 낙향하지 않고 그의 처가가 있는 대덕군 산내면 어남리 도림 마을의 안동 권씨촌(安東 權氏村)으로 내려가 자리를 잡았다. 신채호의 아버지 신광식은 밀양 이씨(密陽 李氏)와 결혼하여 여기서 큰아들 재호(在浩)와 둘째아들 채호(宋浩)를 낳았다. 신채호의 아버지 신광식은 영민하였으나 병약했으며, 과거에는 실패한 것으로 보인다.

---

3) 崔洪奎, 《申采浩의 民族主義 思想》(丹齋 申采浩先生 紀念事業會, 1983), p. 35 참조. 이 저작은 신채호의 생애를 상세히 밝힌 노작이다. 여기서는 동일한 인물의 생애이기 때문에 崔 교수가 이미 밝힌 것도 불가피하게 부분적으로 중복되어 있다.

4) 《高靈申氏世譜》, 권 2, p. 95 참조.

5) 《國朝榜目》(國會圖書館刊), p. 462 참조.

신채호 집안의 사회신분은 '양반'이었으나, 경제적으로는 매우 빈한
하였다. 특히 아버지 신광식의 대에 이르러서는 가세가 영락하여 극빈
속에서 신채호를 낳았다. 신채호는 어릴 때 기한(飢寒) 속에서 콩죽만
먹고 자랐다. 그래서 그는 콩죽이라면 아주 물려 어른이 된 후에도 멀
리하였다.

　　그는 아해(兒孩) 때에 콩죽에 하도 물려서 그의 나이 50이 되는 때
　　에도 콩죽이라면 몸서리를 칠 만치 끔찍끔찍하다고 하면서 아해 때
　　기한(飢寒)에 쪼들리던 이야기를 하는 것을 여러 번 들었다. 6)

아버지 신광식은 신채호가 8세(1887) 되던 해 가난 속에서 허덕이다
38세의 젊은 나이로 작고했다. 할아버지 신성우는 가난에 견디지 못하
던 차에 아들까지 잃게 되자 그 해에 며느리와 두 손자를 이끌고 그의
본래의 고향인 청원군 낭성면 귀래리 고두미 마을로 이사하여 이곳에
서당을 차려 훈장으로서 생계를 꾸려나갔다. 이러한 연고로 신채호는
소년기에 할아버지의 슬하에서 자랐고, 할아버지의 서당에서 할아버
지를 스승으로 하여 한문과 유학 경전들을 공부하였다.

신채호의 할아버지는 양반의식이 강하고, 성격도 매우 강직하며 엄
격했던 것 같다. 그는 손자에게 6세 때부터 글을 가르치기 시작했는
데, 한 번 가르쳐서 곧 알지 못하고 암송하지 못하면 심하게 매를 때
렸다고 한다. 이러한 봉건적 교육 밑에서 신채호는 당시 유학의 조기
교육을 철저하게 받아서 9세에 《자치통감》(資治通鑑)을 마치고 13세
때에는 사서삼경(四書三經)을 모두 독파했다고 한다. 7)

신채호의 소년기의 특징은 한편으로 두뇌가 영민하고 재주가 탁월하

---

6) 元世勳, "丹齋 申采浩,"《三千里》, 1936년 4월호, 《전집》, 별집, pp. 394~
　　395.
7) 申榮雨, "朝鮮의 歷史大家 丹齋 獄中會見記,"《朝鮮日報》1931년 12월 19일
　　~28일, 《전집》, 하권, pp. 445~446 참조.

면서 다른 한편으로는 외모가 잘생기지 못하고 어리석은 것처럼 보이는 것이었다. 즉, 내명외우(內明外愚)한 것이었다. 신채호는 어려서부터 글재주가 탁월하고 무엇이든지 한 번 읽으면 빨리 기억하여 신동(神童)이라는 소리를 들었다. 그는 12, 13세 때에 이미 《삼국지》(三國志), 《수호지》(水滸誌) 등을 애독하였다. 그는 어려서부터 글을 잘 지었으며, 특히 행시(行詩)를 짓는 데는 특출한 재주를 나타냈다. 8)

그러나 신채호는 공부 이외의 다른 면에 대해서는 어려서부터 그다지 똑똑한 편이 못되었다.

신채호는 어려서부터 신체가 병약했고 외모가 못난 편이었으며, 행동이 흐리고, 옷조차 단정하게 입지 못했으며, 자기 감정을 잘 표현할 줄 몰랐다. 즉, 밖으로는 어리석게 보였다. 그래서 신채호는 친구들과 동네사람들로부터 몹시 흐리고 못났다는 평을 들었다고 한다. 신채호의 한 친척은 그의 소년기의 모습을 다음과 같이 전하고 있다.

> 그러나 어려서부터 그 성격이 외면으로 보면 못나고 흐린 듯하여 도무지 의식(衣食)에 무관하며 자기 감정을 표현하지 않아, 동우(同友) 사이와 그 부근에서 몹시 흐리다는 소리를 들었다 한다. 단재가 15세 때 그 조부가 그를 데리고 이야기 하다가, "세상사람들이 모두 너를 보고 흐리고 못났다 하니 무슨 까닭이냐?"고 물었다 한다. 그 말에 단재는 "나보고 못생겼다고 말하는 세상사람들도 별 수 없습디다"라고 대답하였다는 것은 지금도 유명한 일화이거니와, 세상사람들이 비록 못났다 하여도 조금도 아무렇게 생각하지 아니하고 내명외우(內明外愚)하여 세상을 비예(睥睨)하여 왔다. 9)

천재들이 대개 그러하듯, 신채호도 어려서부터 다른 사람의 평에 구

---

8) 海客, "丹齋 故友를 追憶함,"《新東亞》, 1936년 4월호, 《전집》, 하권, p. 467에 의하면 신채호는 어려서부터 漢詩를 잘 짓고 잘 기억했으며 唐詩 수천 수는 늘 외우고 있었다고 한다.

9) 申榮雨, 앞의 글, p. 446.

애받지 않고 자기 생각대로 행동했으며, 자존심이 매우 강했던 것을 알 수 있다. 신채호가 12세(1892) 때에 그는 형 재호와 사별하는 깊은 슬픔을 경험하였다. 10) 그의 형 재호는 당시 20세의 젊은 나이로서 이미 순흥 안씨(順興 安氏)와 결혼하여 딸(香蘭)을 두고 있었는데 병약하여 요절한 것이었다. 신채호는 8세에 아버지를 잃고 형으로부터 사랑을 받으며 매우 우애 깊게 자랐으므로 형의 죽음은 그에게 깊은 정신적 상처를 준 것으로 보인다. 신채호는 약 30년 후에도 중국의 망명지에서 '가형기일'(家兄忌日)이라는 시로 형을 그리워하며 회상하였다. 11) 신채호는 소년기에 그가 가장 사랑하는 사람들인 아버지와 형을 잃고 '죽음'을 가까이 보면서 성장했던 것이다.

2. 청년기의 주자학 수학

신채호는 16세(1895) 때에 할아버지의 명에 따라 향리에서 풍양 조씨(豊壤 趙氏)와 결혼하였다. 당시 서울에서는 갑오경장(甲午更張)이 일어나서 나라의 모든 제도가 대개혁을 이루던 때였다. 그러나 봉건적 양반의 가풍이 지배하던 신채호의 집안에는 아직 개화의 물결이 스며들지 못하였다. 신채호는 할아버지의 슬하에서 여전히 정통파 주자학을 공부하였다. 할아버지의 엄격하고 철저한 교육 아래서 신채호는 청년기에 대인(大人)으로서 성숙된 감이 있었다고 한다. 12)

신채호의 할아버지가 학자였기 때문에 집안에는 서적들이 상당히 있었으나 어렸을 때부터 독서광이던 신채호는 할아버지의 책을 모두

---

10) 崔洪奎, 앞의 책, p. 38 참조.
11) "家兄忌日," 《전집》, 별집, p. 349 참조.
12) 申榮雨, 앞의 글, p. 446 참조.

읽어버려 더 읽을 책이 없게 되었다. 할아버지는 신채호가 18세(1897) 때에 손자의 공부와 출세를 위하여 구한말의 대학자이며 수구파 거물 대신이었던 그의 친우 양원 신기선(陽園 申箕善)에게 손자를 소개하였 다. 신기선은 평산 임헌회(平山 任憲晦) 문하에서 같이 배운 동문이었 다. 13) 신기선은 충청남도 천원군(天原郡) 목천(木川)에 있는 그의 본 가에 많은 장서를 갖고 있었다. 신채호는 신기선의 장서를 빌려 읽으 면서 유학을 더욱 깊이 공부하였다. 신기선은 청년 신채호의 재주와 독서열에 경탄하여 그를 총애했다고 한다.

신채호는 19세(1898) 때에 수구파 정부의 대신으로 있던 신기선의 추천으로 성균관(成均館)에 입학하였다. 갑오경장 후 성균관은 약간 의 변화를 겪기는 했으나 중앙정부의 교육기관 중에서 구학(舊學)의 마지막 남은 보루였다. 신기선은 신채호라는 재주가 탁월한 청년을 성 균관에서 교육시켜 그의 뒤를 계승하는 대유학자로 양성하려고 한 것 으로 보인다. 서울에 올라와서 성균관 남재생(南齋生, 기숙생)이 된 신채호는 그의 재주와 유학에 대한 박식으로 동료들을 경복(敬服)시켰 으며 바로 스승들의 인정을 받았다. 당시 성균관 관장이던 수당 이종 원(遂堂 李鍾元)은 신채호의 학식에 감탄하여 "나를 아는 자는 오직 군 한 사람이다"(知我者 唯君一人)고 공언할 정도였다. 14)

당시 성균관의 과목은 여전히 유학 중심이었고, 신채호도 유학을 열 심히 공부했으나 그는 여기에서 그치지 않았다. 신채호는 종로의 서점

---

13) 申箕善은 한때 초기 개화운동에 동조하여 1884년 갑신정변의 삼일천하(三日 天下)의 내각에서 이조판서(吏曹判書) 겸 홍문관 제학(弘文館 提學)을 담당 하였다. 이 때문에 1886년에는 심문받고 전라도 呂島에 유배되었다가 1894년 의 갑오개혁 때 풀려나서 다시 대신급으로 복귀하였다. 그러나 신기선은 乙未 改革에 반대하여 수구파로 전환해버렸으며, 1896년 2월의 俄館播遷 후에는 완전히 수구파가 되어 친러수구파 정권의 거물대신이 되었다. 신기선이 신채 호를 만났을 때에는 온건파가 아니라 개화운동에 반대하는 수구파 거물대신으 로 활동하던 때이다.

14) "年譜,"《전집》, 하권, p. 496 참조.

을 돌아다니면서 그가 아직 읽지 못한 책들을 선 채로 모조리 독파해 버렸다.[15] 독서도 빨라서 책장을 바람같이 빨리 넘겼다.[16]

신채호는 성균관에서 김연성(金演性)·변영만(卞榮晚) 등 다수의 친구를 사귀었는데, 친구의 집에 가서도 그 집에 책이 얼마나 있든지 간에 있는 대로 독파하지 아니하면 움직이지 아니했다고 한다.[17] 신채호는 독서할 때 일목십행(一目十行)이라 할 만큼 빨리 묵독(默讀)할 뿐 아니라, 친구와 담화하면서도 책을 읽어 그 내용을 독파하였다.[18] 한 번 독서에 빠져들면 며칠씩 세수도 아니했다고 한다.[19] 신채호가 상경하여 성균관에서 공부한 첫 해는 시골에서 읽지 못한 책들을 독파하는 데 열중한 '책벌레', '독서광'의 시기였다.

3. 개화자강파로의 전환

신채호가 서울에 올라온 1898년(19세)은 서울에서는 독립협회(獨立協會)의 자주민권자강(自主民權自强)운동이 본격적으로 전개된 해였다. 독립협회와 서울 시민들은 1898년 3월 10일과 12일에 종로에서 만민공동회(萬民共同會)를 개최하여 열강의 간섭과 침략을 규탄하고 자주독립을 결의했으며, 제정 러시아의 군사교관과 재정고문, 그리고 러한은행의 철수를 요구하고 일본의 월미도 석탄고 기지 철수를 요구하여 외세를 물리치는 데 일단 성공하였다. 독립협회와 서울시민들은 이 승리의 여세를 몰아 1898년 4월부터는 본격적 자유민권운동을 전개하기

---

15) 申榮雨, 앞의 글, p. 447 참조.

16) 卞榮晚, 앞의 글, p. 452 참조.

17) 申榮雨, 앞의 글, p. 447 참조.

18) 徐世忠, "丹齋의 天才와 礙滯없는 성격,"《신동아》, 1936년 4월호,《전집》, 하권, p. 463 참조.

19) 沈熏, "丹齋와 友堂," 1936년 3월 12일~13일,《전집》, 별집, p. 411 참조.

시작하였다. [20] 또한 신채호가 상경한 1898년에는 서울에서 《독립신문》, 《황성신문》(皇城新聞), 《데국신문》(帝國新聞), 《매일신문》 등 근대적 신문들이 발행되어 독립협회의 자주민권자강운동을 지원하면서 세계정세의 변화와 국내개혁의 필요를 보도 계몽하고 있었다.

신채호가 이 무렵에 찾아다닌 종로의 서점들에는 국내에서 개화파들이 간행한 신서(新書)들과 중국과 일본에서 수입해온 신서들이 나타나기 시작했다. 재주 있는 신채호가 서울의 이 새로운 개화자강(開化自強)의 분위기를 포착하지 못할 리가 없었다. 또한 지적 호기심이 특출하고 독서광이었던 신채호가 이러한 새로운 신문들과 신서들을 탐독하지 않을 리가 없었다. 신채호는 신문도 처음부터 끝까지 모조리 읽는 독서광이었다.

신채호는 성균관에 입학하여 유학을 연구하기 위해서 상경했지만 그가 서울에서 보고 체험한 것은 개화자강의 분위기였다. 예민한 관찰력을 가졌던 신채호는 곧 개화자강의 새로운 사상에 젖기 시작하였다.

친러수구파 정부가 1898년 11월 5일 기습적으로 독립협회 지도자 17명을 체포하고 독립협회를 강제해산시켰을 때 서울시민들은 자발적으로 만민공동회를 연일 개최하여 지도자 석방과 독립협회 복설을 요구하는 운동을 강력하게 전개하였다. 만민공동회 제13일째인 11월 17일에 만민들은 진신(搢紳)들에게 청첩장을 8백 장을 보내 만민공동회의 간부급으로의 참가를 요청하였다. [21] 신채호는 만민들의 이 요청에 응해서 놀랍게도 만민공동회에 참가하여 내무부·문서부의 간부급으로 활약하였다. [22] 신채호는 만민공동회에의 참가와 활동을 전환점으로 하여 주자학도로부터 개화자강파로 전환한 것이었다. 만민공동회 운동은 가장 적극적인 자유민권운동이요 개화자강파의 민중운동이었

20) 愼鏞廈, 《獨立協會硏究》(一潮閣, 1976), pp. 276~377 참조.

21) 鄭喬, 《大韓季年史》(國史編纂委員會版), 상권, p. 331 참조.

22) "獨立協會沿歷略,"《창작과 비평》, 1970년 봄호.

기 때문에, 만민공동회에서 활동했다는 것은 바로 개화자강파의 일원
으로 활동했다는 것을 의미하는 것이었다.

신채호는 만민공동회에서 상당히 적극적으로 활동한 것으로 보인
다. 고종(高宗)과 친러수구파 정부의 무력탄압에 의하여 1898년 12월
25일 독립협회와 만민공동회가 다시 강제해산 당하고 주동자 430여 명
이 체포될 때 신채호도 일시 체포되었다가 석방되었다.23) 신채호가
만민공동회 참가 이후에 개화자강파로 전환했다는 사실은 그가 1901
년(22세)에 향리 부근인 청원군 낭성면(琅城面) 인차리(仁次里)에 설
립된 문동학원(文東學院)에 강사로 나가면서 "시대의 변천과 한문무용
론(漢文無用論)을 주장하다가 배척당한 것"24)에서 재확인할 수 있다.
당시 한문무용론은 독립협회의 급진파들이나 주장하던 혁명적 주장이
었다. 신채호가 자기 가문의 고향에서 한문무용론을 주장하다가 배척
당했다는 사실에서 우리는 그가 이 시기에 얼마만큼 개화자강파로 전
환했는가를 미루어 알 수 있다.

신채호는 이 무렵에 개화자강파가 되었지만 성균관과 일정한 유대
는 갖고 있었다. 그는 1902년에 친러수구파 정부가 일본에 마산항(馬
山港)의 일부 지역을 조계지(租界地)로 조차해 주자 조소앙(趙素昻)
등 성균관 학생들과 함께 주모자 이하영(李夏榮)을 규탄하는 성토문을
작성하여 발표하였다. 그리고 신채호는 1905년(26세) 2월에 성균관
박사가 되었다.25)

---

23) 같은 글 참조.

24) 申榮雨, 앞의 글, p. 447.

25) "年譜,"《전집》, 하권, p. 496 참조.

4. 애국계몽운동의 전개

　신채호가 개화자강파로서 유학을 신랄하게 비난하면서 애국계몽운동을 본격적으로 전개하기 시작한 것은 1905년 그가 《황성신문》의 논설기자로 들어가 활동하기 시작한 때부터이다. 당시 나라의 형편은 1904년 2월 9일 일본이 인천 앞바다에서 제정 러시아 군함 2척을 기습하여 격침시키고 2월 10일 대러시아 선전포고를 하여 러·일전쟁을 도발한 다음 일본군이 한국에 불법 상륙하여 2월 3일 제1차 한일의정서(韓日議定書)를 강제 조인하고 일본 침략군이 대한제국에 군정과 다름없는 간섭을 강압하고 있던 때였다. 일본 제국주의의 침략 앞에서 힘이 없는 나라의 국권은 바람 앞의 등불과 같은 처지였다.

　신채호는 성균관 박사가 된 직후인 1905년(26세) 상반기에 장지연(張志淵)의 초청으로 《황성신문》에 논설기자로 입사하였다. 그는 이때 단발(斷髮)을 하여 결의를 새롭게 하고 개화자강파로서의 본격적 언론활동을 시작하였다. 신채호가 《황성신문》의 논설기자가 된 것은 그의 학문적 계보로 볼 때 자연스러운 것이었다. 《황성신문》은 1898년 9월 창간될 때부터 독립협회 지도자들 중에서 개신유학적(改新儒學的) 전통을 배경으로 한 단계 더 발전한 흐름과 개화자강파인 남궁억(南宮檍)·유근(柳瑾)·나수연(羅壽淵) 등이 창간한 신문이었다.

　신채호가 입사할 무렵에는 장지연·박은식(朴殷植)·남궁훈(南宮薰) 등이 주도하고 있었다. 그들은 신채호와 마찬가지로 만민공동회를 전환점으로 하여 정통파 주자학에서 개화자강파로 전환한 공통의 학문적·사상적 배경을 갖고 있었다.

　그러나 신채호의 《황성신문》에서의 활동은 오래 계속되지 못했다. 왜냐하면 일제가 이 신문을 그해 11월에 무기정간시켰기 때문이다. 일제가 1905년 11월 7일 이른바 을사조약(乙巳條約)을 극비리에 강제 체결하여 국권을 박탈하자, 황성신문사 사장 장지연은 1905년 11월

20일자《황성신문》에 "시일야방성대
곡"(是日也放聲大哭)이라는 사설과
"오건조약 청체전말"(五件條約 請締
顚末)이라는 보도를 실어 을사조약
강제체결의 부당성을 폭로·비판하고
일제의 검열을 받지 않은 채 배포하
였다. 일제는《황성신문》을 무기정
간시키고 신문을 압수했으며, 장지연
등 사원들을 구속하였다. 따라서 신
채호가《황성신문》에서 활동한 것은
1년이 채 못되었다.

〈 허버트 스펜서 〉

신채호는《대한매일신보》(大韓每日申報) 총무 양기탁(梁起鐸)의 요
청에 의해 1905년 말～1906년 초에《대한매일신보》의 논설기자로 자
리를 옮겨 활동하게 되었다. 26) 일제는 1906년 1월 24일에야 장지연을
석방했으며,《황성신문》도 1906년 2월 22일부터 복간되었다. 그러나
장지연은 다시 사장직에 복귀하지는 못했다. 이에 박은식(朴殷植)은
《황성신문》을 담당하기 위하여《대한매일신보》에서《황성신문》으로
돌아갔고, 신채호는《대한매일신보》에 그대로 남게 되었다. 신채호는
이렇게 하여 1906년(27세)부터《대한매일신보》의 논설기자로서 본격
적으로 활동하게 된 것이다.

《대한매일신보》는 영국인 배셀(Ernest Thomas Bethell)이 사장이
되고 양기탁이 총무가 되어 한·영 합작으로 1904년 7월에 창간된 신
문으로서, 발행인이 외국인이었으므로 일제의 사전검열을 받지 않고
자유롭게 발간할 수 있는 특징이 있었다. 이제 신채호는《대한매일신
보》에서 자유롭게 필봉을 휘두를 수 있게 되었다. 신채호는《대한매
일신보》에서 일본 제국주의의 침략과 친일파의 매국행위를 통렬하게

---

26) 徐世忠, 앞의 글, p. 463 참조.

비판하고 국권회복을 고취하는 열정적 논설들을 쓰기 시작하였다. 신채호가 쓴 논설의 애국심에 넘치는 내용과 웅장하고 박력 있는 필치는 바로 독자들의 마음을 사로잡고 감동시켰으며, 신채호는 국민들에게 가장 영향력이 큰 애국계몽운동가의 하나로 부상하기 시작하였다.

신채호는 1907년(28세) 4월 양기탁(梁起鐸)·안창호(安昌浩)·전덕기(全德基)·이동녕(李東寧)·이동휘(李東輝)·이갑(李甲)·유동열(柳東說)·최광옥(崔光玉)·노백린(盧伯麟)·이승훈(李昇薰)·안태국(安泰國)·조성환(曹成煥)·김구(金九)·이종호(李鍾浩) 등을 중심으로 국권회복운동의 비밀결사로서 신민회(新民會)가 창건되자 이에 가입하여 활동하였다. 신민회가 창건되자《대한매일신보》는 신민회의 기관지로 전환하였으며, 신민회 당수 양기탁이 총무로 있던《대한매일신보》는 신민회 본부의 구실을 하게 되었다. 27) 신채호는 신민회의 충실한 주요 회원으로서 신민회의 이념을 그의 논설에 잘 반영하여 국민을 계몽했으며, 신민회의 비공식적 대변인과 같은 역할을 하였다. 신채호가《대한매일신보》에 연재한 "20세기 신국민(新國民)"은 그 대표적 작품이라고 할 수 있다. 28)

신채호는《대한매일신보》의 논설 이외에 1907년 10월에는 양계초(梁啓超)의《이태리 건국 삼걸전》(伊太利建國三傑傳)을 번역, 간행하였다. 그는 여기서 이탈리아의 통일 건국을 이룩한 마치니(Giuseppe Mazzini), 가리발디(Giuseppe Garibaldi), 카부르(Camillio Benso di Cavour)의 활동을 소개함으로써 국민들에게 국권회복을 위한 애국심을 배양하고 애국계몽운동에 나서도록 고취하려 했다.

또한 한 걸음 더 나아가서 신채호는 한국 역사상의 삼걸(三傑)로 을지문덕(乙支文德)·이순신(李舜臣)·최영(崔瑩)을 뽑아 그들의 전기

---

27) 愼鏞廈, "新民會의 創建과 그 國權恢復運動(上)," 《韓國學報》, 제8집(1977) 참조.

28) "20세기 新國民," 《大韓每日申報》, 1910년 2월 22일~3월 3일, 《전집》, 별집, pp. 219~229 참조.

를 저술하였다. 그는 1908년 5월에 《을지문덕전》을 저술하여 간행했으며, 《대한매일신보》(1908년 5월 2일~8월 18일)에 《수군제일위인 이순신전》(水軍第一偉人 李舜臣傳)을 연재하고, 또한 《대한매일신보》(1909년 12월 5일~1910년 5월 27일)에 《동국거걸 최도총전》(東國巨傑 崔都統傳)을 연재하였다. 신채호는 또 한문을 모르는 일반 민중과 부녀층을 계몽하기 위하여 순국문판 《을지문덕뎐》을 1908년 7월에 내었고, 순국문판 《리슌신전》을 국문판 《대한녁일신보》(1908년 6월 11일~10월 24일)에 연재하였다.

신채호가 한국 역사상의 삼걸로 한국 민족의 대외투쟁에서 빛나는 업적을 쌓은 무장(武將)과 영웅들을 뽑아 전기를 써낸 것은 한국의 청소년들과 국민들이 이러한 영웅들의 사적을 읽고 본받아 일제침략자를 몰아내고 국권을 회복하는 데 영웅적으로 투쟁하도록 고취하기 위한 것이었다. 또한 이것은 신채호가 이러한 무장들의 무력투쟁의 사적을 통해서 당시 애국계몽운동과 병행하여 전개되던 의병무장투쟁을 고취하고 격려하기 위한 것이기도 하였다. 신채호는 《을지문덕전》에서 다음과 같이 국권을 회복하기 위한 무장투쟁을 고취하고 격려하였다.

> 그런고로 나의 권리가 떨어지기 전에는 칼과 피로써 그 권리를 보호할 따름이요, 나의 권리가 이미 떨어지거든 칼과 피로써 그 권리를 찾아올 따름이며, 설혹 형극 속에 비참한 일을 당하여 회계에 부끄러움을 잠시도 참지 못할 경우를 당하면 마땅히 날마다 섶에서 자고 때때로 쓸개를 맛보아 칼과 피로 전국 인민을 불러일으키는 것이 가하거늘…. [29)

신채호는 1908년(28세)에 《대한협회월보》(大韓協會月報)에 "대한의 희망", "역사와 애국심의 관계", "성력과 공업", "대아와 소아" 등의 논설을 발표하고, 또한 기호흥학회(畿湖興學會)에 가입하여 《기호흥학

---

29) 《을지문덕전》, 《전집》, 별집, 별항, pp. 14~15.

회월보》에 "기호흥학회는 하유(何由) 로 기(起) 하였는가", "문법(文法)
을 의통일(宜統一)" 등의 논설을 발표하였다. 30)

　신채호는 같은 해 부녀층의 계몽을 위하여 순국문 잡지인 《가뎡잡
지》를 편집 발간하였다. 1909년에는 신민회가 그 청년운동의 일환으
로 청년학우회(靑年學友會) 를 창립하게 되자 "청년학우회 취지서"(趣
旨書) 를 써서 이를 적극 지원하였다. 31)

　신채호가 1906년부터 1910년 4월까지 《대한매일신보》에 쓴 수많은
논설들은 너무 방대하여 여기서 낱낱이 그 논설 이름들을 들 수가 없
다. 32) 1906～1910년 동안에 신채호가 발표한 방대한 작품들 속에는 일
정한 사상적 체계와 일관된 주장들이 조직화되어 있다. 우리는 이것을
신채호의 '애국계몽사상'(愛國啓蒙思想) 이라고 부를 수 있다. 33) 이 애
국계몽사상은 당시의 한국민족의 당면목표를 일본 제국주의를 몰아내
고 '국권회복'을 하여 자주부강한 '입헌공화국'의 문명한 조국을 건설하
는 곳에 설정하고, 이를 위해 국민들이 모두 '신국민'이 되어 실력을 배

30) "年譜,"《전집》, 하권, p. 497 참조.
31) "靑年學友會 趣旨書,"《大韓每日申報》, 1909년 8월 7일,《전집》, 하권,
　　p. 110 참조. 이 "年譜"에는 신채호가 신민회의 취지문을 기초했다고 하고, 또한
　　《전집》, 별집, pp. 82～86에는 "大韓新民會 趣旨書"가 신채호의 작품으로 수록
　　되어 있는데 이것은 잘못된 것이다. "대한신민회 취지서"는 안창호가 지은 것이
　　다. 그 증거는 "대한신민회 취지서" 안에 "본인은 국민의 일분자로서 해외에 漂迫
　　한 지 이에 多年 … 一會를 미국 加州 河邊省에서 발기하니 …"(《전집》, 별집,
　　p. 85) 라는 문구가 있는데 신채호는 미국에 간 일이 없으며 美國加州 河邊省은
　　안창호가 체류하던 미국 California 주 Riverside이기 때문이다. 신채호가 이 무
　　렵에 기초한 것은 "대한신민회 취지서"가 아니라 신민회 청년단체인 "청년학우회
　　취지서"였다.
32) 신채호의 이 시기의 대표적 논설들이 《改訂版 丹齋申采浩全集》(4冊) 에 수록
　　되어 있다. 그러나 신채호는 많은 논설들을 무기명(無記名)으로 썼으므로 이
　　전집에 수록된 것이 정확하게 채록된 것인지 불분명하지만, 이외에도 다수의
　　논설들이 더 있음은 물론이다.
33) 愼鏞廈, "申采浩의 愛國啓蒙思想(上・下),"《韓國學報》, 제 19～20집 (1980)
　　참조 (이 책의 제 3장).

양해서 일제를 물리칠 방법에 대하여 각 부문에 걸쳐서 일관된 사상체계를 정립하여 국민들에게 가르쳐준 것이었다.

신채호의 애국계몽사상은 그의 민족주의사상의 일환이었다. 신채호는 1906년부터 1922년경까지 전투적인 시민적 민족주의사상을 전개했는데, 그의 애국계몽사상은 그의 시민적 민족주의사상 중에서도 초기의 것에 해당하는 것이었다. 또한 신채호의 애국계몽사상은 한국 민족주의의 발전과정에서 초기의 선구적 민족주의의 대표적인 것이었다고 볼 수 있다.

신채호의 애국계몽사상은 또한 책상 위에서의 관념적 사유의 산물이 아니라 국권회복운동으로서의 애국계몽운동을 전개하는 과정에서 실천적으로 얻어진 살아 있는 사상이었으며, 운동과 분리되지 않는 애국계몽운동의 실천 그 자체였다. 신채호는 애국계몽사상과 애국계몽운동을 통하여 한국이 낳은 가장 위대한 민족주의자 중 한 사람이 되었다. 신채호의 생애를 통하여 국민에 대한 영향력이 가장 컸고 민족운동에 대한 공헌이 상대적으로 가장 컸던 시기는 이 애국계몽운동기였다고 말할 수 있을 것이다.

안재홍(安在鴻)은 신채호가 우리나라 봉건 말기에 시민적 민족주의와 국민주의의 가장 총명하고 예민한 양심이요 개척자였다고 다음과 같이 논평하였다.

그는 구한말의 지도자로서 또는 그의 지속적 노력자로서 終始한 觀이 있고, 그 사상·학식에 관하여서도 조선에서의 봉건주의 시대의 말기적 途程에서 資本的 민족사상 또는 국민주의가 勃興하는 시대에 가장 총명하고 예민한 양심으로서 그 개척자적 임무를 다하던 분인 것이다.[34]

또한 안재홍은 신채호가 "국민사상 개혁의 급선봉"[35]이었다고 지적

34) 安在鴻, "朝鮮史學의 先驅者,"《東光》, 1936년 4월호,《전집》, 별집, p. 380.

하면서 신채호의 선구적 민족주의 계몽사상은 혁신적인 것으로서 역사적으로 위대한 역할을 수행했으며 우리나라 역사에서 다음 단계의 정치문화적 저력으로 나타났다고 다음과 같이 높이 평가하였다.

> 단재가 신흥 국민주의적 또는 민족사상적 선구로서 그 계몽적 내지 혁신적인 사조를 다분으로 고취 선양한 공적은 비록 그 과정적 형태임에 不計하고 그는 역사적으로 확실히 위대한 한몫을 본 것이다. 그는 개국 진취의 즉 자본주의적 국가사상의 섭취 및 수립의 시기에 있어 응분의 당위적인 의식상 공작을 하였다는 것은 그것이 실제에서 매우 효과적이던 데 돌아보아, 다음의 시기 즉 목하당면인 제 2의 역사적 단계에서 얼마만큼이나 정치문화적 저력으로 나타남을 봄에 의하여 그 가치를 新認識할 수 있는 것이다. [36]

신채호의 애국계몽사상은 한국 민족주의의 선구로서 실제로 당시와 그후에 매우 큰 영향을 미쳤으며, 다음 단계의 민족주의와 민족발전의 저력의 하나를 이루었던 것이다.

5. 근대민족주의 사학의 창립

신채호의 애국계몽사상은 당시 한국 민족의 실력이 부족한 상태에서의 국권회복을 위하여 '애국심'을 가장 중시하고 강조하였다. 그리고 그는 국권회복을 위한 '애국심', '애국주의'를 배양하는 가장 좋은 방법과 부문을 '역사'라고 주장하였다. 신채호의 이러한 주장은 같은 시대에 주시경(周時經)이 국권회복을 위한 애국주의의 열쇠를 '국어·국문'

---

35) 安在鴻, "朝鮮上古史 序文,"《전집》, 상권, p. 23.
36) 安在鴻, "朝鮮史學의 先驅者,"《전집》, 별집, pp. 381~382.

이라고 본 관점과 좋은 비교가 된다. 이 점에서 주시경의 애국계몽사
상의 특징의 하나를 '어문민족주의'(語文民族主義)라고 한다면, 37) 신
채호의 애국계몽사상의 특징의 하나를 '역사민족주의'(歷史民族主義)
라고 부를 수 있다. 38) 신채호의 민족주의사상에는 그의 독특한 '역사
민족주의'가 골간의 하나를 이루고 있었다. 신채호는 그의 이 역사민
족주의의 관점에서 근대민족주의 사관(史觀)을 수립하고, 기존의 사
관과 사서(史書)들을 비판하였다.

첫째, 신채호는 국사(國史)에서의 존화사관(尊華史觀)과 사대주의
(事大主義)를 통렬하게 비판하였다. 그는 종래 유생(儒生)들의 사학
(史學)이 대부분 존화사관에 젖은 사대주의 사학이었음을 통탄하고,
그 역사적 대표자로서 김부식(金富軾)을 가차없이 비판하였다. 그는
존화사관을 한국인으로 하여금 정신적 노예로 만드는 역사관이라고 매
섭게 비판하였다. 39)

둘째, 신채호는 왕조사 중심의 중세사학을 통렬하게 비판하였다.
왕실의 흥망이나 정통을 따지면서 강목체(綱目體)와 편년체(編年體)
로 쓰인 중세사학은 왕명(王名)과 연대와 인명과 지명이나 기술할 뿐
이지 민족주의를 불러일으키지도 못하고 민족진화의 과정이나 민족국
가의 흥망성쇠의 인과도 밝히지 못하는 낡고 가치 없는 역사라고 비판
하였다. 40)

셋째, 신채호는 한국역사에 대한 일본 역사서들의 한국사 왜곡을 통
렬하게 비난하였다. 그는 일본인들이 한국의 고대사가 중국민족과 북
방민족에 대한 자주성이 없는 복속의 역사이며, 41) 남한은 일본이 이
른바 '임나일본부'(任那日本府)를 설치하여 지배한 역사라고 거짓의 무

37) 愼鏞廈, "周時經의 愛國啓蒙思想,"《韓國社會學硏究》, 제 1집(1977) 참조.
38) 愼鏞廈, "申采浩의 愛國啓蒙思想(上),"《韓國學報》, 제 19집(1980) 참조.
39) "舊書蒐集의 必要,"《전집》, 별집, pp. 170~171 참조.
40) "歷史와 愛國心의 關係,"《전집》, 하권, pp. 78~79 참조.
41) "東洋伊太利,"《전집》, 별집, pp. 185~186 참조.

고한 학설을 지어내 퍼뜨리는 것을 격렬하게 공박하였다. 42) 그는 고대에 일본이 한국을 지배하기는커녕 도리어 일본이 한국문화를 수입하여 개화의 은혜를 입은 나라라고 지적하였다. 43)

넷째, 신채호는 또한 한국인이 지은 당시의 역사교과서들을 예리하게 분석하였다. 그는 당시의 역사교과서들이 사대주의적 존화사관도 전부 다 비판 극복하지 못했으며, 일본인들이 거짓으로 날조한 신공황후(神功皇后)의 신라침공설이나 이른바 '임나일본부설(說)'도 비판하지 못했을 뿐 아니라 도리어 이러한 거짓 학설들을 부분적으로 수용하는 악교과서(惡敎科書)들이라고 통탄하였다. 44)

신채호는 국권회복을 위하여 국민의 애국심을 계발하기 위해서는 ① 민족주의로 전국민의 깊은 꿈을 깨워 일으키며, ② 국가관념을 불어넣어 청년의 새로운 두뇌를 빚는 '신역사'(新歷史)를 써야 한다고 주장하였다. 45) 그는 이러한 새 역사는 ① 민족주의로 전 역사를 해석하며, ② 민족진화의 과정을 밝히고, ③ 국가치란(國家治亂)의 인과를 밝히며, ④ 나약한 자가 일어서고 완미한 자가 깨우치게 되는 역사라고 설명하였다. 46)

신채호는 이에 '신역사'(新歷史)를 쓰고 새로운 '양역사교과서'(良歷史敎科書)를 짓는 일을 자기의 긴급한 사명으로 삼았다. 이렇게 해서 시대의 화급한 요청에 응하여 서둘러 쓴 것이 그의 첫 역사연구 작품인 "독사신론"(讀史新論)이었다. 신채호의 "독사신론"은 《대한매일신보》에 1908년 8월 27일부터 12월 13일까지 연재된 작품으로 애국계몽운동기에 사학계뿐만 아니라 전 문화계에 표현하기 어려울 만큼 큰 충격을 준 저작이었다. 이 저작의 관점과 내용은 그 이전의 역사서들이나

---

42) "讀史新論,"《전집》, 상권, pp. 494~495 참조.
43) "韓日合倂論者에게 告함,"《전집》, 별집, p. 205 참조.
44) "讀史新論,"《전집》, 상권, pp. 495~496 참조.
45) 위의 책, p. 472 참조.
46) "歷史와 愛國心의 關係,"《전집》, 하권, p. 78 참조.

당시의 역사교과서들과
비교해 보면 가히 '혁명
적'인 것이었다. 그 내
용과 관점이 당시 일반
적으로 통용되던 관점
과는 너무 다른 것이어
서, 신채호가 1910년 4
월 국외로 망명한 직후

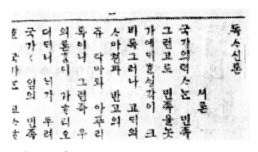

〈 "독사신론"의 1911년 미주에서 간행된 순 한글판 〉

최남선(崔南善)이 이를 잡지 《소년》(少年)에 전재하면서 《역사사론》
(歷史私論)이라고 제목을 고쳐 '사론'(私論)임을 강조할 만큼 이 저작
은 당시의 통념적 국사관에서 볼 때 이단적이고 혁명적인 것이었다.

신채호는 "독사신론"에서 확고한 근대민족주의 사관을 제시했을 뿐만
아니라 새로운 학설들을 다수 정립하여 제시했다. 예컨대, ① 부여-고
구려 주족론(扶餘-高句麗 主族論), ② 단군-추장시대론(檀君-酋長時
代論), ③ 기자조선설(箕子朝鮮說) 부정, ④ 기자일읍수위설(箕子一邑
守尉說), ⑤ 만주영토설(滿洲領土說), ⑥ 임나일본부설(任那日本府
說) 부정, ⑦ 초기 대일관계신론(初期 對日關係新論), ⑧ 삼국문화의
일본에의 유입설, ⑨ 초기 대북방민족관계신론(初期 對北方民族關係新
論), ⑩ 초기 대중국민족관계신론(初期 對中國民族關係新論), ⑪ 삼국
흥망원인신론(三國興亡原因新論), ⑫ 삼국통일 및 김춘추 비판론, ⑬
발해-신라 양국시대론(渤海-新羅 兩國時代論), ⑭ 김부식 비판 등과
그 밖의 작은 주제들에 대한 다수의 신학설들이었다. 47)

신채호의 "독사신론"은 종래의 구사(舊史)와는 전혀 다른 당시의 최
초의 신역사(新歷史)였다. 단순화시켜 표현하면 우리나라 근대민족주
의사학의 성립은 신채호의 "독사신론"에서 비롯된다고 말할 수 있다. 48)

---

47) 愼鏞廈, "신채호의 '讀史新論'의 비교분석 — 1908년경 시민적 근대민족주의
史學의 성립,"《단재 신채호선생 탄신 100주년기념 논집》(1980) 참조(이 책 제4장).
48) 李基白 外,《우리 역사를 어떻게 볼 것인가》(삼성문화문고, 1976), pp. 121

또한 신채호의 역사전기물인《을지문덕》·《수군제일위인 이순신
전》·《동국거걸 최도통전》도 단순한 전기물일 뿐 아니라 그의 근대민
족주의 사학 창립의 작업을 도운 작품이라고 할 수 있다.[49] 신채호는
그 밖에 이 시기에《대동 4천년사》(大東四千年史)를 저술하다가 망명
으로 완성하지 못하였다.[50]

우리는 여기서 신채호의 "독사신론" 등이 우리나라의 중세사학(中世
史學)을 완전히 극복하고 근대민족주의 사학을 창건했을 뿐만 아니라
당시 새로이 대두하는 일제의 초기 식민주의 사관에 대한 학문적 투쟁
을 전개했다는 사실에 주목할 필요가 있다. 이미 일본은 당시 농경 제
국대학 사학과 연구실을 중심으로 한국역사에 대해 조직적인 식민주의
사관을 날조했으며, 그 대표적 업적이 1892년에 나온 임태보(林泰輔)
의《조선사》(5책)였다. 신채호는 "독사신론"의 저술을 통해 단군시대
부터 발해시대까지의 한국역사를 그의 민족주의 사관에 의하여 새로이
체계화함으로써 우리나라에서 처음으로 근대민족주의 사학을 창립했
고, 그와 동시에 신채호는 당시 새로이 대두하는 일제의 초기 식민주
의 사관의 한국사 왜곡에 대항해 학문적 투쟁을 전개했다.[51]

~122 및 愼鏞廈,《申采浩의 愛國啓蒙思想(上)》참조. 물론 한국의 근대민
족주의 사학은 신채호의 연구만에 의하여 성립된 것이 아니라 박은식 등 그 전
후의 여러 학자들의 연구에 의한 공동노력의 결과로 성립된 것이지만, 우리나
라에서 근대민족주의 사학의 성립의 범주에 드는 획기적인 첫 작품은 근대민
족주의 사관에 입각하여 다수의 신학설들을 제시한 신채호의 "讀史新論"인 것
이다. 저작을 중심으로 보면 한국의 근대민족주의 사학은 신채호의 "독사신론"
에 의하여 1908년경에 성립되었다고 말할 수 있다. 개화기와 애국계몽운동기
에 다수의 역사서들이 간행되어 근대민족주의 사학의 성립에 기여했지만, 그
대표적 결실이 신채호의 "독사신론"이다. 이 점에서 한국의 근대민족주의 사학
의 성립은 신채호의 "독사신론"에서 비롯된다고 말할 수 있다.

49) 申一澈, "申采浩의 自强論的 國史象,"《韓國思想》, 제 10집(1972) 및《申采
浩의 歷史思想研究》(고려대 출판부, 1981) 참조.

50) "總論,"《朝鮮上古史》,《전집》, 상권, p. 47 참조.

51) "植民史觀은 얼마나 청산되었는가,"(좌담)《新東亞》, 1982년 10월호 참조.

우리는 한국에서의 근대민족주의 사학의 성립이 신채호의 "독사신론"에 의하여 한편으로 자기의 역사를 민족주의 사관에 의하여 새로이 체계화하는 학문적 노력을 경주하면서, 다른 한편으로 일제의 식민주의 사관에 대한 투쟁 속에서 이루어졌다는 사실에 주목할 필요가 있다. "독사신론"의 순 한글판을 미주의 재미한인 소년서회가 1911년 간행하여 반포한 것도 단재의 이 저작의 위 특성과 직결된 것이었다고 볼 수 있을 것이다.[52]

6. 망명

신채호가 주요 회원으로 가입하여 비공식적 대변인으로서 활동하고 있던 신민회는 1909년 봄에 총감독 양기탁의 집에서 전국 간부회의를 개최하여 "독립전쟁전략"(獨立戰爭戰略)을 채택하고 국외에 독립군기지를 창건하는 운동을 전개하기로 결정하였다. 안중근(安重根)의 이토 히로부미(伊藤博文) 포살사건(砲殺事件)이 같은 해 10월 26일에 일어나자 일제는 안중근과의 관련혐의로 신민회 간부의 일부를 체포했다가 1910년 2월에야 개별적으로 석방하였다.

신민회는 다시 1910년 3월에 양기탁의 집에서 전국 간부회의를 개최하고, 일제에 체포되었던 간부들을 중심으로 하여 안창호·이갑·이동휘·이동녕·유동열·신채호·김희선·이종호·이종만(이종호의 아우)·김지간·정영도 등을 일차로 국외에 망명시켜 독립군기지 창건사업을 담당하도록 결정하였다.[53]

---

52) 《조선일보》, 2003년 12월 4일자 보도 참조. 박정규 한남대학 교수 "독사신론" 순 한글판(1911) 발견이 보도되어 있다.

53) 愼鏞廈, "新民會의 創建과 그 國權恢復運動(下)," 《韓國學報》, 제9집(1977) 참조.

신채호는 이 결정에 응하여 평소에 불만이 많았던 부인에게 논 다섯 마지기를 주고 사실상 이혼을 했다. 그가 양육하던 조카딸(香蘭)은 신민회 동지인 대한매일신보사 사원 임치정(林蚩正)에 맡기고 망명준비로 가사를 정리하였다.[54]

신채호는 신민회의 결정에 따라 1910년(31세) 4월에 안창호·이갑 등의 동지들과 함께 분산하여 망명길에 올랐다. 신채호는 육로를 택하여 안창호·김지간과 함께 먼저 신의주를 거쳐 만주 안동(安東)으로 갔고, 안동현에서 다시 수로(水路)로 약속한 지점인 중국 청도(靑島)에 도착하였다. 신채호는 안창호 등과 망명하는 길에 정주(定州)의 오산학교(신민회 평안북도 총감 이승훈이 설립)에 들렀는데, 마침 이 학교의 교사로 있던 이광수(당시 이름 이보경)가 신채호의 환영사를 맡아 망명 도중의 신채호의 모습과 개성을 전해주고 있다. 이광수가 처음 본 신채호는 "풍채가 극히 초라한 샌님"이었고, 오직 비범한 것은 그의 "이상한 빛을 가진 눈"이었다고 한다.

> 그때 단재는 《대한매일신보》 주필로 문명(文名)이 높았으므로 오산에서는 직원, 학생이 합하여 단재의 환영회를 열었다. 그때에 단재를 소개하고 그의 약력을 述한 이가 지금은 고인이 된 時堂 呂準 씨요, 나는 그를 환영하는 인사를 하였다. 단상에 앉은 단재는 하얀 얼굴에 코밑에 까만 수염이 약간 난 극히 초라한 샌님이었다. 머리는 빡빡 깎고 또 그 머리가 끝이 뾰족하다 하게 생겨서 풍채가 그리 좋은 편은 아니었다. 동정에 때묻은 검은 무명두루막을 고름도 아무렇게만 매고 섶은 꾸기고 때묻은 조선 보선에 메투리를 신고, 오직 비범한 것은 그의 눈이었다. 아무의 말도 아니 듣고 아무것도 두려워하지 아니한다는 그러한 이상한 빛을 가진 눈이었다.[55]

---

54) 崔洪奎, 앞의 책, pp. 101~102 및 "年譜," p. 498 참조.
55) 李光洙, "脫出途中의 丹齋 印象," 《朝光》, 1936년 4월호, 《전집》, 하권, pp. 468~469.

신채호의 풍채는 빈약해서 다른 이도 이 무렵의 그의 외모는 ① 섬
약한 체질, ② 혈색 좋지 못한 얼굴, ③ 빈약한 윗수염이 특히 인상적
이었다고 회상하였다.[56] 신채호는 이 환영회에서 답사할 차례가 되자
의자에서 일어나서 그의 비범한 눈으로 회중을 한 번 둘러보고는 단
한마디의 말도 없이 도로 의자에 앉아버렸다.[57] 이것이 이광수의 눈
에는 기이하게 보였던 것 같다.

신채호는 좌담에는 능하였으나 연설에는 전혀 능하지 못하였다.[58]

망명 도중의 신채호가 이광수에게 준 또 하나의 깊은 인상은 담배를
매우 많이 피우는 것이었다.[59]

신채호는 1907년의 국채보상운동(國債報償運動) 때 이에 참가하여
한때 단연(斷煙)을 하기도 했다.[60] 그는 이 운동의 실패 후에는 더욱
골초가 되었다. 그는 평생 동안 지나치게 담배를 많이 피웠다.[61] 그
는 애주가(愛酒家)였으나 술을 많이 마시지는 않았고, 조금만 마시면

56) 卞榮魯, "國粹主義의 恒星인 丹齋申采浩先生,"《開闢》, 1925년 8월호,《전
집》, 별집, p. 397 참조.
57) 위의 글 참조.
58) 李克魯, "西間島時代의 先生,"《朝光》, 1936년 4월호,《전집》, 하권, p. 477
참조.
59) 李光洙, 앞의 글,《전집》, 하권, p. 470에는 다음과 같이 적고 있다. "呂時堂
은 단재보다 14, 15세 연장이어서 단재에게는 반말을 하였으나 심히 敬愛하였
다. 가끔 방에 들어가면 두 분이 다 담배 고자리라 방안에는 담배내가 차서 高
談峻論하는 두 분의 얼굴이 다 보이지 아니할 지경이었다. … 단재는 담배를
즐겼다. 즐긴다기보다는 무의식적으로 한량없이 담배를 먹는 것 같았다. 長竹
에 기사미(썬 잎담배)를 담아서 피우고는 털고 털고는 또 피우고, 대통이 달
아서 손으로 쥐일 수가 없으면, 창구멍으로 대통만 바깥에 내밀어서 식기를
기다리고 있었다." 그리고 이광수의《그의 자서전》(《전집》, 별집, p. 404)에
는 "그가 K(五山) 학교에 두류할 때에 담배를 어찌 즐기는지 담뱃대를 털고는
대통이 식을 동안을 못 참아서 창에 구멍을 뚫고, 그리고 대통을 내밀어서 찬
바람에 식히던 것을 기억하고"라고 적고 있다.
60) "年譜,"《전집》, 하권, p. 497 참조.
61) 沈熏, "丹齋와 友堂,"《전집》, 별집, p. 412 참조.

얼굴이 빨개졌으며, 그럴 때면 눈만 날카로울 뿐 충청도 사투리의 목소리는 더없이 상냥스러웠다.[62]

망명 도중의 신채호가 이광수의 눈에 매우 기이하게 비친 것은 그의 고개를 숙이지 않고 똑바로 서서 세수하는 습관이었다. 그는 어디에 굽히기가 싫어서 평생을 똑바로 서서 세수하였다.

> 단재는 세수할 때에 고개를 숙이지 않고 빳빳이 든 채로 두 손으로 물을 찍어다가 바르는 버릇이 있었다. 그래서 그는 마룻바닥과 자기 저고리 소매와 바지 가랑이를 온통 물투성이를 만들었다. 우리는 단재 세수하는 것을 한 큰 구경거리로 여겼다. 한번 단재가 세수하는 것을 보고 시당이 "에익 으응, 그게 무슨 세수하는 법이람. 고개를 좀 숙이면 방바닥과 옷을 안 질르지"하고 쯧쯧 혀를 차는 것을 보고도 단재는 여전히 고개를 빳빳이 하고 두 손으로 물을 찍어다가 낯에 발라서 두 소매 속으로 물이 질질 흘러들어갔다.
>
> "그러면 어때요?"하고 단재는 五山에 있는 동안에는 그 세수하는 법을 고치지 아니하였다. 단재는 결코 뉘 말을 들어서 제 소신을 고치는 인물은 아니었다. 남의 私情을 보아서 남의 감정을 꺼려서 저 하고 싶은 일을 아니하는 인물은 아니었다. 그러면서도 웃고 이야기할 때에는 퍽이나 다정스러웠다.[63]

안창호·신채호 등 신민회 망명간부들은 1910년 4월에 중국의 청도에 모여 이른바 청도회의(靑島會議)를 열고 독립군기지 창건의 구체적 실행책을 논의하였다. 이때 독립군기지 창건사업의 자금은 우선 이종호(李鍾浩)가 내기로 하였다. 이종호는 대한제국의 광무연간의 내장원경(內藏院卿) 이용익(李容翊)의 손자로서 상해의 덕화은행(德華銀行)에 이용익이 예치해놓은 약 3만~5만 원의 자금을 가지고 있었다고 한다.[64] 청도회의에서는 한때 이 자금으로 신민회 망명간부들이 청도

---

62) 李光洙, "그의 自敍傳(抄)," 《전집》, 별집, pp. 404~405 참조.
63) 李光洙, "脫出途中의 丹齋 印象," 《전집》, 하권, p. 470.

에 남아서 신문과 잡지를 경영하자는 의견도 있었으나, 결국 독립군기
지 창건사업을 하기로 거듭 재확인하였다. 65)

그들은 약 3천 달러의 자금으로 만주 밀산현(密山縣)에 있는 미국인
경영의 태동실업회사(泰東實業會社) 소유지 30팡자(약 70평방리)를 사
서 그 땅을 개간하여 독립군기지로서의 신한민촌(新韓民村)을 만들고
농업을 경영하면서 무관학교(武官學校)를 세워 독립군 장교와 독립군
전사들을 양성하기로 하였다. 군장교 출신인 이갑·유동열·김희선
등은 무관학교의 전술교관을 맡기로 하고, 신채호는 무관학교의 국사
와 한문 교사를 담당하기로 했으며, 김지간은 농업경영의 책임을 맡기
로 하였다. 66)

신채호 등 신간회 망명간부들은 분산하여 1910년 9월에 러시아령
블라디보스토크에 도착하였다. 67) 여기서 그들은 일제가 드디어 한국
을 완전히 식민지로 병탄했다는 기막힌 소식을 들었다. 신민회 망명간
부들은 큰 충격을 받았으나 신민회의 전략에 따라 신한민촌과 무관학
교를 건설할 후보지를 고르기 위해서 북간도 일대를 답사하였다. 그러
나 유동열·김희선 등은 일제가 나라를 병탄한 마당에 장기사업인 독
립군기지·무관학교의 건설을 기다릴 수가 없으니 간도와 러시아령의
교포를 동원하여 바로 '독립군'을 조직해서 국내로 진공하자고 주장하
였다. 자금을 갖고 있는 이종호도 이 제안을 지지하여 독립군 조직이
추진되었다. 그러나 유동열·김희선 등이 독립군을 조직하러 연대(煙
臺)로 갔다가 일제 관헌에 체포되어 신민회 망명간부들의 독립군 조직
계획은 실패하게 되었다. 68)

한편 신민회 간부 중에서 이동녕·주진수·이회영 형제 등이 중심

64) "安昌浩豫審訊問記補遺,"《安島山全書》, 부록, p. 896 참조.
65) "李剛回顧談,"《續編 島山安昌浩》(島山紀念事業會刊), p. 144 참조.
66) 같은 책, p. 144 참조.
67) "安昌浩豫審訊問記補遺,"《安島山全書》, 부록, p. 897 참조.
68) "李剛懷顧談,"《續編 島山安昌浩》, pp. 147~148 참조.

이 된 일단은 서간도의 유하현(柳河縣) 삼원보(三源堡)에 독립군의 근거지로서 신한민촌과 무관학교를 건설하기 시작하였다. 그러나 국 내에서는 일제가 이른바 '데라우치(寺內) 총독 암살음모사건'(105인 사 건, 신민회 사건)이라는 것을 날조하여 1911년 9월에 신민회 회원들을 일제히 전국적으로 체포·투옥했으므로, 신민회의 기능은 사실상 마 비되고, 신민회는 급격한 해체단계에 들어가게 되었다.

7. 1910년대의 독립운동

신채호는 블라디보스토크에서 1911년(32세) 12월 이상설·최재형· 정재관·이동휘·이종호 등이 중심이 되어 교민단체인 권업회(勸業 會)를 조직하고, 이종호의 자금으로 기관지《권업신문》(勸業新聞)을 창간하게 되자 그 주필로 초빙되어 활동하였다. 신채호는《권업신 문》을 통하여 이 신문이 재정난으로 폐간된 1913년까지 러시아령과 간도의 동포들에게 독립사상을 고취하고 교민들의 권익을 옹호하였 다. 69)

그는 1912년(33세)에 윤세복(尹世復)·이동휘·이갑 등의 동지들과 함께 블라디보스토크에서 독립운동단체인 광복회(光復會)를 조직하였 다. 광복회는 본부를 블라디보스토크에 두었고, 그 후 만주의 회인현 (懷仁縣)과 안동현(安東縣)에 지회(支會)를 설치했으며, 회원이 약 2 만 명에 달하는 큰 단체였다. 광복회의 회장은 윤세복, 부회장은 신채 호, 총무는 이동휘가 맡았으며, 안동현 지회장은 윤세복의 조카인 윤 영한(尹英漢)이 맡았다. 70) 신채호는 광복회의 "통고문"(通告文)과 "고

---

69) 崔洪奎, 앞의 책, pp. 116~117 및 "年譜,"《전집》, 하권, p. 498 참조.

70) 姜德相, "朝鮮,"《現代史資料》, 제25편, pp. 33~50 참조.

시문"(告示文)을 지었다.[71]

광복회는 신민회 계통의 민족주의자들과 대종교(大倧敎) 계통의 민족주의자들이 합작하여 조직한 것이었다. 윤세복은 주로 환인현(桓仁縣) 흥도천(興道川)을 중심으로 활동하던 독립운동가이며 후에 대종교 제3대 교주를 지냈다. 자산이 많은 그는 독립운동 자금공급에도 큰 기여를 했다. 또한 그는 신민회 계통의 국권회복운동가들과는 친분이 매우 두터웠다.[72]

한편 신채호·이동휘·이갑 등은 모두 신민회의 망명간부들이었다.

〈상해시절 : 왼쪽부터 신채호, 신석우, 신규식〉

---

71) "申采浩의 光復會 通告文과 告示文,"《韓國學報》, 제32집(1983) 참조.
72) 예컨대 박은식 같은 이는 1911년 중국에 망명할 때 환인현 흥도천의 윤세복의 집에 머물면서 다수의 저술을 하고 이주민 자제들의 교육에 종사하였다.

광복회의 자금은 대종교 계통의 민족주의자들이 많이 내었으나, 이 회를 실질적으로 주도하고 운영한 것은 신민회 계통의 민족주의자들이었다. 광복회는 1913년부터는 국내에도 조직을 만들기 시작해서, 우이견(禹利見)·임봉주·박상진·김좌진·채기중·임세주·김한종·장두환·엄정섭 등을 중심으로 국내 조직활동을 시작하였다.

광복회는 창립 이래 조국광복을 목적으로 하여 ① 독립사상과 신지식의 교육을 위한 학교의 설립과 운영, ② 독립군의 무장투쟁, 독립전쟁을 준비하기 위한 무관학교의 설립과 군사교육의 실시, ③ 독립운동자금(이른바 군자금)의 모집 등의 일을 벌였다.[73] 1917년경에는 국내의 행동대들이 신채호가 쓴 "통고문"과 "고시문"을 사용하면서 부호와 지주들로부터 군자금을 징수하다가 일제 관헌에게 그 조직이 발각되어 1918년에 사실상 붕괴되었다.[74] 그러나 3·1운동 이전까지 1910년대의 독립운동에 광복회는 매우 중요한 독립운동단체였다.

1913년(34세)에《권업신문》이 재정난으로 폐간되어 궁핍 속에서 지내던 신채호는 상해로부터 예관 신규식(睨觀 申圭植)의 초청을 받고 블라디보스토크로부터 만주를 거쳐 상해로 가서 약 1년간 체류하였다.[75] 신채호는 상해에서 다수의 글쓰는 독립운동가들을 만났으므로 이 무렵의 신채호의 모습은 그들의 회상기를 통하여 대체로 알 수 있다.[76] 신채호는 상해에서 주로 ① 독립운동 방략 토론, ② 역사 연구, ③ 서점 순례, ④ 영어공부를 하면서 1년간 비교적 행복한 시기를 보냈다.

신채호의 이 시기의 독립운동 방략은 그 스스로가 밝힌 바와 같이

---

73) 愼鏞廈, "申采浩의 光復會 通告文과 告示文 解題,"《韓國學報》, 제32집 (1983) 참조.

74) 姜德相, 앞의 책, pp. 41~50 참조.

75) 鄭寅普, "丹齋와 史學,"《東亞日報》, 1936년 2월 26일,《전집》, 하권, p. 455 참조.

76) 洪命熹, "上海時代의 丹齋,"《趙光》, 1936년 4월호,《전집》, 하권, p. 474 참조.

'무장단투'(武裝段鬪), 77) 즉 무장투쟁론이었다. 이극노는 이 무렵의 신채호가 철혈주의(鐵血主義)를 부르짖었고 주전론자(主戰論者)였다고 회상하였다. 78) 정인보는 이 시기에 상해에서 만난 신채호의 인상을 역사연구와 관련하여 다음과 같이 회상하였다.

武昌革命한 지 3년 되던 해 상해에서 단재를 만났다. 단재가 北滿을 거쳐 그리로 왔다던 것, 路資는 睨觀이 보냈다던 것들이 생각나고 단재가 携來한 冊籠이 둘이든지, 셋이든지 백지에 베낀 《東史綱目》이 꺼내는 대로 연방 나오면서 본 것은 아직도 눈에 선하다. 모여 앉아 이야기들을 하다가 史論이 나면 모두 단재에게로 향하였다. 그때 단재는 늘 중국옷을 입었다. 회색 絨 두루마기가 발등을 덮은 대로 고개는 항상 기우둠하던 게였다. 언제나 얼굴은 亂乏한 빛을 띠어 누르스레 부은 듯도 하고, 기운은 惟悴하고 걸어다닐 때면 늘 복부를 부둥키기에, 왜 그러냐고 물으니까, 冷痛이 때때로 심하다고 하면서도 조선역사를 말할 때에는 두 눈이 곁에 있는 사람을 쏘고 談辯이 칼날 같았다. 가끔 한두 권의 책자를 들고 法租界 白爾部落 뒷공원 풀밭으로 거닐며 혼자 웅얼웅얼하다가 또 무엇을 생각하다가 그 중에도 한 손은 여전히 복부를 부둥켜 놓지 못하였다. 멀리서 오는 것만 보아도 누구나 단재를 알아보았다. 79)

이광수는 상해에서 서점을 돌아다니던 신채호의 모습을 다음과 같이 회상하였다.

나는 단재를 곁에 두고 오륙 년 전 상해에서 단재가 허리와 고개를 빳빳이, 누구 앞에도 이 허리와 이 고개는 아니 굽는다는 듯이 팔짱을 끼고 책사(冊肆)를 돌아다니던 것을 회상하였다. 80)

77) "李수상에게 圖書閱覽을 要請하는 便紙,"《전집》, 별집, p. 368

78) 李克魯, "西間島時代의 先生,"《전집》, 하권, p. 477 참조.

79) 鄭寅普, "丹齋와 史學,"《전집》, 하권, p. 455.

신채호는 서점들을 돌아다니다가 우리나라에 관한 것이 있으면 책 살 돈이 없으니까 서점에서 며칠이 걸리든지 필요한 책을 선 채로 읽어내고 서점주인의 핀잔을 들어가면서 요긴한 구절을 필사하였다.

T(丹齋)의 하는 일은 하루 종일 팔짱을 끼고 책사를 더듬어 돌아다니는 것이었다. 그래서 조선에 관한 말이 있으면 책을 살 돈은 없으니까 그 자리에 서서 보았다. 오늘에 다 못 보면 이튿날 또 가서 보았다. 그리고는 책사 주인에게 핀잔을 맞으면서 요긴한 구절을 베꼈다. 이렇게 하루종일 돌아다니다가 시장해지면 집으로 돌아왔다. 그리고는 그 이튿날은 또 책사돌이를 떠났다. 81)

신채호의 상해에서의 영어공부에 대해서는 그다운 공부방식에 대한 에피소드가 많이 남아 있다. 신채호는 미국 버지니아 주의 로녹대학을 졸업하여 영어에 아주 능통한 김규식에게 영어를 배우면서도 발음은 쓸데없고 뜻만 필요하다고 하여 발음을 배우려 하지 않았다. 82) 예컨대 '이웃'이라는 'neighbour'의 발음을 알면서도 '네이버'라고 발음하지 않고 '네이 그후 바우어'라고 발음하였다. '네이버'는 영국인의 발음법이니 자기는 그것을 꼭 따를 필요가 없다는 것이었다. 83) 그는 또 영문이나 한문이나 글은 마찬가지라고 하여 영문을 읽을 때에도 구절구절이 '하여슬람'이라는 소리를 섞어가며 매우 느리게 한문 읽듯이 읽었다. 84) 이러한 에피소드 속에서도 신채호의 개성이 단적으로 드러나고 있다. 그는 이러한 단재식 영어로도 칼라일(Thomas Caryle)의 《영웅숭배론》(Heroes, Hero-worship and the Heroic in

---

80) 李光洙, "脱出途中의 丹齋 印象,"《전집》, 하권, p. 472.

81) 李光洙, "그의 自敍傳(抄),"《전집》, 별집, p. 405.

82) 李光洙, "脱出途中의 丹齋 印象,"《전집》, 하권, p. 471 참조.

83) 卞榮晩, "실루엣 二, 三,"《中央》, 1936년 6월호, 《전집》, 별집, p. 375 참조.

84) 李允宰, "北京時代의 丹齋,"《朝光》, 1936년 4월호, 《전집》, 하권, p. 482 참조.

History)이나 기본(Edward Gibbon)의《로마 제국쇠망사》(*The Decline and Fall of the Roman Empire*)를 읽을 수 있을 정도였다. [85]

신채호는 1914년(35세)의 대종교 계통의 독립운동가 윤세복의 초청으로 상해에서 서간도의 환인현 홍도천으로 가서 약 1년여 체류했다. 윤세복과 신채호는 광복회의 간부였으므로 이 초청은 당연한 것이었다. 신채호는 서간도에서 주로 ① 독립운동 근거지 답사, ② 고구려와 발해의 유적답사, ③ 동창(東昌)학교(윤세복이 설립한 학교)에서의 국사 교수, ④《조선사》집필 등의 일을 하였다.

신채호가 서간도에서 쓴《조선사》는 동창학교의 교재로서 집필한 것이라고 하는데 현재 전해지지 않는다. 그러나 그 내용은 대부분 그 후의《조선상고문화사》(朝鮮上古文化史)에 흡수된 것으로 보인다. [86] 신채호는 윤세복과 함께 체류하면서 이 시기에 대종교의 영향을 크게 받았다.

신채호의 서간도 체류에서의 큰 보람은 고구려·발해의 유적지를 답사한 것이었다. 신채호는 러시아령에 있었을 때에도 기회만 있으면 만주 일대의 고구려·발해의 유적을 답사했으며, 서간도에 체류할 때에는 특히 그 유적답사에 진력하였다.

내가 俄領방면과 만주방면에 있었을 때에는 우리의 사적을 찾기에 거의 전력을 다하다시피 하였는데 여간 많은 것이 아닙니다. 그 중에는 우리의 자랑이 되는 훌륭한 것도 많았는데, 저 무지한 중국인의 손에서 자꾸자꾸 없어져 가고 맙니다. 이를 생각하면 과연 통곡

---

85) 變榮魯, "國粹主義의 恒星인 丹齋申采浩先生,"《전집》, 별집, p. 397 및 卞榮晩, 앞의 글 참조.

86) 신채호가 이때 저술한《조선사》는 大倧敎계열의 학교인 東昌학교의 교재이므로 단군시대의 저술은 대종교의 고대사 서술과 유사했을 것이라고 추정되는데, 신채호의《조선상고문화사》의 단군시대의 서술이 특히 상세하지만 모두 대종교에서 설명하는 내용에 의거하고 있다. 신채호의《조선상고문화사》는 이때의《조선사》의 改題이거나 그것을 흡수하여 발전시킨 것이 아닌가 한다.

할밖에 없습니다. [87]

　신채호는 이때 압록강 위 집안현(輯安縣)에 남아 있는 제2환도성
(第二丸都城)의 유적과 광개토왕릉(廣開土王陵) 등 방대한 고구려 고
분군(古墳群)을 답사하고 그 웅장하고 찬란했던 문화의 자취에 감탄하
면서 그의 감회를 다음과 같이 기록하였다.

　1차 4, 5의 友人과 동행하여 鴨綠江上의 집안현 곧 제2 환도성을 瞥
覽함이 나의 일생에 기념할 만한 장관이라 할 것이나, 그러나 路費
短乏으로 陵墓가 모두 몇인가 세어볼 여가도 없이, 능으로 인정할
것이 수백이요, 묘가 일만 장내외라는 억단을 하였을 뿐이다. 村人
이 주은 竹葉그린 金尺과, 該地 駐居하는 일인이 박아 파는 광개토
비문의 가격만을 물어보았으며, 잔파(그 지상에 출한 부분만) 한, 수
백의 왕릉 가운데 天幸으로 遺存한 8층 석탑 四面方形의 광개토왕
릉과 그 右邊의 祭天壇을 붓으로 대강 模本하여 사진을 代하며, 그
왕릉의 廣과 高를 발로 밟아 身體로 견주어 側尺을 代하였을 뿐이다
(高 十丈 가량이요 하층의 주위는 八十 발이니, 다른 왕릉은 상층이
殘破하여 高는 알 수 없으나, 그 하층의 주위는 대개 광개토왕의 陵
과 同一).
　왕릉의 상층에 올라가, 石柱의 섰던 자취와 覆瓦의 남은 파편과
드문드문 서 있는 송백을 보고,《후한서》에 "高句麗… 金銀財幣 盡
於厚葬 積石爲封 亦種松栢"이라 한 簡單에 過한 문구를 비로소 충
분한 해석을 얻고, "數百圓이 있으면 墓 한 장을 파볼 것이요, 數千
圓 혹 數萬圓이면 陵 한 개를 파볼 것이라. 그리하면 수천 년 전 고
구려 생활의 活寫眞을 보리라" 하는 夢만 하였었다. [88]

　신채호는 이때의 답사의 공부와 보람에 대하여 "집안현의 유적을 한

87) 李允宰, "北京時代의 丹齋,"《전집》, 하권, p. 479.
88)《朝鮮上古史》, "總論,"《전집》, 상권, pp. 48~49.

번 보는 것이 김부식(金富軾)의 《고구려사》(高句麗史)를 만 번 읽는
것보다 낫다"고, 그 감격을 다음과 같이 기록하였다.

> 嗟夫라, 이와 같은 天藏秘史의 寶庫를 만나서 나의 소득이 무엇이
> 었던가. 인재와 物力이 없으면, 재료가 있어도 나의 소유가 아님을
> 알 것이다. 그러나 一日之間, 그 외부에 대한 粗淺한 관찰만이지만,
> 고구려의 종교 · 예술 · 경제력 등의 여하가 眼前에 活見하여, "當地
> 에 집안현의 一覽이 김부식의 《고구려사》를 萬讀함보다 낫다"는 단
> 안을 내리었다. 89)

신채호가 이와 같이 고구려 · 발해 유적지를 실지답사(實地踏査)한
것은 의식적으로 역사연구의 고증작업을 하기 위한 것이었다. 그는 역
사연구에서 실지답사의 중요성을 스스로 지적하여 "내외 각지에 흩어져
있는 사적(史蹟)을 일일이 실지답사하며 문헌(文獻)의 부족을 깁고,
착오(錯誤)를 바로잡아야"90) 한다고 주장하였다.

우리는 신채호의 고대사 연구가 '실증'이 없다는 견해에 자주 부딪치
게 되는데, 그의 고구려 · 발해의 유적답사에서 얻은 '실증'만으로도 섣
부른 문헌고증보다 더 견고한 실증 위에 그의 역사연구가 서 있음을
여기서 알 수 있다. 그의 저서가 형식상 각주(脚註)를 달고 있지 않을
뿐이지 그의 역사연구는 문헌과 유적답사에 의한 실증 위에 기초하고
있음에 주목할 필요가 있다.

정인보는 신채호의 역사연구가 유적답사와 문헌의 비교고찰에 의한
확고한 실증 위에 서 있음을 다음과 같이 설명하였다.

> 게다가 그 流離 · 放浪의 半生을 대개 古朝鮮 發祥의 遺墟와 戰伐
> 의 故地와 遷從往來의 荒城에서 보내니만큼, 이르는 곳마다 圖籍을

---

89) 《朝鮮上古史》, "總論," 《전집》, 상권, p. 49.
90) 李允宰, "北京時代의 丹齋," 《전집》, 하권, p. 480.

가지고 혹 산천을 묻기도 하고, 혹 習俗을 살피어 古史와 비교도 하고 혹 금석의 斷毀한 殘片과 礎址의 準沒한 餘痕을 찾아다니면서 窮搜 또 廣探하여 이에 弔古悲今의 감격을 增恢함을 姑捨하고 前人未發의 史料를 얻은 것이 점점 쌓일 뿐더러, 이왕 홀로서 孤見을 품고도 그 然否를 遽定치 못하던 것이 目覩身經하는 가운데 드디어 확립함을 보고는 스스로 환희를 느끼기도 하였을 것이다.[91]

신채호가 고조선의 지리경역(地理境域)에 관한 획기적 새 발견과 새 학설을 제시한 것은 중세사학에 대한 그의 투철한 비판의식과 함께 유적답사를 통해서 문헌고증의 범위를 극복하여 실증을 구하는 탐구정신과 결부된 것이었다.[92]

신채호의 서간도 독립운동 근거지 답사는 삼원보(三源堡)에 있는 신흥무관학교와 신한민촌을 찾아 신민회의 옛 동지를 만나보고, 동지들과 함께 백두산을 등정하여 그 부근의 밀림지대를 답사한 것이었다. 이 무렵에 신채호를 처음 만난 이극노(李克魯)는 신채호의 능력의 장단(長短)을 다음과 같이 지적하였다.[93]

① 능문 불능필(能文 不能筆)
신채호는 문장이 탁월했는데 글씨는 어린애의 처음 배우는 글씨와 같았다.
② 능좌담 불능연설(能座談 不能演說)
신채호는 좌담에는 청산유수와 같았으나, 연단에 올라서면 천장만 쳐다보고 제대로 말을 못하였다.
③ 속독(速讀)
신채호는 독서할 때 책장을 헤는 것과 같이 빨리 읽었다.

---

91) 鄭寅普, "丹齋와 史學,"《전집》, 하권, p. 457.
92) 金哲埈, "丹齋史學의 位置,"《韓國文化史論》(1976), pp. 172~184 및 "한국근대사학의 성장,"《한국문화전통론》(1983), pp. 143~161 참조.
93) 李克魯, "西間島時代의 先生,"《전집》, 하권, pp. 476~477 참조.

④ 영문자습(英文自習)

신채호는 영어회화는 한마디도 못했으나 자습으로 영문서적은 능히 읽었다.

⑤ 강직(剛直)한 사필(史筆)

신채호의 사필이 한 번 움직이면 정사(正邪)가 반드시 밝혀졌다.

정인보는 신채호가 탁월한 것은 한학(漢學)과 문장(文章), 그리고 한시(漢詩)이며, 잘 못하는 것은 글씨(書字)를 못 쓰는 것이라고 하였

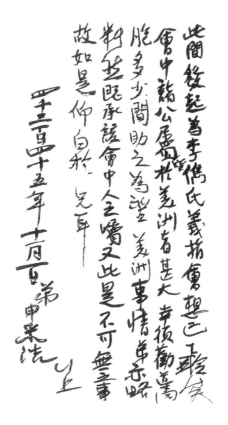

〈 단재 신채호의 필적 〉

다.94) 해객(海客)은 신채호의 탁월한 점이 ① 사학, ② 시학, ③ 불경이라고 하였다.95) 또한 안재홍은 그의 장점이 고매한 학식과 예리한 안목과 격렬하고 웅장한 논봉(論鋒)에만 있는 것이 아니라 ① 추연(推演), ② 변난(辨難), ③ 개척(開拓), ④ 창작(創作)이 탁월한 것에도 있다고 하였다.96)

신채호는 1915년에 동지 이회영의 권고로 서간도에서 북경으로 가서 3·1운동 때까지 약 4년을 체류하였다. 북경에서는 주로 ① 역사연구, ② 북경 부근의 조선고대사 유적답사, ③ 독립운동 관계 논설집필, ④《중화보》,《북경일보》등의 논설집필 등에 힘을 쏟았다.

이 시기의 신채호의 역사연구는 조선역사를 ① 조선사통론(朝鮮史通論), ② 문화편(文化篇), ③ 사상변천편(思想變遷篇), ④ 강역고(疆域考), ⑤ 인물고(人物考)의 다섯 편으로 나누어 집필하는 것이었다. 신채호는 연구작업의 상당부분을 이 시기에 수행하였다. 이윤재(李允宰)는 다음과 같이 회상하였다.

"내가 수년 전부터 조금 써둔 것이 있는데 아직 좀 덜된 것이 있습니다마는 쉬 끝내려고 합니다"하며 원고 뭉텅이를 꺼내어 보인다. 이 원고는 모두 다섯 책으로 되었는데, 첫째 권은 조선사통론, 둘째 권은 문화편, 셋째 권은 사상변천편, 넷째 권은 강역고, 다섯째 권은 인물고, 이밖에 또 부록이 있을 듯하다고 한다.97)

이윤재가 신채호를 만난 것은 1921년이었으나, 신채호가 이 원고를 꺼내 보이면서 '수년 전'부터 조금 써둔 것이라고 하고, 이윤재가 이

94) 爲堂, "殘憶의 數片,"《新東亞》, 1936년 4월호,《전집》, 하권, pp. 461~462 및 "丹齋와 史學,"《전집》, 하권, pp. 457~458 참조.
95) 海客, "丹齋 故友를 追憶함,"《전집》, 하권, pp. 466~467 참조.
96) 安在鴻, "嗚呼 丹齋를 哭함,"《朝鮮日報》, 1936년 2월 27일,《전집》, 별집, pp. 377~378 참조.
97) 李允宰, "北京時代의 丹齋,"《전집》, 하권, pp. 480~481.

원고의 실제로 존재함을 눈으로 보았으니, 앞의 다섯 편의 연구와 일
부의 집필은 1915~1918년의 북경체류시대에 대부분 쓰인 것임을 알
수 있다.

신채호의 북경 부근의 조선고대사 유적답사에 대해서는 그 자신이
다음과 같이 말하고 있다.

참 그렇습니다. 북경 東郊에도 훌륭한 조선고적이 있건마는 누가 그
것을 찾아볼 생각이나 둡니까. 그리고 이왕 사대주의자들의 眼孔이
좁기가 한정 없어 밤낮 사료를 반도 안에서만 찾으려고 헤매고 一步
도 그 밖을 나가본 적이 없었습니다. 그러기 때문에 史上에는 牽强
附會한 事實이 한두 가지가 아니지요. 98)

신채호의 논문 "만리장성이 뉘 것이냐"99)는 이 무렵의 신채호의 유
적답사에 의거하여 나온 논문이라고 보인다.

신채호의 이 시기의 독립운동 관계 논설의 집필은 주로 중국신문들
에 '한중항일공동전선'의 결성을 주장하고 한국인들에 대해서는 '무장
단투'(武裝段鬪), 즉 '무장투쟁'이 일본 제국주의를 몰아내고 독립을
쟁취하는 최선의 방법임을 주장한 것이었다.

신채호는 1916년(37세) 3월에 그의 독립사상을 소설형식으로 쓴 "꿈
하늘"을 집필하여 그의 역사의식을 개진했으며, 100) 8월에는 대종교 교
주 나철(羅喆)이 항일의 뜻으로 자결하였다는 소식을 듣고 "도제사언
문"(悼祭四言文)을 지었다. 101) 그는 "꿈하늘"에서 항일무장투쟁을 다
음과 같이 상징적으로 역설하였다.

98) 李允宰, 같은 글.
99) 《전집》, 별집, pp. 35~46 참조.
100) 韓永愚, "1910年代의 申采浩의 歷史認識,"《韓㳓劤博士停年紀念史學論
    叢》(知識産業社, 1981) 참조.
101) 爲堂, "殘憶의 數片,"《전집》, 하권, pp. 461~462 및 "年譜,"《전집》, 하권,
    p. 500 참조.

내가 살면 大敵이 죽고 대적이 살면 내가 죽나니
그러기에 내 올 때에 칼 들고 왔다.
대적아 대적아 네 칼이 세던가 내 칼이 센가 싸워를 보자. 102)

신채호의 《중화보》, 《북경일보》에의 논설 집필은 북경에서의 그의 생계를 위해서였다. 그리고 다수의 독립운동가들이 이 시기에 신채호를 북경에서 만나보고 그의 개성과 인간에 대한 회상기를 남겨놓았다. 홍명희(洪命熹)는 신채호의 개성을 다음과 같이 회상하여 기록하였다.

북경서 달포 동안 단재와 교류하는 중에 비로소 그의 인물을 잘 알았습니다. 단재가 의논(議論)에 억양(抑揚)하고 행동에 교계(較計)가 적으나, 억양이 과한데 정열이 있어 좋고, 교계가 적은데 속기(俗氣)가 없어 좋았습니다. 단재가 고집 세고 괴벽스럽다고 흉보듯 변보듯 말하는 사람도 없지 않았으나, 단재의 인물을 잘 알면 고집이 맘에 거슬리지 않고 괴벽이 눈에 거칠지 않았을 것입니다. 103)

이 시기에 신채호를 만난 독립운동가들은 신채호의 성격의 특징을 '벽성'(癖性)과 학자다운 '한만성'(汗漫性)이라고 들었다. 104) 신채호에게는 결벽증이 있었던 것 같다. 예컨대 신채호는 이 시기에 그의 생계를 전적으로 의존하던 《중화보》에 쓴 논설을 신문사에서 조사에 불과한 '의'(矣)자를 한 자 고쳤다고 해서 단연 거절하였다. 105) 《중화보》에서는 신채호의 논설로 발행부수가 4~5천 부나 늘었으므로 사장이 사과하러 그를 찾아왔다. 106) 그러나 신채호는 수차 찾아온 《중화보》

---

102) "꿈하늘,"《전집》, 하권, p. 190 참조.
103) 洪命熹, "上海時代의 丹齋,"《전집》, 하권, pp. 474~475.
104) 海客, "丹齋 故友를 追憶함,"《전집》, 하권, p. 466.
105) 申錫雨, "丹齋와 '矣'字,"《新東亞》, 1936년 4월호, 《전집》, 하권, pp. 464 ~465 참조.
106) 元世勳, "丹齋 申采浩,"《전집》, 별집, p. 395 참조.

사장을 질책해 보내고 영영 집필하지 않았을 뿐만 아니라 중국인들이 한국인을 무시해서 글자를 고친 것이라고 하고 수입을 위해서 집필을 응낙했던 것을 지조를 깨뜨린 것처럼 뉘우쳤다. [107)]

신채호는 전력을 기울여 국사에 관한 귀중한 원고를 써놓고는 얼마 후에 그것이 마음에 들지 않는다고 그것을 고쳐나가지 않고 갑자기 없애버리거나 전부를 불태우거나 폐기해버리는 버릇이 있었다. [108)] 그 때문에 신채호의 귀중한 작품들이 그 자신에 의해 많이 소실되었다.

또한 신채호는 좌담을 하다가 의견이 틀리면 자리를 차고 떠나버리는 벽성이 있었다. 독립운동가들은 그의 벽성을 잘 알고 있기 때문에 화를 내지 않고 오히려 미소지었다. [109)] 사실은 신채호의 이러한 벽성은 그의 "고결한 지조"[110)]와도 직결된 것이었다. 독립운동가들의 회고는 신채호가 '고집불통'이라고 한결같이 지적하고 있는데 그의 '고집불통'은 지나고 보면 그의 선견지명(先見之明)을 말해주었다고 한다. [111)]

신채호의 학자다운 '한만성'(汗漫性)을 나타내는 이야기는 매우 많다. 예컨대 신채호는 "자기의 발보다는 아주 큰 베짚신을 그대로 끌고 다니면서 그 신의 돌개총끈을 졸라맬 줄을 모르며", [112)] 자기 일신상에 관한 것을 잘 꾸리지 못했다. 또한 이 시기에 신채호는 매우 곤궁하여 굶는 날이 많았으면서도 금전에 관심이 없었다. 그를 따르는 우응규(禹應奎)라는 제자가 그 참상을 걱정하여 신채호의 방석 밑에다 10원씩 또는 30원씩 묻어두고 갔다. 그러나 방소제를 안 하기로 이름난 신채호는 자기가 앉은자리 밑에 돈이 있는 줄도 모르고 굶기도 했다. 그

---

107) 申錫雨, 앞의 글, p. 465 참조.

108) 洪命熹, "朝鮮史硏究草書,"《전집》, 중권, p. 14 및 鄭寅普, "丹齋와 史學,"《전집》, 하권, p. 456 참조.

109) 李光洙, "脫出途中의 丹齋 印象,"《전집》, 하권, p. 471 참조.

110) 申錫雨, 앞의 글, p. 465.

111) 元世勳, 앞의 글, p. 392 참조.

112) 元世勳, "丹齋 申采浩,"《전집》, 별집, p. 390.

52

참상을 보고 친구 변영만이 참지 못하여 무슨 방을 돼지우리처럼 두는 가하고 노호하면, 신채호는 마지못하여 방소제를 시작하다가 자리 밑에서 돈을 발견하고 호주머니에 넣으면서 "나는 돈이 다 떨어진 줄 알았더니 그거 남았군!"하였다. 이러한 일이 되풀이되었지만 신채호는 매번 그것을 자기가 떨어뜨린 것으로 알았다.[113]

신채호는 이 시기에 망명할 때 동지 임치정(林蚩正)에게 맡겼던 조카딸(香蘭)이 신채호가 원하지 않은 곳에 결혼하는 것을 막기 위하여 1917년에 망명 후 처음으로 잠깐 귀국하였다. 조카딸이 그의 뜻을 따르지 않고 임씨의 권하는 곳에 결혼하려 하자 의절하였다.[114]

북경에 체류하는 기간에 1919년(40세) 2월 만주에서 독립운동가들이 "대한독립선언서"(일명 戊午독립선언서)를 선포하자 여기에 다른 39명의 독립운동가들과 함께 서명하였다.[115] 신채호는 3·1운동을 북경에서 맞고 이 운동에 감격하였다. 그 자신은 이 운동에 직접적으로는 아무런 역할도 하지 못했으나, 어떠한 독립운동 집단도 해내지 못한 일을 '민중'이 자발적으로 직접 봉기하여 훌륭히 수행해내는 것을 보고 민중의 위대한 힘을 절실히 깨달았다. 신채호는 3·1운동의 심대한 영향을 받고 그의 사상과 운동에 큰 변화를 일으키기 시작했던 것이다.

8. 3·1운동 직후의 독립운동

3·1운동 직후 신채호는 3·1운동의 감격을 안고 북경에서 상해로 가서 독립운동가들이 임시정부를 조직한 맨 처음의 모임인 '29인 모임'

---

113) 卞榮晩, "丹齋傳," 《전집》, 하권, p. 452 및 "실루엣 二, 三," 《전집》, 별집, p. 354 참조.
114) 洪命憙, "上海時代의 丹齋," 《전집》, 하권, p. 475 참조.
115) 姜德相, "朝鮮," 앞의 책, 제26권, pp. 47~48 참조.

에 참가했다. 이 회의에 모인 29인들(玄楯·孫貞道·申翼熙·曺成煥·李光·李光洙·崔謹愚·白南七·趙素昂·金大地·南亨祐·李會榮·李始榮·李東寧·趙琬九·申采浩·金澈·鮮于爀·韓鎭敎·秦熙昌·申鐵·李洪根·申錫雨·趙東珍·趙東祜·呂運亨·呂運弘·玄彰運·金東三)의 임시정부 발기회의에서는 이 회의를 '임시의정원'(臨時議政院)으로 하자는 조소앙의 동의가 채택되어 의정원이 성립되고 임시정부의 조직이 시작되었다. 116)

임시의정원에서는 밤을 새워 토의한 결과 4월 11일 새벽에 국호를 '대한민국'으로 하자는 신석우의 동의를 가결하였다. 신채호는 이 결의에 적극적으로 참가하였다. 임시의정원에서는 다음으로 국무총리를 행정수반으로 하는 내각책임제의 각료 조직작업에 들어갔다. 이 회의에서 국무총리에는 서울에서 조각된 한성임시정부(漢城臨時政府) 안의 집정관총재(執政官總裁)인 이승만(李承晩)을 선출하자는 신석우의 동의와 조완구의 재청이 있자, 신채호는 이를 강력히 반대하였다. 신채호는 이승만이 1919년 2월에 완전독립을 포기하고 국제연맹의 '위임통치'(mandatory)를 미국 대통령 윌슨에게 청원한 사람이기 때문에 국무총리로 선임될 수 없다고 반대이유를 설명하였다. 신채호는 국무총리는 별도의 방법을 정하여 선거하자는 개의를 내어 한진교의 재청을 얻어 가결되었다. 117)

이에 제1회 의정원 회의에서는 이승만 등 국무총리 후보자 3인을 구두호천하여 현 출석의원 3분의 2의 가결로써 천거한 다음, 다시 그 3인 중에서 무기명 단식투표로 국무총리를 선출하는 방법을 택하기로 합의하였다. 이 회의에서의 국무총리 후보자 천거를 차례로 보면, 조소앙은 박영효를 천거했다 부결되었고, 신채호는 박용만을 천거했다가 부결되었으며, 김동삼은 이상재를 천거했다가 부결되었고, 현창운

116) "大韓民國 臨時議政院 紀事錄 第一回集,"《韓國獨立運動史 資料》(국사편찬위원회), 제2권, 臨政編 Ⅱ, p.386 참조.
117) 같은 책, p.387 참조.

54

은 신채호를 천거했다가 부결되었다. 여운형은 안창호를 천거하여 가결되었고, 신석우는 이동녕을 천거하여 가결되었다. 현순은 조성환을 천거했다가 부결되었고, 이영근은 김규식을 천거했다가 부결되었으며, 현순은 다시 이회영을 천거했다가 부결되었다. 118) 여기서 신채호는 그의 무장투쟁론의 주장에 따라 하와이에서 독립군을 창설하여 훈련시킨 무장투쟁론자 박용만을 국무총리 후보로 천거했고, 신채호 자신은 현창운에 의하여 국무총리 후보로 천거되었다가 모두 부결된 것이다. 그 결과 이승만·안창호·이동녕의 3인이 국무총리 후보로 가결된 셈이 되었다. 이 3인을 놓고 무기명 단기식 투표를 행한 결과 이승만이 국무총리로 당선되었다.

신채호의 '완전독립', '절대독립'의 주장에 비추어 볼 때에는 이승만의 '위임통치 청원'은 그것이 아무리 일시적 전술이나 방편이라 할지라도 절대로 받아들일 수 없는 매국적인 것이었다. 119) 신채호는 이승만이 국무총리로 당선되자 격분하여 회의장에서 퇴장하였다. 120) 신채호가 퇴장한 후 임시의정원은 각부의 총장과 차장을 선출하고 대한민국임시헌장을 통과시키어 임시정부 조직을 끝낸 다음 1919년 4월 11일 오전 10시에 폐회하였다.

신채호는 제1회 상해 임시정부의 조직 때에는 그 자리에서 '퇴장'했으나 그렇다고 임시정부와 완전히 결별한 것은 아니었다. 신채호는 임시의정원의 제2회 회의(1919년 4월 22일)에도 의정원 의원으로서 상해임시정부에 참여했으며, 121) 제5회 의정원 회의(1919년 7월 7일~19일)에서는 다시 의정원의 전원위원회(全員委員會) 위원장을 맡고, 또한 충청도의원으로 선임되었다. 122) 신채호는 1919년 4월~7월까지는

118) 《韓國獨立運動史 資料》(국사편찬위원회), 제2권, 臨政編 II 참조.
119) "聲討文," 《전집》, 별집, pp. 87~89 참조.
120) 李光洙, "脫出途中의 丹齋 印象," 《전집》, 하권, p. 473 참조.
121) "大韓民國臨時議政院紀事錄 第二回集," 앞의 책, p. 390 참조.
122) "大韓民國臨時議政院紀事錄 第五回集," 같은 책, p. 399 참조.

상해 임시정부에 상당히 적극적으로 참여했다고 볼 수 있다.

신채호가 임시정부와 완전히 '결별'을 선언하고 반임시정부(反臨時政府) 활동을 전개하기 시작한 것은 제6회 의정원회의(1919년 8월 18일~9월 17일)에서 안창호 등의 주도하에 상해 임시정부와 러시아령의 국민의회(러시아령 임시정부)와 한성 임시정부를 통일하여 통합임시정부(統合臨時政府)를 재조직할 때부터이다. 안창호 등은 한성 임시정부의 조각을 중심으로 하여 통합된 단일 임시정부의 각료를 조직하기로 하고, 대통령으로는 한성 임시정부에서 집정관총재로 지명된 이승만을 추대하려고 하였다. 신채호는 이번에는 그것이 국무총리가 아니라 대통령(大統領)이므로 이승만의 대통령 선출을 더욱 강경하게 반대하였다. 그러나 제6회 의정원회의에서 의원들은 이승만을 대통령으로 선출하고, 이동휘를 국무총리로 한 새로운 내각의 통합임시정부를 1919년 9월 11일 출범시켰다.[123] 신채호는 이번에는 임시정부와 완전히 '결별'했을 뿐 아니라 맹렬한 반임시정부 활동을 전개하기 시작하였다.

신채호는 임시정부 대통령에 이승만 선출을 반대하는 신규식·남형우 등의 지원을 받고 1919년 10월 상해에서 동지들과 주간신문으로 《신대한》(新大韓)을 창간하여 그 주간으로서 임시정부를 맹렬히 비판하고 공격하기 시작하였다.[124] 이에 따라 신채호의 《신대한》과 임시정부의 기관지인 《독립신문》(1919년 8월 창간) 사이에는 끊임없는 논쟁이 벌어졌다. 임시정부에서는 이광수가 나서서 신채호를 독립신문사 사장으로 초청했으나, 신채호는 이를 거절하고 임시정부를 계속 비판하였다.[125] 신채호는 《신대한》을 통하여 특히 ① 일본 제국주의 침략의 야만성, ② 이승만의 위임통치 청원안 제출, ③ 독립운동 방략

---

123) "大韓民國臨時議政院紀事錄 第六回集," 같은 책, p. 413 및 pp. 421~422 참조.

124) "上海居住抗日運動者の書信入手の件," 金正明 編, 《朝鮮獨立運動》, 제2권, pp. 407~408 참조.

125) 李光洙, 앞의 글 참조.

으로서의 외교론, ④ 임시정부의 독립운동 노선의 불철저한 전투성, ⑤ 임시정부의 무능과 파쟁, ⑥ 여운형의 도일(渡日) 등을 맹렬히 비판하고 공격하였다.

신채호는 상해에서 40여 명의 동지들과 함께 신대한동맹단(新大韓同盟團)을 조직하여, 단주(團主)를 남형우가 맡고 신채호가 부단주를 맡기도 하였다. 126) 신채호는 또한 박은식과 김창숙의 지원을 받고 미국의 이승만에게 '위임통치 청원서'를 취하하라는 편지를 두 번이나 작성해 보냈으나 회답을 받지 못하였다. 127) 그들은 공공연히 이승만의 탄핵파면을 임시정부에 요청하였다.

신채호의 이러한 활동과《신대한》을 통한 맹렬한 임시정부 비판으로, 그는 마치 반임시정부 계통 독립운동가들의 총아처럼 되었다. 신채호는 임시정부의 압력 등에 의하여 상해에서의《신대한》의 발행이 중단되자 1920년 4월 상해를 떠나 북경으로 자리를 옮겼다.

신채호의 1920년부터 3년간의 북경생활은 망명 후 신채호의 일생에서 가장 활기에 넘친 행복한 시기였다. 신채호는 이곳에서 즉각 반임시정부 노선을 걷는 박용만 등 50여 명의 동지들과 함께 '제 2회 보합단'(第二回 普合團)을 조직하고 그 내임장(內任長)으로 선출되었다. 제 2회 보합단은 1919년 만주에서 조직된 독립군단인 보합단을 계승하는 단체로서, 무장군사활동을 유일한 독립운동 방략으로 채택하고 '대한민국 군정부'를 자칭하면서 임시정부의 독립운동 노선을 맹렬히 비판하였다. 128)

신채호는 1920년(41세) 4월에 이회영의 부인 이은숙(李恩淑)의 중

---

126) "上海独立運動者の動向に関し調査報告の件,"《朝鮮獨立運動》, 제 2권, p. 440 참조.

127) 金昌淑, "獨立運動秘話,"《京郷新聞》, 1962년 3월 2일 및《전집》, 별집, pp. 401~403 참조.

128) "北京における第二回普合團組織の件,"《朝鮮獨立運動》, 제 2권, pp. 458~ 460 참조.

매로, 서울에서 간호원으로서 3·1운동에 참가한 후 망명하여 북경대
학에 유학중이던 박자혜(朴慈惠, 28세)와 결혼하였다. 신채호는 반임
시정부 노선의 항일독립운동을 전개하는 중에서도 이 시기에 신혼의
행복한 가정생활을 경험하였다. 129)

　신채호는 1920년 9월에 북경에서 박용만·신숙 등과 함께 군사통일
촉성회(軍事統一促成會)를 발기하였다. 130) 만주와 러시아령에서 3·1
운동 직후부터 자발적으로 다수의 독립군단들이 조직되어 무장투쟁을
전개하고 있었으나, 이러한 독립군 부대들은 지휘계통이 하나로 통일
되지 못해 지휘와 작전이 분산되어 있었기 때문에 총역량을 다 발휘하
지 못하고 있었다. 또한 상해 임시정부와의 관계에서도 어떤 독립군
부대들은 임시정부를 봉대하여 활동보고서를 제출했지만 어떤 독립군
부대들은 공공연히 임시정부에 반기를 들었다. 신채호는 독립운동에
서 임시정부보다 독립군 부대들의 무장군사활동을 훨씬 중요시하고 있
었으므로 독립운동의 긴급한 당면과제는 분산된 독립군 부대들의 지휘
계통을 통일하여 더욱 효과적인 항일 무장투쟁을 전개하는 일이라고
보고 군사통일촉성회를 발기한 것이었다.

　신채호는 1921년(42세) 1월에는 북경에서 김창숙 등의 지원을 받아
독립운동잡지 《천고》(天鼓)를 창간하였다. 131) 월간인 이 잡지는 한국
인들과 더불어 중국인들에게도 읽히기 위하여 순한문으로 간행되었
다. 잡지의 논설은 그 대부분을 신채호가 집필하였다. 132) 신채호가
《천고》에서 주장한 것은 ① 일본 제국주의의 야만성, ② 일본제국주
의의 동양평화 교란, ③ 한국 독립의 필요성, ④ 항일무장투쟁의 필요
성, ⑤ 한·중 항일연합전선의 필요성, ⑥ 일본의 중·일 친선과 한·

129) 朴慈惠, "가신 님 丹齋 靈前에,"《전집》, 하권, p. 484 및 "年譜,"《전집》,
　　　하권, p. 501 참조.
130) 申肅, 《나의 一生》, p. 61 및 崔洪奎, 앞의 책, p. 167 참조.
131) "年譜,"《전집》, 하권, p. 501 참조.
132) "文獻,"《天鼓》및《전집》, 별집, pp. 247~265 참조.

일 친선의 허위성, ⑦ 일본 제국주의의 필연적 패망 등이었다.

신채호는 《천고》의 간행에 온 정력을 쏟았다. 이 시기의 신채호의 모습을 심훈(沈熏)은 다음과 같이 회상하였다.

> 그 당시 그는 42, 3세의 장년이었는데, 원체 문명을 높이 들었을 뿐
> 아니라 금강산 단풍구경보다도 蒙古 砂漠風에 胸襟을 펼치고 싶다
> 고 한만치 기골이 늠름한 ××家로 알았던 것과는 딴판으로, 남산골
> 샌님처럼 그 체구와 풍모가 옹졸하여서 전형적 충청도 양반으로 고
> 리 삭은 선비로구나 하는 첫 인상을 받았다.
>
> 그때 마침 《天鼓》라는 잡지를 主幹하였는데 희미한 燈下에서 毛
> 筆로 붉은 정간을 친 원고지에다가 철야 집필하는 것을 목도하였다.
> 그 창간사인 듯 "天鼓, 天鼓여. 한 번 치매 무슨 소리가 나고, 두 번
> 두드리매 어디가 울린다"는 의미의 글인 듯이 몽롱하게 기억되는데,
> 한 구절 쓰고는 소리 높여 읊고, 몇 줄 또 써 내려가다가는 붓을 멈
> 추고 무릎을 치며, 喟然히 탄식하는 것이 마치 글에 失眞한 사람같
> 이 보였다. 붓끝을 놀리는 대로 때문은 棉袍子의 소매가 번쩍거리는
> 데, 생각이 막히면 연방 葉草에 침질을 해서 말아서는 태워 물고 뻐
> 끔뻐끔 빤다. 그러다가 불시에 두 눈이 이상한 섬광이 지나가는 동
> 시에, 手製 呂宋煙을 아무 데나 내던지며 일변 붓에 먹을 찍는다.[133]

상해 임시정부의 이 무렵의 형편은 1920년 12월 8일 임시대통령 이 승만이 미국에서 상해로 와서 대통령의 권위로 임시정부의 내부분열을 수습하려 하였다. 그러나 이것이 잘 안 되어 1921년 1월 24일 임시정 부 국무총리 이동휘가 러시아령으로 돌아가버리는 심각한 사태에까지 이르게 되었다. 이에 독립운동을 지도하는 최고기관의 재정비가 절실 히 요구되자, 1921년 2월 초에 북경에서 박은식·원세훈·김창숙·왕 삼덕·유례균 등 14명은 "우리 동포에게 고함"이라는 성명서를 발표하 고 국민대표회의의 소집을 요구하였다. 그들이 국민대표회의의 소집

---

133) 沈熏, "丹齋와 友堂,"《전집》, 별집, pp. 411~412.

을 요구한 동기는 통일된 강력한 정부의 재조직과, 독립운동의 최선의
방법을 중지를 모아 정립하기 위한 것이라고 설명하였다. 134)

박은식 등의 성명은 실제로는 상해 임시정부의 역량을 불신하고 이
것을 명실상부하게 독립운동의 최고기관으로 개편하기 위한 것이었으
며, 또한 독립운동의 최고전략으로서 독립전쟁의 무장투쟁을 지지하
고 독립군 부대들의 통합과 군사적 지휘계통의 통일을 확립하기 위한
것이었다. 이것은 신채호의 주장과 완전히 일치하는 것이었다.

박용만·신채호·신숙 등 9명이 중심이 된 북경의 군사통일촉성회는
그 동안의 준비를 거친 후 1921년 4월 20일 북경 교외의 삼패자화원(三
牌子花園)에서 군사통일주비회(軍事統一籌備會)를 개최하였다. 135) 그
동안 독립군의 무장투쟁이 1920년의 봉오동전투와 청산리전투에서 승
리를 거두었음에도 불구하고 '자유시 참변' 이후 부진한 것은 독립군단
들이 분산되어 작전과 지휘에 통일을 이루지 못했기 때문이라고 보았
다. 군사통일주비회에는 국내의 국민회(대표 朴容萬), 하와이의 독립
단(대표 權承〔聖〕根·金鉉九·朴建秉), 북간도의 국민회(대표 金九
禹), 서간도의 군정서(대표 宋虎), 국내의 광복단(대표 權敬止), 국내
의 통일당(대표 申肅·申達模·黃學秀), 러시아령의 국민의회(대표 南
公善), 국내의 조선청년회(대표 李章浩·李光東), 국내의 노동당(대표
金甲) 등 10개 단체의 대표들이 참가하였다. 136)

이 회의에서는 군사통일의 방침을 토의한 결과 우선 '준비'와 '진공'
(進攻)으로 나누어서 러시아령으로 집결된 독립군 부대들은 통일하여

<hr>

134) "反臨時政府側의 國民代表會議開催에 관해 1921年 12月 18日字로 朝鮮總
督府 警務局長이 外務次官에게 通報한 要旨. 反臨時政府側의 國民代表會
議開催에 관한 件," 별지 '우리 同胞에게 告함', 《韓國民族運動史料》(국회
도서관), 中國篇, pp. 276~277 참조.
135) 《韓國獨立運動史》(愛國同志援護會), p. 368 참조.
136) "朝鮮民族運動年鑑,"《朝鮮獨立運動》, 제 2권, pp. 275~276 및 "中國各地に
おける獨立運動者の動靜報告の件," 같은 책, p. 465 및 《韓國獨立運動史》,
pp. 367~368 참조.

대부대를 편성해서 후일 국내 대진입을 '준비'하기로 하고, 남북만주에 산재한 독립군 부대들은 지휘계통을 통일하여 게릴라 부대를 편성해서 국경 부근에서 유격전술로 '진공'을 감행하기로 결의하였다. 137) 이 회의에서는 이러한 군사의 총지휘부를 상해 임시정부에 맡길 것인가, 별도의 군사통일기구를 조직할 것인가의 양론을 놓고 토론하게 되었다. 이때 하와이 독립단 대표 권성근이 임시정부 대통령 이승만의 위임통치 청원 제출을 보도한 영자신문을 물적 증거로 제시하고 상해 임시정부에 대한 불신임안을 제출했으며, 박용만은 이승만의 위임통치 청원이 사실임을 증언하였다. 138) 이에 군사통일주비회는 상해의 임시의정원과 임시정부를 부인하기로 결의했으며, 박은식·원세훈 등이 제기한 국민대표회의 소집을 지지하기로 결의하고, 군사지휘권 문제는 국민대표회의에서 결정하여 해결하기로 결의하였다. 군사통일주비회는 국민대표회주비위원으로 박용만·신숙·박건병·남공선·배천택 등 5인을 선출하고, 이를 선전·촉진하기 위하여 신채호를 주간으로 해서 주간신문《대동》(大同)을 발행하기로 결정하였다. 139)

군사통일주비회는 마침내 상해 임시정부에 10개 단체의 명의로 불신임 결의문을 보내고 3일 이내에 임시의정원의 해산을 요구하였다. 140) 독립운동계가 큰 충격을 받고 소용돌이치는 속에서 북경의 군사통일주비회는 1921년 5월 말경에 유회상태에 들어갔다. 141)

신채호는 군사통일주비회가 진행되는 동안 이를 지원하는 두 가지 운동을 전개하였다. 그 하나는 임시정부 대통령 이승만을 사퇴시키고 임시정부를 완전히 새로 조직하기 위하여 이승만 '성토문' 운동을 벌인 일이다. 142) 신채호는 1921년 4월 이승만의 위임통치 청원 사실을 매

137) 《韓國獨立運動史》, p. 368 참조.
138) 申肅, 《나의 一生》, p. 63 참조.
139) 《韓國獨立運動史》, p. 368 참조.
140) "朝鮮民族運動年鑑," 《朝鮮獨立運動》, 제 2권, p. 275 참조.
141) 申肅, 《나의 一生》, p. 64 및 《韓國獨立運動史》, p. 368 참조.

국과 다름없는 것이라고 규탄하고 이승만을 대통령으로 옹립한 임시정부를 비판하는 "성토문"을 스스로 작성하여 동지들의 서명을 받아서 임시정부에 보내고 천하에 공표하였다. 신채호의 이승만 성토문에는 강경문·고광인·김원봉·김창숙·남공선·서일보·배달무·송호·오성륜·이극노·장건상·최용덕·최묵 등 54명의 동지들이 서명하였다.[143] 신채호는 이 "성토문"에서 ① 이승만·정한경 등의 위임통치 청원을 역적행위와 다름없는 것이라고 탄핵했으며, ② 이승만을 대통령으로 떠받들고 있는 임시정부의 안창호 등의 지도노선을 신랄히 비판하고, ③ 위임통치 청원은 이승만·정한경 등의 개인적 자작이지 한국 민족의 의사가 아니므로 무효임을 전세계에 선언하였다.

신채호는 또한 김정묵(金正默)·박봉래(朴鳳來) 등과 함께 통일책진회(統一策進會)를 발기하고 "통일책진회 발기 취지서"를 작성 발표했다. 신채호는 이 취지서에서 ① 진정한 독립정신 아래 통일적 광복운동을 하고, ② 정부문제를 근본적으로 해결하여 시국을 수습하며, ③ 군사단체를 완전히 통일해서 혈전을 꾀한다는 것을 성명하였다.[144]

북경군사통일주비회와 신채호의 "성토문" 및 통일책진회 운동에 의한 이승만 탄핵은 임시정부 및 이승만에게 큰 타격을 주었다. 이승만은 태평양회의 참가를 구실로 1921년 5월 20일 상해를 떠나 다시 미국으로 돌아가 버렸다. 신채호 등은 이에 국민대표회의 소집에 모든 희망과 기대를 집중하게 되었다.

국민대표회의는 그 개최의 전망이 확실하게 되었다. 왜냐하면 상해에서도 여운형·안창호 등이 이를 적극 지지하고 나섰기 때문이었다.[145] 상해에서는 1921년 5월 19일에 독립운동가 300여 명의 찬동을

142) "在上海 韓人獨立運動者의 內訌에 관해 1921년 5월 11일자로 朝鮮總督府 警務局長이 外務次官에게 통보한 要旨, 在上海 韓人獨立運動者의 內訌에 관한 件,"《韓國民族運動史料》, 中國編, p. 331 참조.

143) "聲討文,"《전집》, 별집, pp. 87~90 참조.

144) "年譜,"《전집》, 하권, p. 501 참조.

얻어 상해 국민대표회의 기성회를 조직하고 여운형 등 20명을 그 위원
으로 선정하여 이 운동에 박차를 가하였다.[146] 임시정부의 본거지인
상해에서 국민대표회의 기성회가 조직된 것은 이 대회의 소집을 움직
일 수 없는 것으로 만들었다. 뒤이어 만주와 러시아령과 미주와 국내
의 독립운동가들도 국민대표회의 개최에 의한 임시정부의 확대개편과
독립운동 노선의 통일을 강력히 지지하고 나섰다.

  상해 임시정부는 처음에는 국민대표회의의 소집에 반대했으나, 대
세가 독립운동가들이 있는 곳에서는 어디서나 개최를 지지하자 소수의
현 임시정부 고수파를 제외하고는 다수가 국민대표회의 소집에 찬동하
게 되었다. 그리하여 1922년 4월 22일에는 마침내 의정원에서도 인민
청원안의 심의형식으로 국민대표회의의 소집을 가결시키기에 이르렀
다.[147] 이제는 전세계 어디에서도 국민대표회의의 개최를 반대할 세
력은 없게 되었다.

  이에 독립운동가들은 1922년 5월 10일 상해에서 국민대표회의 준비
위원회를 조직하여 준비선언서를 발표하고, 위원장 남형우, 회계 김
철·원세훈, 서기 나용균·서병호를 선임하여 본격적인 국민대표회의
개최 준비사무를 시작하였다.[148] 준비위원회는 공장정(公章程)을 정
하고 각 지역과 독립운동단체별로 위원수를 배정하여 상해에서 국민대
표회의를 개최할 것을 통보한 결과 국내외에서 전 민족적 호응을 얻었
다. 신채호는 국민대표회의가 개최되어 모든 독립운동가들의 지지와
참여 위에서 새로운 임시정부가 조직되어 독립운동전선을 통일할 수

145) "呂運亨·安昌浩의 國民代表會 促進을 위한 演說,"《韓國獨立運動史資料》,
    제 2권, pp. 548~576 참조.
146) 《獨立新聞》, 1921년 5월 21일자 및 "國民代表會期成會 組織委員 二十人選
    出," 같은 책, pp. 577~578 참조.
147) 《獨立新聞》, 1922년 6월 24일자 및 "人民의 請願案通過," 같은 책, p. 525
    참조.
148) "國民代表會의 經過 및 國民代表會 準備委員會 宣言書," 같은 책, pp. 585
    ~587 참조.

있게 되고 무장투쟁 노선에 의하여 독립군 부대들의 군사활동을 통일할 수 있게 되었으므로 여기에 모든 희망을 걸고 이를 적극 지지하여 참가하였다. 국민대표회의의 개최와 새로운 임시정부의 수립과 무장투쟁노선에 의한 군사통일은 3·1운동 직후부터 신채호가 일관되게 주장해온 신채호 노선의 승리를 의미하는 것이었다.

신채호는 이 새로운 단계의 독립운동에서 "나라를 위하여 죽음으로써 적과 싸우기를"[149] 결의하였다. 그는 망명 때와 비슷하게 주변을 정리하였다. 그는 우선 두 살된 어린 아들 수범에게 "제 나라 말과 풍습을 익혀야 한다"[150]고 해서 1922년 말 김원봉과 함께 상해로 가기 직전에 아내와 아들을 국내로 들여보냈다.[151] 신채호인들 어린 아들과 젊은 부인을 전별할 때에 그의 가슴이 저렸을 것은 추측하기에 어렵지 않다.[152] 그는 특히 아들을 유난스레 사랑하고 귀중해 하였다.[153] 그러나 신채호는 국민대표회의의 성공 뒤에 올 새로운 단계의 독립운동에서 자기의 모든 것을 조국에 바칠 비장한 각오로 가족을 떼어 서울로 보냈던 것이다.

---

149) "李수상에게 圖書閱覽을 要請하는 便紙,"《전집》, 별집, p. 367.

150) 신수범, "아버님 단재,"《나라사랑》, 제3집(1971), p. 97.

151) 朴慈惠, "가신 님 丹齋의 靈前에,"《전집》, 하권, p. 484 참조. 여기에서 박자혜는 "그러나 당신은 두 해를 겨우 함께 살다가 다시 상해로 가시고 나는 두 살 먹이와 배 속에 다섯 달되는 꿈틀거리는 생명을 품어 안고 몇 년을 떠나 있던 옛터를 찾게 되었지요"라고 하여, 신채호의 처자가 귀국할 때가 신채호가 상해로 갈 때였음을 밝히고 있다.

152) "申采浩夫人 訪問記,"《東亞日報》, 1928년 12월 12일~13일 및 《전집》, 별집, p. 419 참조.

153) 朴慈惠, 앞의 글 참조.

9. '조선혁명선언' 집필

국민대표회의 개최가 확정되고 신채호의 노선이 독립운동가들 사이에서 승리한 것으로 확실시된 1922년 12월에 신채호는 무력급진노선의 독립운동단체인 의열단(義烈團)의 의백(義伯) 김원봉(金元鳳)으로부터 그들의 폭탄제조소가 있는 상해로 가서 이를 시찰하고 의열단의 독립운동의 이념과 방법을 천명하는 의열단 선언문으로서 "조선혁명선언"(朝鮮革命宣言)을 집필해 달라는 간곡한 요청을 받았다. [154]

의열단은 1919년 11월 10일 만주의 길림(吉林)에서 창립된 폭력노선의 독립운동단체로서 그 이념은 '조국광복'을 목적으로 한 민족주의의 내용을 갖고 있었으나 그 운동의 방법은 무정부주의자들이 즐겨 택하는 암살·파괴·폭동의 방법을 택하고 있었다. [155] 물론 의열단이

---

154) 신채호가 1922년 12월 金元鳳과 함께 상해로 간 것은 또한 國民代表會準備委員會가 국민대표회의를 상해에서 1923년 1월 3일부터 개최하기로 확정하고 있었으므로 이 일과 시기를 맞춘 것이었다.

155) 朴泰遠, 《若山과 義烈團》(1947), pp. 26~29 참조. 이 자료에 의하면 의열단은 1919년 11월 10일 만주 길림성 파호문 밖 중국인 潘某의 집에서 한국의 독립운동가 김원봉·尹世胄(小龍)·李成宇·郭敬(在驥)·姜世宇·李鍾岩(梁建浩)·韓鳳根·韓鳳仁·金相閏(玉)·申喆休·裵東宣·徐相洛·權俊 등 13명이 창립하였다.

　이 자리에서는 다음과 같은 "公約 十條"를 결의하였다. ① 천하의 정의의 事를 맹렬히 실행키로 함, ② 조선의 독립과 세계의 평등을 위하여 신명을 희생하기로 함, ③ 충의의 기백과 희생의 정신이 확고한 자라야 단원이 됨, ④ 團義에 先히 하고 단원의 義에 급히 함, ⑤ 義伯 1인을 선출하여 단체를 대표함, ⑥ 何時何地에서나 매월 一次式 사정을 보고함, ⑦ 何時何地에서나 招會에 必應함, ⑧ 被死치 아니하여 단의에 盡함, ⑨ 一이 九를 위하여 九가 一을 위하여 헌신함, ⑩ 단의에 반배한 자를 處殺함.

　이들은 "公約"의 제1조의 '정의'와 '맹렬'에서 採字하여 '의열단'이라 이름하고 의백으로서 김원봉을 선출했으며, 운동의 목표로서 驅逐倭奴, 光復祖國, 打破階級, 平均地權의 민족주의적 강령을 설정하였다. 그리고 독립운동의

처음부터 의식적으로 무정부주의의 운동방법을 채택한 것은 아니었고, 오직 조국광복을 위하여 소수의 비밀결사대로서 최대의 효과를 거두는 방법을 모색한 결과가 암살·파괴·폭력이라는 방법으로 귀결되었는데, 이것이 결과적으로 당시의 무정부주의자들의 운동방법과 일치하게 된 것이었다.

당시 의열단의 암살·파괴·폭력의 독립운동방법에 대해서는 민족주의 독립운동가들과 공산주의 독립운동가들 다수가 '독립군의 독립전쟁'전략을 지지하면서 내면적으로는 은근히 비판적 입장을 취했다. 그러나 일제의 극악한 강도적 식민지 통치라는 특수한 상황에서는 의열단의 극렬한 투쟁방법을 지지하는 한국청년들이 많았기 때문에 민족주의자들뿐만 아니라 무정부주의자들이나 공산주의를 추종하는 청년들도 의열단에 가입을 신청했으므로 의열단의 결사적 단원수는 창립 후에 오히려 현저히 증가하였다.

의열단의 독립운동은 1920년부터 현저한 성과를 나타내기 시작하였다.[156] 그러나 의열단은 독립운동에서 큰 전과를 내면서도 실천활동에 치중한 나머지 의열단의 이념을 정교화하고 이론화하는 작업을 잘하지 못하고 있었다. 특히 의열단의 암살·파괴·폭력의 운동방법에 대해서는 많은 독립운동가들의 비판과 비난이 있었으므로 의열단은 그

방법으로서는 폭력방법으로서 '암살', '파괴', '폭동'의 방법을 채택하였다. 그들은 구체적으로 '파괴'의 다섯 가지 대상인 五破壞로 ① 조선총독부, ② 동양척식주식회사, ③ 매일신보사, ④ 각 경찰서, ⑤ 기타 倭敵 중요기관 등을 정하였으며, '암살'의 일곱 가지 대상인 七可殺로 ① 조선총독 이하 고관, ② 군부(일본군) 수뇌, ③ 대만총독, ④ 매국노, ⑤ 친일파 거두, ⑥ 敵探(일제밀정), ⑦ 반민족적 토호 劣紳 등을 정하였다.

156) 예컨대, ① 1920년 3월의 조선총독부 파괴를 기도한 밀양폭탄사건(郭在驥 등 16명), ② 1920년 9월의 부산경찰서 투탄사건(朴載赫), ③ 1920년 12월의 밀양경찰서 투탄사건(崔壽鳳), ④ 1921년 9월의 조선총독부 투탄사건(金益相), ⑤ 1922년 3월의 일본군대장 다나카(田中) 암살저격사건(金益相·吳成崙·李鍾岩) 등이 그것이다. 《韓國民族運動史料》, 中國編, 《高等警察要史》(慶尙北道 警察部) 및 《若山과 義烈團》 참조.

66

〈김원봉(아내 박차정의 장례식에서)〉

들의 독립운동의 이념과 방법을 이론화하고 합리화할 필요가 절실했다. 김원봉은 이러한 일을 신채호에게 요청한 것이었다.

신채호와 김원봉은 그 이전부터 친분이 있었다. 김원봉은 신민회에서 세운 신흥무관학교를 졸업했다. 폭탄제조법도 이곳에서 배웠다. 신채호는 신민회의 주요 간부로서 신흥무관학교에 관련을 갖고 있었다. 김원봉은 의열단 창립 후 상해 임시정부와는 직접 관련을 맺지 않고, 신채호 등의 북경군사통일회를 지지하고 언제나 무장투쟁 노선을 지지하였다. 김원봉과 의열단은 1922년경까지 신채호 등의 반임시정부 계열의 독립운동에 동조했다고 볼 수 있다. 김원봉은 1921년 4월의 신채호가 주동이 된 이승만·정한경 등의 위임통치 청원에 대한 "성토문"에서 신채호 등 54명과 함께 공동 서명하였다. 157)

김원봉은 신채호를 스승과 같이 존경하였다. 한편 의열단의 독립운동에 강한 친화력을 느끼고 있던 신채호는 김원봉의 요청을 흔쾌히 받아들였다. 신채호는 1922년 12월 김원봉을 따라 상해로 가서 의열단의 폭탄제조소를 시찰한 다음 의열단의 독립운동의 이념과 방법을 천명하는 선언문으로서 "조선혁명선언"을 집필하게 되었다. 158)

여기서 주목해야 할 것은 김원봉이 신채호에게 "조선혁명선언"의 집필을 의뢰하면서 이 작업의 의열단 측 책임자로 유자명(柳子明, 본명

---

157) "聲討文,"《전집》, 별집, p. 90 참조.

158) "若山과 義烈團," pp. 105~108 참조.

柳興湜, 호 友槿)이라는 인물을
선정하여 합숙시킨 사실이다. 유
자명이 바로 당시에 무정부주의
자였던 것이다. 유자명은 충북 음
성사람으로 수원농림학교에서 수
학하고 3·1운동에 참가한 후,
바로 중국으로 망명하여 주로 북
경대학의 오치휘(吳稚暉)·이석
증(李石曾) 등 무정부주의 그룹

〈유자명〉

의 영향을 받아 무정부주의자가 되었다. 그는 3·1운동 직후에는 상해
임시정부 수립에 참가했으며, 그후 의열단의 독립운동에 동조하여
1921년에 의열단에 가입하고, 의열단의 가장 탁월한 이론가로 활약하
고 있었다. 159)

　신채호는 의열단 선언문으로서 "조선혁명선언"을 집필하면서 청년
유자명으로부터 의열단의 혁명이념과 함께 무정부주의의 이론을 체계
적으로 설명을 듣게 되었다. 그리하여 신채호는 "조선혁명선언"을 쓰면
서 그 자신의 민족주의사상과 함께 유자명으로부터 섭취한 무정부주의
사상을 일부 포용하게 되었다. 특히 의열단의 운동방법을 이론적으로
합리화함에서는 유자명의 설명에 따라 무정부주의를 대폭 흡수하였다.
따라서 신채호의 "조선혁명선언"의 내용에는 그 집필과정에서 민족주
의와 함께 무정부주의의 요소가 깊이 들어가게 되었다. 즉, "조선혁명
선언"에는 민족주의와 무정부주의가 혼재하여 공존하게 된 것이리라.

　신채호는 1개월여의 산고(産苦) 끝에 1923년(44세) 1월에 전 5장,
6,400여 자로 된 웅장한 "조선혁명선언"을 완성하였다. 신채호의 이
노작은 그 내용과 문장의 모든 면에서 김원봉과 의열단원들을 감격시

159) 《韓國 아나키즘 運動史》(無政府主義運動史編纂委員會), 前篇, 1978, p. 292
　　참조.

68

컸다. 160)

그의 "조선혁명선언"은 제 1장에서 강도 일본이 조선의 국호와 정권과 생존의 필요조건을 모두 박탈하여 온갖 만행을 자행하고 있으므로 일본 제국주의는 '조선민족 생존'의 '적'(敵) 임을 선언하고, 동시에 생존의 적인 강도 일본에 대해서는 '혁명'으로 살벌(殺伐) 하는 것이 조선민족의 정당한 수단임을 선언하였다.

제 2장에서는 3·1운동 이후 국내에서 '완전독립', '절대 독립'을 단념하고 대두한 자치론·내정독립론·참정권론 등 일제와의 모든 타협주의의 기만성과 매국성을 폭로하여 '적'으로 선언하고, 동시에 일세와의 타협하에서 전개되는 국내 문화운동을 '적'으로 선언하여 신랄한 필치로 규탄하였다. 제 3장에서는 상해 임시정부가 중시하던 독립운동 방략인 외교론과 독립전쟁준비론을 날카롭게 비판하였다. 제 4장에서는 일본 제국주의를 몰아내고 조선민족의 생존을 유지하려면 '혁명'의 길밖에 없으며, 그 혁명은 '민중직접혁명'이어야 한다고 선언하였다.

그리고 제 5장에서는 그가 말하는 '조선혁명'이 파괴해야 할 다섯 가지 기본목표와 건설해야 할 다섯 가지 기본목표를 제시하고, 그 방법은 암살·파괴·폭동의 방법임을 천명하였다. 여기서 파괴해야 할 다섯 가지 기본목표로 ① 이족통치(異族統治)의 파괴, ② 특권계급의 파괴, ③ 경제약탈제도의 파괴, ④ 사회적 불평균의 파괴, ⑤ 노예적 문화사상의 파괴를 들었으며, 건설해야 할 다섯 가지 기본목표로 ① 고유적 조선의 건설, ② 자유적 조선민중의 건설, ③ 민중적 경제의 건설, ④ 민중적 사회의 건설, ⑤ 민중적 문화의 건설을 들었다. 161)

의열단은 신채호가 쓴 "조선혁명선언"의 끝에 "조선총독부 관공리에게"라는 부속문서를 첨가하여 이를 대량으로 인쇄해서 만천하에 공표하고 그들이 활동할 때마다 폭탄과 함께 이를 지니어 살포하였다. 162)

---

160) 《若山과 義烈團》, p. 120 참조.
161) "朝鮮革命宣言," 《전집》, 하권, pp. 35~46 참조.
162) "義烈團 음모사건 檢擧에 관해 1923년 4월 7일자로 조선총독부 경무국장이 外

신채호의 "조선혁명선언"은 한 번 공표되자 비단 의열단원들에게뿐
만 아니라 이것을 읽는 모든 독립운동가들과 한국민족 성원들에게 큰
영향을 끼쳤다. 신채호의 "조선혁명선언"은 일제강점기에 한국의 독립
운동이 낳은 가장 귀중한 문헌의 하나가 되었다. 신채호는 개인적으로
도 "조선혁명선언"의 집필과 유자명과의 만남이 계기가 되어 그후 점
차 무정부주의자로 전환하게 되었다. 그러나 "조선혁명선언"은 본질적
으로 민족주의의 혁명선언이지 그 자체가 무정부주의 혁명선언은 아니
었다. 그는 이 선언에서 "민족주의에 무정부주의 방법을 포용한 혁명
적 민족주의" 사상을 전개했을 뿐이었다.[163] 신채호는 "조선혁명선언"
을 집필한 당시에도 여전히 민족주의자였던 것이다.

10. 실의와 좌절의 시대

독립운동가들 사이에서 신채호의 독립운동 노선의 승리가 확실시되
고 독립운동의 대동단결이 눈앞에 보인 1923년(44세) 초의 절정의 시
기를 거쳐, 1923년 후반기는 신채호에게 실의와 좌절의 시기였다. 그
것은 직접적으로 신채호가 커다란 희망과 기대를 걸었던 국민대표회의
의 실패와 관련하여 비롯된 것이었다.

국민대표회의는 1923년 1월 3일부터 상해에서 전후에 걸쳐 70여 독
립운동단체의 124명의 대표들이 모여 역사적 개막을 보았다. 이 대회
는 거의 모든 독립운동단체들이 광범위하게 참가하였다. 국민대표회
의는 의장에 김동삼(金東三), 부의장에 안창호(安昌浩)·윤해(尹海),
비서장에 배천택(裵天澤), 비서에 김○○·오창환(吳昌煥)·박완(朴

務次官에 통보한 要旨,"《韓國民族運動史料》, 中國編, pp. 422~435 참조.
163) 愼鏞廈, "申采浩의 革命的 民族主義思想" 참조(이 책 제5장).

完) 등을 선출한 다음,[164] 순조롭게 ① 보고(주비회의 경과보고와 각
지방 각 단체의 사정보고), ② 시국문제, ③ 선서 및 선언, ④ 독립운
동의 대방침(군사·재정·외교), ⑤ 생계, ⑥ 교육, ⑦ 노동, ⑧ 국호
및 연호, ⑨ 헌법, ⑩ 과거 문제의 해결(위임통치 사건·자유시 사건·
40만 원 사건·虎林密山 사건·통의부 사변·기타 사건), ⑪ 기관 조직,
⑫ 신(新) 사건, ⑬ 실포(實佈)의 순으로 토의하기 시작하였다.[165]

국민대표회의는 재정·군사·외교 분과위원회의 결의안까지 토의하
여 통과시키고, 현 임시정부의 대통령불신임안을 가결시켰다. 그러나
그 다음에 상해 임시정부를 원칙적으로 인정하고 이를 '개조'할 것인
가, 또는 상해 임시정부를 완전히 부정하고 러시아령·간도 등지에 새
로운 임시정부를 '창조'할 것인가의 문제를 놓고 대표들 사이에서 대립
되던 견해가 1923년 5월에는 표면에 돌출되어 회의가 더 이상 진전되
지 않았다. 개조파(改造派)는 ① 안창호 등 초기 상해 임시정부 수립
인사들, ② 여운형 등 신한청년당과 상해교민회의 인사들, ③ 고려공
산당의 이르쿠츠크파, ④ 김동삼·배천택·이진산(李震山) 등 서간도
의 독립군 단체 대표들이 중심이 되었다. 창조파(創造派)는 ① 윤해
등 고려공산당 상해파, ② 원세훈(元世勳) 등 북경의 독립운동가들,
③ 신채호·박용만·신숙 등 북경군사통일회, ④ 김규식 등 상해 임시
정부의 일부 인사들이 중심이 되었다.

신채호는 창조파의 맹장으로서 상해 임시정부를 전면 부정하고 러
시아령이나 만주에 '무장투쟁'을 독립운동 방략으로 하는 완전히 새로
운 망명 임시정부를 새로 수립할 것을 강력하게 주장하였다. 신채호가
국민대표회의에 커다란 희망을 건 것은 바로 이 점에 있었다. 그는 기
존의 상해 임시정부를 전면 부정하고 국내외의 모든 독립운동 세력의
지지 위에 선 완전히 새로운 임시정부를 수립하여, 이 새 임시정부에

---

164) "國民代表會議記事,"《韓國獨立運動史資料》, 제 2권, pp. 614~623 참조.
165)《獨立新聞》, 1923년 3월 1일자 및 "會議 第16日,"《韓國獨立運動史資料》,
     제 2권, pp. 626~627 참조.

서는 '무장투쟁'을 독립운동 방략으로 채택해서 격렬한 독립운동을 전개하는 것이 조국광복의 유일한 길이라고 확신하고 국민대표회의에 큰 희망을 걸었으며 창조파의 맹장으로 활약한 것이었다. 그러나 국민대표회의는 임시정부의 개편문제를 놓고 극단적으로 분열하게 되었다.

개조파 중에서 서간도의 독립군 단체들은 창조파의 활동에 분격하여 그들의 대표인 국민대표회의 의장 김동삼, 비서장 배천택, 헌법기초위원 이진산 등을 소환해버렸다. 창조파는 이에 의장에 윤해, 부의장에 신숙, 비서장에 오창환 등을 선출하여 그들이 국민대표회의의 헤게모니를 완전히 장악한 다음 그들의 의도대로 대회를 이끌어나갔다. 개조파는 이에 5월 23일부터는 회의에 전연 출석치 않아서 국민대표회의는 사실상 분열되게 되었다. [166]

창조파는 단독으로 1923년 6월 7일에 회의를 열어 새로운 헌법을 제정하고, 국호를 '조선공화국'이라고 새로 정했으며, 입법부인 국민위원회를 조직하여 윤해 등 33명을 위원(의회의원)으로 선출하고, 행정부인 5명의 국무위원회를 조직하여 김규식을 대표위원(외무위원)으로 선출했으며, 박은식·신채호·이동휘·문창범(文昌範) 등 30명을 고문으로 추대하였다. 개조파는 이에 격분하여 창조파의 새로운 임시정부를 부인하는 성명을 내는가 하면 상해 임시정부는 국무원 포고 제3호와 김구의 내무부령 제1호로 창조파의 새 임시정부를 부정하고 창조파를 격렬하게 규탄하였다. [167]

신채호는 국민대표회의가 분열된 것에 크게 실망하였다. 그러나 그는 완전히 새로운 임시망명정부의 창립과 그에 의한 무장투쟁만이 참다운 독립운동이라고 확신하고 있었으므로, 비록 독립운동세력의 일부밖에 흡수하지 못했지만 창조파가 참다운 독립운동가들이라고 보고 창조파가 새로 조직한 새 임시정부를 적극적으로 지지하고 성원했으며

---

166) 《獨立新聞》, 1923년 6월 13일자 및 "會議 第63日," 《韓國獨立運動史資料》, 제2권, pp. 648~649 참조.

167) "國民代表會議決裂," 같은 책, pp. 651~654 참조.

이에 참여하였다. 김규식을 행정수반으로, 윤해를 의회의장으로, 박
은식·신채호·이동휘·문창범 등을 고문으로 한 창조파의 새로운 임
시정부는 1923년 8월에 러시아령 블라디보스토크로 옮겨갔으며, 그곳
에서 본격적 활동을 시작하려고 하였다.

그러나 일본과의 외교관계를 중시하는 소련정부는 자기 영토 내에
서의 한국인의 임시정부의 활동을 인정해주지 않았다. 소련정부는 창
조파 새 임시정부 요인들을 일시 구금했다가 추방하였다. 이에 창조파
의 새로운 임시정부는 자연히 해산되어버리고 요인들도 흩어지게 되었
다.168) 이것은 창조파의 완전한 실패를 의미하는 것이었다. 또한 이
것은 신채호 노선의 완전한 실패를 의미하는 것이기도 하였다. 신채호
는 여기서 정신적으로 상당히 큰 타격을 받았다. 그는 무장투쟁을 방
략으로 한 새로운 임시정부를 창조하여 독립군 부대들의 군사활동을
통일해서 일제와 혈전을 벌이려던 그의 3·1운동 이후 4년간의 투쟁노
력이 산산이 부서져버리는 것 같은 좌절감에 빠졌던 것으로 보인다.
신채호는 이 시기에 상해 임시정부를 중심으로 한 민족주의 독립운동
에 크게 실망했을 뿐 아니라, 국민대표회의의 실패를 통해서 공산주의
독립운동에 대해서도 마찬가지로 크게 실망하였다.169) 신채호는 특히
공산주의 독립운동가들이 '자유시 참변' 때 소련군의 독립군 학살과 소
련정부의 창조파 새 임시정부의 활동에 대한 불인정의 조치에도 불구
하고 여전히 소련의 국제공산당의 지시에 따라 움직이는 것을 보고 공
산주의 독립운동을 사대주의적인 것으로 비판하기 시작하였다.170)

1923년 9월부터 1924년 2월까지 반 년간 신채호는 커다란 실의와
좌절에 빠져 방황하고 있었다.171) 그는 이 무렵에 유자명이 가르쳐준

---

168) 申肅, 《나의 一生》, pp. 80~82 참조.
169) 국민대표회의 개최 자금은 레닌의 원조에 많이 의존했으며 공산주의자들의
　　 영향력이 상당히 컸다. 따라서 국민대표회의의 실패에 대한 책임도 공산주의
　　 독립운동가들이 많이 가지고 있었다.
170) "最近に於ける朝鮮治安狀況"(朝鮮總督府 警察局, 1933), p. 276 참조.

무정부주의 독립운동 노선이 한국의 독립운동을 개척해 줄 길이 아닌가 생각해 보기도 하였다. 신채호는 이 시기의 그의 좌절감을 이듬해 이(李) 수상에게 보낸 편지에서 다음과 같이 피력하였다.

> 그러나 敗軍之將 - 亡國之民으로 이미 세상에서 버림을 받은 지 오랜 저로서는 여러 번 가 뵈오려 하면서도 발길이 감히 나가지 않아 매양 주저하여 왔습니다. …
>
> 저는 전후 십 년간을 정처 없이 방랑하여 지리한 세월을 지치고 시달리며 초료(鷦鷯) 같이 깃들이고 언서(鼴鼠) 같이 마시면서 구차히 쇠잔한 목숨을 보전하여 올 뿐이오니, 나아가서는 능히 국난을 타개하지 못하고 물러가서는 능히 田野에 밭 갈아 숨은 지사를 벗하지도 못합니다. … 前日에는 또한 나라 운명의 절박함을 통곡하고 분연히 일어나 붓을 내던지고 몇몇 열사와 함께 나라를 위하여 죽음으로써 적과 싸우기를 기도하였더니, 벌써 정세는 더욱 틀려지고 기회는 더욱 멀어져 안타깝게도 부질없이 머리만 어루만지는 동안 어느덧 천한 나이 사십을 지났습니다. 이리하여 武裝段鬪란 유생의 능사가 아니고, 국가흥망이란 一朝의 突發이 아니라는 것을 비로소 알았으니, 도연명같이 비록 어른 '오늘의 옳음'을 감히 자신할 수는 없다 하더라도 遽伯玉과 같이 또한 '전일의 그름'은 自認합니다. 172)

신채호는 이 시기에 북경에서 끼니도 제대로 잇지 못했으며 순치문(順治門) 안에 있는 석등암(石燈庵)에 구차히 몸을 기탁하고 있었다. 또한 본국에 보낸 처자로부터는 기한(飢寒)을 호소하는 편지만 날아와 그는 더욱 절망감에 빠지게 되었다. 173) 그는 실의와 좌절에서 벗어나

---

171) 李丁圭, "友堂李會榮先生略傳,"《又觀文存》(1974), p. 48 참조.

172) "李수상에게 島嶼閱覽을 要請하는 便紙,"《전집》, 별집, pp. 367~368.

173) "洪碧初 씨에게," 같은 책, pp. 357~358 참조. 신채호는 이 때《동아일보》편집국장으로 있던 홍명희를 통하여 국사 논문 "朝鮮古來의 文字와 詩歌의 變遷"을《동아일보》1924년 1월 1일자에 발표하여 그 원고료를 처자가 찾아가도록 하는 방법으로 본국의 妻子의 飢寒을 걱정하기도 하였다.

기 위해 1924년(45세) 3월 12일 마침내 머리를 깎고 승려가 되려고 북경의 교외에 있는 관음사(觀音寺)라는 절에 들어갔다.[174] 신채호가 승려가 되려고 관음사에 들어간 것은 그의 친우들이 회상하는 바와 같이 "단재의 생애가 할 수 없이 되어 북평(北平)에 입산"[175] 한 것이었으며, "그가 북경에서 심히 회심(灰心)되어 입산위승(入山爲僧)하였"[176] 던 것이었다.

신채호는 승려가 되기 위한 61일간의 계(戒)를 마치고 일시 정식으로 승려가 되었다.[177] 신채호는 이미 본국에 있을 때부터 불교에는 조예가 깊었다. 정인보는 이 점을 회상하여, "단재가 불교에 깊음이 조선인 거사림(居士林)에 거의 최고요"[178] 라고 쓰고 있다. 또한 신채호가 《유마경》(維摩經)과 《능엄경》(楞嚴經)에 밝고 마명(馬鳴)의 《대승기신론》(大乘起信論)을 깊이 연구하여 친구들에게 열독을 권했으며 자기도 신채호의 권고로 《대승기신론》을 읽었다고 회상하였다.[179] 또한 그의 친우는 신채호의 생애가 할 수 없이 되어 입산해서 승려가 되었을 때의 관음사 스님의 불학(佛學)이 신채호의 불학보다 훨씬 뒤떨어졌다고 회상하였다.[180]

신채호는 그의 좌절감을 승려가 됨으로써 불교에 의탁하여 극복하려 했으나, 여기에 주저앉기에는 그의 민족에 대한 사랑과 국사연구에 대한 정열이 너무나 뜨거웠다. 그는 승려생활을 하면서 주로 시작(詩作)을 해보다가, 1924년 여름에는 "전후삼한고"(前後三韓考)의 집필을 시작하였다.[181] 그리고 이 작품의 집필을 계기로 신채호는 자기에게

---

174) "六十一日戒壇의 懷古," 같은 책, pp. 344 참조.

175) 海客, "丹齋 故友를 追憶함,"《전집》, 하권, p. 467.

176) 元世勳, "丹齋 申采浩,"《전집》, 별집, p. 394.

177) "六十一日戒壇의 懷古," 같은 책, pp. 343～344 참조.

178) 鄭寅普, "丹齋와 史學,"《전집》, 하권, p. 459.

179) 爲堂, "殘憶이 數," 같은 책, p. 461 참조.

180) 海客, 앞의 글 참조.

181) "前後三韓考,"《전집》, 중권, 원고 영인본 "이 '前後三韓考' 三編 十八章은

는 국사연구의 사명이 있음을 새삼스럽게 다시 깨달았다. 마침내 신채
호는 국사연구를 본격적으로 다시 하기 위하여 6개월간의 승려생활을
청산하고 1924년 가을 다시 하산하여 속세로 돌아왔다. [182]

11. 국사연구

신채호는 승려생활을 청산하고 1924년(45세) 가을부터 북경에서 본
격적인 한국사 연구를 다시 시작했다. 그가 망명할 때에는 이미 전에
집필한 국사연구의 원고들을 가지고 있었고, 1910년대에 유랑하면서
독립운동을 하던 시기에도 유적답사와 원고집필을 계속했으며, 3·1
운동 후에도 틈만 있으면 연구를 계속했으므로, 그는 이미 국사관계의
초고를 다수 온축하고 있었다. 신채호는 1924년 가을부터 1925년 말
까지는 이러한 원고들에 수정을 가하고 중국 내에 있는 문헌들을 조사
하면서 본격적으로 국사연구를 계속하였다.

이 무렵에 쓴 "이(李) 수상에게 도서열람을 요청하는 편지"는 당시
북경대학 교수 이석증(李石曾)에게 《사고전서》(四庫全書) 등 대학도
서관의 도서열람에 협조를 요청한 편지였던 것으로 보인다. [183] 또한
그는 이 시기에 역사연구 방법론에 대한 공부와 연구도 병행하여 양계
초(梁啓超)의 《중국역사연구법》(中國歷史研究法)을 비롯해서 여러 학
자들의 연구방법론도 섭렵하였다. [184]

昨年 여름 어느 달 한창 장마가 甚할 때 北京 某佛寺에서 滯留하면서 대개
數十日의 工夫로써 著作한 것이다. …" 참조.

182) "李수상에게 圖書閱覽을 要請하는 便紙,"《전집》, 별집, p. 368, 附記 "昨年
가을에 이를 쓰다가 마치지 못한 것이다" 참조.

183) "李수상에게 圖書閱覽을 要請하는 便紙,"《전집》, 별집, pp. 367~368 참조.

184) 申一澈, 《申采浩의 歷史思想研究》(1981), pp. 94~166 참조.

76

　신채호가 1924년에 이룬 국사연구상의 큰 업적의 하나는《조선사》(朝鮮上古史)의 "총론"(總論)을 완성한 일이다. "총론"은 대체로 원고의 마지막에 쓰는 것이 관례이므로 본문의 원고는 이미 그 이전에 쓴 것이라고 본다면, 1931년에《조선일보》에 연재된《조선사》는 1924년에 일단 마무리된 작품이라고 할 수 있다. 185) 또한 그의《조선상고문화사》(朝鮮上古文化史)는 그 내용에 대종교(大倧敎)의 영향이 더욱 많이 보이므로《조선상고사》보다도 오히려 이전에 쓴 원고로 구성되었다고 볼 수 있다. 186) 신채호는《조선상고사》"총론"의 집필연대를 다음과 같이 밝히고 있다.

　　距今 16년 전에 國恥에 發憤하여 비로소《東國通鑑》을 열독하면서, 史評體에 가까운 "讀史新論"을 지어《대한매일신보》지상에 發布하여, 이어서 수십 학생의 청구에 의하여 支那式의 演義를 본받은 비역사・비소설인 "大東四千年史"란 것을 짓다가 兩役이 다 사고로 인하여 중지하고 말았었다. 187)

　"독사신론"(讀史新論)은 1908년에 발표되었으니 그로부터 16년은 1924년인 것이다. 신채호는 이《조선상고사》"총론"에서 "역사는 아(我)와 비아(非我)의 투쟁의 기록"이라는 그의 유명한 민족주의 사관(史觀)을 극명하게 이론화하여 천명하였다.

---

185)《전집》상권에 수록되어 있는 이 작품은 1931년에《조선일보》에 연재될 때에는《조선사》라는 제명으로 연재되었다. 해방 후 1948년에 이 작품은 내용에 따라《조선상고사》라고 개제되어 안재홍의 서(序)와 함께 종로서원에서 단행본으로 간행되었는데,《전집》에는 이것을 수록하였다. 여기서는《전집》에 따라 이 작품의 제명(題名)을《조선상고사》로 통일하여 사용하기로 한다.
186) 愼鏞廈, "申采浩의 '讀史新論'의 比較分析 -1908년경 市民的 近代民族主義 史學의 成立,"《丹齋申采浩先生誕辰 100周年紀念論集》(1980) 및 韓永愚, "1910年代의 申采浩의 歷史認識,"《韓㳔劤博士停年紀念史學論叢》(1981) 참조.
187)《朝鮮上古史》, "總論,"《전집》, 상권, p. 47.

역사란 무엇이뇨. 인류사회의 '我'와 '非我'의 투쟁이 시간부터 발전하여 공간부터 확대하는 심적 활동의 상태의 기록이니, 세계사라 하면 세계 인류의 그리 되어온 상태의 기록이며, 조선사라면 조선민족의 그리 되어온 상태의 기록이니라. 188)

신채호는 '아'(我)와 '비아'(非我)의 자리에 '민족'이 아니라 '계급'을 대입시킬 수 있음을 잘 알고 있으면서도 구태여 '민족'을 대입해서 그의 확고한 민족주의 사관을 전개하였다.

신채호는 또한 이 무렵에 서울에 돌아가 있는 처자의 생계를 위하여 전에 써 둔 국사연구의 논문들에 가필하거나 새로운 논문들을 써서 《동아일보》편집국장으로 있던 친우 홍명희와189) 《시대일보》편집국장으로 있던 친우 한기악(韓基岳)을 통하여190) 국내의 신문들에 발표하였다.

신채호는 승려가 되기 직전인 1924년 1월에 "조선 고래의 문자와 시가의 변천"을 《동아일보》에 발표한 이래, 속세로 나온 후인 1924년 10월부터 1925년 3월까지 《동아일보》에 "고사상 이두문 명사해석법"(古史上 吏讀文 名詞解釋法), "삼국사기(三國史記) 중 동서양자 상환고증(東西兩字 相換考證)", "삼국지 동이열전 교정"(三國志 東夷列傳 校正), "평양패수고"(平壤浿水考), "전후삼한고"(前後三韓考), "조선역사상 일천년래 제일대사건"(朝鮮歷史上 一千年來 第一大事件) 등을 연속하여 발표하였다. 신채호가 이 작품에 스스로 불만이 많으면서도 본국의 신문에 발표한 것은 원고료로 굶고 있는 서울의 처자의 생활비에 보탬을 주려고 한 것이었다. 191) 이 논문들은 그후 신채호가 투옥된 다음인 1930년에 《조선사연구초》(朝鮮史研究艸)로 묶여서 간행되었다.

---

188) 같은 책, p. 31.

189) "洪碧初氏에게," 《전집》, 별집, pp. 357~358 참조.

190) "韓基岳氏에게," 같은 책, pp. 359~361 참조.

191) "朝鮮史研究草序"의 '申采浩의 便紙', 《전집》, 중권, p. 13 참조.

　신채호는 또한 한기악을 통하여 《시대일보》 1926년 2월 2일자부터 "부(父)를 수(囚)한 차대왕(次大王)", [192] 5월 20일·22일·25일자에 "고구려와 신라의 건국연대에 대하여"를 발표하였다. [193] 이 논문들도 서울의 가족의 생계를 위하여 서둘러 발표된 것이었다. [194]

　신채호는 이 무렵에 "짤막한 조선이야기", [195] "조선사(朝鮮史) 정리 (整理)에 대한 사의(私疑)", [196] "조선민족의 전성시대", [197] "연개소문 (淵蓋蘇文)의 사년(死年)" [198] 등을 집필해 두었으나 발표하지는 않았 다. 그 내용으로 보아 국내신문에 발표할 것을 전제로 하고 집필했던 것으로 보인다. 신채호는 《조선상고문화사》와 《조선상고사》, 《조선 사연구초》에 실린 논문들과 그 밖의 이 시기에 쓴 국사연구의 논문들 에서 그가 한말(韓末) "독사신론"에서 정립한 신해석들을 더욱 과학적 으로 심화발전시켰을 뿐 아니라 우리나라 고대사에 관한 다수의 새로 운 발견과 해석들을 과학적으로 정립하여 체계화시켜 제시하였다.

　1924년 후반부터 1925년 말까지는 신채호가 국사연구에 집중했던 시기였다. 그러나 1925년 "전후삼한고"(前後三韓考)를 본국에 보낼 무 렵부터 안질이 심하여 책을 읽고 글을 쓰는 데 많은 불편을 겪었 다. [199] 신채호가 이 시기에 시력이 극도로 나빠져서 맹인이 될 염려까 지 하게 되었던 것은 그가 병약한 몸으로 굶다시피 하면서 국사연구에

---

192) 《전집》, 별집, pp. 21~23 참조.

193) 같은 책, pp. 24~29 참조.

194) "韓基岳氏에게," 같은 책, p. 361 참조.

195) 같은 책, pp. 19~20 참조.

196) 《전집》, 중권, pp. 130~139 참조.

197) 같은 책, pp. 140~148 참조.

198) 같은 책, pp. 149~158 참조.

199) "前後三韓考,"《전집》, 중권, 원고 영인본에서 "初意에는 이 글 속에 삼한시 대 정치의 事實이나 인민의 생활의 상태나 기타 몇 가지를 더 넣어 재차 數十 日의 공부로 그 미비한 것을 보완하랴 하얏더니 돌연히 眼疾이 심하야 看書 와 下筆의 자유를 박탈함으로 할 일 없이 初意를 背하고 작년의 初本을 그대 로 보내게 된 것이다" 참조.

몰두하였기 때문이었다. 200)

이 무렵의 신채호의 국사연구에 대한 논평을 보면, 문일평(文一平)은 신채호의 국사연구의 특징이 "독특한 사안(史眼)"201)에 있다고 지적하였다. 정인보는 신채호의 국사연구의 독특한 능력으로서 다음과 같은 세 가지 점을 들었다. 202)

> 첫째, 고증하는 데 있어 다른 사람들 늘 보는 책 속에서도 형안(炯眼)이 한 번 쏘이기만 하면 이것저것을 비교하는 가운데 뜻 아니한 발견과 변파(辨破)가 있다.
>
> 둘째, 분운(紛紜)한 과거 내외의 기록을 정리하여 나가는 데 마치 엉킨 실을 풀 때 어떠한 매듭 한 군데를 끄르면 확 풀리는 것같이 매양 일처(一處)의 요(要)를 제거(提擧)하여 만서(萬緖)의 착(錯)을 해(解)하는 영완(靈腕)이 있다.
>
> 셋째, 여러 천 년 동안 구불텅거리며 내려오는 성쇠변천의 소자(所自)를 그 실제로 좇아 고찰하되, 어떤 때는 문헌 미비한 속에서 오래 두고 범과(泛過)한 것을 들추어 대관절(大關節)의 약동하는 것을 보이기에 특장(特長)이 있다.

또한 정인보는 다른 면에서는 고집불통인 신채호가 역사연구에서는 어린애가 결처(缺處)를 논해 지적하더라도 열심히 듣고 숙고하는 성실성에 넘쳤음을 매우 높이 평하였다. 203) 신채호의 이 무렵의 국사연구의 업적을 깊이 연구 검토한 안재홍은 신채호의 국사연구가 이전에 비하여 더욱 진보한 것이고 객관적이며 학구적인 것이라고 다음과 같이

---

200) 元世勳, "丹齋 申采浩," 《전집》, 별집, p. 394. "入山爲僧하였다가 다시 나와서 朝鮮史 저술에 致力하다가 결국은 그 眼睛이 睛盲에 빠질 염려가 有한 시간에…" 참조.

201) 文一平, "讀史閑評," 《조선일보》, 1929년 10월 15일~16일, 같은 책, p. 400.

202) 鄭寅普, "丹齋와 史學," 《전집》, 하권, pp. 456~457 참조.

203) 鄭寅普, 같은 글 참조.

논평하였다.

> 《조선사연구초》(朝鮮史硏究艸) 이래의 그의 저서가 융희시대(隆熙
> 時代) 까지의 초기의 저술에 비하여 일층 진보적이요, 또는 공정한
> 객관적 견지에 입각한 학구적 고찰에 의한 것임은 그 저서에 취(就)
> 하여 누구나 잘 요득(了得) 할 바이니, 우선 그는 조선인이란 편견에
> 말미암아 독단하는 폐를 힘써 벗은 자이다. [204]

안재홍은 이 시기의 신채호의 국사연구의 업적을 총평하여 "그의 사
가(史家) 로서의 시각이 매우 학구적인 또는 과학적인 본령을 깊이 더
듬었음을 알겠다"[205] 고 하면서, "그는 사학자로서 필요한 많은 고증과
그 밖의 비교연구에 의하여 그 전모에서는 다분의 과학자적 영역을 개
척"[206] 하였다고 논평하였다. 신채호의 이 무렵의 국사연구는 그의 민
족주의 사관에 의거하여 한국사에서 조선민족 고유한 것을 찾아내려
한 것이었으며[207] 주로 고대사에 대한 독창적 해석을 정립한 것이었
다. [208] 신채호의 '전삼한·후삼한설'이나 '진번(眞番) =진·변설(辰·
弁說)'은 최근에 와서 그 정당성이 증명되고 있다. [209] 신채호가 1908
년 "독사신론"을 저술하여 한국의 근대민족주의 사학을 성립시킨 이래
이 무렵의 국사연구의 작품들은 박은식의 국사연구의 업적들과 함께
한국의 근대민족주의 사학을 확고부동한 것으로 확립시킨 불후의 획기

---

204) 安在鴻, "朝鮮史學의 先驅者,"《朝光》, 1936년 4월호,《전집》, 별집, p. 383.
205) 安在鴻, 같은 글.
206) 安在鴻, 같은 글.
207) 李基白, "近代韓國史學의 發展,"《韓國史學의 方向》(一潮閣, 1978), p. 66 참조.
208) 李萬烈, "丹齋 申采浩의 古代史認識試考,"《韓國史硏究》, 제 15집 (1977) 및 梶村秀樹, "申采浩의 朝鮮古代史象,"《古代東アジア史論集》(1978) 참조.
209) 千寬宇, "申采浩의 民族主義思想,"《전집》, 별집, p. 9 참조.

적 업적이었다.

신채호는 이 무렵에 국사연구에 집중하였으며, 따라서 자연히 독립운동가들과의 광범위한 접촉은 제한되었다. 그는 이회영·김창숙 등 절친한 동지들과만 접촉하였고, 유자명을 통하여 알게 된 이석증 등 중국의 무정부주의자들을 만나 무정부주의적 견해를 경청하는 정도로만 외부와 접촉하였다.

12. 무정부주의자의 시기

신채호는 "조선혁명선언"을 집필할 때 유자명을 통하여 무정부주의를 알기 시작했고, 이 "선언"에도 무정부주의적 요소가 다분히 투영되었으나 그는 여전히 민족주의자였지 무정부주의자는 아니었다. 국민대표회의가 실패로 끝난 이후 1923년 후반기에 중국에 있던 한국의 독립운동가들 일부에서는 이회영을 원로로, 유자명을 이론가로 하여 중국의 무정부주의자 이석증 등과 접촉을 가지면서 무정부주의를 공부하는 분위기가 고조되었고 신채호도 그 영향을 받고 무정부주의 서적에 접촉하기는 했으나 그는 쉽게 무정부주의로 전환하지는 않았다. 신채호는 그의 역사관에서 볼 수 있는 바와 같이 이 시기에도 민족주의에 대한 집착이 강렬했기 때문이었다.

신채호의 절친한 동지인 이회영·유자명 등이 이을규·이정규·정화암·백정기 등과 함께 1924년 4월 북경에서 "재중국 조선무정부주의자연맹"(在中國 朝鮮無政府主義者聯盟)을 조직할 때, 신채호는 이 그룹에 가담하지 않고 그의 좌절감과 실의를 불교에 의탁하여 승려가 됨으로써 극복하고자 하였다. 210) 따라서 이 연맹이 기관지로서 순간(旬刊)으로 《정의공보》(正義公報)를 발행할 때에도 주간을 이회영이 맡

〈 피터 크로포트킨 〉

앉으며, 신채호는 이에 참가도 기고도 하지 않고 승려수업과 국사연구에 힘쓰고 있었다.[211]

신채호가 무정부주의에 본격적으로 젖어들기 시작한 것은 1924년 가을 승려생활을 청산하고 나온 후, 다시 이회영·유자명 등 동지들과 만나고 국사연구를 위해 도서 열람의 도움을 구하려고 이석증 등과 본격적으로 접촉하기 시작하면서부터라고 할 수 있다. 그는 이 무렵에 동지들의 권고에 의하여 크로포트킨(Peter Kropotkin)의 저작들을 읽었다. 신채호는 그 후에 물론 중국의 무정부주의 잡지《신세기》(新世紀)에 번역된 러시아의 무정부주의자 바쿠닌(Mikhail Bakunin)과 프랑스의 무정부주의자 프루동(Pierre Joseph Proudhon)의 작품들 및 중국의 무정부주의자 유사복(劉師復)과 이석증의 논설들, 그리고 일본의 무정부주의자 고토쿠 슈스이(幸德秋水)의 작품들을 읽었다. 그는 또한 무정부주의 잡지《신세기》에 게재된 다수의 중국 무정부주의자들의 논문들을 읽었다. 그러나 신채호에게 가장 큰 영향을 준 것은 의문의 여지없이 크로포트킨이었다고 할 수 있다.

신채호가 1924년에 쓴 "문제없는 논문"에서는 무정부주의적 요소가 약간 비치기 시작하며, 1925년에 쓴 "낭객(浪客)의 신년만필(新年漫筆)"에서는 무정부주의적 요소가 짙게 나타나고 있다. 신채호는 이 글에서 인류의 5대 사상가로 석가·공자·예수·맑스·크로포트킨을 들고 있으며,[212]《동아일보》의 독자들에게 "아아! 크로포트킨의 '청년에

---

210)《韓國 아나키즘 運動史》, 前篇, p. 129 참조.

211) 鄭華岩,《이 조국 어디로 갈 것인가 -나의 回顧錄》(自由文庫, 1982), pp. 61
～62 참조.

게 고하노라'란 논문의 세례(洗禮)를 받자!"고 권고하고 있다. 213) 그
러므로 신채호가 무정부주의자가 된 시기를 꼬집어 말하자면, 빨리 잡
아도 1925년부터라고 보는 것이 합당하리라고 생각된다. 그리고 신채
호가 그의 동지들이 조직한 재중국 조선무정부주의자연맹에 가입한 것
은 1926년(47세)으로 보인다. 214)

이어 신채호가 무정부주의자로서 적극적으로 활동하기 시작한 것은
1927년(48세)부터였다. 중국의 천진(일설 南京)에서 1927년 9월에 광
동에 있던 중국 무정부주의자 서건(黍健)의 발의로 중국·조선·일
본·대만·베트남·인도 등 6개 민족대표 120여 명이 모여 무정부주
의동방연맹(일명 A동방연맹)을 조직하자, 신채호는 대만인 무정부주의
자 임병문(林炳文, 23세)의 안내로 이필현(李弼鉉, 일명 李志永 또는
李三永, 27세)과 함께 조선대표로 참가하였다. 215) 이 무렵 신채호가
무정부주의 동방연맹 창립총회의 '조선대표'라는 사실에서 그가 얼마나
무정부주의자로서 적극적으로 활동하기 시작했는지 알 수 있다. 216)

무정부주의동방연맹은 이때 북경 교외에 폭탄총기공장을 설치하고
독일인 기사를 초빙해 폭탄과 총기를 제조하여 동방연맹에 가맹한 각
국으로 보내 무정부주의운동을 전개하도록 결의하고, 또 선전기관을
설치하기로 하여 25만 원의 총예산을 책정하였다. 이 회의에서 각국
대표들은 자기 나라로 돌아가 상호연락하면서 무정부주의 목적을 달성
하기로 선서하고 본부를 상해에 두기로 결정한 후 산회하였다. 217)

신채호는 이에 앞서 같은 해(1927)에 홍명희와 안재홍의 편지 요청
을 받고 처음에는 사양하다가 본국에서 창립된 신간회(新幹會)에 발기

---

212) "浪客의 新年漫筆," 《동아일보》, 1925년 1월 2일, 《전집》, 하권, p. 25 참조.
213) "浪客의 新年漫筆," 같은 책, p. 30 참조.
214) 《동아일보》, 1929년 4월 8일자, "第3回公判記事," 《전집》, 하권, p. 432 참조.
215) "第1回公判記事," 《朝鮮日報》, 1928년 12월 28일자 참조.
216) "第2回公判記事," 《朝鮮日報》, 1929년 2월 12일자 참조.
217) "第1回公判記事," 《朝鮮日報》, 1928년 12월 28일자 참조.

인으로 참여하였다. [218]

이 무렵 신채호가 큰 고통을 받은 것은 심한 안질로 시력이 약해져서 책을 읽을 수 없는 것이었다. 그는 이 시기에 시력 때문에 정력적으로 계속하던 국사연구를 종전처럼 진전시킬 수 없었다. 1928년(49세) 1월에는 "실명이 될는지 모르니 단 하나의 혈육 수범(秀凡)을 그전에 보고 싶다"고 북경으로 아들을 불러서 6년 만에 처자를 만나보고 한 달 후에 다시 고국으로 돌려보냈다. [219] 그는 이 시기에 '자기의 최후를 결심하고' 생명을 민족해방전선에 바칠 비장한 각오를 한 것으로 보인다. [220] 그는 이 무렵에 무정부주의적 작품으로서 "대흑호(大黑虎)의 일석담(一夕談)", "용(龍)과 용의 대격전" 등을 썼다. 이 시기의 그의 작품들은 무정부주의 사상으로 충만되어 있다. [221]

신채호는 1928년 4월에 스스로 주동이 되어 한국인을 중심으로 한 '무정부주의동방연맹 북경회의'를 조직·개최했다. 신채호가 1928년에 쓴 "선언문"은 이 회의 선언문인 것이다. [222] 신채호 등은 이 회의에서 무정부주의 동방연맹의 선전기관(잡지 또는 신문)을 설립할 것과 일제 관공서를 폭파하기 위한 폭탄제조소 설치를 결의하였다.

신채호는 이 회의의 결의를 실천하기 위하여 잡지 발행의 자금을 마련하려고 북경 우무관리국(郵務管理局) 외국위체계(外國爲替係)에 근무하는 대만인 무정부주의자 임병문과 협의하여 외국위체(換) 2백 매

218) 洪碧初, "哭 丹齋,"《丹齋申采浩先生 탄신 100주년 기념논집》, p. 30 및 安在鴻, "嗚呼 丹齋를 哭함,"《朝鮮日報》, 1936년 2월 27일자,《전집》, 별집, p. 379 참조.

219) 신수범, "아버님 단재,"《나라사랑》, 제 3집, p. 98 참조.

220) 元世勳, "丹齋 申采浩,"《전집》, 별집, p. 394에 의하면 신채호는 그 이전에도 실명의 위험에 처했을 때 '자기의 최후를 결심하고' 생명을 바칠 준비를 했다고 한다.

221) 愼鏞廈, "申采浩의 無政府主義 獨立思想,"《東方學志》, 제 38집(1983) 참조 (이 책 제 6장).

222) "宣言文,"《전집》, 하권, pp. 44~50 참조.

를 위조 인쇄해서, 액면 총계 6만 4천 원을 일본·대만·조선·관동주 (關東州) 등의 중요한 32개소의 우편국에 유치위체(留置爲替)로 발송 한 후 이를 찾아 쓰기로 하였다. 이 자금을 찾는 데는 지역을 바꾸어 임병문이 관동주와 조선을 담당하고, 이필현은 일본을 맡고, 신채호 는 대만을 담당하기로 하였다.[223]

임병문은 1928년 4월 25일에 대련은행(大連銀行)에서 위체 2천 원 을 대련화북물산공사(大連華北物産公司) 장동화(張同華)라 칭하고 찾 아서 북경의 이필현에게 부치는 데 성공한 다음, 그는 계속해서 일본 門司를 거쳐 고베(神戸)에 도착해서 고베일본은행에서 2천 원을 찾으 려다가 먼저 일본 경찰에 체포되었다.

신채호는 1928년 5월 8일에 유병택(일설 유맹원)이라는 가명으로 책 임액 1만 2천 원을 찾기 위하여 일본 門司를 거쳐 항춘환(恒春丸)으로 대만 기륭항(基隆港)에 도착해서 상륙하려다가 기륭수상서원(基隆水 上署員)에게 체포되었다.[224] 신채호의 무정부주의자로서의 활동은 이 렇게 해서 1928년 5월에 짧은 기간의 것으로 종결되었다. 신채호의 무 정부주의자의 시기는 짧게 잡으면 1925~1928년의 기간이라고 볼 수 있으며, 길게 잡으면 순국할 때까지인 1925~1936년의 기간이라 볼 수 있다.

13. 투옥과 순국

신채호 등은 일제 경찰에 체포된 후 대련(大連)으로 호송되어 조사 를 받고 첫 공판이 열리기까지 7개월간 미결감에 수감되었다. 대만인

---

223) "第1回公判記事,"《朝鮮日報》, 1928년 12월 28일자 참조.
224) "第1回公判記事,"《朝鮮日報》, 1928년 12월 28일자 참조.

〈 옥중의 신채호 〉

임병문이 조사를 받던 중 일제 고문의 여독으로 1928년 8월에 사망한 것을 보면, 신채호도 조사과정에서 혹독한 고문을 받았음은 충분히 미루어 알 수 있다. 그가 미결감에 있던 시기에는 본국에서 신간회가 이관용(李灌鎔)을 파견하여 면회하였다. [225)]

신채호가 이때 이관용에게 웰즈(Herbert George Wells)의《세계문화사》(The Outline of History, 1920, 日譯)와《에스페란토 문전(文典)》의 차입을 요청하고 이미 부탁한《윤백호집》(尹白湖集)의 차입을 독촉한 것을 보면, 그는 이때 '역사'와 '무정부주의'에 깊은 관심을 가졌던 것으로 보인다.《세계문화사》와《윤백호집》의 요청은 역사에 관한 신채호의 계속된 관심을 나타내며,《에스페란토 문전》의 요청은 에스페란토가 당시 무정부주의자들이 세계문자로서 열심히 공부하던 것이므로 그의 무정부주의에의 계속된 관심을 나타내는 것이라고 볼 수 있다.

제1회 공판(1928년 12월 13일)은 대련지방법원에서 일제에 의해 개정되었는데, 신채호(49세)・임병문(23세)・이필현(28세)・이종원(李鍾元, 의열단원, 26세), 그리고 중국인 양길경(楊吉慶, 29세) 등 5명이 '치안유지법 위반, 살인 및 시체유기, 유가증권 위조・동 행사 및 사기'의 죄목으로 재판받았다. [226)] 일제는 이 공판에서 신채호를 무정

225) 李灌鎔, "大連監獄 申丹齋 面見記," 《朝鮮日報》, 1928년 11월 8일자, 《전집》, 하권, pp. 434~436 참조.

226) "第1回公判記事," 《朝鮮日報》, 1928년 12월 28일자 참조. 신채호가 여기서 '살인 및 시체유기' 혐의로 기소된 것은, 1928년 초에 한국인 독립운동가들이

부주의자로 확인하고 일제 밀정 김천우(金天友)의 피살사건을 신채호
등 무정부주의자의 소행으로 처리하려 하였다. 신채호는 이 공판에서
그들은 김천우 살해사건과는 전혀 관련이 없다는 공판투쟁을 전개하
고, 자신이 무정부주의자임을 다음과 같이 확인하였다.

　　　재판관 : 그대는 언제부터 무정부주의에 공명하였나?
　　　신채호 : 내가 황성신문사에 있을 때에 고토쿠(幸德秋水)의 무정부
　　　　　　　주의 장광설(長廣舌)을 읽은 때부터이오.
　　　재 : 그대는 아나키스트인가?
　　　신 : 나는 의심 없는 무정부주의자요. 227)

　　제2회 공판(1929년 2월 7일)에서는 일제 재판부는 신채호에게 국제
위체 위조를 범죄로 인정시키고 김천우 살해사건을 관련시키려고 시도
하였다. 그러나 신채호는 김천우 살해사건과의 관련을 강력히 부인하
고, 한국인이 일본에게 빼앗긴 나라를 찾기 위한 수단으로 국제위체를
위조한 것은 정당한 것이라고 다음과 같이 주장하였다.

　　　재 : 그대는 국제위체를 사기하려고 하였나?
　　　신 : 그렇소.
　　　재 : 그것은 무엇에 쓰려고 한 것인가?
　　　신 : 동방연맹의 자금으로 쓰되 위선 주의(主義) 선전잡지를 발간하
　　　　　여 동지를 규합코자 한 것이오.
　　　재 : 사기를 나쁘다고 생각지 않나?
　　　신 : 우리 ○○가 ○○를 ○○하기 위하여 취하는 수단은 모두 정당
　　　　　한 것이니 사기가 아니며, ××××××××××××××××××

　　　북경 교외에서 일제밀정 金天友를 처단했는데 일제가 이를 신채호 등의 무정
　　　부주의동방연맹 사건과 연관지으려고 기도했기 때문이다. 실제로 신채호 등
　　　은 김천우 처단과는 아무런 관련이 없었다.
227) "제1회 公判記事,"《朝鮮日報》, 1928년 12월 28일자 참조.

88

×××××할지라도 양심이 부끄럼이나 거리낌이 없소. 228)

　제3회 공판(1929년 4월 4일)에서 일제는 김천우 살해사건과의 관련을 다시 추궁하고, 신채호가 무정부주의자가 된 경위를 추궁하였다. 그러나 신채호는 다시 김천우 살해사건과의 관련을 강력히 부인하고, 그가 제1회 공판 때 고토쿠의 책자를 읽고 무정부주의자가 되었다고 진술한 것은 기억의 착오에서 온 것으로 절대로 사실에 어긋난 것이며 오직 "현 제국주의제도의 불평균과 약소민족의 미래"를 위하여 무정부주의자가 되고 무정부주의 연맹을 조직했다고 다음과 같이 해명했다.

　　다만 나는 그간 오랜 동안 옥중에서 시달리어 이따금 정신상 착각이 되므로 내가 한 말도 알 수가 없으니, 이전에 말한 것은 다 어떻게 되었는지 모르겠지만, 前審 供述한 가운데서 어렴풋이 기억되는 점은 내가 본시 무정부주의연맹을 조직할 때 어떤 책자를 보고 동기가 되었다고 말한 듯하나, 절대로 그런 것은 아니고 오직 현 제국주의 제도에 불평과 약소민족의 미래를 위하여 단행한 것이다. 229)

　제4회 공판(1929년 10월 3일)에서 일제는 신채호의 무정부주의자로서의 활동행적을 추궁하였다. 여기에서 신채호는 무정부주의동방연맹의 목표는 "무정부주의로 기성국체(旣成國體)를 변화하여 다 같은 자유로써 잘살자"는 것이라고 다음과 같이 밝혔다.

　　재 : 동방연맹이란 일본·중국·인도 등 동방에 있는 여러 무정부주의 동지가 결탁하여 기성국체를 변혁하여 자유노동사회를 건설하자는 단체인가?

─────────

228) "제2회 公判記事,"《東亞日報》, 1929년 2월 12일자 및《전집》, 하권, pp. 427~428.
229) "제3회　公判記事,"《東亞日報》, 1929년　4월　8일자 및《전집》, 하권, pp. 429 ~430.

신 : 무정부주의로 동방의 기성국체를 변혁하여 다 같은 자유로써 잘
　　살자는 것이오.[230]

　신채호는 1930년 4월 28일의 언도공판에서 일제에 의하여 '살인 및
시체유기'는 무죄로, '치안유지법 위반'과 '유가증권 위조·동 행사 및
사기'는 유죄로 인정되어 10년 형을 언도받았다. 뒤이어 다시 1930년
5월 9일의 최종심 언도공판에서 10년 형이 확정되었고, 신채호는 죄수
번호 11번의 중사상범(重思想犯)으로 다루어져 독방에 수감되었
다.[231]
　신채호가 복역을 시작하자, 국내에서는 그의 동지들이 그의 국사연
구의 업적을 동포들에게 알리려는 노력을 전개하였다.
　첫째, 홍명희 등이 중심이 되어 신채호가 1924~1925년에《동아일
보》에 발표한 국사연구 논문들을 묶어서《조선사연구초》라는 책명으
로 1930년 6월 15일 조선도서주식회사에서 간행하였다. 신채호는 감
옥에서 이 소식을 듣고 "평양패수고"(平壤浿水考)에 불만이 많아 개고
하겠다고 편지를 내었으며, 그 후에는 이 출판을 중지해달라고 요청했
으나, 그의 동지들은 주옥과 같은 신채호의 연구업적을 일단이라도 매
몰시켜서는 안 된다고 하여 간행하기에 이르렀다.[232]
　둘째, 안재홍 등이 중심이 되어 옥중의 신채호와 편지로 연락해가면
서 그가 천진의 박용태(朴龍泰)에게 맡겨 둔 원고 중에서《조선사》(朝
鮮上古史)를 1931년 6월 10일부터 10월 14일까지 103회에 걸쳐《조선
일보》에 연재하였다. 또한 안재홍은《조선상고문화사》를 1931년 10월
15일부터 12월 30일까지, 그리고 1932년 5월 27일부터 5월 31일까지,
모두 40회에 걸쳐《조선일보》에 연재하였다. 신채호는 그를 감옥으로

---

230) "제 4회 公判記事,"《東亞日報》, 1929년 10월 7일자 및《전집》, 하권, p. 433.
231) 신수범, "아버님 단재,"《나라사랑》, 제 3집, p. 101 및 申榮雨, "朝鮮의 歷
　　史大家 丹齋 獄中會見記,"《전집》, 하권, p. 445 참조.
232) 洪命熹, "朝鮮史研究草序,"《전집》, 중권, pp. 13~14 참조.

방문한 조선일보 기자의 질문에 이 원고들에는 스스로 불만이 많고 정정할 것이 많으니 그 발표를 중지해줄 것을 다음과 같이 요청하였다.

> 기자 : 선생이 오랫동안 노력하여 저작한 역사가 조선일보 지상에 매일 계속 발표됨을 아십니까?
> 신 : 네, 알기는 알았습니다마는 그 발표를 중지시켜주었으면 좋겠습니다. 그것은 내가 지금까지 비록 큰 노력을 하여서 지은 것이라 하나, 그것이 단정적 연구가 되어서 도저히 자신이 없고, 완벽된 것이라고는 믿지 아니합니다. 돌아가시면 그 발표를 곧 중지시켜주십시오. 만일 내가 십 년의 고역을 무사히 마치고 나가게 된다면 다시 정정하여 발표하고자 합니다. [233]

우리는 여기서 신채호가 학문적으로 얼마나 성실하고 겸손했으며 엄격했는가를 잘 알 수 있다. 신채호의 이 저작들은 국민들에게 큰 감명을 주고 환영을 받았으며, 신채호의 사학자로서의 진면목이 전국민에게 다시 널리 알려지게 되었다.

신채호는 옥중에서도 가능한 한 책을 읽으려고 노력하였다. 그는 노역에 동원되면서도 틈틈이 한 10분씩 쉬는 시간도 아끼어 책을 읽었다.

> 기자 : 옥중에서 다소 책자를 보실 수 있습니까?
> 신 : 될 수 있는 대로 책을 봅니다. 노역에 종사하여서 시간은 없지마는 한 십 분씩 쉬는 동안에 될 수 있는 대로 귀중한 시간을 그대로 보내기 아까워서 조금씩이라도 책 보는 데 힘씁니다. [234]

신채호는 옥중에서 책을 읽으며 무엇을 구상하고 있었을까? 신채호

---

233) 申榮雨, "朝鮮의 歷史大家 丹齋 獄中會見記,"《전집》, 하권, p. 442.
234) 申榮雨, 앞의 글 참조.

는 1931년 11월 옥중에서 면회간 《조선일보》 기자에게 《국조실감》
(國朝實鑑), 《조야집요》(朝野輯要), 《에스페란토 원문책(原文冊)》과
《자전》(字典)을 차입해 줄 것을 부탁했다. [235] 또한 그는 기자에게
출옥 후에는 "조선사색당쟁사"(朝鮮四色黨爭史), "육가야사"(六伽倻
史)는 자기가 가장 정곡(正鵠)을 얻은 저작을 할 자신이 있다고 말하
였다. [236] 또한 신채호는 그의 건강이 악화된 후 홍명희에게 "대가야
천국고"(大伽倻 遷國考)와 "정인홍공 약전"(鄭仁弘公 略傳)의 두 개의
구상된 원고가 그의 죽음과 함께 땅에 묻힐 것을 애석해하는 편지를
보냈다.

> 이금(而今)에 가장 애석(愛惜)하는 양개(兩個)의 복고(腹藁) '대가
> 야 천국고'와 '정인홍공 약전'이 있으나 이것들은 제(弟)와 한 가지 지
> 중(地中)의 물(物)이 되고 말지도 모르겠습니다. [237]

신채호는 이로 미루어보아 옥중에서 한편으로 에스페란토를 학습하
면서 한편으로 두 개의 국사연구의 대저작을 구상했음을 알 수 있다.
그 하나는 대가야(大伽倻)의 천국(遷國)을 중심으로 한 '육가야사'의
구상이고, 다른 하나는 정인홍의 활동과 희생을 중심으로 한 '조선당쟁
사'의 구상이었다. 이 두 개의 저작은 신채호가 출옥만 할 수 있었으면
즉각 집필하여 간행해낼 수 있도록 매우 구체적으로 구상되어 있던 것
으로 보인다.

신채호가 옥중생활에서 가장 걱정한 것은 자기 자신이 아니라 아들
수범과 그의 취학문제였다. [238] 그는 아내에게 평소에 "나는 가정에 등
한한 사람이니 미리 그렇게 알고 마음에 섭섭히 생각지 말라"[239]고 말

---

235) 같은 글 참조.
236) 申榮雨, "朝鮮의 歷史大家 丹齋 獄中會見記,"《전집》, 하권 참조.
237) 洪碧初, "哭丹齋,"《丹齋申采浩先生誕辰 100周年記念論集》, p. 29.
238) 申榮雨, 앞의 글, p. 444 참조.

92

〈 단재 신채호의 묘비(글씨 오세창)〉

했으나, 옥중에서 친구들에게 보낸 편지에는 처자를 지극히 걱정하여 돌봄을 부탁하고 있다.240)

신채호가 옥중생활에서 가장 고통을 받은 것은 추위였다. 감옥은 신채호에게는 매우 추웠다. 원래 어려서부터 병약한 신채호에게는 추운 북방 여순(旅順)의 날씨는 너무 추웠고, 특히 여순감옥의 시멘트 바닥은 도저히 견딜 수 없도록 추웠다. 신채호는 면회온 신간회의 이관용에게도 조선 심동의(深冬衣) 한 벌과 조선 버선 몇 켤레를 부탁했고,241)

끼니를 굶고 있는 부인에게도 "조선옷에 솜을 많이 놓아 두툼하게 하여 보내달라"242)고 편지를 보냈다. 옥중생활의 초기에 그는 옥사(獄死)하지 않고 출옥할 수 있을 정도의 건강에 자신이 있었으나,243)

---

239) 朴慈惠, "가신 님 丹齋의 靈前에,"《전집》, 하권, p. 484.
240) "洪碧初에게,"《전집》, 별집, p. 358 참조. 신채호의 가족상황을 보면 16세 (1895)에 결혼한 첫째 부인 趙씨와의 사이에서 아들 관일을 낳았으나 아기일 때 잃고, 1910년 망명 직전에 조씨와는 사실상 이혼하였다. 신채호는 41세 (1920)에 朴慈惠와 재혼하여 3남매를 낳았는데, 큰아들 秀凡은 1921년에 낳아 장성하고, 딸(이름 불명)은 1923년에 낳았으나 두 살 때 잃었으며, 둘째아들 斗凡은 1929년에 낳았으나 14세(1942)에 잃었다. 박자혜는 간호원 출신이므로 서울에서 산파업을 개업했으나 이름뿐이었고 끼니를 잇지 못하는 극빈과 일제의 온갖 박해 속에서 남편의 옥바라지와 아들의 양육에 허덕였다. 독립운동가·혁명가의 아내로서 박자혜는 인간이 겪을 수 없는 온갖 고초를 다 겪다가 남편의 영광이 되살아난 민족해방의 날을 보지 못하고 1943년에 48세를 일기로 하여 가난과 병고로 별세하였다.
241) 李灌鎔, "大連監獄 申丹齋 面見記,"《전집》, 하권, p. 435.
242) "申采浩夫人 訪問記,"《전집》, 별집, p. 418.

1935년을 고비로 그의 건강은 급속히 악화되어 신채호 자신이 옥중에서 죽게 될 것을 예감하기 시작하였다. [244]

신채호는 병약해질 대로 병약해진 상태에서 출옥을 1년 8개월 앞두고 마침내 1936년(57세) 2월 18일 뇌일혈로 쓰러져 의식을 잃었다. 서울의 가족인 부인 박자혜(44세)와 아들 수범(16세)은 "신채호 뇌일혈, 의식불명, 생명위독"[245]이라는 전보를 여순감옥으로부터 받고 친척과 동지들 몇몇과 장례절차를 준비하여 여순으로 향하였다. 장례비용은 신석우가 200원, 동아일보사(사장 송진우)가 50원, 조선일보사(사장 방응모)가 30원, 중앙일보사(사장 여운형)가 30원을 분담하고, 가족 인솔과 유해 호송은 친우 서세충(徐世忠)이 맡기로 하였다. [246]

가족들이 여순감옥에 도착했을 때 신채호는 그처럼 그리며 걱정하던 아들 수범과 아내가 찾아와 오열하는 것도 알지 못하고 의식불명인 채 차가운 시멘트 바닥 위에 죽은 듯이 누워 운명을 기다리고 있었다. 그러나 일제 여순감옥 측은 면회시간이 지나자 찾아간 가족들을 몰아냈다. 운명이 얼마 남지 않았으니 임종을 시켜달라고 가족들이 애원했으나 일제는 규칙을 내세워 그들을 몰아냈다.

자기를 낳아준 겨레의 자유와 해방을 위하여 모든 것을 다 바친 위대한 인간 신채호는 1936년 2월 21일(음력 1월 28일) 오후 4시 20분 얼어붙은 황량한 여순감옥의 차가운 시멘트 바닥 위에 누워서 아무도 지켜보지 못한 채 홀로 그의 파란만장하고 장엄한 일생을 마치어 순국(殉國)하였다. [247]

---

243) 申榮雨, "朝鮮의 歷史大家 丹齋 獄中會見記," 《전집》, 하권, p. 443 참조.

244) 洪碧初, "哭丹齋," 《丹齋申采浩先生誕辰 100周年記念論集》, p. 30 참조.

245) 신수범, "아버님 단재," 《나라사랑》, 제3집, p. 99.

246) 신수범, 같은 글.

247) 신채호는 평소에 측근에게 "생전에 조국광복을 못 볼진대 왜놈들의 발끝에 채이지 않게 유골을 화장하여 바다에 띄워달라"(신수범, "아버님 단재")고 부탁했다. 그러나 그의 동지들이 의논한 결과 후일 자손을 위해서라도 유골을 국내로 모셔야 한다고 결의되어 그의 유해는 여순에서 화장한 다음 유골을 충남

제 2 장

신채호의 민족국가관과 시민적 민족주의 사상

1. 머리말

우리나라가 낳은 위대한 민족주의자이자 사학자이며 애국계몽사상가이자 언론인이고 독립운동가인 단재 신채호가 개화자강파의 애국계몽사상가가 된 후 그의 사회사상은 그의 일생에 걸쳐 3단계로 변화했다고 볼 수 있다. 즉 ① 열렬한 시민적 민족주의자의 시기, ② 민족주의 사상에 무정부주의의 방법을 포용한 혁명적 민족주의자의 시기, ③ 무정부주의자의 시기가 그것이다.

이 중에서 신채호 사상의 첫 번째 시기인 '열렬한 시민적 민족주의자의 시기'는 신채호가 1898년 만민공동회의 영향을 받아 주자학도로부

청원군 낭성면 귀래리 고두미 마을에 토장(土葬)되었다. 일제치하에서 한용운과 오세창이 비갈(碑碣)을 짓고 새기어 비석을 세웠다가, 1980년에 그의 탄신 100주년을 맞아 무덤 앞에 영당(影堂)을 지었다.

96

터 개화자강파로 전환한 이후부터 3·1운동 직후인 1922년까지의 가장 오랜 기간에 걸친 것이다. 그는 이 시기부터 1910년까지는 전국민에게 가장 영향력이 큰 위대한 애국계몽사상가로, 그 후부터 1922년까지는 가장 열렬한 전투적 민족주의 독립운동가로 그의 민족주의 사상과 운동을 전개하였다. 그의 영향력이 지대하였던 애국계몽사상은 그의 시민적 민족주의 사상의 일부였다.[1] 그는 3·1운동을 겪고 1922년까지는 열렬한 시민적 민족주의자로 일관하였다.

신채호는 1923년 1월 의열단의 요청에 의하여 그 선언문으로서 "조선혁명선언"을 집필한 것을 계기로 하여 무정부주의를 받아들이기 시작하였다. 그러나 이때의 그의 "조선혁명선언"은 그 목적과 내용은 기본적으로 혁명적 민족주의를 본질적인 것으로 하고 운동방법을 주로 무정부주의의 방법을 수용한 것이었다. 신채호 사상의 두번째 시기인 '민족주의 사상에 무정부주의 방법을 포용한 혁명적 민족주의자의 시기'는 1923~1924년의 비교적 짧은 기간의 것이었다.

신채호는 1925년부터는 현저히 무정부주의로 기울고, 1926년에는 재중국 조선무정부주의자연맹(在中國 朝鮮無政府主義者聯盟)에 가입했으며, 1927년에는 무정부주의동방연맹의 창립에 조선대표로 참가했고, 1928년에는 스스로 동방무정부주의연맹 북경회의를 조직하여 개최하고 무정부주의자로서 독립운동을 하다가 체포당하였다. 이 시기의 그의 작품들의 내용은 무정부주의 사상으로 충만되어 있다. 그는 1928년 일제에게 체포되어 1936년 옥사할 때까지도 무정부주의 사상을 버리지 않았다. 그러므로 신채호 사상의 세 번째 시기인 무정부주의자의 시기는 짧게는 1925~1928년의 기간, 길게는 1925~1936년의 기간에 걸친 것이었다고 볼 수 있다.

이 논문에서는 신채호 사상의 첫째 시기인 '열렬한 시민적 민족주의

---

[1] 愼鏞廈, "申采浩의 愛國啓蒙思想(上·下)", 《韓國學報》, 제 19~20집(1980) 참조.

자의 시기'의 신채호의 시민적 민족주의 사상의 기본구조와 특징을 밝히려고 한다. 신채호는 그의 전 생애를 통하여 이 시민적 민족주의자의 시기에 가장 많은 업적을 내었다.

2. 민족주의의 개념

신채호는 구한말에 이미 '민족주의'라는 용어를 애용한 사상가였다.[2] 그는 '민족주의'를 새로운 진보적 사상으로 이해하였으며, "민족주의로 전국의 완몽(頑夢)을 환성(喚醒)"[3]할 수 있다고 확신하였고, 스스로 민족주의자임을 자부하였다.

신채호가 당시에 말한 '민족주의'의 개념은 무엇인가? 그는 민족주의의 개념을 정밀하게 정의한 독립 논설을 쓴 적이 없고, 구체적인 특정 주제를 다루는 글 속에서 간단히 논급하고 있을 뿐이다. 그는 제국주의와 민족주의의 관계를 다루는 글에서 '민족주의' 등의 개념을 다음과 같이 간결하게 정의하였다.[4]

① 민족주의=타민족의 간섭을 받지 않는 주의, 아민족(我民族)의 국가는 아민족이 주장한다는 주의.
② 제국주의=영토와 국가를 확장하는 주의.
③ 먼로(門羅)주의=아(我)가 타인을 간섭치 아니하고 타인도 아를 간섭치 못하는 주의.

신채호의 이러한 민족주의의 개념은 민족자주독립사상(타민족의 간

---

2) "帝國主義와 民族主義,"《전집》, 하권, pp. 108~109 참조.

3) "讀史新論,"《전집》, 상권, p. 472.

4) "帝國主義와 民族主義,"《전집》, 하권, pp. 108~109 참조.

98

섭을 받지 않는 주의)과 민족국가의 자결주의(아민족의 국가는 아민족이 주장한다는 주의)를 골간으로 하고 있다고 말할 수 있다.

　신채호의 이러한 간결한 민족주의의 개념정의는 민족주의의 본질을 밝히고 있는 것이기는 하나 민족주의의 복잡하고 풍부한 내용을 다 집약하고 있는 것은 물론 아니다. 심지어 오늘날의 민족주의를 전공하는 학자들조차도 민족주의의 복잡하고 풍부한 내용을 간단한 개념정의 속에 집약시키지 못하고 있다. 그러므로 신채호의 민족주의의 개념을 보다 구체적으로 알기 위해서는 그가 밝힌 민족주의의 역할과 민족주의의 내용을 고찰하는 우회적 방법을 반드시 병행시키지 않으면 안될 것이다.

3. 민족주의의 역할

　신채호의 민족주의 사상을 정리해보면 그는 민족주의가 주로 ① 민족보전의 역할, ② 국가보전의 역할, ③ 민족국가 발전의 역할, ④ 국권회복의 역할, ⑤ 제국주의 침략 격퇴의 역할 등을 하는 것이라고 주장하였다.[5]

　신채호에 의하면, 민족주의는 '민족보전'과 '국가보전'의 실로 둘도 없는 유일한 방법이요, '민족국가의 발전'을 추진하는 가장 효과적 방법이며, '제국주의 침략의 격퇴'와 '국권회복'을 위한 유일한 길이다. 신채호에 의하면 민족주의가 강건한 곳에는 어떠한 극렬하고 괴악한 제국주의도 감히 침입하지 못한다. 제국주의는 오직 민족주의가 박약한 나라에만 침입하는 것이다.

---

5) "身·家·國 三觀念의 變遷,"《전집》, 별집, pp. 153~156과 "二十世紀 新國民," 같은 책, pp. 210~229 및 "帝國主義와 民族主義,"《전집》, 하권, pp. 108~109 참조.

然則 此 제국주의에 저항하는 방법은 何인가. 曰 민족주의(타민족의 간섭을 불수하는 주의)를 奮揮함이 是이니라.

此 민족주의는 실로 민족보전의 不二的 法門이라. 此 민족주의가 강건하면 拿破崙 같은 대영웅으로도 露都殘焰에 窮鬼를 作하고, 민족주의가 薄弱하면 亞刺飛 같은 大傑男으로도 錫蘭孤島에 離黍를 哭하였나니, 嗚呼라, 민족을 보전코자 하는 자가 此 민족주의를 捨하고 何를 當取하리오.

是故로 민족주의가 팽창적 웅장적 堅忍的의 광휘를 揚하면, 여하한 극렬적 怪惡的의 제국주의라도 敢히 參入하지 못하나니, 요컨대 제국주의는 민족주의가 박약한 國에만 參入하나니라. 6)

신채호는 구한말에 자기의 시대를 제국주의가 약소민족을 침략하는 것을 능사로 하는 시대라고 정의하였다. 그는 근세 이래로 구주열강의 제국주의가 전 세계에 창궐하여 횡행하면서 동으로는 아시아를 침략하고, 남으로는 아프리카를 분할하며, 동남으로는 대양주를 점령하였다고 그 형세를 제국주의 국가별로 나누어 다음과 같이 요약 설명하였다. 7)

 ⑴ 먼저 영국은 남부 아프리카를 모두 점령하고 남아프리카를 횡단하는 대철도를 부설했으며, 한편으로는 남아시아를 점령하고, 또한 대양주를 점령하였다.

 ⑵ 프랑스는 아프리카의 사하라 등지를 빼앗고, 마다가스카르 등 여러 지역을 약탈하여 아프리카를 횡행하고 있으며, 대양주에 침략하여 여러 군도(群島)를 병탄하였고, 인도지나를 정복한 다음 청국(淸國)의 남부를 엿보고 있다.

 ⑶ 제국 러시아는 동아시아에 침입하여 시베리아 철도를 태평양 연안까지 연결시켜 부설했으며, 우로는 아프카니스탄과 이란을 굴복시키고, 좌로는 몽고와 만주를 도모하고 있다.

---

6) "帝國主義와 民族主義," 《전집》, 하권, p. 108.
7) "二十世紀 新國民," 《전집》, 별집, p. 212 참조.

100

(4) 독일·포르투갈·네덜란드 등 여러 나라들은 각기 사방에 웅시 (雄視)하여 식민지 개척에 열중하고 있다.

(5) 미국은 먼로주의를 버리고 홀연히 미·스페인전쟁을 일으켜서 하와이와 필리핀을 한꺼번에 병탄하였다.

(6) 일본은 수천 년간 동양고도(東洋孤島)로 있다가 겨우 혁신을 이룩하여 제국주의 국가가 된 다음 러·일 전쟁에서 승리하여 한국을 침략하고 만주에 그 세력을 뻗치고 있다.

신채호는 이른바 6대 강국이니 8대 강국이니 하는 나라들이 모두 앞을 다투어 제국주의 침략을 자행하기 때문에 "세계 무대가 일제국주의적(一帝國主義的) 활극장"[8]을 이루었다고 개탄하였다. 신채호는 일본까지도 제국주의의 허영을 탐하여 제국주의 국가가 되어서 한국을 침략하여 '식민지'로 병탄하려 하고 있다고 경고하였다.[9]

신채호에 의하면 제국주의가 이와 같이 창궐하는 시대에 한국은 직접적으로 일본 제국주의의 침략을 받아 국권의 일부를 박탈당하고 일제 통감부의 지배하에 놓이게 되었다. 이제 일본 제국주의는 바야흐로 한국을 완전히 식민지로 병탄해 버리려고 침략을 강화하고 있다.

아름다운 나라인 한국이 일제의 식민지로 떨어지려 하고 있는 것은 무슨 까닭인가? 신채호에 의하면, 대한국민의 민족주의가 강건하지 못한 때문인 것이다. 따라서 한국인이 해야 할 가장 화급한 일은 민족주의를 대분발하여 일본 제국주의를 몰아내고 국권을 회복해서 민족과 국가를 보전하는 것이다.

錦같고 花같은 한반도가 금일에 至하여 黯黑然 披靡然히 魔窟에 墜함은 何故요. 卽 한인의 민족주의가 강건치 못한 所以니, 惟 望컨대 한국동포는 민족주의를 대분발하여 "我族의 國은 아족이 주장한다"는 一句로 護身符를 作하여 민족을 보전할지어다.[10]

8) "帝國主義와 民族主義,"《전집》, 하권, p.108.
9) "韓國倂合論者에게 告함,"《전집》, 별집, p.207 참조.

여기서 주목할 것은 신채호가 민족주의의 일반적 역할을 논함과 동시에 반드시 한국 민족주의가 수행해야 할 역할을 선명하게 밝히고 있는 점이다. 신채호는 당시의 한국민족과 한국 민족주의의 최대 급무와 목표는 다른 곳에 있는 것이 아니라 일본 제국주의의 침략을 물리치고 '국권회복'을 하여 민족의 '독립'과 '자유'를 지키고 발전시키는 것이라고 강조하였다.[11] 우리가 여기서 신채호와 같은 논리로 주의해야 할 것은 신채호의 민족주의는 추상적 사상으로서 정립된 것이 아니라 제국주의 시대에 한국이 일본 제국주의의 침략을 받고 식민지로 떨어져가는 상황 속에서 '구체적'으로 일본 제국주의 침략에 대항하여 '국권'을 회복하고 한국민족을 보전 발전시키기 위한 사상으로 정립되었다는 사실이다.

이러한 구체적인 사회적 조건을 떼어버리고서는 신채호의 민족주의의 개념이나 그의 민족주의 사상을 정확히 이해할 수 없는 것이다.

4. 민족국가관 (民族國家觀)

신채호의 민족주의는 일본 제국주의에 의하여 국권을 박탈당하고 국가가 망하여 식민지로 떨어지려는 즈음의 사회적 조건 위에서 형성된 사상이기 때문에 '국가'를 핵심에 두고 '국권'을 생명처럼 귀중하게 생각하였다. 이때 신채호가 말하는 국가는 바로 근대의 '민족국가'를 가리킨 것이었다.

> 盖 국가 명칭의 출생은 고대에 在하나 고대의 국가는 일가족의 有한 바며, 금대의 국가는 일민족의 有한 바라.[12]

---

10) "帝國主義와 民族主義," 앞의 책, pp. 108~109.
11) "今日 大韓國民의 目的地,"《전집》, 별집, pp. 175~177 참조.

즉, 이 시기의 신채호의 민족주의의 핵심에 있는 것은 '국가'이며 이 국가는 '민족국가'인 것이다. 그는 이 때문에 때때로 '민족주의'를 '국가 사상'이나 '국가관념'이라는 용어와 병행해서 사용하기도 하였다. 13)

신채호는 역사기간을 네 시기로 나누어 이 기간의 인류사회의 진화를 '신'(身), '가'(家), '국'(國)의 관념의 변천과정으로 설명하였다. 즉, 제1기에는 '신'의 관념이 지배하며, 제2기에는 '가'의 관념이 지배하고, 제3기에는 '가'와 '국'의 양관념이 교체하며, 제4기에 이르러서는 '국가관념'이 크게 타올랐다고 설명하였다. 14) 물론 여기서 그가 말하는 '국가관념'은 '민족국가'의 관념을 의미하는 것이다. 그리고 신채호가 여기서 말하는 '민족국가'는 다른 측면에서 표현하면 곧 '국민국가'인 것이다. 15) 그에 의하면, 20세기의 국가는 국민의 국가로서 국가는 국민의 생명과 안위를 돌보고 재산을 보호하며 국민이 국가의 존망을 결정하고 책임지며 국민이 공권(公權)을 갖는 것이다. 이 국민의 재산과 국민의 권리는 어떠한 강자라도 침해하지 못하는 것이라고 그는 다음과 같이 강조하였다.

即今 이십세기 신천지를 조성하매, 於是乎 국가는 斯民의 國이라 하여 其存 其亡에 惟民이 是圖라 하며, 국민은 斯國의 민이라 하여 其安其危를 惟國이 是顧라 하며, 국가는 국민의 公産을 作하며 국민은 국가의 公權을 有함에 至한지라, 비록 亘古絶今의 梟雄悍夫가 出할지라도, 此産을 獨專하며 此權을 獨把함을 不得하고, 비록 呑山吸海의 頑魔巨敵이 來할지라도 此産을 不敢侵하며 此權을 不敢害하나니, 盖 如此라야 금일에 云하는 국가라. 16)

12) "身·家·國 三觀念의 變遷," 같은 책, p.156.
13) "讀史新論,"《전집》, 상권, p.472 참조.
14) "身·家·國 三觀念의 變遷,"《전집》, 별집, pp.153~154 참조.
15) "二十世紀 新國民," 같은 책, pp.227~229 참조.
16) "身·家·國 三觀念의 變遷," 앞의 책, pp.155~156.

신채호는 여기서 국가는 국민의 것으로 국민은 공권을 가지며 국가
는 국민의 생명과 공권과 재산을 신성불가침한 것으로 보호하는 것이
라고 하여 시민적 민족주의의 국가 개념을 잘 설명하고 있는 것이다.
즉, 신채호의 '민족국가'는 곧 '국민국가'이며, 그것은 '시민적' 국민국
가를 의미하는 것이다. 신채호의 민족국가관의 내용이 '시민적' 국민국
가관이라는 사실은 이 시기의 그의 민족주의가 '시민적' 민족주의임을
나타내는 요소 중의 중요한 하나인 것이다.

신채호는 이러한 시민적 민족주의의 '민족국가', '국민국가'의 개념에
입각하여, '국가'와 '정부'와 '황실'을 엄격하게 구분하면서, 당시 황실
과 정부를 국가와 동일시하고 국가가 국민의 국가임을 모르고 있는 낡
은 사상을 날카롭게 비판하였다.

> 한국이 수백 년래로 대외의 경쟁이 無하므로 국가적 관념이 甚微하
> 여 或者는 皇室을 卽 국가로 信하며, 혹자는 정부를 곧 국가로 信하
> 는 故로, 국가에 대한 책임은 군주나 擔한 바며 관리나 有한 바요,
> 일반 백성에 至하여는 국가가 흥하거나 망하거나, 治하거나 亂하거
> 나, 禍가 유하거나 복이 유하거나, 皆 我의 過問할 바가 아닐 줄로
> 사상하니, 인민의 국가정신이 如是 幼稚하고야 어찌 그 국가의 발달
> 함을 望하리오.[17]

신채호는 근대국가는 '민족국가', '국민국가'로서 국가가 국민의 생명
과 안위와 권리와 재산을 보호해주는 한없이 귀중한 것이며, 국가흥망
에 대한 책임도 국민이 지는 것임을 기회 있을 때마다 강조하였다.

신채호는 '민족국가'로서의 '국가'에 대하여 국민들이 다른 모든 것을
희생하더라도 제일차적으로 충성을 바쳐야 한다고 주장하였다. 그는
대한의 국민들이 자기 자신·가족·씨족·신분·계급·지방·당파 등
종래 충성을 바쳐오던 대상들을 극복하여 모든 국민의 충성을 바로

---

17) "國家는 卽 一家族,"《전집》, 별집, p. 148.

'국가'에 바칠 것을 요청하였다. 그는 이러한 민족국가관에 의거해서, 당시 한국의 사회관습이 가족관념·가문관념·씨족관념이 너무 강하여 국가관념이 성장하지 못함을 매우 날카롭게 비판하고,[18] 낡은 가족관념의 타파를 강력히 주장하였다.[19] 그는 또한 유자(儒者)들 사이에 뿌리깊이 남아 있는 '사당관념'(私黨觀念)의 타파를 매우 강조하고,[20] 씨족·신분·계급의 관념을 타파하여 평등주의에 입각한 국가관념의 배양을 강력히 주장하였다.[21]

신채호는 정치·경제·사회·문화·교육·과학의 모든 부문이 바로 이 근대적 국가관념의 배양을 위하여 진력해야 한다고 강조하였다. 그는 심지어 가장 보편적 성격을 띤 종교에 대해서까지도 '국가적 종교'[22]가 될 것을 요구하였다.

신채호는 종교가 '국민에게 양감화(良感化)를 주는 일대 기관'이라고 이를 매우 중시하고, 종교를 교육과 자매관계를 가진 것으로 높이 평가하면서, 한국내의 모든 종교가 '국가적 종교'가 될 것을 요청하였다. 그는 '국가관념'이 없는 종교는 '종교의 노예'가 될 뿐이요 '국민정신'이 없는 종교는 '종교의 신도'가 될 뿐으로서 20세기 신국민의 종교는 될 수 없는 것이라고 단호하게 다음과 같이 주장하였다.

> 종교는 국민에게 良感化를 주는 일대 기관이라. 국민의 정신기개가 此에서 基하는 者ㅣ 多이며, 국민의 정의도덕이 此에서 발하는 者ㅣ 多하나니, 彼 구미열강이 종교와 敎育을 자매의 관계로 보호 확장함이 此를 以함이라. 然이나 종교의 노예가 될 뿐이요, 국가의 관념이 무하며, 종교의 신도가 될 뿐이요, 국민의 정신이 무한 자는 결코 이십세기 신국민의 종교가 아닌저.[23]

---

18) "二十世紀 新東國之英雄,"《전집》, 하권, pp. 111~116 참조.
19) "打破 家族的 觀念," 앞의 책, pp. 164~165 참조.
20) "二十世紀 新東國之英雄," 앞의 책, pp. 115~116 참조.
21) "二十世紀 新國民,"《전집》, 별집, pp. 215~216 참조.
22) 같은 글, p. 227 및 p. 229.

신채호는 종교까지도 모두 민족주의적 종교가 되어서 국가관념을 배양 보급하고 신국민의 교화와 국권회복운동에 참여하고 기여해야 한다고 주장하였다.

신채호가 '민족국가'로서의 국가를 얼마나 중시했는가는 구한말 사상계의 '보종론(保種論, 민족보전론)과 보국론(保國論, 국가보전론) 논쟁'에 대하여 양자가 하나라고 지적하면서도 궁극적으로 보국론을 지지한 곳에서 거듭 볼 수 있다. 신채호는 '보종론·보국론 논쟁'에 대하여, 보종을 하려 해도 그 권리가 타민족과 동등해야 하기 때문에 반드시 보국을 해야 하고, 한편 민족이 절멸되면 보국을 해도 보전하는 것이 자기 자손이 아니라 타인이기 때문에 보종 외에 따로 보국책이 없다고 지적하면서, 보종과 보국은 둘이 아니라 하나라고 논하였다.

그러나 현실적으로 대한제국의 경우에는 '보국'을 추구하면 그 국가가 이미 보전됨과 동시에 그 민족이 스스로 보전되려니와 만일 보국을 생각지 아니하고 보종만을 추구하다가는 그 국가를 보전하지 못함에 따라 그 민족도 멸망할 것이니 양설 중에서 현실론을 택하라면 신채호는 보종론을 버리고 보국론을 따르겠다고 결론지었다.[24]

신채호의 민족국가관의 특징은 '동양주의'에 대한 그의 비판에서도 잘 드러나고 있다. 그는 자기의 시대는 제국주의 시대이므로 민족주의와 국가주의를 주장하여 모든 정세를 '국가와 민족' 단위로 고찰해야 한다고 주장하고 구한말의 일부 식자층이 주장하던 '동양주의'를 날카롭게 비판하였다. 당시 동양주의자들은 자기의 시대를 '동·서' '황·백'의 두 인종이 경쟁하는 시대라고 보고, 동양이 흥하면 서양이 망하고 서양이 흥하면 동양이 망하니, 대한과 같이 동양에 속한 나라는 일본과 같은 동양에 속한 나라와 상합상결(相合相結)하여 공동으로 서양 백인종에 대항해야 하며 그렇지 않고 만일 동양이 망하면 한족(韓族)

---

23) "二十世紀 新國民," 《전집》, 별집, p. 227.

24) "保種·保國의 元非二件," 《전집》, 하권, pp. 53~54 참조.

도 함께 망하게 된다고 주장하였다.

　신채호는 민족주의와 민족국가관에 의거하여 모든 문제를 국가와 민족을 '주'(主)로 하고 다른 것은 '객'(客)으로 하여 고찰할 것을 강조하였다. 신채호에 의하면 동양의 경우를 놓고 보아도 한국이라는 국가는 '주'요 동양은 '객'인 것이다. 만일 동양주의 주창자들과 같이 보면 동양이 주가 되고 대한이라는 국가는 객이 되어 국가의 흥망은 천외(天外)에 두고 동양만 지키려다가 동양의 강국인 일본에게 대한이라는 국가가 망하게 되는 것이라고 신채호는 동양주의를 신랄하게 비판하였다.25) 즉, 신채호는 그의 민족주의와 민족국가관에 입각하여 '동양주의'를 본질적으로 일본 제국주의의 동양침략론의 별명으로 예리하게 간파한 것이었다.

　신채호의 '민족국가'를 극히 중시하여 핵심에 두는 사상은 그의 민족주의를 국가주의적·국권론적 민족주의의 특징을 갖게 하는 경향도 보인다고 말할 수 있다. 실제로 신채호는 '국가주의'26)라는 용어를 민족주의에 대신하여 사용하는 경우도 있었다. 그러나 이때의 신채호의 국가주의적·국권론적 민족주의의 특징은 일반론이 아니라 일제에게 국권을 박탈당하고 국가가 식민지로 망하기 직전의 사회적 조건 위에서 주창된 것임을 주목할 필요가 있다. 신채호는 당시 한국 민족주의의 당면한 과제가 일본 제국주의의 침략으로 '국권'을 빼앗겼다는 사실을 직시하고 '국권회복'을 하는 것이라고 거듭 강조하였다.

　　嗚呼, 금일 我대한에 何가 有한가. 국가는 有하건마는 국권이 無한 國이며, 인민은 有하건마는 자유가 無한 民이며, 화폐는 有하건마는 鑄造權이 無有하며, 법률은 有하건마는 사법권이 無有하며, 森林이 有하건마는 我의 有가 아니며, … 철도는 有하건마는 我의 有가 아니니… 27)

---

25) "東洋主義에 대한 批評,"《전집》, 하권, pp. 88~91 참조.
26) 같은 책, p. 90.

　신채호는 일제에게 국권을 빼앗긴 한국민족의 상태를 '지옥에 떨어짐'[28]으로 표현하였다. 이러한 상태에서 한국민족의 목표는 두말할 필요도 없이 국권회복이고 민족국가의 자유와 독립이라고 그는 강조하고 신교육 · 실업발달 · 사회관습 개혁 등 다른 모든 것은 이 목표에 도달하기 위한 방법이라 할지언정 그 자체를 목적으로 보아서는 안 된다고 강조한 것이었다.[29] 이러한 사회적 조건을 고려하면 신채호의 민족주의가 당시에 국가주의적 · 국권론적 특징을 포함하게 되고 '민족국가'를 무엇보다도 중시한 것은 당연한 실천적 논리적 귀결이었다고 볼 수 있을 것이다.

5. 민족국가의 구성

　신채호 시대의 서구의 사상가들은 국가의 구성요소로서 주로 국민과 영토와 주권을 들었다. 신채호는 이러한 국가의 3요소설을 받아들이면서도, 그 자신이 민족국가의 구성을 독특하게 '정신상 국가'(추상적 국가)와 '형식상 국가'(구체적 국가)로 구분하였다. 이러한 구분방법은 신채호의 독자적인 것이다. 여기서 '정신상 국가'라 함은 그 민족의 '독립할 정신', '자유할 정신', '생존할 정신', '국권을 보존할 정신', '국위를 분양(奮揚)할 정신', '국광(國光)을 환발(煥發)할 정신' 등을 가리키는 것이라고 그는 설명하였다.[30] 한편 '형식상 국가'라 함은 '영

---

27) "大韓의 希望," 같은 책, p. 63.
28) "滿洲問題에 就하여 再論함,"《전집》, 별집, p. 238 참조.
29) "今日 大韓國民의 目的地," 같은 책, p. 177 참조.
30) 신채호는 여기서 국가의 구성요소로서의 '國民'의 '독립정신', '민족정신'을 지적하고 있는 것이라고 말할 수 있다. 그는 즉 '독립정신이 있고 애국심 있는 국민'을 강조하고 있는 것이다.

토', '주권', '정부', '의회', '대포', '군함', '육군', '해군', '경제' 등의 집합체를 말하는 것이라고 설명하였다. [31]

신채호의 민족국가의 내부구성에 대한 이러한 분류방법은 동양전래의 '형이상'과 '형이하' 또는 '체'(體)와 '용'(用)의 이분법을 국가에 적용한 것인데, 이것은 박은식(朴殷植)이 민족국가의 구성을 '국혼'(國魂)과 '국백'(國魄)으로 분류한 것과 바로 상통하는 것이라고 볼 수 있다. [32]

신채호는 '정신상 국가'를 또한 '추상적 국가'라고 표현했으며 '형식 상 국가'를 '구체적 국가'라고 표현하였다. 여기서 '형식'이라 함은 '형 태'를 가리키는 것으로 이해된다. 그런데 신채호는 어느 나라를 막론 하고 먼저 '정신상 국가'가 있은 후에야 '형식상 국가'가 비로소 있게 된다고 하여 정신상 국가를 형식상 국가보다 우위에 놓고 있다. 신채 호는 "정신상 국가는 형식상 국가의 어머니"[33]라고 쓰고 있다. 신채호 에 의하면, 따라서 당연한 논리로 정신상 국가가 망하면 형식상 국가 가 불망했을지라도 그 국가는 망한 국가와 다름이 없는 것이다.

嗚呼라. 정신상 국가가 망하면 형식상 국가는 不亡하였을지라도 其 國은 已亡한 국이며, 정신상 국가만 不亡하였으면 形式上 國家는 망하였을지라도 그 국은 불망한 국이니라.

何故오. 曰 그 민족이 독립할 정신이 無하며, 자유할 정신이 무하 며, 생존할 정신이 무하며, 불굴할 정신이 무하며, 국권을 보전할 정신이 무하며, 국위를 분양할 정신이 무하며, 국광을 환발할 정신 이 무하면, 疆土가 유하여도 無用이요, 주권이 유하여도 무용이요, 군주가 유하여도 무용이요, 정부가 유하여도 무용이요, 의회가 유하 여도 무용이요, 관리가 유하여도 무용이요, 군함이 유하여도 무용이 요, 대포가 유하여도 무용이요, 육군이 유하여도 무용이요, 해군이 유하여도 무용이니, 如此한 국은 금일 不亡하면 명일 망하고, 명일

31) "精神上 國家," 《전집》, 별집, p. 160 참조.
32) 愼鏞廈, "朴殷植의 歷史觀(上·下)", 《歷史學報》, 제90~91집(1981) 참조.
33) "精神上 國家," 《전집》, 별집, p. 160.

불망하면 우명일 망하여 必亡乃已하나니라. 34)

　신채호에 의하면, 반대로 독립정신, 자유정신, 애국정신 등 '정신상 국가'란 망하지 않으면 영토, 주권 등 '형식상 국가'가 망하거나 없을지라도 그 나라는 망하지 않은 나라이어서 필경에는 '형식상 국가'를 회복하여 완전한 '민족'을 건립할 수 있는 것이다.

　　是와 反하여 그 독립·자유 등 정신만 有하면 강토·주권 등 형식이 無할지라도 그 目中心中에 국가 완존하며 그 腦裏腔裏에 국가가 雄飛하여 그 국민 頭上에는 그 국의 天이 유하고, 그 국민 足下에는 그 국의 地가 유하며 그 국민 일신에는 그 國의 독립·자유 등의 실력과 광채가 유하여 필경 그 국가를 건립할 一日이 有할지니, 如此한 국은 금일 不立하면 명일 立하며, 명일 불립하면 우명일 입하여 必立乃已하나니라. 고로 형식상 국가를 건립코자 하면 먼저 정신상 국가를 건립할지며, 형식상 국가를 보전코자 한다면 먼저 정신상 국가를 보존할지며, 형식상 국가의 망함을 憂할진대 먼저 정신상 국가의 망함을 憂할지니라. 35)

　신채호가 여기서 '정신상 국가'를 '형식상 국가'보다 언제나 선행해서 강조한 것은 일반론으로서 신채호의 민족국가관의 관념론적 요소라고 말할 수 있다. 우리는 여기서 신채호의 무엇보다도 독립정신, 민족정신을 강조하는 '시민적' 민족주의의 모습을 볼 수 있다. 그러나 그의 민족주의와 민족국가관이 '정신상 국가'를 다른 요소보다 선행해서 강조하여 관념론적 요소를 보인다 할지라도 그것은 결코 현실을 모르는 우활(迂闊)한 관념론이 아니었음을 주의할 필요가 있다. 그는 이 무렵에 다른 곳에서는 형식상 국가의 요소들의 중요성을 매우 강조하였다. 예컨대 신채호는 경제를 중시하여 강국이 약국을 대함에 반드시 경제

────────────

34) 같은 책, pp. 160~161.
35) "精神上 國家,"《전집》, 별집, p. 161.

110

경쟁을 먼저 하고 경제의 침략과 장악을 먼저 하므로 한국도 신국민경
제를 수립하고 산업을 발달시켜서 이에 대처해야 한다고 주장하였
다.[36]

또한 그는 국가를 세우고 발전시키는 데에 '문'(文), '무'(武)의 쌍전
(雙全)을 강조하고 특히 '무력'의 양성의 중요성을 강조하였다. 그는
'문'이 없으면 국가의 정신을 유지할 기구가 없게 되어 용사(勇士)가
전국에 충만할지라도 한갓 적인(敵人)의 응견(鷹犬)이 되기 쉬우며,
반면에 '무'가 없으면 문화가 아무리 찬란하다 할지라도 나라가 굶주린
범의 입에 들어가는 것을 막지 못하여 국가의 멸망에 당해서 속수무책
이 되는 것이라고 하였다.[37]

신채호는 자기의 시대인 제국주의 시대가 또한 군국주의 시대로서
열강이 양양한 의기로 온 지구 위를 횡행함은 무력이 강한 때문이며,
아시아·아프리카의 여러 나라들이 열강의 침략을 받지 않을 수 없는
것은 무력이 약한 까닭이므로, 한국 등 약국은 열강의 무력이 강한 이
유를 분석하고 참조하여 무력을 양성해야 한다고 강조하였다.[38] 뿐만
아니라 신채호는 국권회복운동·독립운동에 종사하는 전기간에 걸쳐
무엇보다도 '무장투쟁'을 가장 중시하고 강조하였다.

이러한 신채호가 왜 '정신상 국가'를 '형식상 국가'보다 선행해서 강
조했는가? 신채호의 민족주의와 민족국가관에 보이는 이러한 관념론
적 요소는 사회사적으로는 그가 처한 '사회적 조건'과 관련해서 이해할
필요가 절실한 것이다. 신채호가 이러한 민족국가관과 '정신상 국가'의
중요성을 주창하기 시작했을 시기는 한국이 일본 제국주의에 의하여
이미 주권을 박탈당하고, '영토'를 일본군이 점령하고 있을 때이며,
'군대'는 일본군에 의하여 해산당해 있었고, '정부'는 일제통감의 지휘
하에 조직되고 임면되고 있었다. 이러한 사회적 조건 위에서는 국권을

36) "二十世紀 新國民," 같은 책, pp. 220~225 참조.
37) "文化와 武力," 같은 책, pp. 200~201 참조.
38) "二十世紀 新國民," 같은 책, pp. 219~220 참조.

회복하려면 '독립정신', '국권회복정신'을 강조해야 하는 것은 너무나 당연한 것이라고 말할 수 있다. 신채호는 실제로 "국민의 정신을 잃은 후에야 어찌 국권을 회복하리오"[39] 라고 쓰고 있다.

신채호가 민족국가의 구성에서 '정신상 국가'를 선행시킨 논리를 전개한 것은 당시의 사회적 조건이 일제에 의하여 주권·무기·군대·강토 등 형식상 국가를 빼앗긴 상태에서 전 국민이 독립정신·국권회복 정신을 갖고 투쟁하면 필경에는 국권을 회복하여 완전한 국가를 세울 수 있음을 강조하기 위한 것이었다고 해석된다. 그러므로 신채호의 민족국가의 구성에 대한 견해는 관념론이 아니라 '관념적 요소'로 보는 것이 정확할 것이며, 이것은 현실에서 떠난 우활(迂闊)한 관념론이 아니라 오히려 현실에 밀착했기 때문에 나온 특수한 관념적 요소라고 보아야 할 것이다.

6. 입헌공화국의 건설

신채호의 민족주의는 국권을 회복한 후에 어떠한 정체의 민족국가를 건설하려고 하였는가? 신채호는 1910년 2월부터 국권회복 후에 건설해야 할 국가의 정체를 '입헌공화국'이라고 명백히 밝혔다. 그는 '입헌국가'에 대한 그의 신념을 피력하여, '입헌국'만이 '국민적 국가'요, 국민적 국가가 아닌 나라 즉 입헌국이 아니라 1, 2인이 전제하는 나라는 세계 대세를 거역하는 나라로서 반드시 망한다고 지적하였다.[40]

또한 신채호는 당시의 전제군주제하에서 '공화제'에의 희구를 공개적으로 표현하기 불가능한데도 이를 우회적으로 천명하였다. 그는 서

---

39) "친구에게 절교하는 편지,"《전집》, 별집, p. 97.
40) "二十世紀 新國民,"《전집》, 별집, p. 229 참조.

양의 예를 빌려 들면서 "전제 봉건의 구루(舊陋)가 거(去)하고, 입헌
공화의 복음이 편(遍)하여 국가는 인민의 낙원이 되며 인민은 국가의
주인이 되어 공맹(孔孟)의 보세장민주의(輔世長民主義)가 차에 실행
되며 루소의 평등자유정신이 차에 성공되었도다(강조 인용자)"[41] 라고
입헌공화제를 찬양하였다.

　여기서 주목할 것은 신채호는 '입헌공화국'에서는 '국가는 인민의 낙
원'이 되며 '인민은 국가의 주인'이 된다고 국민주권론의 관점에서 이
를 희구하고 있다는 점이다. 또한 주목할 것은 그는 입헌공화국을 루
소의 자유·평등사상을 실현한 것일 뿐 아니라 동시에 공자·맹자의
보세장민주의를 실현하는 것으로 보고 있다는 점이다.

　신채호의 '입헌공화국'의 건설에 대한 신념은 그의 역사관에까지 연
결된 확고한 것이었다. 신채호는 국가생활의 발달을 ① 추장시대, ②
귀족시대, ③ 전제시대, ④ 입헌시대의 단계를 거치면서 진화한다고
보았으며, 자기의 시대는 입헌시대라고 보았다.[42] 또한 그의 입헌공
화국의 건설에 대한 신념은 실천운동과도 직결된 것이었다. 신채호가
주요회원으로 가입하여 활동하던 국권회복운동의 비밀결사인 신민회
(1907년 창건)는 그 건설하려고 하는 신국가의 정체를 한국 역사상 처
음을 공화정으로 정립하여 추구하고 있었다.[43]

　신채호는 입헌공화국을 수립하기 위해서는 한국국민들이 정치능력을
향상하여 '입헌적 국민'의 자격을 갖추어야 한다고 보았다. 그는 국민동
포가 정치사상을 분발하여 일으키고 정치능력을 배양하여 '독립적 국민'
의 천능(天能)을 신장하고 '입헌적 국민'의 자격을 갖추어 국권을 회복
해서 '입헌국가'를 수립하여 민족의 행복을 보장할 것을 촉구하였다.

---

41) "二十世紀 新國民,"《전집》, 별집, p. 213.
42) "進化와 退化," 같은 책, p. 208 참조.
43) 愼鏞廈, "新民會의 創建과 그 國權恢復運動(上·下),"《韓國學報》, 제8~9
　　집(1977) 참조.

嗚呼라, 동포여. 동포는 정치사상을 奮興하며 정치능력을 長養하여
독립적 국민의 天能을 張하며, 입헌적 국민의 자격을 具하여, 국가
의 命을 유지하며 민족의 복을 확장하라. 44)

신채호는 국권을 회복하여 독립된 입헌공화국을 수립하고 이를 위
해 국민이 '입헌적 국민'의 자격을 갖추려면 전국민이 '신국민'이 되지
않으면 안 된다고 주장하였다. 45) 그의 '신국민설'은 그가 주요 회원으
로 가입하여 활동하던 신민회의 사상을 대변한 것이었다고 이해된다.

신채호는 대한이 입헌공화제의 신국가가 되어 '세계무대에 뛰어올라
서 문명의 깃발이 휘날리는 강국', 자주부강한 문명한 조국이 될 것을
희구하였다. 46) 신채호의 시민적 민족주의의 이상은 바로 '이 자주부강
한 문명한 입헌공화국'의 건설에 있었다.

신채호는 입헌공화제를 공공연히 주장하기 시작한 1910년부터 1923
년에 무정부주의 쪽으로 서서히 기울어지기 이전까지 가장 열정적이고
전투적인 민족주의자로서 일제에게 빼앗긴 국권을 회복하고 자주부강
한 입헌공화국을 건설할 것을 목표로 피나는 투쟁을 전개하였다.

7. 민족주의이론과 사회진화론

신채호의 시민적 민족주의는 이론적으로 사회진화론과 깊이 관련돼
있었다. 그는 다윈의 진화론을 비롯하여 스펜서(Herbert Spencer)의
사회진화론을 받아들여서 '생존경쟁', '적자생존', '우승열패', '약육강

---

44) "二十世紀 新國民," 앞의 책, p. 226.
45) "二十世紀 新東國之英雄,"《전집》, 하권, p. 116 및 "二十世紀 新國民,"《전
집》, 별집, p. 211 참조.
46) "二十世紀 新國民," 같은 책, p. 229 참조.

114

식', '사회진화'의 개념과 이론을 그의 사상에 흡수하였다. 그는 기본적으로 "경쟁은 인(人)의 천직이며 생활하는 자본"[47]이라고 썼다.

그는 특히 사회진화론 중에서 벤자민 키드(Benjamin Kidd)의 '외경론'(外競論)을 적극적으로 받아들여 흡수하였다. 신채호는 사회진화론의 '경쟁의 원리'가 보편적 원리이기는 하지만 그것은 동일민족 내부에서보다 상이한 민족들 사이에서 더 적나라하게 나타난다고 보았다. 그에 의하면, 민족은 동족이면 먼저 합하고 이족이면 먼저 경쟁[外競]하면서 우자(優者)와 강자가 승(勝)하고 열자(劣者)와 약자가 패한다는 것이다. 신채호는 이러한 관점에서 민족의 '외경력'을 매우 중시했으며, 외경력의 기초로서 '자강'을 매우 중요시하였다.

신채호는 이 '외경론'을 적용하여 한국민족의 성쇠를 역사적으로 설명하기도 하였다. 그에 의하면 한국역사의 고대에는 한국민족의 외경력이 매우 강성했다.[48] 특히 부여·고구려 시대에는 자강이 이룩되고 외경사상과 외경력이 강했으므로 중국은 물론 그 어느 나라도 감히 한국민족을 넘보지 못하였다. 그러나 고구려가 멸망한 이후로는 한국민족은 외경에 힘쓰지 않게 되었다. 그는 특히 발해가 멸망한 이래로 한국민족은 외경력이 약해져서 온갖 다른 민족들이 한국민족의 발상지인 만주를 점유하여도 이를 받아들여 반도내의 한구석에 엎드려 있음을 달게 여기게 되었다고 개탄하였다.[49]

신채호는 자기 시대에 한국이 일제에게 국권을 박탈당하고 나라가 망하기 직전에 이른 것도 수백 년간 대치한 열국이 없어서 외경사상이 일어나지 않은 결과 마침내 일본 제국주의의 침략에 대항할 외경력을 상실했기 때문이라고 설명하였다.[50] 그는 일본 제국주의와 이민족의 침략에 대항하기 위해서는 민족주의로 외경력을 길러야 하며, 외경력

47) "東國巨傑 崔都統傳,"《전집》, 중권, p. 424.
48) "韓國과 滿洲,"《전집》, 별집, p. 232 참조.
49) "滿洲問題에 就하여 再論함," 같은 책, p. 241 참조.
50) "韓國合倂論者에게 告함," 같은 책, p. 206 참조.

을 기르기 위해서는 정신적으로 외경사상을 불러일으키고 실질적으로
자강을 실현해야 한다고 주장하였다. 외경에서 '우'(優), '승'(勝) 하는
길은 강자가 되는 길밖에 없으며, 이 '강'은 타에 의뢰해서 얻어지는
것이 아니라 '스스로' 강해지는 자강이어야 하고, 이 자강을 위해서는
또 정신적으로 외경사상을 고취해야 한다는 것이다.

신채호가 구한말에 한국역사상의 영웅들의 전기를 쓴 이유의 하나
에는 이 외경사상과 자강사상을 고취하여 국민들을 국권회복을 위한
영웅적 투사로 교육·계몽하려는 목적이 중요한 동기를 이루고 있었
다. 그는 고구려의 광개토대왕을 고대 그리스의 알렉산더 대왕에 대비
하면서, 서양인들이 알렉산더 대왕을 찬미하는 것은 외경사상을 고취
하기 위한 것이라고 지적하고, 그가 특히 광개토대왕에 대하여 존경의
글을 쓰는 것도 한국국민의 외경사상을 고취하기 위한 것이라고 설명
하면서 국민의 분발을 촉구하였다. 51)

신채호는 또한 그의 《을지문덕전》(乙支文德傳)에서도 동포들이 '을
지문덕주의'의 자강과 외경력을 배울 것을 촉구하였다. 52) 그는 고려
말 최영(崔瑩)을 동국거걸(東國巨傑)로서 높이 평가하는 이유로, 발
해 멸망 후 장기간 한국민족의 외경력이 약화된 속에서 최영 한 사람
이 다시 외경사상을 발휘하여 고대의 자기 민족의 구토를 광복하려 했
기 때문이라고 설명하였다. 53)

또한 신채호는 그의 《이순신전》(李舜臣傳)에서 이순신이 나라를 구
한 공적을 설명하면서 '오호라 우리 민족의 외경력이 이와 같이 감퇴
한 시대에 공(公)이 있었으니 어찌 놀랄 만한 일이 아니겠는가'라고
지적하고, 외경력이 가장 약한 시대에 '우리 민족을 살리고 우리 역사
를 빛낸' 곳에 이순신의 특이한 위대성이 있다고 지적하였다. 54)

---

51) "韓國의 第一豪傑大王," 같은 책, pp. 190~191 참조.
52) 《乙支文德》, 《전집》, 중권, 별항, pp. 29~31 참조.
53) "滿洲問題에 就하여 再論함," 《전집》, 별집, p. 241 참조.
54) 《李舜臣傳》, 《전집》, 중권, p. 410 참조.

신채호는 일본 제국주의의 침략과 그에 대항하는 한국 민족주의의 투쟁을 외경력의 싸움으로 보았다. 그리고 이러한 한국 민족주의의 일제에 대한 항전에서 외경력의 궁극적 기초가 되는 것을 자강이라고 본 것이었다.

신채호와 그의 동지들이 그처럼 강조한 '자강론'은 사회진화론을 응용하여 정립한 민족주의의 외경이론이었다고 말할 수 있다. 여기서 우리가 특히 주목해야 할 것은 신채호는 민족주의를 사회진화론으로 설명할 뿐 아니라, 동시에 제국주의도 또한 사회진화론으로 설명하고 있다는 사실이다. 사회진화론의 외경의 이론은 '우승열패'와 '약육강식'을 설명원리의 하나로 하는 것인데, 제국주의는 우승·강자·승자로 해석되는 것이다. 즉 신채호의 논리에 의하면, 서로 다른 민족 사이의 외경에서 한편으로 우자·강자·승자의 지위를 점하여 '다른 나라로 영토와 국권을 확장하는 주의'가 제국주의이며, 우승열패·약육강식의 '도태' 과정에서 패배하여 멸망하지 않고 자기 민족의 주장대로 독립하여 생존하려고 자강을 도모하여 강자의 침략에 대항하는 것이 민족주의인 것이다.

이러한 견해는 본질적으로 제국주의와 민족주의를 '강자와 약자', '침략자와 저항자'의 위치의 차이가 있을 뿐이지 원래는 동일한 종류의 것으로 보는 관점을 내포하고 있다.55) 즉, 본래 민족주의에는 두 가지 종류가 있었는데 우승열패의 외경과정에서 타민족과 영토를 침략하는 것은 제국주의로 전화되고, 약자로서 침략에 대항하는 것만이 민족주의로 남게 된 것이다. 따라서 신채호의 민족주의는 그 자체가 제국주의 침략에 대한 대항적 저항적 성격을 갖고 있다.

그러나 신채호가 민족주의와 제국주의를 모두 사회진화론에 의거하여 하나의 원리로 설명하는 것은 제국주의에 대한 신채호의 이론적 비판능력에 근본적 한계를 설정한다는 사실을 동시에 주목할 필요가 있

---

55) "二十世紀 新國民," 앞의 책, pp. 212~213 참조.

다. 왜냐하면 제국주의를 외경에서의 강자・우자・승자・적자로 보는
것은 우승열패・적자생존을 공례(公例)로 볼 때에는 강권(强權, *the
right of the strongest*)을 묵시적으로 당연시하여 인정하게 되며, 또한
제국주의와의 외경에서 패배한 민족의 도태를 '공례'로서 묵시적으로
인정하게 되는 요소를 내포하기 때문이다. 이것은 '신채호의 민족주의
이론의 내부모순'이라고 부를 수 있다. 또한 이것은 비단 신채호뿐만
아니라 19세기 말 20세기 초의 사회진화론에 의거한 모든 민족주의 이
론의 내부모순이기도 하였다. 박은식의 민족주의도 유사한 이론의 내
부모순을 갖고 있었으며, 그는 이것을 '대동사상'(大同思想)으로 극복
하려 했었다. 56)

신채호는 이러한 그의 '민족주의 이론의 내부모순' 때문에 운동과 실
천에 있어서는 제국주의에 대한 철저한 비판과 반제운동을 하면서 이
론적으로는 제국주의를 그처럼 철저하게 비판하지 못하였다. 뿐만 아
니라 이러한 이론의 내부모순 때문에 신채호의 민족주의는 제국주의에
대한 저항적 대항적 민족주의임에도 불구하고 때때로 제국주의에 대한
선망의 편린을 보이고 있는 것이다. 57) 신채호가 스펜서와 키드 등의
사회진화론을 흡수하여 그의 민족주의의 자강론을 형성한 것은 창의적
이고 훌륭한 것이었다. 이 면에서 스펜서 등의 사회진화론은 19세기
말 20세기 초의 한국의 사회사상과 민족주의의 발전에 큰 기여를 해왔
다. 그러나 신채호가 제국주의마저 사회진화론으로 설명한 것은 빗나
간 것이었다. 예컨대 루소의 민권사상에 기초한 민족주의를 적극적으
로 도입하여 제국주의를 더욱 철저하게 비판하면서 민족주의를 민중적
차원으로 발전시킬 수도 있는 것이었다. 그러나 신채호는 루소의 사상
을 민족주의와는 별개의 민권사상으로만 이해하고 있었다. 58)

56) 愼鏞廈, 《朴殷植의 社會思想硏究》(서울대 출판부, 1982) 참조.
57) 《乙支文德傳》, 《전집》, 중권, 별항, p. 31 참조. 신채호는 여기서 을지문덕의
  사상과 정책을 찬미해 놓고는 을지문덕의 주의를 '제국주의'라고 결론짓고 있다.
58) 신채호의 시대에는 단순화해서 말하면 민족주의는 ① 스펜서 등의 사회진화론

118

물론 신채호도 이러한 그의 "민족주의 이론의 내부모순"을 알고 있었던 것으로 보인다. 신채호가 1923년경에 무정부주의는 '경쟁'의 원리가 아니라 '상호부조'의 원리에 의하여 제국주의를 비판하고 있음을 알았을 때 무정부주의 쪽으로 기울어진 것은 신채호의 민족주의가 갖고 있던 이른바 내부모순의 해결과도 관련되어 있는 것이다.

사회진화론은 영국의 성공한 중산층을 비롯한 시민층의 사회이론의 이데올로기적 성격을 가진 것이었으며 본질적으로 강자의 이론이었다. 신채호의 민족주의가 사회진화론에 의거한 것은 이 시기 그의 민족주의로 하여금 시민적 민족주의의 특징을 갖도록 하는 데 크게 작용하였다. 그러나 구한말 당시에는 사회진화론이 가장 최신의 진보된 사회과학이론이었고, 오늘날과 같은 더욱 발전된 제국주의 비판이론은 존재하지 않았다. 이러한 시대적 제약 속에서 신채호는 사회진화론을 이론적 기초로 하여 그의 민족주의를 정립하고 제국주의 침략에 대항하여 국권을 회복하고 민족과 국가를 보전하려고 투쟁한 것이었다.

8. 역사민족주의

신채호의 민족주의는 그의 민족국가관에서 나오는 당연한 귀결로 '애국심'을 매우 중시하고 강조하였다. 그는 구한말에 한국민족이 국권 회복을 위하여 가진 '실력'이 일제의 실력에 비하여 너무 부족하거나 없음을 통감하였다.[59] 그럼에도 불구하고 절망할 것이 아니라 대희망

에 기초한 민족주의와 ② 루소 등의 民權思想에 기초한 민족주의로 나누어 볼 수 있는 바, 민족주의가 어느 계통의 사상에 더 기반을 많이 두고 있는가에 따라 그후의 방향에 큰 차이가 생겼다. 신채호 등 당시의 한국 사상가들의 민족주의는 처음에는 그 발전과정에서 불가피하게 사회진화론에 더 많이 기초하고 있었다.

을 갖게 하며 국권회복의 목적을 달성하고 실력을 양성할 수 있는 대
전제가 있으니, 그에 의하면 그것은 바로 애국심이다. 그는 "국(國)의
흥(興)과 망(亡)은 인(人)의 애국심의 유(有)와 무(無)에 재(在)할
뿐이다"[60]라고 쓰고 있다. 그가 이 시기에 애국심을 가진 '대아'(大我)
를 정립하도록 권고한 것이라든지,[61] 나라가 식민지로 전락해가는 절
망적 시기에 '대한의 희망'이 큼을 강조한 것도 애국심만 기르면 국권
을 회복할 기틀을 만들 수 있음을 지적한 것이었다.[62] 그는 대한국민
이 애국심을 가지고 애국자가 되어 '성력'(誠力)을 다하면 국권회복의
목적이 반드시 이루어진다고 강조하였다.[63]

그러면 신채호의 민족주의가 이처럼 강조하는 애국심·애국주의는
어떻게 배양할 수 있는가? 신채호는 애국심을 배양하는 가장 좋은 길
이 '역사'라고 강조하였다.

> 오호라. 若何하면 我二千萬의 耳에 항상 애국이란 一字가 鏗鏘하게
> 할까, 曰 惟 역사로 以할지니라. 오호라. 약하면 아 이천만의 眼
> 에 항상 國이란 一字가 徘徊하게 할까, 왈 惟 역사로 以할지니라.
> 오호라. 약하면 아 이천만의 腦에 항상 국을 위하여 沈思케 할까,
> 왈 惟 역사로 以할지니라. 오호라. 약하면 아 이천만의 毛毛髮髮
> 이 항상 국을 위하여 森立케 할까, 왈 惟 역사로 以할지니라. 오호
> 라. 약하면 아 이천만의 血血淚淚가 항상 국을 위하여 熱滴케 할
> 까, 왈 惟 역사로 以할지니라.[64]

즉, 신채호에 의하면 바로 "역사는 애국심의 원천"이며 민족을 강하

---

59) "大韓의 希望,"《전집》, 하권, p.63 참조.

60) "西湖問答,"《전집》, 별집, p.141.

61) "我란 觀念을 擴張할지어다," 같은 책, pp.157~159 참조.

62) "大韓의 希望," 앞의 책, pp.65~66 참조.

63) "誠業과 功業,"《전집》, 하권, pp.81~82 참조.

64) "歷史와 愛國心의 關係," 같은 책, p.72.

게 할 수도 있고 향방을 틀지을 수도 있는 것이다.

> 역사는 애국심의 원천이라. 고로 史筆이 강하여야 민족이 강하며 사
> 필이 武하여야 민족이 무하는 배어늘 … 65)

신채호에게는 역사가 이처럼 애국심을 결정하고 민족을 강하게 할
수도 있는 중요한 것이므로 '역사는 지옥에 떨어진 일국 민족을 소생
케'할 수 있는 것이다.

> 聖哉라 역사며, 偉哉라 역사여. 七重八重의 華嚴樓閣으로 일국 산
> 하를 壯麗케 하는 자ㅣ 역사가 아닌가. 千回萬回의 衆香天飯으로
> 일국 민족을 소생케 하는 자ㅣ 역사가 아닌가. 66)

구한말의 한국 민족주의 사상을 보면, 주시경(周時經)은 국권회복
을 위한 애국주의의 열쇠를 '국어·국문'이라고 보는 사상체제를 수립
하고 이의 연구에 몰두하였는데, 우리는 주시경의 이 사상적 특징을
'어문민족주의'(語文民族主義)라고 부를 수 있다. 67) 동일한 시대에 동
일한 과제를 놓고 신채호는 국권회복을 위한 애국주의의 열쇠를 '역사'
라고 보는 사상체계를 수립하여 역사연구에 몰두하였는바, 우리는 신
채호의 이 사상적 특징을 '역사민족주의'라고 부를 수 있으며, 그가 역
사를 시종일관하여 국권회복을 위한 민중의 애국심의 계발의 학문으로
보았다는 면에서 그의 사학을 '애국계몽사학'이라고 부를 수 있다. 68)
물론 신채호는 역사 이외에도 애국심을 배양하는 부문으로 교육을 중
시했으며, 69) 특히 '정육'(情育)을 중시하고, 70) 문학도 중시하였다. 71)

---

65) "許多古人之罪惡審判,"《전집》, 별집, p. 120.

66) "歷史와 愛國心의 關係,"앞의 책, p. 73.

67) 愼鏞廈, "周時經의 愛國啓蒙思想,"《韓國社會學硏究》, 제1집(1977) 참조.

68) 愼鏞廈, "申采浩의 愛國啓蒙思想(上·下),"《韓國學報》, 제19~20집(1980)
참조.

그러나 이러한 부문들은 신채호의 역사의 중시와 강조에는 도저히 미치지 못한다. 신채호의 민족주의의 큰 특징은 '역사민족주의'에 있음을 주목할 필요가 있을 것이다.

신채호는 역사 중에서도, '본국정치사'(本國政治史)를 가장 중시하였다. 그는 외국사를 읽는 것은 지피지기(知彼知己)하여 경쟁에 도움을 얻을 뿐으로서 애국심을 방조할 수는 있으나 애국심을 '주동'하는 것은 불가능하다고 했다. 그러므로 그가 여기서 역사라고 말하는 것은 '본국사'를 가리키는 것이라고 하였다. 또한 역사에도 여러 분야가 있어서 종교사·문학사 등이 있지만 이들 각 분야사는 지식을 발달시켜 국가에 공헌할 뿐으로서 애국심을 찬성(贊成)할 수는 있으나 애국심을 '잉조'(孕造)함은 불가능하다고 했다. 그러므로 그가 여기서 말하는 역사는 '본국정치사'만을 가리키는 것이라고 지적하였다.[72]

또한 애국심을 배양하기 위하여 ① 역사를 읽되 어릴 때부터 읽으며, ② 역사를 읽되 늙을 때까지 읽으며, ③ 역사를 읽되 남자뿐 아니라 여자도 읽게 하며, ④ 역사를 읽되 상층계급(상등사회)뿐만 아니라 하층계급(하등사회)도 읽게 하여야 한다. 여자라고 역사를 읽히지 않으면 국민의 절반을 버리는 것이며, 하층계급이라고 역사를 읽히지 않으면 민중 출신의 애국자와 인재를 양성하지 못할 뿐 아니라, 2천만 동포의 최대다수를 차지하는 민중의 장부(丈夫)를 잃어 국민의 대부분을 잃는 것이라고 그는 강조하였다.[73]

그러나 모든 역사·본국정치사가 애국심을 배양하는 것은 아니다. '존화사관'(尊華史觀), '사대주의'에 젖어서 '소중화'(小中華), '숭정기원'(崇禎紀元)이나 읊조리는 그러한 역사의 감화를 받으면 애국심을

69) "西湖問答,"《전집》, 별집, p. 133 참조.
70) "新敎育(情育)과 愛國,"《전집》, 하권, pp. 133~134 참조.
71) "小說家의 趨勢,"《전집》, 별집, p. 81 참조.
72) "歷史와 愛國心의 關係," 앞의 책, p. 73 참조.
73) 같은 글, p. 77 참조.

배양하기는커녕 매국노·망국적만 낳을 뿐이며 부외벽(附外癖)·배외열(拜外熱)만 일으킬 뿐이다.[74] 신채호는 이러한 역사를 역사라고 할진댄 역사가 없음만 같지 못하다고 하였다.

그러면 신채호는 어떠한 역사를 희구했는가? 그의 표현을 빌리면, "민족주의로 전국의 깊은 꿈을 깨워 일으키며 국가관념으로 청년의 새로운 두뇌를 만들어 빚어서 우자(優者)가 살아남고 열자(劣者)가 망하는 갈림길에 함께 뭉쳐 나아가 한 가닥 남은 국맥(國脈)을 보유"하고 국권을 회복하는 데 떨쳐 일어서는 역사를 갈구한 것이었다.

> 민족주의로 전국의 頑夢을 喚醒하며, 국가관념으로 청년의 新腦를 陶鑄하여 優存劣亡의 十字街頭에 幷鑣하여, 一綫尙存의 국맥을 보유코자 할진대 역사를 捨하고는 他術이 無하다고는 할지나 ….[75]

신채호가 여기서 말한 '민족주의로 전국의 완몽(頑夢)을 환성(喚醒)하며, 국가관념으로 청년의 신뇌(新腦)를 도주(陶鑄)'하는 역사는 어떠한 역사인가? 현대 용어를 빌리면 그것은 바로 새로운 '근대민족주의 사학'을 의미한 것이었다. 신채호의 독특한 사상인 '역사민족주의'는 우리나라에서 '근대민족주의 사학'을 필연적으로 요청한 것이었다.

9. 근대민족주의 사학의 창건

신채호는 이러한 그의 '역사민족주의'의 관점에서 당시의 역사학계를 살펴보고 당시의 기존 국사서에는 전 민중에게 읽힐 만한 좋은 국사서가 없음을 개탄하였다. 그는 ① 종래의 국사서들이 '존화사관'(尊

---

74) 같은 글, p. 79 참조.
75) "讀史新論,"《전집》, 상권, p. 472.

華史觀), '소중화사상'(小中華思想), '사대사상'(事大思想)에 빠져서 중국을 주인으로 하고 자기 민족을 객(客)으로 한 국사서들이 대부분이고, ② 일본의 역사서들은 한국사를 왜곡하여 일본의 신공황후(神功皇后)가 신라를 정벌하고 가야(伽倻)에 '임나일본부'(任那日本府)를 설치했다는 등 단군이 소전오존(素戔嗚尊)의 아우라는 등, 조선이 고대부터 중국의 지배를 받았다는 등 무설(誣說)을 지어내어 퍼뜨리고 있으며, ③ 한국인이 지은 새 국사교과서들도 위의 무설의 영향을 받아서 악교과서(惡敎科書)들이 범람하고 있다고 통렬히 비판하였다.[76] 신채호의 역사민족주의 관점에서는 이러한 역사서들을 추방시켜 버리고 국권회복을 위하여 애국심이 저절로 우러나와서 용솟음치며 한국민족의 기원과 진화과정을 당당하게 밝히는 '신역사'를 쓰는 것이 국권회복과 민족의 백년대계를 위하여 무엇보다도 가장 긴급하고 중요한 과제로 인식되었다.

신채호는 스스로 이 과제를 수행하는 것을 자기의 사명으로 삼았다. 이렇게 해서 그 화급한 요청에 응하여 서둘러 씌어진 작품이 "독사신론"(讀史新論)이었다. "독사신론"은《대한매일신보》에 1908년 8월 27일부터 12월 13일까지 연재되어 애국계몽운동기에 역사학계뿐만 아니라 전 문화계에 표현하기 어려울 만큼 큰 '충격'을 주었다. 이 저작의 관점과 내용은 그 이전의 역사서와 당시의 역사교과서 등과 대비해 보면 가히 '혁명적'인 것이었다. "독사신론"은 종래의 구역사와는 전혀 다른 신채호의 새로운 민족주의 사관에 입각하여 씌어진 한국 최초의 '신역사'였다. 단순화시켜 표현하면 우리나라에서 시민적 근대민족주의 사학의 성립과 체계화는 신채호의 "독사신론"에서 시작되는 것이라고 볼 수 있다.[77]

76) "讀史新論,"《전집》, 상권, pp. 495~496 참조.
77) 李基白 外,《우리 歷史를 어떻게 볼 것인가》(三星文化文庫, 1976), pp. 121~122 및 愼鏞廈, "申采浩의 愛國啓蒙思想(上),"《韓國學報》, 제 19집(1980) 참조.

신채호는 "독사신론"에서 처음부터 민족주의로 역사를 해석하고 있으며 그 자신의 민족주의 사관에 입각하여 고대로부터 발해시대까지의 국사를 '신안공'(新眼孔)으로 '재해석'하였다. 그는 또한 당시의 진보적인 시민적 사회과학이론인 사회진화론을 응용하여 인류역사가 국가생활의 발달의 측면(즉 정치사)에서는 ① 추장시대, ② 귀족시대, ③ 전제시대, ④ 입헌시대의 단계를 거치면서 진화·발전한다고 보고 이런 진화사관을 그의 국사연구에 적용하였다. 78)

신채호는 또한 "독사신론"에서 다수의 신학설들을 제시하였다. 예컨대, ① 부여-고구려 주족설(主族說), ② 단군-추장시대론, ③ '기자조선설'(箕子朝鮮說) 부정, ④ 기자일읍수위설(箕子一邑守尉說), ⑤ 만주영토설, ⑥ 초기 대일관계신론, ⑦ 임나일본부설 부정, ⑧ 삼국문화 일본유입설, ⑨ 초기 대북방민족관계 신론(新論), ⑩ 초기 대중국관계 신론, ⑪ 삼국 흥망원인 신론, ⑫ 삼국통일 및 김춘추 비판론, ⑬ 발해·신라 양국시대론, ⑭ 김부식 비판론 등과 그 밖에 작은 주제들에 대한 수많은 신해석들이었다. 79)

신채호는 이러한 작업들을 통하여 중세사학 특히 왕조사, 춘추강목체(春秋綱目體) 사학 중심의 '구사'(舊史)를 철저히 비판·극복하고 근대민족주의 사학을 수립했을 뿐 아니라, 이때 이미 임태보(林泰輔)의 《조선사》(5책, 1892년간)를 비롯하여 일본 동경제국대학 사학과 연구실이 주동이 되어 조직적으로 정립해 나가던 한국사에 대한 일제의 초기 식민주의 사관의 한국사 왜곡을 통렬하고 철저히 비판하였다. 80)

신채호는 1910년 4월 망명 후에도 외국에서 역사연구를 계속하여 1924년경에 쓴 《조선상고사》(朝鮮上古史)와 《조선상고문화사》(朝鮮

78) "進化와 退化,"《전집》, 별집, p. 208 참조.

79) 愼鏞廈, "申采浩의 "讀史新論"의 比較分析-1908년경 市民的 近代民族主義史學의 成立,"《丹齋申采浩先生誕辰 100 周年紀念論集》(1980) 참조(본서 수록).

80) "植民史觀은 얼마나 淸算되었는가"(座談),《新東亞》, 1982년 10월호 참조.

上古文化史), 그리고 《조선사연구초》(朝鮮史研究艸)에 수록된 논문들을 통하여 "독사신론"에서 정립한 학설들을 수정하고 더욱 발전시켰다. 이 작품들이 마무리된 시기는 신채호의 사상이 민족주의로부터 무정부주의로 전환하는 과도기였음에도 불구하고 그의 《조선상고사》, 《조선상고문화사》, 《조선사연구초》 등의 내용은 민족주의 사관과 민족주의 사학으로 일관되어 있음을 볼 수 있다.[81] 1924년경의 그의 역사관을 나타내는 유명한 구절인 '역사는 아(我)와 비아(非我)의 투쟁의 기록'이라는 견해에서도 신채호는 '아'의 자리에 개인·계급·민족의 무엇이나 넣을 수 있었음에도 불구하고 '조선민족'을 넣었다.

> 역사란 무엇이뇨. 인류사회의 '我'와 '非我'의 투쟁이 시간부터 발전하며 공간부터 확대하는 심적 활동의 상태의 기록이니, 세계사라 하면 세계인류의 그리되어온 상태의 기록이며, 조선사라 하면 조선민족의 그리되어온 상태의 기록이니라. (강조 인용자)[82]

신채호는 여기서 그의 민족주의 사관에 입각하여 '조선사'를 기본적으로 '조선민족'과 비아(非我)인 타민족과의 투쟁의 기록으로 보고 있는 것이다. 그는 물론 '아'와 '비아'의 자리에 '민족'이 아니라 '계급'을 넣을 수 있음을 잘 알고 있었다.

> 무엇을 '我'라 하며, 무엇을 '非我'라 하느뇨. 깊이 팔 것 없이 얕게 말하자면 무릇 주관적 위치에 선 자를 '我'라 하고, 그외에는 '非我'라 하나니, 이를테면 조선인은 조선을 我라 하고 영·미·법·노 등을 非我라 하지만 영·미·법·노 등은 각기 제나라를 我라 하고 조선을 非我라 하며, 무산계급은 무산계급을 我라 하고 지주나 자본가

---

81) 신채호의 이 작품들의 집필이 마무리된 시기는 1924년경이지만 원고들의 대부분이 망명 후 꾸준히 집필되었으므로 그 내용은 모두 시민적 민족주의자의 시기에 씌어진 것이라고 말할 수 있다.

82) 《朝鮮上古史》(總論), 《전집》, 상권, p. 31.

126

등을 非我라 하지만, 지주나 자본가 등은 각기 제붙이를 我라 하고 무산계급을 非我라 하며, 이뿐 아니라 학문에나 기술에나 직업에나 의견에나 그 밖에 무엇에든지, 반드시 本位인 我가 있으면, 따라서 我와 대치한 非我가 있고, 我의 중에 我와 非我가 있으면 비아 중에도 또 아와 비아가 있어, 그리하여 아에 대한 비아의 접촉이 煩劇할수록 비아에 대한 아의 분투가 더욱 맹렬하여, 인류사회의 활동이 휴식될 사이가 없으며 역사의 전도가 완결된 날이 없나니, 그러므로 역사는 아와 비아의 투쟁의 기록이니라. (강조 인용자)[83]

여기서 주목할 것은 그의 역사관의 전체구조를 간결하게 가장 잘 설명하는 이 글에서 '아'와 '비아'의 대립투쟁에 '무산계급'과 '지주·자본가'를 대입할 것을 잘 알고 있으면서도 '민족', '나라'를 대입하고 있다는 사실이다.

신채호의 역사연구의 기본 틀은 조선민족과 타민족과의 투쟁과 '아(我)'의 중의 아(我)와 비아(非我)에 해당되는 것으로서 조선민족사 중의 '민족적인 것'과 '비민족적인 것', '주체적인 것'과 '사대적인 것', '고유한 것'과 '외래적인 것', '혁신적인 것'과 '보수적인 것'의 투쟁을 가려내어 구명하는 방식으로 구성되어 있다. 이것은 독특하지만 전형적인 민족주의 사관(史觀)의 틀로서, 여기에는 무정부주의 사관의 요소는 전혀 찾아볼 수 없는 것이다. 신채호의 《조선사연구초》, 《조선상고사》, 《조선상고문화사》 등의 역사연구 작품의 내용은 아무리 검토해 보아도 민족주의 사학으로 일관되어 있고 무정부주의 사상은 들어가 있지 않다고 자신있게 말할 수 있다.[84]

때때로 신채호가 "돌비적(突飛的) 혁명적 학자"[85]로서 발굴하여 높

---

83) 같은 책, p. 31.
84) 신채호의 역사서들은 모두 민족주의 사관으로 일관되어 있으며, 그의 사관에 무정부주의적 요소가 보이기 시작한 것은 "조선혁명선언"에서의 민족운동에 대한 평가에서부터이다.
85) 《朝鮮上古史》, 《전집》, 상권, p. 72.

이 평가한 정여립(鄭汝立)의 경우를 무정부주의 사상의 요소로 해석하는 견해도 있지만, 정여립의 경우도 "충신은 이군을 불사(不事)하며, 열녀는 이부(二夫)를 불갱(不更)한다"는 유가의 윤리관(즉, 신채호가 비민족적·사대적·외래적·보수인 것으로 본 것)을 정여립이 "인민에 해되는 군(君)은 시(弑)함도 가(可)하고 행의부족(行義不足)한 부(夫)는 거(去)함도 가하다"고 하여 민족적·주체적·고유적·혁신적으로 극복하려 했다고 하여 민족주의 사관에 의거해서 높이 평가한 것이지 무정부주의 사관에 의거해서 높이 평가한 것은 아니었다.[86]

　신채호가 "독사신론", 《조선상고사》, 《조선상고문화사》, 《조선사연구초》 등 그의 저작들을 통하여 박은식과 함께 한국의 근대민족주의 사학의 창건자가 된 것은 결코 우연이 아니었다. 신채호의 민족주의는 국사연구에서 큰 결실을 보았으며, 이것은 특히 그의 독특한 '역사민족주의'의 사상에서 이루어진 당연한 결과라고 볼 수 있는 것이다.

10. 민족문화의 보전과 발전

　신채호의 민족주의는 한편으로 낡은 중세문화를 통렬히 비판하고 극복하면서도 다른 한편으로 민족문화의 보전을 또한 매우 강조하였다. 신채호는 '민족문화의 보전'을 '국수보전'(國粹保全)이라고 표현하였다. 그에 의하면 '국수'란 "즉 그 국(國)에 역사적으로 전래하는 풍속·습관·법률·제도 등의 정신"[87]을 말한다. 또 다른 곳에서 그는 국수를 "자기 나라의 풍속·언어·습관·역사·종교·정치·풍토·기후 기타 모든 것의 미점(美點)의 뽑음"을 이름하는 것이라고 설명하

---

86) 같은 책, pp. 71~72 참조.
87) "國粹保全說,"《전집》, 별집, p. 116.

고, 이 '국가의 미(美)'를 모르고는 애국을 할 수 없다고 다음과 같이
썼다.

> 국가에도 국가의 美가 있나니, 自國의 풍속이며, 언어며, 습관이며,
> 역사며, 종교며, 정치며, 풍토며, 기후며, 外他 온갖 것에 그 특유
> 한 美點을 뽑아, 이름한 바 國粹가 곧 국가의 美니, 이 미를 모르고
> 애국한다 하면 빈 애국이라. [88]

그러므로 우리가 여기서 주의할 것은 신채호의 '국수'가 현대용어의
국수주의의 국수를 의미하는 것이 아니라는 사실이다. 후세에 일부 국
수주의자들이나 또는 그 비판자들이 신채호의 개념을 오해하여 '국수'
의 문자에 집착하거나 피시즘류의 사상과 결부시키는 것은 신채호의
사상과는 다른 것이다(신채호는 1908년에 국수보전설을 주장했고, 우리
나라에서 파시즘을 '국수주의'라고 번역한 것은 1920년대 이후의 일임을
주의할 필요가 있다). 신채호의 '국수'를 현대용어로 번역하면 '민족문
화의 정수'라고 말하는 것이 정확할 것이다.

신채호에 의하면, 완고가(頑固家)들이 나라가 위급한 때를 당하여
석양에 담뱃대를 물고 사색당쟁이나 논하며 먼지 낀 관을 쓰고 앉아서
교만한 입부리만 농하는 추한 작태를 보면 지사(志士)의 피가 끓어올
라 당장 모든 것을 파괴하고 싶은 것이 당연할 것이다. 그러나 파괴하
라 하는 것은 미(美)와 추(醜)를 구분하지 않고 모두 파괴하라는 것이
아니라 추한 것을 파괴하고 미(美)한 것을 보전하라는 것이다. 그에
의하면, 조상으로부터 전래하는 풍속·습관·법률·제도 등에는 그 국
가의 발달에 방해가 되지 않는 것이 있으니 이들은 보전하는 것이 마땅
할 뿐더러 특히 그 '미'한 것에 이르러서는 이를 잘 보전하고 발전시켜
야 한다고 했다.

그는 또한 이러한 풍속·습관·법률·제도는 선민(先民)의 심혈과

---

88) "新敎育(情育)과 愛國,"《전집》, 하권, pp. 133~134.

업력이 들어가 있는 것이므로 추한 것이 있어 이를 파괴하지 않을 수 없는 경우에도 손으로는 쾌도(快刀)를 들어 이를 파괴하되 눈에는 슬픈 눈물을 흘리며 차마 하지 못하는 마음을 가져야 국가의 장래에 위험이 없는 것이지, 만일 잘못 판단하여 역사적 관습의 선과 악을 분별하지 않고 모두 파괴하여 버리면 국민정신을 유지하고 애국심을 불러일으킬 '기초'와 '근거'를 파괴하여 버리게 된다고 지적하였다. 89)

신채호는 민족문화의 발전을 위하여 외국문명을 수입해야 함을 지적하면서도 이것을 수입함에 있어 '조국사상'을 몰각하여 모두 외국의 문물과 인물을 숭배하면 모르는 사이에 '부외노'(附外奴)를 만들게 되므로 '국수'의 보전이 매우 중요하다고 강조하였다. 그는 당시 서울의 일부 인사들이 자기 선배의 언론과 구서적의 사적(事蹟)은 정교하고 광대한 사실이라도 이를 낡은 것이라고 비하하고 서양의 최근의 현철(賢哲)의 말은 그 정(精)과 조(粗)를 묻지 않고 칭송하는 것은 역시 노성(奴性)이 뻗친 것이라고 비판하였다. 그는 한편으로 '존화주의'를 격렬히 비판하면서, 다른 한편으로 '국수'를 잃어버린 서양문명 추종주의도 통렬하게 비판하였다. 90)

신채호는 이러한 사상에 의거해서 국민들에게 "애국하는 자는 반드시 국수를 중히 알며 국수를 중히 아는 국민은 반드시 그 나라를 사랑하느니라"91) 고 강조하였다. 신채호가 국수의 보전과 발전을 위하여 강조한 사업의 예의 하나라 '구서'〔예컨대 《박연암선생집》(朴燕岩先生集), 《여유당집》(與猶堂集), 《동사강목》(東史綱目), 《연려실기술》(燃藜室記述), 《조야집요》(朝野輯要), 《택리지》(擇里志), 《이십사걸전》(二十四傑傳), 《산수명화》(山水名畵), 《동국통감》(東國通鑑), 《반계수록》(磻溪隨錄) 등〕의 수집과 간행의 주장이었다. 92)

---

89) "國粹保全說,"《전집》, 별집, pp. 116~118 참조.

90) "舊書蒐集의 必要,"《전집》, 별집, pp. 169~170 참조.

91) "新敎育(情育)과 愛國,"《전집》, 하권, p. 134.

92) "舊書刊行論," 같은 책, pp. 102~113 및 "舊書蒐集의 必要," 앞의 책, p. 171

130

신채호의 민족주의의 '민족문화의 정수〔國粹〕보전·발전론'은 그의 독특한 역사민족주의에 뿌리를 두어 발전된 사상이라고 이해된다.

11. 무장투쟁론과 전투적 민족주의

신채호는 1910년 4월에 동지들과 함께 국외로 망명하기 이전까지는 신민회의 주요 회원으로서 애국계몽운동에 종사하였다. 그러나 애국계몽운동기에도 신채호는 의병운동을 지지하고 성원하였었다. 신채호가 망명하여 중국 청도(淸島)를 거쳐서 러시아령 블라디보스토크에 도착한 1910년 8월에 그는 나라가 완전히 식민지로 강점되었다는 소식을 들었으며, 1911년에는 일제가 이른바 '데라우치(寺內) 총독 암살음모사건'(105인 사건, 신민회사건)이란 것을 날조하여 신민회 회원들을 대대적으로 검거 투옥함으로써 그가 속한 신민회가 국내에서 사실상 해체되기에 이르렀다는 소식을 들었다.

신채호와 그의 동지들이 망명한 것은 신민회의 '독립전쟁전략' 채택과 국외 독립군기지 창건계획에 따라 만주나 러시아령에 신한민촌(新韓民村)과 무관학교를 세우고 독립군을 창설할 근거지를 만들기 위한 것이었다. 신채호는 신민회가 해체되자 신민회 때의 망명 동지들인 이동휘(李東輝)·이갑(李甲) 등과 함께 러시아령 블라디보스토크에서 1912년에 광복회를 조직하고 부회장으로 선임되었다.[93] 광복회는 신

<hr/>

참조.
93) 愼鏞廈, "申采浩의 光復會 通告文과 告示文 解題,"《韓國學報》, 제32집 (1983) 참조. 광복회는 윤세복(尹世復)을 중심으로 한 대종교(大倧敎) 계열의 민족주의자들과 신채호·이동휘·이갑 등을 중심으로 한 신민회 계열의 민족주의자들이 합작하여 1912년에 블라디보스토크에서 창립한 독립운동단체였다. 일제의 조사자료에 의하면 1917년 현재의 회장은 윤세복, 부회장은 신채호, 총무는 이동휘로서 회원이 약 2만 명에 달하였다. 1917~1918년에는 국내

민회를 계승하여 국외 독립군 기지를 창건하는 사업에 노력하였다. 그
는 광복회 때부터 더욱 선명하게 일제에 대한 무장투쟁을 주장하였다.
신채호는 이것을 그가 '무장단투'(武裝段鬪)[94]를 주장해 왔다고 스스로
회상했다. 물론 그는 이 시기에 외곬으로 무장투쟁만을 유일한 투쟁방
법이라고 주장한 것은 아니었다. 신채호는 그가 쓴 광복회의 고시문(告
示文)에서 문(文)에 능한 자는 문으로, 무(武)에 능한 자는 무로, 기타
자기의 능한 바에 따라서 다양한 방법의 광복투쟁을 호소하였다.

> 사람들이 그 能한 바에 의하여 文을 능히 하는 자는 文으로써 國光
> 을 揚하고, 武를 능히 하는 자는 무로써 국을 회복하고, 權謀를 능
> 히 하는 자는 권모로써 국광을 양하고, 勇을 능히 하는 자는 용으로
> 써 국을 회복하고, 辯을 능히 하는 자는 辯으로써 국광을 양하고,
> 術을 능히 하는 자는 술로써 국을 회복하고, 業務를 능히 하는 자는
> 업무로써 국광을 양하고, 財를 능히 하는 자는 재로써 국을 회복하
> 여야 할 것이다.[95]

그러나 신채호는 이러한 다양한 방법 중에서 무장투쟁을 가장 높이
평가하고 주장하였다. 그는 왜 무장투쟁을 주장했는가? 두 가지 이유
가 가장 절실한 이유로 지적되었다. 첫째, 일본인들의 습성은 야만적
이고 그들의 식민지통치는 극악한 야만적 무단통치이기 때문에 무장투
쟁이 아니면 일제를 몰아낼 수 없다는 것이다.[96] 둘째, 인도주의나
민주주의 같은 아무리 고상한 목적도 무장투쟁에 의거해야 궁극적으로
성공한다는 것이다.

에서도 지회(支會)들이 활동하였으며, 3·1운동 직전까지 1910년대의 중요한
독립운동 단체였다.

94) "李수상에게 圖書閱覽을 要請하는 便紙,"《전집》, 별집, p. 368.

95) "光復會 告示文,"《韓國學報》, 제32집(1983).

96) "論日本之有罪惡而無功德,"《天鼓》, 창간호, 《전집》, 별집, pp. 255~257
참조.

그러나 실제를 조사하면 인도주의니, 민주주의이니, 기타 무엇이니 하는 소리가, 반드시 대포소리와 함께 떨어지는 소리라야 성공하며, 성공을 못할지라도 일부의 拍掌소리가 높았다. 97)

신채호에 의하면, 하물며 독립운동은 무장투쟁에 의거해야 함은 두 말할 것도 없다. 신채호는 3·1운동 후에 쓴 논문에서 간디 등의 비폭력주의를 신랄하게 비판하였다.

대포를 가지지 않은 無抵抗·不合作 등의 운동도 일시에 선전하지 않았는가. 인심이 可喜할 만한 快事에만 叫絶할 뿐 아니라 可笑할 만한 괴물에도 갈채하나니, 世人이 간디를 위하여 云云함은 인도의 幽靈的 성질을 칭함이요, 주의의 위대를 칭함이 아니다. … 내가 인도인이 되었으면 석가를 縛하여 火에 投하며, 간디를 報하여 海에 葬하리로다. 98)

신채호는 일본 제국주의를 몰아내고 조국의 광복을 달성하기 위해서는 '혈전'99) 을 해야 한다고 주장하였다. 그는 우리나라의 역사가 신라 이래 수천 년간 한마디로 말하면 '왜(倭)에 대한 혈전사(血戰史)' 〔여왜혈전사(與倭血戰史)〕인 것과 같이, 100) 신라의 화랑들이 전장의 선봉에서 나라를 위하여 전사한 것과 같이101) 청년들이 희생적으로 일제에 대한 혈전을 전개해야 한다고 하였다.

신채호는 그의 광복회 통고문(通告文)에서 "우리 조국을 회복하고 우리 세수(世讐)를 몰아내고 우리 동포를 구함은 실로 우리 민족의 천직으로서 우리들이 반드시 하지 않으면 안될 의무이다"102) 라고 선언하

---

97) "人道主義 可哀,"《전집》, 하권, p. 374.
98) 같은 글, p. 375.
99) "聲討文,"《전집》, 별집, p. 87~88.
100) "《天鼓》, 創刊辭,"같은 책, p. 248 참조.
101) "靑年의 犧牲,"《전집》, 하권, pp. 386~387 참조.

였다.

신채호가 강조한 무장투쟁과 혈전은 폭넓은 의미의 것이지만 그 골
간에 있는 것은 독립전쟁 전략에 의거한 독립군의 무장투쟁이었음은
물론이다. 그는 일제〔大敵〕에 대한 무장투쟁의 호소를 다음과 같이
상징적으로 노래하였다.

> 내가 살면 大敵이 죽고 대적이 살면 내가 죽나니
> 그러기에 내 올 때에 칼 들고 왔다.
> 대적아 대적아 네 칼이 세던가 내 칼이 센가 싸워를 보자. 103)

신채호는 3·1운동 직후에 상해 임시정부의 독립운동노선이 무장투
쟁에 철저하지 못하다고 이를 날카롭게 비판하였다. 그는 3·1운동 후
만주와 러시아령에서 일어난 독립군단들의 무장투쟁을 적극적으로 지
지하였으며, 박은식(朴殷植)·신숙(申肅) 등과 함께 북경에서 군사통
일회(軍事統一會)를 조직하고 독립군단들의 통합과 통일을 위하여 노
력하였다.

신채호의 민족주의는 일제에 대한 투쟁의 방법으로서 맹렬한 무장
투쟁을 선택하고 주장했으며, 이 면에서 그의 시민적 민족주의는 '전
투적 민족주의'의 성격을 갖는 것이라고 말할 수 있다.

12. 완전독립론과 절대독립론

신채호의 민족주의는 일본 제국주의 식민지통치로부터의 독립을 추
구함에 있어서 언제나 단호하게 '완전독립'을 추구하였다. 그는 일제에

---

102) "光復會 通告文,"《韓國學報》, 제 32집 (1983).
103) "꿈하늘,"《전집》, 하권, p. 190.

타협하여 부분적 독립을 구하는 어떠한 타협안에도 단호하게 반대하였다. 그는 3·1운동 직후에 완전독립을 포기하고 부분적 독립을 추구하는 다음의 두 개의 경향에 대하여 이를 철저하게 비판하였다.

첫째는 3·1운동 직후에 국내에서 대두한 '자치론' 내지 '자치운동'에 대한 비판이다. 신채호는 자치운동을 '매국', '매족' 행위라고 격렬하게 비판하고 자치운동을 주장하는 민원식(閔元植) 등을 '화국(禍國)의 요얼(妖孼)'이라고 통렬하게 규탄하였다. 104)

둘째는 이승만·정한경(鄭翰景〔漢慶〕) 등이 제출한 대미(對美) 위임통치청원(委任統治請願)에 대한 비판이다. 105) 신채호는 이승만 등의 위임통치청원이 독립을 포기하고 일본의 식민지로부터 미국의 식민지로 바꾸는 데 불과한 매국·매족 행위라고 통렬하게 비판하였다.

> 彼等이 합병 십년 日人의 식민지된 통한을 잊었던가. 독립을 위하여, 釼에, 銃에, 악형에 죽은 先忠先烈이 계심을 몰랐던가. 조선을 自來 독립국이 아닌 줄로 생각하였던가. 遽然히 위임통치청원서 및 조선의 미국 식민지 되어지이다 하는 요구를 미국 정부에 제출하여 매국·매족의 행위를 감행하였도다. 106)

신채호는 위임통치청원을 반대하는 이유를 세 가지로 들었다. 107)

첫째, 완전독립에서 한 줄이라도 물러서면 노예의 상태를 벗어나지 못하는 것이니 오직 완전독립을 위한 혈전에 동포의 성력(誠力)을 단

104) "聲討文,"《전집》, 별집, pp. 88~89 참조.
105) 《聯合通信》(UP)은 1919년 2월 16일발 전신으로, 이승만·정한경 등이 대한인국민회(Korean National Association) 임시위원회의 대표 자격으로 한국이 완전한 독립정부를 수립하고 내치와 외교의 권리를 회복할 때까지 한국을 국제연맹의 위임통치에 부쳐달라는 이른바 '위임통치청원'을 미국 대통령 윌슨에게 제출했다고 보도했다. 신채호 등은 이 소식을 듣고 크게 분개하여 위임통치청원문제를 거론한 것이다.
106) "聲討文,"《전집》, 별집, p. 88.
107) 같은 책, pp. 88~89 참조.

합시켜야 한다는 점과 둘째, 위임통치의 사론(邪論)을 허용하면 독립
운동노선에 여러 갈래의 혼선이 생기어 동포들을 미혹(迷惑)에 빠뜨린
다는 점과 셋째, 한편으로 독립운동을 하면서 다른 한편으로는 독립을
포기한 위임통치를 요청하여 외국인에게 조선민족의 진의가 어디에 있
는가를 회의케 한다는 점 등이다.

신채호는 1919년 4월 10일 상해 임시정부를 수립하는 제 1차 의정원
회의에 의원으로 참석하였다가 이승만이 국무총리로 천거되자 바로 이
위임통치청원 사실을 들어 반대했으며, 뜻이 관철되지 않자 퇴장할 정
도로 이 문제에 단호하였다. 108)

그는 이승만 등의 위임통치청원은 민원식 등의 자치운동과 같이 철
저한 주장이 아니고 다만 임시적 미오(迷誤)에 불과한 것이며 이승만
도 잘못을 자처하고 있다는 말도 있으나, 그렇다면 즉시 미국 정부에
대하여 그 청원의 취소를 성명하고 동포들에게 잘못을 사과해야 할 것
이라고 주장하였다.

신채호는 이승만이 위임통치청원의 취소를 성명하지 않자 1921년 4
월 19일에 독립운동가 54명이 공동서명한 "성토문"을 스스로 기초하여
이승만 등의 위임통치청원의 무효를 선언하였다. 109)

신채호의 시민적 민족주의의 독립운동노선은 가장 철저한 '완전독립
론'이었으며, 당시의 용어를 빌리면 '절대독립론'110) 이었다.

그는 일본 제국주의의 종말이 멀지 않음을 내외에 알리고111) 한국
민족은 '완전독립'을 위하여 혈전할 것을 호소하였다.

---

108) 李光洙, "脫出途中의 丹齋 印象,"《朝光》, 1936년 4월호, 《전집》, 하권,
      p. 90 참조.
109) "聲討文,"《전집》, 별집, p. 90 참조.
110) 《獨立新聞》(1919. 12. 2), "絶對獨立" 참조.
111) "日本帝國主義之末運將至,"《天鼓》, 創刊號, 《전집》, 별집, pp. 261~265
      참조.

13. 맺음말

　이상에서 우리는 신채호의 사회사상 중에서 제 1기에 해당하는 시기
인 1905～1922년경의 그의 민족국가관과 시민적 민족주의 사상의 기
본적 특징들을 밝혀보았다. 신채호는 이 시민적 민족주의 사상을 형성
하고 발전시킨 시기에 국민에 대한 영향력도 가장 컸고 종합적으로 업
적도 가장 많이 내었다.
　신채호는 일본 제국주의 침략에 의해 국권을 빼앗긴 조건하에서 자
신의 독자적 민족국가관 · 국민국가관을 수립하고 모든 국민들이 종래
그들이 충성을 바쳐오던 가족 · 가문 · 씨족 · 신분 · 지방 · 사당(私黨)
등을 극복하여 직접적으로 민족국가에 모든 충성을 바칠 것을 요청하
였다. 그는 민족국가가 없이는 국민의 생명과 재산과 권리가 보호될
수 없으며, 또한 국민의 공적 권리를 보장하는 민족국가가 아니면 그
국가 자체가 유지되기 어렵다고 하여, 그 자신의 근대민족주의 관점에
서 국민과 민족국가의 관계를 밝히고, 모든 국민이 애국심과 애국주의
적 열성을 갖고 일본 제국주의로부터의 국권회복에 궐기할 것을 호소
하였다.
　신채호는 국권회복을 이룩하고 건설해야 할 신국가의 정체를 이미
1910년 2월에 입헌공화국이라고 명백히 공식적으로 선언하였다. 그는
입헌공화국에서는 국가가 국민의 낙원이 되고 국민은 국가의 주인이
된다고 설명하면서 입헌공화국만이 가장 이상적인 국민적 국가라고 주
장했다. 신채호의 초기 시민적 민족주의 사상의 목표의 초점은 일제를
몰아내고 국권을 회복하여 자주부강한 입헌공화국의 문명한 조국을 건
설하는 곳에 있었다.
　신채호는 이 목표를 실현할 수 있는 신국민을 만들고 국민의 실력을
배양하기 위하여 여러 측면에서 국민을 계몽하는 애국계몽운동에 종사

하여 국민들의 각성과 성장에 지대한 영향을 끼쳤으며, 일제의 조국강
점 이후에는 독립군의 무장투쟁을 기본으로 한 전투적 민족주의 사상
을 전개하면서 자기 조국의 완전독립·절대독립을 위하여 가장 열정적
으로 헌신하였다.

신채호의 시민적 민족주의는 국권회복을 위하여 애국심·애국주의
를 극히 중시하여 강조하고, 애국심을 배양하는 가장 좋은 방법과 부
문을 '역사'라고 주장하였다. 그는 애국주의의 열쇠로서 역사(본국정치
사)를 국민에게 교육하되 ① 어릴 때부터 역사를 읽히고, ② 늙을 때
까지 역사를 읽히며, ③ 남자뿐 아니라 여자도 역사를 읽게 하고, ④
상층계급뿐만 아니라 하층계급까지 역사를 읽게 하면 전 국민과 전 민
중에게 애국심을 불러일으켜서 국권회복의 강력한 정신적 원동력을 형
성할 수 있다고 보았다.

신채호는 이러한 역사민족주의의 관점에 입각해서 한편으로 한국역
사를 새로운 근대민족주의 사상에 의하여 재정립했으며, 다른 한편으
로 당시 강력하게 대두되고 있던 일제의 초기 식민주의 사관의 허구성
을 날카롭게 비판하였다. 그의 이러한 작업의 첫 업적이 1908년의 "독
사신론"이었다. 신채호는 "독사신론"에서 확고한 근대민족주의 사관을
제시했을 뿐 아니라 다수의 신학설들을 제시하여 근대민족주의 사학을
수립하였다. 예컨대 ① 부여-고구려 주족설(主族說), ② 단군-추장시
대론, ③ '기자조선설' 부정, ④ 기자일읍수위설(箕子一邑守尉說), ⑤
만주영토설, ⑥ 초기 대일관계신론, ⑦ 임나일본부설 부정, ⑧ 삼국문
화 일본유입설, ⑨ 초기 대북방민족관계신론, ⑩ 초기 대중국관계신
론, ⑪ 삼국 흥망원인신론, ⑫ 삼국통일 및 김춘추 비판론, ⑬ 발해·
신라 양국시대론, ⑭ 김부식 비판론 등과 그밖에 작은 주제들에 대한
새 해석들이 "독사신론"에서 제시되었다. 실로 우리나라 근대민족주의
사학은 단순화해서 말하면 신채호의 1908년의 "독사신론"에서 시작된다
고 말할 수 있다.

신채호는 그후 1924년까지 《조선사연구초》(朝鮮史研究艸)의 논문

들,《조선상고사》(朝鮮上古史),《조선상고문화사》(朝鮮上古文化史)
등의 저작을 통하여 그가 "독사신론"에서 수립한 새로운 역사해석들을
수정하고 더욱 발전시켰다. 이 과정에서 신채호는 박은식과 함께 우리
나라 근대민족주의 사학의 위대한 창건자가 되었다. 신채호의 근대민
족주의 사학의 창건은 그의 시민적 민족주의 사상과 그 일부로서의 역
사민족주의의 필연적 산물이었다고 말할 수 있다.

신채호는 시민적 민족주의자의 시기에 일제에게 빼앗긴 국권을 회
복하고 '자주부강한 입헌공화국'의 문명한 조국을 건설하기 위하여 가
장 열정적이고 전투적인 민족주의자로서 황량한 망명지 대륙의 바람을
마시고 이슬 위에 자면서 분투하고 헌신하였다.

제 3 장

신채호의 애국계몽사상

1. 머리말

단재 신채호는 한국이 낳은 위대한 민족주의자이자 애국계몽사상가
이며 역사학자이고 언론인이며 독립운동가이다. 신채호는 그가 각성
하여 개화자강파의 애국계몽사상가가 된 이후 순국 때까지 그의 전 생
애를 민족해방과 조국광복에 바쳤다.

신채호의 사회사상은 주자학도에서 개화자강파로 전환한 이후 그의
생애에 걸쳐 크게 세 단계로 변화했다고 볼 수 있다. ① 열렬한 시민
적 민족주의자의 시기, ② 민족주의사상에 무정부주의의 방법을 포용
한 혁명적 민족주의자의 시기, ③ 무정부주의자의 시기가 그것이다.

신채호의 애국계몽사상은 그의 민족주의사상 중에서 1904년부터
1910년 4월 국외로 망명할 때까지의 애국계몽운동기의 민족주의사상
을 가리키는 것이다. 신채호가 역사와 사회에 부상하여 본격적으로 활

동하기 시작한 것은 1905년 이후부터이다. 따라서 신채호의 애국계몽
사상은 그의 민족주의사상의 초기의 형태라고 말할 수 있다.

신채호는 1904~1910년의 애국계몽운동기에 정력적으로 사회·정
치 활동을 전개하여 국민들에게 심대한 영향을 끼쳤다. 사회적·역사
적 측면에서 볼 때, 개인 신채호가 민족과 사회에 그 누구보다도 큰
영향력을 갖고 또 실제로 가장 큰 영향을 끼쳤으며 객관적으로 한국사
회와 역사에 가장 큰 공헌을 한 시기는 애국계몽운동의 시기라고 볼
수 있다.

신채호의 사회사상은 시간이 감에 따라 발전하고 변화했으나 그 중
에서도 초기의 그의 애국계몽사상이 한국민족과 한국사회에 끼친 영향
과 공헌이 역사적으로는 가장 큰 것이다.

신채호는 1905년 위암 장지연(韋庵 張志淵)의 추천으로《황성신
문》의 논설기자가 된 후부터 본격적 애국계몽운동을 전개하기 시작하
였다. 이른바 을사조약을 폭로 비판하는 장지연의 "시일야방성대곡"의
논설로《황성신문》이 일제에 의하여 정간되자, 신채호는 1906년 운강
양기탁(雲岡 梁起鐸)의 추천으로《대한매일신보》의 논설기자가 되어
활동하였다. 그는 이어 1907년 4월에 애국계몽운동가들의 비밀결사로
신민회(新民會)가 창건되자 그 주요 회원이 되어 활동했으며, 신민회
의 국권회복운동의 이념을 그의 논설을 통해 대변하여 이론가로서 활
동하였다.

신채호는《대한매일신보》에 민중을 계발하는 수많은 논설을 썼으
며,《대한협회월보》와《기호흥학회월보》에도 다수의 논설을 기고하
였다. 또한 그는 부녀층의 계몽을 위하여 주시경과 함께 순한글 잡지
인《가뎡잡지》(1908)를 편집하였다. 그는 신민회가 그 청년운동의 일
환으로 1909년에 청년학우회(靑年學友會)를 창립하게 되자 "청년학우
회 취지서"를 써서 이를 지원하였다.

이때의 신채호의 논설들은 그의 애국적 열성과 신사상과 웅장한 필
치와 예리한 비판으로 당시의 청소년들을 비롯하여 독자들과 국민들을

감동시키고 계발시켰다. 이 시기의 그의 논설은 신민회의 사상을 명쾌히 해설하고 밝힌 것이어서, 그는 신민회의 비공식적인 탁월한 이론가이자 대변인이었다고 볼 수 있다. 《대한매일신보》(1910년 2월 22일~3월 3일)에 연재한 "20세기 신국민(新國民)"은 그 단적인 예의 하나라고 할 것이다.

신채호는 이 무렵 역사연구에도 몰두하여 그의 불멸의 업적이자 한국 근대민족주의 사학을 창건한 "독사신론"(讀史新論)을 저술하여 《대한매일신보》에 연재하였다. 또한 그는 역사 전기물로서 양계초의 《이태리건국 삼걸전(三傑傳)》(1907)을 번역하고, 뒤이어 한국 역사상의 삼걸로 《수군제일위인 이순신전》(1908), 《을지문덕전》(1909), 《동국거걸 최도통전》(東國巨傑 崔都統傳, 1909) 등을 저술하여 청년학생들과 민중들에게 애국심을 고취하고 국권회복을 위하여 영웅적으로 투쟁할 것을 계몽하였다.

한말의 애국계몽운동은 나라가 일제의 식민지로 강점되어 가는 최후의 '절망적 시기'를 역전시키어 도리어 '대분발(大奮發)의 시기', '민족독립 역량 증강의 시기'로 만드는 데 성공하였으며, 이 성과를 내는 데 다수의 애국계몽사상가들이 크게 공헌하였다. 이 시기의 가장 대표적인 애국운동가로서 박은식과 신채호를 들 수 있다. 안중근의 이토 히로부미 포살사건(1909년 10월)이 일어나고 일제 헌병대가 신민회 간부들을 체포했다가 이듬해 2월에 개별적으로 석방하자, 신민회 간부회의 결정에 따라 신채호는 망명간부 집단의 일원이 되어 1910년 4월에 국외로 망명하게 되었다.

여기서는 신채호가 국외로 망명하기 이전까지 국내에서 애국계몽운동을 전개하던 시기(1905~1910)의 그의 애국계몽사상을 고찰하려고 한다. 신채호는 망명 후에도 1923년까지는 그의 애국계몽사상과 기본적으로 동질적인 시민적 한국주의를 발전시켰는데, 이에 대한 포괄적 고찰은 따로 다루기로 한다.

2. 제국주의와 민족주의

1) 제국주의의 시대

신채호는 먼저 한말의 자기 시대를 제국주의와 민족주의의 시대라고 관찰하였다. 그는 먼저 구미 제국주의의 온 세계에 대한 침략성에 대하여 다음과 같이 썼다.

此 세계는 제국주의의 세계라, 强이 弱을 食하며 大가 小를 倂함은 원시시대에 已有한 바라. 연이나 근세 이래로 此가 일층 격렬하여 필경 제국주의의 大演이 우주를 動하니, 어시호 구주열강이 長鞭으로 세계에 橫行하여 동으로 아세아를 略하며, 남으로 阿非利加를 割하며, 동남으로 대양주를 점하여, 歐人의 足이 到하는 處에 산하가 震하고 歐人의 旗가 翻하는 處에 천지가 변하는 도다. 1)

신채호는 물론 제국주의를 오늘날의 사회과학적 분석개념으로 관찰하는 것이 아니라 당시 풍미하던 사회진화론·사회다윈주의로 해석하였다. 그에게 제국주의는 '약육강식의 원리'에 의거하여 '영토와 국권을 확장하는 주의'로 이해되었다. 그는 자기 시대의 제국주의의 난투상에 대하여 다음과 같이 썼다.

풍운이 起하는 듯, 洪水가 駈하는 듯, 雷震이 鳴하는 듯, 潮가 打하는 듯, 火가 焚하는 듯, 20세기 제국주의(영토와 국권을 확장하는 주의)여. 신성한 文羅主義(我가 타인을 간섭치 아니라고 타인도 我를 간섭치 못하는 주의 ─ 먼로주의)가 백기를 壹竪한 후로, 동서 六洲에 소위 6대 강국이니 8대 강국이니 하는 열강이 모두 滿腔血誠으로 此 제국주의를 숭배하며, 모두 奮鬪爭先하여 此 제국주의에 굴복하여 세계무대가 一帝國主義的 활극장을 成하였도다. 2)

---

1) "20세기 新國民,"《전집》, 별집, p. 212.

신채호는 자기 시대의 제국주의의 세계침략 형세를 다음과 같이 분석하였다. 먼저 영국은 남부 아프리카를 모두 점령하고, 남부 아프리카를 횡단하는 대철도를 부설했으며, 한편으로 남아시아를 점령하고 또한 호주를 점유하였다. 프랑스는 사하라 부근 등지를 빼앗고 마다가스카르 등 여러 지방을 빼앗아 아프리카를 횡행하며, 대양주에 진출하여 여러 군도를 병탄(倂呑)했으며, 인도차이나를 정복하여 남청(南淸)을 엿보고 있다. 제정러시아는 동아시아에 침입하여 시베리아 대철도를 태평양까지 연결시켜 부설했으며, 우로 아프가니스탄과 페르시아를 굴복시키고, 좌로 몽골과 만주를 도모하고 있다. 독일·포르투갈·스페인·네덜란드 등 제국이 각기 사방에 웅시(雄視)하여 식민지 개척에 열중하고 있다. 또한 미국은 먼로주의를 버리고 홀연히 미·스페인 전쟁을 일으켜서 하와이와 필리핀을 한꺼번에 병탄하였다. 수천 년 동안 고도(孤島)로 있다가 겨우 혁신을 이룩한 일본도 홀연히 러·일 전쟁에서 발을 세워 한국과 만주에 그 세력을 뻗치고 있다. 3) 일본까지도 "제국주의의 허영을 탐"4)하고 있는 것이다.

신채호는 당시의 제국주의가 무력에 기초한 군국주의의 형태로 전개되고 있음을 물론 잘 알고 있었다. 5)

2) 민족주의의 양면성

신채호는 이러한 제국주의의 침략에 대항하는 방법은 민족주의를 고양하는 길이라고 하였다. 그러나 신채호는 민족주의를 역시 사회진화론·사회다원주의에 의하여 해석하였다. 따라서 신채호에 의하면 제국주의도 본래는 민족주의로부터 나와서 민족경쟁에서 승자의 지위

---

2) "帝國主義와 民族主義,"《전집》, 하권, p. 108.
3) "20세기 新國民,"《전집》, 별집, p. 212 참조.
4) "韓日合倂論者에게 告함," 같은 책, p. 207.
5) "20세기 新國民," 같은 책, pp. 219~220 참조.

144

를 점한 것이요, 또한 약소국이 우승열패의 도태과정에서 패배하지 않으려고 동족이 합하여 항쟁하는 것도 민족주의인 것이다.

> 此 세계는 민족주의의 세계라. 동족이면 합하고 異族이면 爭함은, 亦 태고시대부터 已有한 바라. 中古 以降으로 그 경쟁이 愈多하며 그 경쟁이 愈慘하여 승자는 위세를 愈張하고 패자는 쇄망에 永墮하니, 以是로 백인이 미주에 전횡하매 紅人은 도태를 被하고, 以是로 백인이 대양주에 점입하매 흑인은 漸滅에 陷하고, 以是로 露人 鞭下에 유태인·波蘭人이 虐焰을 遭하고, 기타 何族이 何族을 服하든지 優勝劣敗의 劇이 慘絕怪絕하나니, 오호라. 斯世의 민족주의여, 어찌 此에 至하는가.6)

그러므로 민족주의에는 양면성이 있는 것이다. 즉, 그 하나는 열강의 제국주의적 민족주의로서 바로 제국주의인 것이고, 다른 하나는 그에 대항하여 '타민족의 간섭을 불수(不受)하는' 약소국의 민족주의가 그것이다. 신채호가 자기 시대의 민족주의로서 긍정적으로 매우 강조한 것은 바로 이 '제국주의에 대항하는 민족주의'였다.7)

신채호에 의하면 민족주의가 강건하면 제국주의는 침입하지 못하며, 오직 제국주의는 민족주의가 박약한 나라에만 침입하는 것이다. 그러므로 그는 비단 같고 꽃 같은 한반도와 한국민족이 제국주의에 대항해 민족을 보전하는 길은 민족주의를 대분발하여 '아족(我族)의 국(國)은 아족이 주장'하는 것이며, '민족주의야말로 민족보전의 불이적(不二的) 법문(法門)'이라고 다음과 같이 강조하였다.

---

6) "20세기 新國民,"《전집》, 별집, pp. 212~213.
7) 신채호는 제국주의적 민족주의를 '민족주의'의 한 유형을 보기 때문에 제국주의에 대하여 때때로 선망의 뜻을 표현하고 있다. 예컨대 을지문덕의 주의를 '제국주의'라고 하면서 이를 상찬하고 있다(《전집》, 중권, 《을지문덕》, p. 31 참조). 이 때문에 신채호의 제국주의 비판에는 본질적으로 사상적 한계가 설정되어 있는 것으로 보일 수도 있다.

연칙 此제국주의로 저항하는 방법은 何인가. 왈 민족주의(타민족의
간섭을 不受하는 주의)를 奮揮함이 是이니라.

此 민족주의는 실로 민족보전의 不二的 法門이라. 此 민족주의가
강건하면 拿破崙같은 대영웅으로도 露都殘焰에 窮鬼를 作하고, 민
족주의가 박약하면 亞剌飛같은 大傑男으로도 錫蘭孤島에 離黍를 哭
하였나니, 오호라 민족을 보전코자 하는 자가 此 민족주의를 捨하고
何를 當取하리오. 是故로 민족주의가 팽창적 웅장적 堅忍的의 光輝
를 揚하면, 여하한 극렬적 怪惡的의 제국주의라도 감히 參入치 못하
나니, 요컨대 제국주의는 민족주의가 박약한 國에만 參入하나니라.

錦같고 花같은 한반도가 금일에 至하여 黯黑然 披靡然히 魔窟에
墜함은 何故요. 즉 韓人의 민족주의가 강건치 못한 所以니, 惟 望
컨대 한국동포는 민족주의를 대분발하여 "我族의 國은 아족이 주장
한다"하는 一句로 護身符를 作하여 민족을 보전할지어다. 8)

신채호의 '제국주의에 대항하는 민족주의'의 강조는 매우 열도가 높
은 것이었다. 9)

3) 민족주의와 자유주의의 결합

신채호는 '제국주의에 대항하는 민족주의'를 강조하면서 서유럽에서
는 이것이 '자유주의'의 형태로 발전하여 서구 여러 나라들의 '혁명'과
'독립'과 '자주'를 가져왔다고 지적하였다.

此 세계는 자유주의의 세계라. 자유주의는 歐洲의 산물이라, 제1차
영국대혁명이 개가를 奏하며, 제2차 法國 大革命이 大潮를 作하여
此로 以하여 미국이 독립하며, 此로 以하여 德國이 강대하며, 此로

8) "帝國主義와 民族主義,"《전집》, 하권, pp. 108~109.
9) 신채호의 이러한 민족주의 강조가 때때로 모든 부문에서 그의 강렬한 '힘'과
'무력'의 강조에 관련되어 있는 것으로 보인다.

以하여 比利時(벨기에)가 자립하며, 此로 以하여 이태리가 통일하며, 此로 以하여 구주열방이 복리를 博하며, 此로 以하여 남미諸國이 자주를 得한지라.

噫라. 당시 구주천지에 독보하던 신성동맹도 수포를 化作하고 자유공기가 동서에 瀰滿하여 자유주의를 향한 자는 存하며 자유주의를 順한 자는 강함이 此에 至하였도다. 10)

여기서 우리가 주목할 것은 신채호가 강조하는 민족주의는 침략적 제국주의적 민족주의가 아니라 '자유주의'에 바탕을 둔 '민족주의', 즉 '자유주의적 민족주의'라고 말할 수 있으며, 그것은 침략에 대항하여 '혁명', '독립', '자립', '통일', '복리', '자주'를 추구하는 민족주의라고 말할 수 있는 것이다.

3. 국권회복론과 애국론

1) 국권회복의 목적 정립

신채호는 먼저 민중들에게 을사 5조약·정미 7조약에 의하여 일본 제국주의의 침략으로 '국권'을 빼앗긴 사실을 똑바로 직시할 것을 요청하면서 이 사실을 다음과 같이 표현하였다.

오호, 금일 我 대한에 何가 有한가. 국가는 有하건만 국권이 無한 國이며, 인민은 有하건만 자유가 無한 民이며, 화폐는 有하건만 鑄造權이 無有하며, 법률은 유하건만 사법권이 無有며, 삼림이 유하건만 我의 有가 아니며, 철도가 有하건만 我의 有가 아니니. 11)

---

10) "20세기 新國民," 《전집》, 별집, p. 213.
11) "大韓의 希望," 《전집》, 하권, p. 63.

신채호는 일제에게 국권을 빼앗기고 이른바 '보호조약'에 의하여 피
보호국이 된 상태를 "지옥에 떨어짐"으로 표현하였다. 그는 민중들에
게 글을 쓰면서 "오호라. 피보호의 지옥에 타(墮)하여, 신(身)은 형극
(荊棘)에 좌(坐)하며 안(眼)은 누우(淚雨)로 엄(掩)한 한국 동포"12)라
고 기술하였다. 신채호에게는 국권을 잃은 것이 바로 2천만 동포가 지
옥에 떨어지고 몸은 가시 위에 앉은 것처럼 인식된 것이다.

이러한 상태에서 대한국민이 무엇보다도 먼저 명확히 인식해야 할
것은 "금일 대한국민의 목적지"13)인 것이다. 신채호에 의하면 대한국민
의 국민적 목적지는 재언할 필요도 없이 '국권회복', '독립', '자유'인 것
이다. 그에 의하면 국민적 목적지가 '국권회복'으로 정립되면 방황하지
말고 이 목적을 달성하기 위하여 총력을 기울여야 한다. 다른 모든 운
동은 이 '국권회복'이라는 국민적 신목적의 방법이 되는 것이다.

> 혹 왈 교육보급이 목적지라 하여 학교설립에 분주하며, 혹 왈 실업발
> 달이 목적지라 하여 식산흥리(興利)를 절규하나니, 오호라. 民知가 如此闇
> 昧한 時인즉 교육이 誠大하며, 民産이 如此艱窘한 時인즉 實業이
> 誠重하도다마는 此를 목적지로 直認함은 불가하며, 혹 왈 단체집합
> 이 목적지라 하여 會團조직에 분발하며, 혹 왈 사회개량이 목적지라
> 하여 頑習喚醒에 열심하나니, 오호라. 인심이 如此渙散한 時인즉
> 단체집합이 誠要하며, 도덕이 如此타락한 時인즉 사회개량이 성급하
> 도다마는 此도 목적지 도달하는 방법이라 할지언정 목적지로 直認함
> 은 불가하니라. 14)

신채호에 의하면 제국주의의 '침략'의 목적지와는 달리 대한국민의
'국권회복', '독립', '자유', '신성한 국가'로의 목적지는 황금과 금수(錦
繡)가 찬란하고 기화(奇花)와 천향(天香)이 난만한 아름다운 곳이다.

---

12) "滿洲問題에 就하여 再論함,"《전집》, 별집, p. 238.
13) "今日大韓國民의 目的地," 같은 책, p. 175.
14) "今日大韓國民의 目的地,"《전집》, 별집, p. 177.

148

此四千載 不明歷史를 擁하며 팔만이천方里 膏腴토지를 據하고 총명
慧智의 이천만 동포가 有한 대한국민이여 그 목적지를 求知하는가.
황금이 璀燦하며 錦繡가 찬란한 者ㅣ 대한국민의 목적지며, 奇花가
馥郁하며 天香이 난만한 者ㅣ 대한국민의 목적지라.

其門은 독립이며 其路는 자유니, 국가의 정신을 발휘하고 萬有의
사업을 국가에 供하여 신성한 국가를 보유함이 대한국민의 목적지니
라. 15)

2) 애국, 애국심과 대아

그러나 대한국민은 '국권회복'을 위하여 가진 실력이 당장은 부족하
거나 없다. 16) 그럼에도 불구하고 '국권회복'의 목적을 달성하고 그를
위한 방법으로써 '실력'을 양성할 수 있는 대전제가 있으니 신채호에
의하면 그것은 첫째 '애국', '애국심'이다. 국민이 모두 '애국'하여 '애국
자'가 되고 '애국심'에 충만되면 국권은 가히 회복할 수 있는 것이다.
"제(齊)는 전국시대에 전국을 실(失)하고 지○(只○) 즉묵(卽墨)이로
대 필경에 70여 성을 회복하였고, 서사(瑞士, 스위스)는 구주 중 일소
국이로대 타국의 기반(羈絆)을 수(受)하다가 일조(一朝)에 건국하였
으니 차(此)는 애국심지효(愛國心之效)"17)인 것이다. "국(國)의 흥과
망은 인(人)의 애국심의 유와 무에 재(在)할 뿐이다."18) 모든 국민이
'애국'하여 '애국심'을 가지면 국권회복의 기초를 세울 수 있는 것이다.
그러면 애국심을 가진 '애국자'는 어떠한 사람을 말하는가. 신채호는
다음과 같이 대답하였다.

애국심으로 心在玆 念在玆하여 坐臥에도 爲國하여 坐한 줄로 作心

15) 같은 글, p. 178.
16) "大韓의 希望,"《전집》, 하권, p. 63.
17) "西湖問答,"《전집》, 별집, p. 132.
18) "西湖問答,"《전집》, 별집, p. 141.

하며, 起居에도 위국하여 起한 줄로 작심하며, 偃仰에도 위국하여
仰한 줄로 작심하며, 屈伸에도 위국하여 伸한 줄로 작심하며, 衣亦
愛國 食亦애국 步亦애국 夢亦애국하여 須臾不離하며, 顚沛不忘할
지나, 可離면 非人이오 可忘이라도 非人이니라.[19]

신채호는 '애국자'와 그 애국하는 분야에 대하여 다음과 같이 보다
쉽게 설명하였다.

천하의 숭덕과 대업이 누가 애국자보다 승할 이가 있으리오.
진애국자는 국사 외에는 족히 써 개의할 것이 없는 고로, 국사를
버리고는 즐기고 좋을 것도 없고, 희망할 것도 우환도 없고, 쟁투할
것도 없고 기뻐할 것도 없고 분노할 것도 없다. 진애국자는 국사를
視務할 시는 잔한하다 할 바도 없고, 위험하다 할 바도 없고, 불가
하다고 할 바도 없고, 성공하였다 할 바도 없고, 실패하였다 할 바
도 없고, 지금은 그만두자 할 바도 없을지라. 또 진애국자는 그 애
국하는 방술이 같지 아니하니 혹은 舌로 하고 혹은 血로 하며, 혹은
筆로 하고, 혹은 劍으로 하고, 혹은 機械로써 하되, 앞에서 부르면
뒤에서 따르도다.[20]

신채호는 국민이 애국심을 가지고 애국자가 되어 '성력'(誠力)을 다
하면 국권회복의 목적은 반드시 이루어진다고 강조하였다.[21]
신채호는 모든 국민이 애국심을 갖고 애국자가 되는 방법으로 '아'
(我)란 관념을 세우고 "아(我)란 관념을 확장"[22]하여 '소아'(小我)를
버리고 '대아'(大我)를 살리는 길을 제의하였다. '소아'는 육체적·물질
적 아(我)로서 진아(眞我)가 아니라 가아(假我)이며, '대아'는 죽지 않

---

19) 같은 책, p. 140.
20) 《檀奇古史》重刊序,《전집》, 하권, p. 408.
21) "誠力과 功業," 같은 책, pp. 81~82 참조.
22) "我란 觀念을 擴張할지어다,"《전집》, 별집, pp. 157~159.

는 정신적 아(我)로서 큰 것을 위하여 일체가 되어 영생불사하는 아
(我)인 것이다. 즉, 풀어 말하면 국가와 국민과 같은 더 큰 것과 하나
가 되는 나, '아'(我)가 '대아'(大我)인 것이다. 신채호는《대한매일신
보》의 국문판에서 이를 더욱 알기 쉽게 설명하였다.

> 내가 국가를 위하여 눈물을 흘리면 눈물을 흘리는 나의 눈만 내가 아
> 니라, 천하에 유심한 눈물을 뿌리는 자ㅣ 모두 이 나이며, 내가 사
> 회를 위하여 피를 토하면 피를 토하는 창자만 내가 아니라 천하에 값
> 있는 피를 흘리는 자ㅣ 모두 이 나이며, 내가 뼈에 사모치는 극통지
> 원의 원수가 있으면 천하에 칼을 들고 일어나는 자ㅣ 모두 이 나이
> 며, 내가 마음에 새겨 잊지 못할 부끄러움이 있으면 천하에 총을 메
> 고 모도히는 자ㅣ 모두 이 나이며, 내가 싸움의 공을 사랑하면 천백
> 년 전에 나라를 열고 땅을 개척하던 성제 명왕과 현상 양장이 모두
> 이 나이며, 내가 문학을 기뻐하면 천만 리 밖에 문장 명필과 박학 거
> 유가 모다 이 나이며, 내가 봄빛을 좋아하면 수풀 가운데 꽃 사이에
> 노래하고 춤추는 봉접이 모두 이 나이며, 내가 강호에 놀기를 즐겨
> 하면 물 속에 왕래하는 어별과 물가에 조는 백구가 모두 이 나이
> 라.23)
> 저 작은 내가 칼에 죽거든 이 큰 나는 그 곁에서 조상하며, 작은
> 내가 탄환에 맞아 죽거든 큰 나는 그 앞에서 하례하여 나의 영원이
> 있음을 축하기 위함이로다.24)

이것을 단순화시켜 표현하면 '대아'란 각 부문에서 역사적 사명감을
갖고 역사와 자연에 일체가 되어 국권회복에 헌신하는 애국적 주체세

---

23) "큰 나와 작은 나,"《전집》, 별집, p.102 및 "大我와 小我,"《전집》, 하권,
    p.85. 국한문 혼용판에는 다음과 같이 역사적 인물이 제시되어 있다. "我가
    武功을 愛하면 千百年前에 開國拓土하던 東明聖帝·扶芬奴·廣開土王·乙
    支文德·淵蓋蘇文·大祚榮·崔瑩·李舜臣이 皆 是我며, 我가 文學을 喜할
    진대…,"《전집》, 하권, p.85 참조.
24) "큰 나와 작은 나," 앞의 책, p.104.

력의 형성을 신채호가 철학적으로 표현한 것이라고 볼 수 있다.[25]

신채호는 '대아'의 애국적 주체세력을 만들면 국권회복의 기틀이 세계대세가 변동하는 날에만 있는 것이 아니라 애국적 주체세력이 시세를 '능동적'으로 만들어 '주체적'으로 이용할 수 있다고 다음과 같이 쓰고 있다.

> 我國 회복의 機는 세계대세가 변동하는 其 日에 在하다 하니, 是는 時勢가 主되고 我가 客되며, 시세가 君되고 我가 臣되어 鄰兒의 筆頭에 柿落을 望함이니 此가 何等의 謬見이요, 泰山이 身을 壓하여도 我는 我요, 화염이 身을 燒하여도 아는 아요, 天이 崩하고 地가 裂하여도 아는 아요, 風이 漂하고 雨가 洗하여도 아는 아라 하여, 我가 我라는 一念이 대장부 心頭에 不離하는 고로 悲惱因苦를 惟我가 自救하며 吉善福樂을 惟我가 自救함이어늘, 今也에 海中漏船에 坐하여 풍랑의 穩平을 待하며 薪上猛火에 立하여 霖雨의 暴注를 望하여 我의 일신이 항상 시세에 의뢰하여 事를 濟코자 하다가 如此한 시세가 不來하면 將 奈何오. 고로 我가 前途로 進하다가 시세를 遇하여 此를 이용함은 가하거니와 我가 시세의 와중에 投하여 躊躇張望함은 불가하니라.
>
> 如此히 아는 불신하고 人만 信하며 我는 불신하고 時만 信하므로, 오호 痛哉의 句語로 통감부에 長書함을 救時의 양책으로 認하며 韓·日 친목의 妄想으로 일본정객과 符同함을 保國의 神方으로 知하고 面을 拾하여 伊藤씨의 頌德文을 忍上하며 頭를 低하여 神宮奉敬會의 會員標를 忍帶하니, 悲夫라, 此輩여. 是皆自我를 妄한 故인저.[26]

여기서 우리는 신채호가 애국계몽운동기부터 얼마나 근원적 주체성을 정신적 차원에서까지 특히 강조했는가를 알 수 있다.

---

25) 신채호의 이러한 '대아'론은 그의 영웅관과도 일맥상통하고 있다고 보인다.

26) "我란 觀念을 擴張할지어다," 《전집》, 별집, pp. 158~159.

152

3) 독립정신과 자유정신

신채호는 애국심의 중요성을 강조하는 그의 사상과 관련하여, 국가를 '정신상 국가'(추상적 국가)와 '형식상 국가'(구체적 국가)로 구분하였다. '정신상 국가'라 함은 그 민족의 '독립할 정신', '자유할 정신', '생존할 정신', '국위를 분양(奮揚)할 정신', '국광(國光)을 환발(煥發)할 정신' 등을 말함이다. 한편 '형식상 국가'라 함은 '강토', '주권', '대포', '육군', '해군' 등의 '집합체'를 말함이다.[27]

여기서 우리가 주목해야 할 것은, 신채호는 어느 나라를 막론하고 먼저 '정신상 국가'가 있은 후에야 '형식상 국가'가 비로소 있게 된다 하여 '정신상 국가'를 위에다 놓고 있다는 사실이다. 여기서 우리는 신채호의 국가관의 관념적 요소를 볼 수 있다.[28] 신채호는 정신상 국가는 형식상 국가의 '어머니'라고 말하고 있다. 따라서 당연한 논리로 신채호에 의하면 '정신상 국가'가 망하면 '형식상 국가'가 망하지 않았을지라도 그 나라는 이미 망한 나라이며, 반대로 '정신상 국가'만 망하지 않으면 '형식상 국가'가 비록 망했을지라도 그 나라는 망하지 않은 나라라고 보는 것이다.[29]

신채호가 이러한 논리를 강조한 것은 당시 일제에 의하여 '주권', '대포', '육군', '해군', '강토'의 일부를 빼앗겼다 할지라도 전국민이 '독립정신'만 굳게 갖고 투쟁하면 국권을 회복할 수 있음을 강조하기 위한 것이었다고 해석된다. 신채호는 "국민의 정신을 이미 잃은 후에야 어찌 국권을 회복하리오"[30]라고 지적하고 있다. 신채호는 '독립정신',

---

27) "精神上 國家," 같은 책, p. 160 참조.
28) 이 시기의 애국계몽사상가들의 국가관은 비단 신채호뿐만이 아니라 대부분이 관념적 요소에 지배되어 있었으며, 이것은 이 시대 애국계몽사상의 일반적 한계이기도 한 것이라고 생각된다.
29) 이러한 관점은 朴殷植이 1915년《韓國痛史》에서 국가를 '國魂'과 '國魄'으로 나눈 착상과 대체로 동일한 것으로 보인다.
30) "친구에게 절교하는 편지,"《전집》, 별집, p. 97 참조.

'정신상 국가'의 중요성을 다음과 같이 강조하였다.

> 오호라. 정신상 국가가 망하면 형식상 국가는 不亡하였을지라도 그
> 國은 已亡한 國이며, 정신상 국가만 不亡하였으면 형식상 국가는 망
> 하였을지라도 그 국은 불망한 국이니라.
> 　何故오. 왈 그 민족이 독립할 정신이 無하며, 자유할 정신이 무하
> 며, 생존할 정신이 무하며, 不屈할 정신이 무하며, 국권을 보전할
> 정신이 무하며, 국위를 奮揚할 정신이 무하며, 국광을 煥發할 정신
> 이 무하면, 疆土가 有하여도 無用이요, 주권이 유하여도 무용이요,
> 군주가 유하여도 무용이요, 정부가 유하여도 무용이요, 의회가 유하
> 여도 무용이요, 관리가 유하여도 무용이요, 군함이 유하여도 무용이
> 요, 대포가 유하여도 무용이요, 육군이 유하여도 무용이요, 해군이
> 유하여도 무용이니, 如此한 國은 금일 不亡하면 명일 망하고, 명일
> 불망하면 又明日 망하여 必亡乃已하나니라. 31)

신채호는 이것을 때로는 '국민의 혼', '국혼'(國魂)으로 표현하기도
하였다. 만일 '국민의 혼'만 강하면 천병만마(千兵萬馬)가 그 나라의
산하는 짓밟을 수 있으되 그 국민의 혼은 감히 동요치 못하므로 그 나
라의 국광(國光)을 가히 지우지 못한다고 강조하였다. 그는 '국혼'의
중요성을 다음과 같이 몹시 강조하였다.

> … 오직 此 국민의 魂이 健全함을 愛하며, 故로 그 國의 토지가 廣함

---

31) "精神上 國家," 같은 책, pp. 160~161. "是와 反하여 그 독립·자유 등 정신
만 유하면 疆土·主權 등 형식이 無할지라도 그 目中心中에 국가가 完存하
며, 그 腦裏腔裏에 국가가 雄飛하여 그 國民 頭上에는 그 國의 天이 有하고,
그 國民 足下에는 그 國의 地가 有하며, 그 國民一身에는 그 國의 독립·자
유 등의 실력과 광채가 有하여 필경 그 국가를 건립할 一日이 有할지니, 如此
한 國은 今日 不立하면 明日 立하며, 명일 不立하면 又明日 立하여 必立乃
已하나니라. 고로 형식상 국가를 建立코자 하면 먼저 정신상 국가를 건립할
지며, 형식상 국가를 保全코자 하면, 먼저 정신상 국가를 보전할지며, 형식상
국가의 망함을 憂할진대 먼저 정신상 국가의 亡함을 憂할지니라."

을 誇치 아니하며 인민이 衆함을 誇치 아니하며 재정이 富함을 誇치 아니하며 군마가 壯함을 誇치 아니하며 포대가 險함을 誇치 아니하며 兵艦이 雄함을 誇치 아니하며 오직 此국민의 魂이 誇할 바이니라.

오호라. 如斯히 국민의 魂이 有하면 그 국민이 可히 雙手로 복리를 만회하여 그 국가로 하여금 악토를 作하여 그 민족으로 하여금 복음을 歌할지니 국민의 魂이 어찌 重치 아니하며 어찌 强치 아니하리오. 32)

4) 민족의 희망

신채호에 의하면, 대한국민이 국권회복을 위하여 가진 실력이 당장 부족하거나 없을 때, '애국심', '독립정신'과 함께 굳게 간직해야 할 것이 '희망'이다. 신채호에 의하면, 금일 열강의 부강함과 금일 아한(我韓)의 구권을 빼앗겨 '보호' 지위의 지옥에 떨어진 상태를 비교하여 보면 '절망'하기 쉽다. 그러나 '절망'하면 모든 것이 허사이다.

대체로 '희망'의 맹아(萌芽)가 항상 고통시대에 존재하고 안락시대에는 존재하지 않는 것이니, 역사상의 사례를 들면 모든 나라가 그러하였다. 예컨대 루이 왕의 잔포(殘暴)가 아니면 오늘의 프랑스가 없었을 것이며, 찰스 1세의 압제가 아니면 오늘의 영국이 없었을 것이며, 영국의 가혹한 세정(稅政)이 아니었으면 오늘의 미국이 없었을 것이며, 오스트리아의 참압(慘壓)이 아니면 오늘의 이탈리아가 없었을 것이며, 프랑스의 모멸(侮蔑)이 아니었으면 오늘의 독일이 없었을 것이다. 지구상에 강국이라고 칭하는 나라가 고통 한 번 없고서 능히 흥한 나라가 있지 않았다. 33)

우리나라의 예를 들어도, 태평세월인 줄 알고 게으른 꿈을 오래 꾸다가도 홀연히 임진왜란을 만나자 농민들이 들고일어나 적을 방어했으

---

32) "國民의 魂," 《전집》, 별집, p. 168.

33) "大韓의 希望," 《전집》, 하권, pp. 65~66 참조.

며, 철포를 만든 박진(朴晉)도 나오고 철갑선을 만든 이순신(李舜臣)
도 나오고, 결국 강대한 적을 몰아내는 데 성공하였다. 역사적으로 서
구열강과 우리 민족의 처지를 바꾸어보면, 우리가 저들보다 우수하고
나은 점이 많다. 만일 지금도 우리가 교육을 일으키고 지식을 열면 현
재의 강국들과 어깨를 나란히 하여 경쟁하기가 어렵지 않을 것이며,
저들이 우리에게 미치지 못하는 곳이 많다.

희망이란 것은 만유(萬有)의 주인으로 "민중의 희망으로 국가가 즉
유(卽有)하며, 부조(父祖)의 희망으로 자손이 즉유하며, 동류(同類)
의 희망으로 붕우(朋友)가 즉유하며, 야만이 희망하여 문명을 유하며,
완고가 희망하여 혁신을 유하며, 미약이 희망하여 강력을 유하며, 잔
열(孱劣)이 희망하여 우세를 유하며, … 인생의 백년사업이 일희망(一
希望)의 결과하는 바"[34]인 것이다. 신채호는 오늘날의 우리 대한의 희
망은 매우 크다고 다음과 같이 강조하였다.

왈 금일 我韓이 富는 타국만 不如하나 富의 희망은 타국보다 大하
며, 强은 타국만 不如하나 강의 희망은 타국보다 深하며, 문명은 타
국에 不及하나 문명에 대한 희망은 타국보다 遠過하다 하노니, 大하
다 我韓 금일의 희망이여, 美하다 我韓 금일의 희망이여.[35]

신채호는 말하기를, 수십 년 동안 완부정당(頑腐政黨)이 나라를 오
도함으로 인하여 일반 국민을 모두 무능력자로 생각하는 자가 있지만
한마디로 풀어 말하면 과거에는 조정의 대신들의 잘못으로 그렇게 된
것이요, 앞으로의 일은 전체 국민의 책임이니 "차(嗟) 아국민(我國民)
이여 금일부터 대희망으로 대진보하며 대국민을 작(作)할지어다"[36]라
고 호소하였다. 신채호는 전국민이 '발분'하여 '대희망'을 가지고 '신사

34) "大韓의 希望,"《전집》, 하권, pp. 63~65 참조.
35) 같은 책, p. 65.
36) 같은 책, p. 68.

업'을 일으켜 '신국민'이 될 것을 절규하였다.

> 희망에서 願力이 生하고, 願力에서 熱心이 생하고, 열심에서 사업
> 이 생하고, 사업으로 국가가 생하나니, 勉할지어다 我 韓人아! 희망
> 할지어다 我 韓人아![37]

5) 일진회 등 매국단체 비판

신채호는 '신사업'을 일으켜 '신국민'을 만드는 방안을 제의하기 이전
에 일본 제국주의의 침략을 기회 있을 때마다 규탄하고 그 앞잡이인
일진회(一進會) 등을 추상같이 비판하였다. 그는 일본 제국주의에 대
하여 이른바 '한·일 합병론'의 부당함을 역사적으로 고찰하여 비판하
고, "오호라, 일본이여. 한국이 수약(雖弱)이나 일본의 액하(腋下)에
입(入)하여 노치(奴庖)를 장음(長飮)치 아니리니, 신(愼)하여 백년대
계를 오(誤)치 말지어다"[38] 라고 경고하였다. 또한 그는 일진회를 일
본의 '응견'(鷹犬),[39] '반국괴귀'(叛國怪鬼), '간노배'(奸奴輩)[40] 라고
규정하면서, 송병준을 "일진회를 조직하여 5조약(五條約)시 선언서로
일등공신을 엄작(奄作)하고 그 수하 친병 40만으로 일본에 첨부(諂附)
하야 자위단 토벌대로 전국을 소요(騷擾)케"[41] 하는 '제일충노'(第一忠
奴)라고 공개 성토하였다. 또한 그는 일진회의 기관지격인 《국민신
보》와 《대한신보》를 매국노의 '구노'(狗奴)요 '양마'(兩魔)라고 공격하
였다.[42]

---

37) 같은 책, p.71.
38) "韓·日合倂論者에게 告함,"《전집》, 별집, pp.207.
39) "國民·大韓兩魔頭上 各一棒,"《전집》, 하권, p.106.
40) "韓·日合倂論者에게 告함," 앞의 책, p.204.
41) "日本의 三大忠奴," 같은 책, p.56 및 "일본의 큰 충노 세 사람," 같은 책, p.92 참조.
42) "國民·大韓兩魔頭上 各一棒,"《전집》, 하권, pp.105~107 참조.

또한 그는 일진회에 가입한 친우와의 '절교서'를 《대한매일신보》 1908년 4월 12일자와 14일자에(《대한매일신보》, 국문판, 1908. 4. 17~18) 공개 게재하여 온 국민에게 일진회가 매국노임을 결연하게 공포하면서 무릇 일진회에 가입한 자는 모두 마땅히 세 번 이 편지를 읽어 깨달을 것을 경고하였다.[43]

신채호는 또한 친일보부상 단체인 동아개진교육회(東亞開進敎育會)를 비판하고, 그 두목인 조중응(趙重應)을 동아개진교육회의 수령이 되어 "80만 상민을 회집하야 이등(伊藤)·증미(曾彌) 씨의 호령을 등대(等待)"[44] 하는 '제2충노(忠奴)'라고 공개성토하였다. 또한 친일유림단체인 대동학회(大東學會)를 비판하고, 그 대표인 신기선(申箕善)을 "이등(伊藤) 씨의 만원금(萬圓金)으로 대동학회를 확장하여 유교를 부지(扶持) 한다 위명(爲名) 하고, 일장포고문(一張布告文)으로 역내 유림을 위협하여 일본 동화력(同化力) 내에 흡입코자 하"[45]는 '제3충노'라고 공개성토하였다. 신채호는 친일단체와 친일분자들을 기회 있을 때마다 비판 공개하고, 국민들에게 각성을 요청하였다.

혁혁한 단군 기자의 자손으로 神武天皇을 존중하며, 당당한 임진년에 끼친 백성으로 풍신수길이를 흠앙하며, 융희 조정의 신자로서 명치 만세를 호창하며, 독립 산하의 종자로서 보호정책에 굴복하여 한국 곡식을 파종하고도 일본의 우로를 바라며, 한국 토지를 밟고도 일본의 일월을 숭배하니, 이 무리가 날로 성하면 장래에 면목이 변치 아니한 한국 사람을 어느 곳에서 얻어 볼까. 인심이 있는 한국인이여. 저 무리의 속임수 가운데 빠지지 말지어다.[46]

---

43) "學友人絶交書," 같은 책, p. 58~62 및 "친구에게 절교하는 편지,"《전집》, 별집, pp. 94~99 참조.
44) "日本의 三大忠奴,"《전집》, 하권, p. 56 및 "일본의 큰 충노 세 사람,"《전집》, 별집, p. 92.
45) "日本의 三大忠奴," 같은 책, p. 56 및 "일본의 큰 충노 세 사람," 같은 책, p. 92 참조.

6) 동양주의 비판

신채호는 당시 일부 식자층이 주장하던 이른바 '동양주의'(東洋主義)를 비판하고 반대하였다. 동양주의자들의 주장에 의하면 현 시대는 '동·서'와 '황·백'의 양인종이 경쟁하는 시대이기 때문에 동양이 흥하면 서양이 망하고 서양이 흥하면 동양이 망하니 대한과 같이 동양에 속한 나라는 일본과 같은 동양의 나라와 상합상결(相合相結)하여 공동으로 서양 백인종에 대항하여야 하며, 그렇지 않아서 만일 동양이 망하면 한족도 함께 망하게 된다는 것이다. 그는 이러한 주장이 마치 폴란드가 서양열강의 침략으로 망하면서도 서양주의를 주장하는 것과 같다고 하였다.

신채호는 현 시대는 열국경쟁의 시대, 제국주의시대이므로 국가주의·민족주의를 주장하여 국가·민족단위로 정세를 고찰하여야 한다고 하였다. 따라서 동양의 경우만을 놓고 보아도 국가는 주(主)요 동양은 객(客)이다. 만일 동양주의 제창자들과 같이 보면 동양이 주가되고 국가가 객이 되어 국의 흥망은 천외(天外)에 두고 동양만 지키려다가는 동양의 강국(일본)에게 나라가 망하게 되는 것이다. 즉 신채호는 '동양주의'를 일본 제국주의의 별명으로 파악한 것이다.

신채호는 동양주의자를 세 종류로 나누었다.[47]

첫째는 오국자(誤國者)이니, 4천 년 조국과 2천만 형제를 노적(奴籍)에 넣으면서 동양주의를 주장하여 스스로 변호하는 무리다.

둘째는 미외자(媚外者)이니, 대한 전국의 국혼(國魂)을 일본에 팔면서 직접으로 너의 나라를 잊고 외국을 섬기며 너의 조상을 팔아서 외국을 만들라 하면 삼척동자라도 칼을 빼고 분기할 것이니 이를 속이기 위하여 마설(魔說)을 조작해내는 무리다.

---

46) "일본의 큰 충노 세 사람," 《전집》, 별집, p. 93.

47) "東洋主義에 對한 批評," 《전집》, 하권, pp. 88~91 참조.

셋째는 혼돈무식자(渾沌無識者)이니, 원래 독립주견이 없다가 금일을 당하여 정부당과 일진회와 유세단(遊說團)의 유롱(誘弄)과 일본인의 농락 중에서 동양주의설을 듣고 함께 떠드는 무리이다.

신채호는 이른바 동양주의가 민중 속에 퍼지면 적국 일본을 우방으로 인식하는 자가 점차 생길 것을 염려하면서 민중의 각성을 요청하였다.

> 연칙 한국이 永亡하면 韓族이 永滅하여도, 단 此 국토가 黃種에게만 歸하면 此를 樂觀이라 함이 可할까. 오호라, 不可하니라.
>
> 혹자는 又云하되, 彼 동양주의를 唱하는 자도 眞個 동양을 위함이 아니라 단지 此 주의를 이용하여 국가를 救코자 함이라 하나, 吾儕는 觀컨대, 韓人이 동양주의를 이용하여 국가를 구하는 자는 無하고 外人이 동양주의를 이용하여 국혼을 찬탈하는 者ㅣ 有하나니, 戒하며 愼할지어다. 48)

7) 보국보종이원론(保國保種二元論) 비판

신채호는 당시 사상계에 보종론(保種論, 민족보전론)과 보국론(保國論, 국가보전론)이 나뉘어져 쟁론하는 것을 보고 보종론과 보국보종이원론(保國保種二元論)을 비판하였다. 신채호에 의하면 보종론자는 금일을 당하여 인종과 민족을 보전하는 것이 급선무라 하고 보국론자는 민족의 보(保)와 불보(不保)는 묻지 말고 보국을 강구하는 것이 급선무라고 하지만 이는 모두 잘못된 생각이다. 보종을 하려 해도 그 권리가 타민족과 같아야 하기 때문에 반드시 보국을 해야 하며, 한편 민족이 이미 절멸되면 보국을 해도 보지자(保之者)가 자기 자손이 아니라 타인이기 때문에 보종 외에 따로 보국책이 없는 것으로서 보종과 보국은 이의(二義)가 아니라 일의(一義)라는 것이다. 49)

---

48) "동양주의에 대한 비평," 《전집》, 하권, p.91.

49) 실제로 신채호에게 민족주의와 국가주의는 엄격히 구분되지 않고 통합되어 있

夫 보종자는 此민족이 他민족의 殄滅을 受치 아니하자면 出道가 何
에 在하뇨. 必也 그 지식도 彼보다 劣치 아니하며, 그 능력도 彼보
다 弱치 아니하며, 그 進步도 彼보다 後치 아니하며, 그 사업도 彼
보다 落치 아니하며 未乃 그 지위도 彼와 同하며 권리도 彼와 同하
여야 어시호 그 種을 保할지니, 그 권리가 彼와 同하려면 그 國이
弱하고야 能之乎며, 그 지위가 彼와 同하려면 그 國이 亡하고야 能
之乎아. 고로 保種·保國은 一路라 二路가 아니며, 一義라 二義가
아니며, 一件이라 二件이 아니어늘, 今 彼 보종론자의 言과 如할진
댄 그 國의 권리가 墜失되며, 지위가 卓劣하고도 그 種은 可保할 줄
로 오해함이니, 是는 愚人也며, 又 彼 보국론자의 言과 如할진댄
鷗狐의 口에 그 雛가 已絶이면 飄搖風雨에 鵲巢를 曷保며, 虎狼의
腹에 그 肉이 已充이면 寂寞山河에 免窟을 誰護아.

人種이 旣絶이면 그 國이 雖保라도 保之者가 自己 自孫이 아니
라 他人也며 所保者가 爾國이 아니라 他人之國也이니, 保種 이외
에 별반 保國策이 有한 줄로 오해하면 是는 狂人也라.[50]

그러나 신채호는 현실적으로 대한제국의 경우에 보국만을 추구하면
그 국(國)이 이미 보전됨과 동시에 그 종(種)이 스스로 보전되려니와
만일 보국을 생각지 아니하고 보종만 추구하다가는 그 국을 보전하지
못함에 따라 그 종도 따라서 망할 것이니, 이설(二說) 중에서 가까운
현실책을 구하라고 한다면 그는 보종론을 버리고 보국론을 따르겠다고
말하였다. 신채호는 시종일관하여 실천적 국권회복론자의 견고한 입
장을 명백히 나타낸 것이다.

는 것으로 보인다. 이 사상논쟁은 낡은 문제이지만, 당시 만주족의 경우를 고
려해보면 음미해볼 가치가 있는 것이라고 생각된다.

50) "保種·保國의 元非二件,"《전집》, 하권, pp. 53~54.

4. 신국민론

1) 입헌국가와 신국민

신채호에 의하면, 한국이 국권을 피탈당하여 오늘날과 같이 위험한 시기에 처한 것은, 한국이 수천 년 동안 반도 내에 누웠다 일어났다 하며, 단지 왼편에 지나(支那)가 있으며 오른편에 일본이 있는 줄만 알고 있다가 수십 년 전부터 홀연히 제국주의의 침략을 받고 열국 경쟁장이 되어 청·일 전쟁과 러·일 전쟁을 거친 다음 일본 제국주의의 침략을 결국 막아내지 못했기 때문이다. 그는 한국이 떨쳐 일어서지 못하고 제국주의의 침략에 패배한 중요한 내부 요인을 세 가지로 보았다.[51]

① 수백 년 정치가 혼악(昏惡)하여 빈약이 극도에 이른 점.
② 천하의 대세를 알지 못하여 외경(外競)에 실패를 초래한 점.
③ 완구(頑舊)의 습관을 버리지 못하고 문명의 혁신을 싫어한 점.

신채호에 의하면, 국권을 빼앗긴 이 위급한 시대에 한국의 현실은 비참하다. 정신이 발달되지 못하고 실력이 확장되지 못하고 문명이 진보하지 못하고, 도덕이 부패하며, 경제가 곤핍하며, 교육이 부진하며, 만반이 타국(일본)의 수중에 들어가서 민기(民氣)의 타락이 극도에 달하게 되었다. 세계의 추세를 시찰하면서 문명의 진보를 흡수하여 국민이 '분발'해야 하는데 국민동포의 정치적 능력은 미숙하다. '가족적 관념'은 강한데 '민족적 관념'은 약하고, '지방적 관념'은 강한데 '국가적 관념'은 약하다.[52] 지금 한인 중에 정치사상(자유독립사상)과 정치능력을 가진 자가 전무한 것은 아니지만 이것은 소수 인민에 불과하

---

51) "20세기 新國民,"《전집》, 별집, p. 214 참조.
52) "思想變遷의 階級,"《전집》, 별집, p. 163 참조.

162

다. 그 예로서 ① 오늘날 나라가 이 지경에 이르러도 우리 따위는 농·상·공의 우민(愚民)이니 국사를 어찌 알리오 하는 것이라든가, ② 정당단체를 조직하더라도 결렬이 많고 진취가 적은 것이 그 예라고 한다. 신채호는 한국인의 정치능력의 결핍의 원인을 ① 전제(專制)의 독이 극에 달한 것, ② 경제의 빈곤이 심한 것, ③ 지식이 결핍한 것 등 세 가지로 들었다.[53]

신채호는 한국인이 정치사상과 정치능력이 부족한 것은 선천적인 것이 아니라 위의 이유 때문이므로 전국민이 분발하여 정치능력을 기르고 배양해서 국권을 회복해야 한다고 주장하였다.

신채호는 국권회복 후 건설해야 할 국가의 정체를 '입헌국'이라고 명백히 선언하였다. 그는 '입헌국가'만이 '국민적 국가'요, 국민적 국가가 아닌 나라, 즉 '입헌국'이 아니라 1, 2인이 전제하는 나라는 세계 대세를 거역하는 나라로서 반드시 망한다고 지적하였다.[54] 그는 서양의 예를 들면서 그들은 "입헌공화의 복음이 편(遍)하여 국가는 인민의 낙원이 되며, 인민은 국가의 주인이 되어 공맹(孔孟)의 보세장민주의(輔世長民主義)가 차에 실행되며 루소의 평등자유정신이 차에 성공되었도다"[55]고 '입헌공화제'를 찬양하였다. 이것은 신민회가 이때 신국가의 정체를 '공화정'으로 목표 정립한 사실과 관련된 것으로 보인다.

신채호는 '입헌공화국'의 건설을 주장했으므로 그의 '충신'(忠臣)의 개념도 유자(儒者)와는 현저히 달랐다. 그는 군주의 현신(現身)을 위하여 죽은 자가 충신이 아니라 "흉중(胸重)에 국가만 유하며 안중(眼中)에 국민만 유하여 생전의 강혈(腔血)로 국토를 장엄케 하며, 사후에 경혈(頸血)로 국사를 광휘케 하는 자라야 어시호 충신이라 운할지니라"[56]고 하면서, 만일 군주의 이해와 국가의 이해가 양립할 수 없을

53) "20세기 新國民,"《전집》, 별집, p. 226 참조.
54) 같은 글, p. 229 참조.
55) 같은 글, p. 213 참조.
56) "論忠臣,"《전집》, 별집, p. 179.

경우에는 군주를 버리고 국가를 택해야 한다고 명백히 밝혔다. 그는 "만일 군여국(君與國)의 이해가 불양립(不兩立)하는 경우에는 군을 사(捨)하고 국을 종(從)하나니라"[57]고 썼다.

신채호는 국민동포가 정치능력을 양성하여 '입헌적 국민'의 자격을 갖추어 국권을 회복해서 독립된 '입헌국가'를 건설할 것을 촉구하였다.[58] 이를 위해 국민이 실행해야 할 일은 신동국(新東國)의 '신국민'(新國民)[59]이 되는 것이다. 그는 20세기의 국가경쟁은 그 원동력이 한두 사람에 있는 것이 아니고 국민 전체에 있으며, 그 승패의 결과가 한두 사람에게 말미암은 것이 아니고 그 국민 전체에 말미암은 것이어서, 정치가는 정치로써 경쟁하며, 종교가는 종교로써 경쟁하며, 실업가는 실업으로 경쟁하며, 혹은 무력으로 하며, 혹은 학술로 하여 그 국민 전체가 우(優)한 자는 승하고 열(劣)한 자는 패하니 그 경쟁이 '전국민의 경쟁'이라고 하였다.[60] 그는 과거 수십 년 동안에 완부(頑腐)정당의 오국(誤國)으로 인하여 나라가 이 모양으로 되었고, 과거의 책임은 조정대관들의 허물이지만, 미래의 국권회복은 전체 국민의 책임이라고 강조하였다.[61]

그러므로 신채호는 국권회복을 하여 독립된 '입헌국가'를 수립하고 민족의 행복을 보장하려면 '전국민'이 '신국민'이 되지 않으면 안 된다고 주장하였다. 이 '신국민설'(新國民說)은 그가 가입한 '신민회'의 사상을 대변한 것이라고 이해된다.[62] 신채호는 한국인이 일제에게 패배하는 이유가 '신국민'이 아니기 때문이라고 다음과 같이 설명하였다.

---

57) "論忠臣,"《전집》, 별집, p. 180.
58) "20세기 新國民," 같은 책, p. 226 참조.
59) "20세기 新東國之 英雄,"《전집》, 하권, p. 116 참조.
60) "20세기 新國民,"《전집》, 별집, pp. 210~211 참조.
61) "大韓의 希望,"《전집》, 하권, p. 68 참조.
62) 愼鏞廈, "新民會의 創建과 그 國權恢復運動,"《韓國學報》, 제 8~9집 (1977) 참조.

고로 왈 국민동포가 20세기 신국민 되지 아니함이 불가하다 하는 바며, 금일 한국인사 중에 何故로 정치가는 정치에 패하며, 실업가는 실업에 패하며, 기타 何種의 사업가든지 외인에게 必敗하느냐 하면 왈 신국민이 아닌 所以며, 何故로 國을 賣하는 자가 有하며 何故로 民을 賣하는 자가 有하냐 하면 신국민이 아닌 소이니, 고로 왈 국민동포가 20세기 신국민 되지 아니함이 불가하다 하는 바라. 63)

신채호는 "자국 고유의 장(長)을 보(保)하며 외래문명의 정(精)을 채(採)하여 일종 신국민을 양성할 만한 문화를 진흥"64) 할 것을 촉구하면서, 이를 '신국민의 사업', 65) '신사업'66) 이라고 불렀다. 이 '신국민'을 만들기 위한 각 부문의 '신사업' 구상이 뒤에서 나누어 고찰할 신채호의 애국계몽사상의 각 부문이 되는 것이다.

2) 신국민의 단체

신채호는 '신국민'이 양성되면 동시에 국권회복을 위하여 신국민의 '단체'를 만들어야 한다고 주장하였다. 왜냐하면 "국력은 단체력에서 출하니 단체가 견확(堅確)한즉 국력의 강장(强壯)함은 설명을 기다릴 필요가 없기 때문"67)이다. 이것은 신채호가 국권회복을 위한 강력한 애국계몽운동단체의 조직을 강조하여 촉구한 것이었다. 신채호는 신국민의 '단체' 조직의 필요성을 다음과 같이 설명하였다.

혈맥이 합하여 일신의 단체가 되고 인민이 합하여 일국의 단체가 되나니 단체는 즉 衆力의 집합이라, 그 强은 금석도 莫能當이요, 劍

---

63) "20세기 新國民." 《전집》, 별집, p. 211.
64) "文化와 武力," 같은 책, p. 201.
65) "20세기 新國民," 같은 책, p. 211.
66) "大韓의 希望," 《전집》, 하권, p. 64 및 p. 70.
67) "西湖問答," 《전집》, 별집, p. 142.

戟도 不足畏라. 연이나 此는 愛國誠이 無하면 不成이요 교육력이
無하면 不知하느니라. 68)

신채호는 국민 각자가 자기 자신과 가문을 잊고 이 나라에 몸을 바치
되 대국민의 의기로 '대단체'를 공고히 조직해서 단결하여 가시밭이 이
나라의 전도(前途)를 막으면 만검(萬劍)이 일제히 분발하며, 뱀들이
이 나라의 영토를 삼키려 하면 만노(萬弩)가 일제히 발해야 가슴속에
품은 희망(국권회복)을 실현할 수 있을 것이라고 강조하였다. 69)
　신채호는 '신국민'이 '실력'을 양성하여 '단체'를 조직하고 분발하여
일어나면 국권을 회복하여 강국을 건설하고 세계무대에 비약하여 문명
의 깃발을 올릴 수 있을 것이라고 국민들을 다음과 같이 격려하였다.

今此 한국은 삼천리 산하가 有하니 그 국토가 大하며, 2천만 민족이
有하니, 그 국민이 衆한지라, 연칙 국민동포가 단지 20세기 신국민
의 理想氣力을 奮興하여 국민적 국가의 기초를 공고하여 실력을 長
하며, 세계대세의 풍조를 善應하여 문명을 擴하면 가히 東亞일방에
屹立하여 강국의 基를 誇할지며, 가히 세계 무대에 躍登하여 문명의
旗를 揚할지니, 오호라 동포여. 어찌 奮勵치 아니하리오. 70)

신채호는 '신민회'의 충실한 대변인 구실을 했으나, "대한신민회 취
지서"는 신채호의 작품이 아니라 안창호의 작품으로 판단된다. 71)

---

68) "西湖問答," 《전집》, 별집, pp. 141~142.
69) "大韓의 希望," 《전집》, 하권, p. 70 참조.
70) "20세기 新國民," 《전집》, 별집, p. 229.
71) 그 증거로는 "대한신민회취지서"에 "本人은 國民의 一分子로서 해외에 漂迫한
　지 이에 多年 … 一會를 미국 加州 河邊省에서 발기하니…"(《전집》, 별집,
　p. 85) 하는 구절이 있는데 申采浩는 이 때 外國에 나간 일이 없을 뿐 아니라,
　미국 加州 河邊省은 안창호가 거주하던 미국 California 주 Riverside이다.

166

5. 역사민족주의와 애국계몽사학

1) 역사민족주의와 애국계몽사학

신채호는 국권회복을 위한 '애국심', '애국주의'를 배양하는 가장 좋은 방법과 부문을 '역사'라고 주장하였다. 이것은 마치 주시경이 국권회복을 위한 애국주의의 열쇠를 '국어·국문'이라고 본 점과 좋은 대비가 된다. 이 점에서 주시경의 애국계몽사상의 특징을 '어문민족주의'라고 한다면 신채호의 당시 애국계몽사상의 특징의 하나를 '역사민족주의'라고 부를 수 있으며, 그의 역사학을 '애국계몽사학'이라고 부를 수 있다. 72)

신채호는 그의 역사민족주의와 애국계몽사학의 이념에 입각하여 국사의 새로운 관점과 체계를 수립하였다. 이때 그의 사학의 목적과 내용은 처음부터 국권회복을 위한 민력(民力) 계발의 기초를 만들기 위한 것이었음을 주목할 필요가 있다.

신채호가 국권회복을 위하여 '애국', '애국심'을 얼마나 중요시했는지는 앞에서 본 바와 같다. 그는 바로 이 국민의 '애국심'을 배양하는 유일한 길이 '역사'라고 이를 다음과 같이 강조하였다.

오호라 若何하면 我 2천만의 耳에 항상 애국이란 一字가 鏗鏘하게 할까, 왈 惟역사로 以할지니라.
오호라 약하하면 아 2천만의 眼에 항상 國이란 一字가 배회하게 할까, 왈 惟역사로 以할지니라.
오호라 약하하면 아 2천만의 手가 항상 國을 위하여 拮据하게 할까, 왈 惟역사로 以할지니라.

---

72) 愼鏞廈, "周時經의 愛國啓蒙思想,"《韓國社會學研究》, 제1집(1977) 및 李基白 外,《우리 歷史를 어떻게 볼 것인가》(三省文化文庫, 1976), pp. 115~145 참조.

오호라 약하하면 아 2천만의 脚이 항상 國을 위하여 踴躍하게 할
까, 왈 惟역사로 以할지니라.

오호라 약하하면 아 2천만의 喉가 항상 國을 謳歌케 할까, 왈 惟
역사로 以할지니라.

오호라 약하하면 아 2천만의 腦가 항상 國을 위하여 沈思케 할까,
왈 惟역사로 以할지니라.

오호라 약하하면 아 2천만의 毛毛髮髮이 항상 國을 위하여 森立
케 할까, 왈 惟역사로 以할지니라.

오호라 약하하면 아 2천만의 血血淚淚가 항상 國을 위하여 熱滴
케 할까, 왈 惟역사로 以할지니라. 73)

신채호에 의하면, "역사는 애국심의 원천이다. 고로 사필(史筆)이
강해야 민족이 강하며 사필이 무(武)하여야 민족이 무(武)하는 배"74)
라고 하였다. 신채호에게 '역사'는 이처럼 애국심을 결정하는 중요한
것이므로 역사가 있으면 나라가 마음으로부터 흥하고 역사가 없으면
나라가 망하는 것이다.

신채호에 의하면, 나라가 허다하므로 역사도 허다하여 영국사·러
시아사 등이 있지만 그러나 외국사를 읽는 것은 지피지기(知彼知己)하
여 경쟁에 도움을 얻을 뿐으로서 애국심을 방조(傍助)할 수는 있으나
애국심을 '주동'하는 것은 불가능하다. 그러므로 신채호가 여기서 '역
사'라고 말하는 것은 '본국사'만을 가리키는 것이다. 또한 신채호에 의
하면 역사에도 여러 분야가 있어서 종교사·문학사 등이 있지만 이들
각 분야사는 지식을 발달시켜 국가에 공헌할 뿐으로서 애국심을 찬성
할 수는 있으나 애국심을 '잉조'(孕造)함은 불가능하다. 그러므로 신채
호가 여기 말하는 역사는 '본국 정치사'만을 가리키는 것이라고 하였
다. 75) 신채호는 그의 '역사민족주의'에 대한 신념을 다음과 같이 표현

73) "歷史와 愛國心의 關係," 《전집》, 하권, p. 72.
74) "許多古人之罪惡審判," 《전집》, 별집, p. 120.

하고 있다.

> 聖哉라 역사며, 偉哉라 역사여. 七重八重의 華嚴누각으로 一國山
> 河를 壯麗케 하는 자ㅣ 歷史가 아닌가. 千回萬回의 衆香天飯으로
> 일국 민족을 소생케 하는 자ㅣ 역사가 아닌가. 76)

신채호는 역사가 애국심을 배양하는 원리를 국민들에게 설명하기 위하여 가문의 가보(家譜)를 예로 들었다. 가문의 가보가 훌륭한 집안은 모멸을 받으면 분발하여 일어선다. 그러나 가보가 없는 천인은 모멸을 받으면 그 치욕이 대대로 다반사니 당연한 것으로 알고 지옥에서 한 걸음도 벗어나려는 사상이 나오지 않는다. 나라도 이와 같아서 역사가 잘 씌어져 있으면 애국심이 절로 배양되어 분발해서 지옥에서 벗어나게 하고, 역사가 없으면 나라는 망하는 것이다.

신채호에 의하면, 오늘날 국민의 애국심을 환기시키고자 하면 대연설이나 대논설보다 '역사'를 읽히는 것이 절대로 중요하다. 신채호에 의하면, ① 역사를 읽되 어릴 때부터 읽으며, ② 역사를 읽되 늙을 때까지 읽으며, ③ 역사를 읽히되 남자뿐 아니라 여자도 읽게 하며, ④ 역사를 읽게 하되 상층계급뿐만 아니라 하층계급도 읽게 해야 한다. 여자라고 역사를 읽히지 않으면 국민의 절반을 버리는 것이며, 하층계급이라고 역사를 읽히지 않으면 민중 출신의 애국자와 인재를 양성하지 못할 뿐 아니라 2천만 인의 최대다수를 차지하는 민중의 장부(丈夫)를 잃어 국민의 대부분을 잃는 것이다.

> 역사를 讀하되 幼時부터 독할지며, 역사를 讀하되 終老토록 독할지
> 며, 역사를 讀케 하되 남자뿐 아니라 여자도 독케 하며, 역사를 讀
> 케 하되 상등사회뿐 아니라 하등사회도 독케 할지어다. … 여자라고

---

75) "歷史와 愛國心의 關係,"《전집》, 하권, p. 73 참조.
76) 같은 글.

역사를 不讀케 하면 是는 胎內의 論介를 墮함이며, 襁褓中의 羅蘭
夫人을 夭케 함일 뿐더러, 抑又 이천만 인 중에 반수되는 여자를 압
살하여 국민됨을 不許함이요, 하등사회라고 역사를 不讀케 하면 是
는 乙巴素를 憔採에 老케 함이며 加里波地(가리발디)를 魚舟生涯
에 葬케 함일 뿐더러, 抑又 이천만 인 중에 최다수되는 丈夫를 冤埋
하여 국민됨을 不聽함이니, 연칙 我가 國을 愛코자 한들 誰와 공히
愛하리오. 77)

신채호는 영국의 '대'(大), 미국의 '부'(富), 독일의 '웅'(雄), 프랑스
의 '강'(强)이 화포철함(火砲鐵艦)·삼림광산·상업·공예·법률·경
제에서 나온 것이 아니라 단지 그 일편 '역사'에서 나온 것이니 사람마
다 '역사'를 읽으며 사람마다 나라를 사랑하면 어떤 나라가 그러한 나
라에 미칠 수 있겠느냐고 지적하였다. 그는 청국의 인구가 4억이 넘으
니 100분의 1의 애국자만 있어도 일본과 나란히 달릴 터인데 그 중에
서 역사를 능히 읽는 자는 겨우 몇몇 유생에 불과하니 4억이라 함이
허명이며, 인도의 인구가 2억에 이르니 그 중에 10분의 1만 애국자가
있어도 영국에 대항하련만 역사를 능히 읽는 자는 겨우 몇 개 승려에
불과하니 2억이라 함이 오직 그 수만 채운 것에 불과한 것이라고 하였
다. 그는 역사를 모르는 허명의 숫자만 채우는 민중으로는 국가를 유
지할 수 없는 것이라고 강조하였다. 78) 우리는 여기서 신채호의 '역사
민족주의'에 대한 신념이 얼마나 강도가 높은가를 알 수 있다.

그러나 모든 '역사'가 바로 '애국심'을 배양하는 것은 아니다. 주객을
서로 바꾸어 예컨대 '소중화'(小中華), '숭정기원'(崇禎紀元)이나 읊조
리는 "차등(此等) 역사의 감화(感化)를 수(受)하면 매국노·망국적만
산(産)할 뿐이며, 차등 역사의 감화를 수하면 부외벽(附外癖)·배외
열(拜外熱)만 치(熾)할 뿐"79)이다.

---

77) "歷史와 愛國心의 關係,"《전집》, 하권, p. 77.
78) 같은 책, pp. 77~78 참조.

민족주의로 전국의 頑夢을 喚醒하며, 국가관념으로 청년의 新腦를
陶鑄하여, 優存劣亡의 十字街頭에 幷鑣하여, 一縷尙存의 國脈을
보유코자 할진대 역사를 捨하고는 他術이 無하다 할지나, 차등 역사
를 역사라 할진댄 역사가 無함만 不如하다."80)

그러므로 신채호가 역사민족주의에서 지적한 '역사'는 "민족주의로
전국의 완몽을 불러 깨우며, 국가관념으로 청년의 신뇌(新腦)를 빚어
붓는" 역사를 의미하는 것이다. 따라서 그것은 처음부터 국권회복을
문제의식으로 한 '애국계몽사학'을 내용으로 하고 또 그렇게 주장하는
것이다. 그는 애국계몽사학의 내용을 다음과 같이 주장하였다.

연이나 연대나 記하며 인명·지명이나 列하면 此가 역사며, 文華나
粧하며 架談贅說이나 附하면 此가 역사인가. 대저 역사란 자는 必
也向에 云한바, 內를 尊하며 外를 岐하고 民賊을 誅하며 公仇를 戮
하는 등, 일정주의 일관정신을 伏하여 민족진화의 상태를 敍하며 國
家治亂의 인과를 推하여 懦者ㅣ 立하며, 頑者ㅣ 悟케 하여야 어시
호 역사라 可稱할지니, 噫라, 아국이 과연 此等 가치ㅣ 有한 역사가
有한가.81)

신채호는 여기서 세 가지 측면을 강조하고 있음을 알 수 있다.
첫째, '일정주의', '일관정신'을 관철하는 것으로서, 그에게 이것은
'민족주의'였다. 그는 이 측면에서 '내(內)를 존(尊)하여 외(外)를 기
(岐)하는 것, 즉 역사에서 '주'와 '객'을 엄격히 구분하여 자기 민족을
'주'로 한 역사를 강조하였다. 또한 그는 '민적'(民賊)과 '공구'(公仇)를
필주(筆誅)할 것을 주장하며 민중 중심의 역사를 주장하였다.
둘째, '민족진화'의 상태를 서술하며 국가치란의 인과를 추론하는 것

---

79) 같은 책, p. 79.
80) "讀史新論,"《전집》, 상권, p. 472.
81) "歷史와 愛國心의 關係,"《전집》, 하권, p. 78.

이었다. 그는 사회진화론에 영향을 받고 역사의 '진화사관'을 가지고
있었으며 민족사도 그 진화·진보해 가는 과정을 서술할 것을 주장하
였다. 또한 그는 단순한 서술에서 그치지 아니하고 국가치란의 '인과'
를 분석할 것을 강조하여 역사에 '인과분석'을 넣을 것을 주장함으로써
역사의 과학화(또는 사회과학화)를 강조하였다.

셋째, 나약한 자가 일어서고 완매한 자가 깨우치게 역사를 써야 한
다는 것이었다. 즉 민중을 계발하고 분발시키는 역사를 강조한 것이
다. 이것은 바로 '애국계몽사학'을 주장하고 있는 것이며, 신채호는 이
것을 때로는 '완전한 역사'[82]라고 표현하기도 하였다. 신채호의 애국
계몽사학의 문제의식은 물론 국권회복에 집중되어 있었다. 그의 모든
사필에서 그것을 볼 수 있거니와 《을지문덕전》에서는 이를 직접적으
로 표현하고 있다.

> 그런고로 나의 권리가 써러지기 전에는 칼과 피로써 그 권리를 보호
> 홀 ᄯᅳ름이오, 나의 권리가 이믜 써러지거든 칼과 피로써 그 권리를
> 차즈 올 ᄯᅳ름이며 또 셜혹 형극 속에 비참ᄒᆞᆫ 일을 당ᄒᆞ야 회계에 붓
> 그러옴을 잠시도 참지 못홀 경우를 당ᄒᆞ면 맛당히 날마다 셥혜서 자
> 고 째째로 쓸기를 맛보와 칼과 피로 전국 인민을 불너니ᄅ키는 것이
> 가ᄒᆞ거놀 뎌 비루ᄒᆞ고 용렬ᄒᆞᆫ 쟈들은 미양 널ᄋᆞ디 옹용ᄒᆞ고 셔셔히
> ᄒᆞ야 힝복을 구ᄒᆞ며 온유ᄒᆞ고 굴복ᄒᆞ야 긔회를 기드리라ᄒᆞᄂᆞ니 이는
> 나의 예긔를 스스로 멸ᄒᆞ고 량심을 스스로 속임이니 텬하의 싱령을
> 해롭게 홀 것이 이 말에서 지나는 것이 잇스리오.[83]

신채호에게 '역사'는 국권회복을 위한 가장 중요한 부문이었으며(역
사민족주의), 직접적으로 국권회복을 위하여 민중을 계발시키기 위한
역사(애국계몽사학)였다.

---

82) "歷史와 愛國心의 關係,"《전집》, 하권, p.79 참조.
83) 《을지문덕전》,《전집》, 별집, 부록, pp.14~15 및 "乙支文德,"《전집》, 중권,
    별책, pp.25~26.

172

2) 존화사관과 사대사상 비판

신채호는 새로운 국사상(國史像)을 정립하기에 앞서 기존의 사관과 사서들을 비판했다.[84] 그는 '존화사관'(尊華史觀), '숭배화하주의'(崇拜華夏主義),[85] '소중화사상',[86] '사대주의'[87]를 통렬하게 비판한 것이었다.

신채호에 의하면, 수백 년간 한국 사람들이 자기 나라 역사를 모르고 중국 역사만 알며, 또 혹시 자기 나라 역사를 알아도 주객을 거꾸로 하여 중국을 주인으로 한 자기 나라 역사를 알았다고 개탄하였다. 그에 의하면 김부식 등 유생들이 삼국역사를 쓸 때 비열한 정책을 찬미하고 강경(强勁)한 무기(武氣)를 꺾어버렸다. 예컨대 신라 문무왕이 당병(唐兵)을 격파하고 본국통일한 공을 '이소적대'(以小敵大)라고 폄하하고 수·당의 거구(巨寇)가 야심을 품고 고구려를 침범한 사실을 '중조동병'(中朝動兵)이라 높였으니, 이들은 배외벽(拜外僻)·사대사상에 젖어서 독립정신을 말살한 역사가의 죄인이라고 그는 지적하였다.[88]

신채호는 김부식이 발해를 국사에서 빼버린 것이 민족을 쇠약케 한 원인이라고 격렬한 논조로 이를 비판하였다.[89] 그는 최치원·김부식 같은 이들이 중국에 유학하여 중원 문헌에 취해서 본국 역사를 모두 소

---

84) 申一澈, "申采浩의 自强論的 國史像,"《韓國思想》, 제 10집(1972) ; 李萬烈, "丹齋 申采浩의 古代史認識考試,"《韓國史研究》, 제 15집(1977) ; 梶村秀樹, "申采浩의 朝鮮古代史像,"《古代東アシア史論集》(1978) 참조.
85) "舊書蒐集의 必要,"《전집》, 별집, p. 170.
86) "東洋伊太利," 같은 책, p. 184.
87) "國史의 逸事," 같은 책, p. 51.
88) "許多古人之罪惡審判,"《전집》, 별집, p. 120. 신채호는 崔致遠도 唐에 유학하여 登第하더니 자기가 생장한 조국을 잊어버리고 崇拜支那主義에 빠져 唐을 我國이라 하고 자기나라를 小國이라고 하여 大東人士를 昏倒케 한 문학가의 죄인이라고 하였다.
89) "讀史新論,"《전집》, 상권, pp. 510~511 참조.

각하고 독필(禿筆)을 쥐어 중국을 높이고 자기를 낮추는 역사를 분주히 쓸 때 그를 꺾어 누를 만한 사람이 없었던 것이 필경 존화사관이라는 정신적 노예세계를 만드는 계기가 되었다고 개탄하였다.[90]

이러한 역사를 만든 결과 한국인들은 당요(唐堯)·우순(虞舜)을 단군(檀君)·부루(扶婁)보다 더 신앙하며, 은탕(殷湯)·주무(周武)를 박혁거세·동명성왕보다 더 구가(謳歌)하며, 한무제·당태종은 천하의 큰 영웅으로 인정하되 광개토대왕·태종무열왕은 편방(偏邦)의 작은 야만의 호걸로 보며, 송태조·명태조는 만고의 성천자(聖天子)로 존중하되 온조왕·왕건태조는 일개 소아배(小兒輩)로 웃으며, 한신(韓信)·팽월(彭越)은 항간의 꼴 베는 아이의 노래에도 전하되 양만춘(梁萬春)·최춘명(崔春命)은 어느 나라 남아인지 도무지 모르게 되었으며, 6, 7세 어린애부터 노인에 이르기까지 타국 역사와 지리만 배워 익히고 자기 역사나 지리는 모르게 되었다고 개탄하였다.[91]

일부 썩은 선비들 가운데에는 존화사관이 극도에 달하여 주객을 거꾸로 두어서 예컨대 조국반노(祖國叛奴)로 이세민(李世民)에게 투항하여 고구려진을 공격하는 형상을 묘사함에 찬양의 글이 종이에 가득하고, 영양왕(嬰陽王)이 현상(賢相)을 임용하여 수나라에 대항해서 살수대전(薩水大戰)에서 대승리를 거두매 그 양양한 개가(凱歌)는 귀에 들어오지 않고 도리어 적국을 위하여 조소하며, 양만춘이 고성(孤城)을 사수하여 강한 당(唐)을 물리치고 수십만의 적군을 유린함에 그 공명은 눈에 들지 않고 적장을 위하여 변명하며, 대조영(大祚榮)이 망국을 회복하여 장백산 서쪽에 대방국(大邦國) 발해를 세우니 이를 코웃음쳐서 "그는 구려잔벽(句麗殘襞)이라 …" 하는 정도에까지 이르게 되었다. 신채호는 이러한 존화사관을 통렬하게 비판하면서 그 해독을 다음과 같이 개탄하였다.

---

90) "舊書蒐集의 必要,"《전집》, 별집, pp. 170~171 참조.
91) "國漢文의 輕重," 같은 책, pp. 76~77 참조.

자국과 타국의 한계도 불명하니, 역사가 如此하고 尙且 역사라 云하며 역사라 운할까. 此等 역사의 感化를 受하면 매국노·망국적만 産할 而已며, 此等 역사의 감화를 수하면 附外癖·拜外熱만 熾할 而已며, 此等 역사의 감화를 수하면 何處에서 華盛頓(워싱턴)·林肯(링컨)이 出하며, 此等 역사의 감화를 수하면 하처에서 瑪志尼(마치니)·加里波地(가리발디)가 생하리오. 고로 국가의 독립기초를 仆하고 劣魔지옥을 造하는 者는 아국 역사며 국민의 敵愾정신을 奪하고 文弱思想을 與하는 자는 아국 역사니, 역사를 讀하고자 한들 此等 역사만 有한데 奈何하리오.[92]

3) 일본역사서 비판

신채호는 한말 애국계몽운동기에 한국사에 대한 일본서적들이 한국사를 왜곡하는 사실을 또한 통렬하게 비판하였다. 예컨대 일본인의 한 논저가 ① 한반도는 항상 북방의 세력·서(西)로 중국의 세력·남으로 일본의 세력이 교충(交衝)하는 지점이어서 이 지점에 선 한인이 시종 좌우방어에 피곤하여 북이 강하면 북에 복속하며 서가 강하면 서에 복속하였으니 한무(漢武)·수양(隋煬)·거란(契丹)·몽골·신공황후(神功皇后)·풍신수길(豊臣秀吉) 등의 왕사(往事)가 그 증명이라 한 점과, ② 기자(箕子)에 의하여 풍속의관(風俗衣冠)을 중화에 모방했다고 쓴 점을 '무설'(誣說)이라고 다음과 같이 비판하였다.[93]

첫째, 한무의 사군(四郡)은 단지 기씨(箕氏)·위씨(衛氏)의 여얼(餘孽)을 구축(驅逐)한 것이며, 한인의 조선(祖先)되는 부여국인(扶餘國人)에게는 무관한 것인데 일본인들이 이를 끌어들여 한국이 기왕(旣往) 강자에게 복속한 사실을 만들었으니 이는 무설(誣說)이요,[94]

---

92) "歷史와 愛國心의 관계,"《전집》, 하권, p.79.

93) "東洋伊太利,"《전집》, 별집, pp.185~186 참조.

94) 이에 대한 자세한 설명은 "讀史新論,"《전집》, 상권, pp.481~494 참조.

둘째 수양·당태종·거란 등은 한국에 왔다가 쫓겨서 척축(斥逐)만 당했는데 이를 거꾸로 끌어들여서 한국이 일찍이 강자에게 복속한 사실을 지어냈으니 이는 무설이요, 셋째, 신공황후의 침강사(侵疆事)는 일본의 근세사가들이 자창자화(自唱自和)하여 지어낸 것이며, 인방(鄰邦) 중국사에도 보이지 않는 바이거늘 이를 끌어들여 한국이 일찍이 강자에게 복속한 사실을 지어냈으니 무설인 것이다.95)

신채호에 의하면, 일본은 고대에 한국을 침강하기는커녕 도리어 한국의 문화의 개화를 입은 나라였다. 일본의 신교(神教)는 신라의 선사(仙史)에서 습취한 것이며, 유교와 불교는 백제에서 수입한 것이며, 기타 공예미술도 한국에서 빌려간 것이다.96) 그는 신라 때 일본의 '임나부'(任那府) 설치 운운은 우리나라 역사에서 전혀 보이지 않는 것으로 믿을 것이 못된다고 단호하게 비판하였다.97)

그는 이어 일본 신공황후의 이른바 '임나부' 설치설에 대하여 세 가지 점을 들어 반박하였다.98)

① 일본여황 비미호(卑彌呼, 즉 일본역사의 신공황후)가 신라를 침범한 일은 우리나라에는 기록이 전혀 없을 뿐더러, 저들 일본사를 보더라도 '대어협주조일급국'(大魚挾舟潮溢及國) 등의 말이 역시 일종의 황당한 설에 불과하거늘 근래에 편사자(編史者)가 신공황후 내범(來犯) 일절을 급급하게 집어넣은 것이다.

② 더욱 가소로운 것은 미사흔(未斯欣)의 일본에 인질(人質)함은 즉 실성왕(實聖王)이 형제간에 숙감(宿憾)을 품어서 이를 이국에 쫓아낸 것이거늘, 지금에 이를 끌어들여 비미호의 내침과 신라의 굴복을 강증(強證)코자 하여 가로되 신공황후가 신라를 침범하매 신라왕이 그 아우 미사흔을 일본에 인질로 보냈었다고 무설(誣說)하였다.

95) "讀史新論,"《전집》, 상권, pp. 494~498 참조.
96) "韓·日合倂論者에게 告함,"《전집》, 별집, p. 205 참조.
97) "讀史新論," 앞의 책, pp. 474~475 참조.
98) 같은 책, p. 495 참조.

176

③ 고대에는 일본이 우리나라의 일촌토를 점거한 일이 없거늘 가로되 일본이 대가야를 멸하고 임나부를 설치하였다 하여 일본이 우리나라의 국토를 점거함을 역사상 상례와 같이 보도록 만들었다.

신채호에 의하면, 옛날에도 우리나라 학사(學士)가 일본에 건너가서 그 풍속 역사를 탐구한 자가 없지 않은데, 강수은(姜睡隱)의 10년 간양(看羊)에 모리휘원(毛利輝元)의 백제의 유종(遺種)됨만을 들었고, 신공여주(神功女主)가 신라 정복한 일은 듣지 못하였으며, 김동명(金東溟)의 8개월 승사(乘槎)에 신라 태종이 오사카(大阪) 정복함만 기록하였고 저들의 신공여주 운운의 일사(一事)는 당초에 있지 아니하였다.[99]

신채호는 이른바 신공황후의 '임나부' 운운은 근세에 일본 사가들이 날조해낸 것이라고 명백히 지적하였다. 그럼에도 불구하고 일본 사가들이 임나부설을 주장하여 교과서에 넣어 학교 강의에서 가르침은 그 사실 유무는 어쨌든지 한국을 자가(自家) 소유물같이 꾸며서 일반 국민의 외경사상(外競思想)을 고취하고 국민의 정신을 진작하기 위한 한 방도로서 하는 것이라고 이를 예리하게 간파하여 다음과 같이 지적하였다.

> 況 彼 일본인은 일체 그 史冊 중에 此等語(즉 고려가 원래 일본속국이라 한 類)를 揭하여 相傳相誦할새, 학교 강의에 童子가 雀躍하며, 閒居讀書에 丈夫가 氣湧하여, 從古로 한국을 自家 소유물같이 일반 국민의 外競思想을 고취하니, 그 사실의 유무야 여하하든지, 국민의 정신을 진작함은 此도 혹 一途가 될는지, 雖然이나 역사의 날조함이 어찌 此에 至하뇨. 彼는 日誣하고 我는 日愚하니, 此等도 亦 細事로 看함이 不可하도다.[100]

---

99) 같은 책, p. 496 참조.
100) "讀史新論," 앞의 책, p. 497.

신채호는 한국사의 고대가 일본인의 무설과는 반대로 매우 강대하고 웅건했음을 역사적 사실에서 발견하고 새 역사를 쓸 필요를 절감한 것으로 보인다.

4) 국사교과서 비판

신채호는 또한 한국인이 지은 '교과서', 특히 '역사교과서'를 통렬하게 비판하였다. 그에 의하면 과거에는 수백 년간 《동몽선습》(童蒙先習)과 같은 '악(惡)교과서' 중의 비열한 구어(句語)[101]가 국민의 사기를 타락케 하여 한국이 오늘날 국권을 잃는 지경에 떨어졌는데 아직도 '악교과서'가, 특히 '역사교과서'에 악교과서가 있으니, 참으로 개탄할 일이라고 하였다.

신채호에 의하면 어떤 '역사교과서'는 심지어 신공황후의 '임나부'설을 넣은 역사서까지 있다. 우리나라의 중세에 역사가가 중국을 숭배할 때 중국인이 자존자오(自尊自傲)의 특성으로 '자존폄외'(自尊貶外)한 사적을 맹목적으로 우리나라 역사 안에 넣어 비열한 역사를 편성했기 때문에 민기(民氣)를 떨어지게 하여 수백 년간 국치(國恥)를 빚더니, 이제 최근의 역사가의 일부는 일본을 숭배하는 노성(奴性)이 있어서 일본 사가의 날조한 무설(誣說)을 우리나라 역사에 편입하여 스스로 기만하고 있다고 일부 '역사교과서'를 신랄하게 비판하였다.

> 噫라, 그 妄說(任那府說 — 필자)의 대략이 如右하고, 그외 細細錯誤는 枚擧키 難하도다. 혹자, 此等 語를 교과서에 편입하니, 그 청년의 뇌를 迷亂함이 曷極이 有하리오. 我國의 中世頃에 역사가가

---

101) 신채호는 그 전형적 예로서 《동몽선습》 중의 "於戲라 我國이 雖僻在海隅하야 壤地褊小하나 禮樂法度와 衣冠文物을 悉遵華制하야 華人이 稱之曰 小中華라 하니 玆豈非箕子之遺化耶리오, 嗟爾小子는 宜其觀感而興起哉인저"를 들고 있다. "東洋伊太利," 《전집》, 별집, p. 185 참조.

178

支那를 숭배할새, 지나인이 自尊自傲의 특성으로 自尊貶外한 史蹟
을 我史에 盲收하여, 일반 비열역사를 편성한 고로, 民氣를 추락케
하여 기백년 國恥를 釀하더니, 근일 역사가는 일본을 숭배하는 奴性
이 又長하여, 我 신성역사를 誣蔑하니, 오호 此國이 장차 何地에
脫駕할는지, 제공 제공이여, 역사를 編하는 제공이여, 제공이 此를
聞하면 必曰 日人이 雖妄이나 어찌 史記야 날조하리오. 此 必實事
가 有한 것인즉, 불가불 我史에 수입하리라 하여 彼를 妄信하며 我
를 自欺함이로다. 102)

신채호는 이따위 '악교과서'가 일본 사가들이 쓴 바를 맹신하면 저들
의 필단(筆端)이 더욱더 괴상해져서 단군이 소전오존(素戔嗚尊)의 제
(弟)라 하고, 고려는 원래 일본의 속국이라 하여 우리나라 4천년사를
일본사의 부속품으로 만들 우려가 있으니 각성하라고 경고하였다. 103)
신채호는 현재의 각 학교 '역사교과서'를 보면 '有價値'한 역사는 태
무해서 자기 민족의 기원과 계보도 밝히지 못한 결과 국사가 곧 남만
북적(南蠻北狄)의 수라장이며 사천 년의 산업이 곧 조량모초(朝梁暮
楚)의 경매물처럼 기록되어 선민(先民)을 무기(誣記)한 것이 대부분
이라고 다음과 같이 통렬하게 비판하였다.

余가 현금 각 학교 교과용의 역사를 관하건대, 有價値한 역사가 태
무하도다. 제 1장을 閱하면, 아민족이 지나족의 일부분인 듯하며,
제 2장을 열하면, 아민족이 鮮卑族의 일부분인 듯하며, 末乃 全篇를
閱盡하면, 有時乎 靺鞨族의 일부분인 듯하다가, 유시호 蒙古族의
일부분인 듯하며, 유시호 女眞族의 일부분인 듯하다가, 유시호 日本
族의 일부분인 듯하니, 오호라, 과연 如此할진댄 我幾萬方里의 토
지가 是 南蠻北狄의 수라장이며, 我 四千餘載의 산업이 是 朝梁暮
楚의 경매물이라 할지니, 其然가.

102) "讀史新論,"《전집》, 상권, pp. 495~496 참조.
103) 같은 책, p. 496 참조.

豈 其然乎리오. 즉 고대의 불완전한 역사라도 此를 詳究하면 東國主族 단군후예의 발달한 실적이 昭昭하거늘, 何故로 我 先民을 誣함이 此에 至하뇨. 104)

신채호는 이에 새로운 '역사교과서', '양(良)교과서'를 써야 할 긴급한 필요성을 절감한 것으로 보인다. 그는 '양교과서'가 없으면 나라가 망하게 된다고 하면서 다음과 같이 지적하였다.

國史에 발분하는 자여, 長槍大砲는 猶可無며 전선 철도도 猶可無어니와 良敎科書는 不可無니, 양교과서의 無하는 其日이 國亡하는 日이니라. 何故로 양교과서가 無하면 국망하는 日이라 하느뇨. 국민적 교육이 退하고, 노예적 교육이 흥하는 故니라. 105)

5) 신역사와 근대민족주의 사학의 창립

역사를 국권회복을 위한 애국심 배양의 유일한 방도라고 생각하는 신채호의 역사민족주의와 애국계몽사학의 관점에서 보면, 과거의 역사서들이 존화사관과 사대사상으로 가득 차 있고, 일본사학이 무설을 지어 도전해오며, '역사교과서'라고 하는 것도 존화사관을 청산하지 못했을 뿐 아니라 일본사학의 무설을 받아들여서 자기 민족의 기원과 발달과정을 전혀 밝히지 못하는 것은 바로 국권회복을 할 실력을 기를수 있는가 없는가 하는 나라의 흥망에 직결된 문제였다.

신채호의 역사민족주의와 애국계몽사학의 관점에서는 이러한 역사서들을 단호히 추방시켜 버리고 국권회복을 위하여 애국심이 저절로 우러나와서 용솟음치며 한국 민족의 기원과 진화과정을 당당하게 밝히는 '신역사'(新歷史)를 쓰는 것이 국권회복과 민족의 백년대계를 위하

---

104) "讀史新論," 앞의 책, pp. 471~472.
105) "東洋伊太利,"《전집》, 별집, p. 187.

여 가장 긴급하고 중요한 과제로 인식되었다. 신채호는 스스로 이 과
제를 수행하는 것을 자기의 사명으로 삼았다. 그는 '신안공'(新眼孔)으
로 '신역사'를 쓰려고 하였다. 이렇게 해서 그 화급한 요청에 응하여 서
둘러 씌어진 첫 작품이 "독사신론"(讀史新論)인 것이다.

　항간에서는 신채호가 그 후에 《조선상고사》, 《조선상고문화사》 등
보다 정밀한 대작을 썼기 때문에 그 내용의 분석에 치중하여 "독사신
론"의 중요성을 충분히 인식하지 못하고 있는 느낌이 있다.

　"독사신론"은 《대한매일신보》에 1908년 8월 27일부터 12월 31일까
지 연재된 것으로 애국계몽운동기에 사학계뿐만 아니라 전 문화계에
표현하기 어려울 만큼 큰 '충격'을 준 저작이었다. 이 저작의 착상과
내용은 그 이전의 역사서와 당시 역사교과서 등과 대비해보면 가히
'혁명적'인 것이었다. 그 내용과 관점이 당시 일반적으로 통용되던 관
점과는 너무나 다른 것이어서 신채호가 1910년 4월 국외로 망명한 후
최남선이 이를 《소년》 잡지에 전재하면서 "국사사론"(國史私論)이라고
이름 붙여 '사론'임을 강조할 정도로 그것은 당시의 통념적 국사관에서
볼 때 '이단적'이고 또 '혁명적'인 것이었음을 주목할 필요가 있다. 또
한 "독사신론"은 종래의 구사(舊史)와는 전혀 다른 최초의 '신역사'였
다. 단순화시켜서 표현하면 우리나라의 시민적 근대민족주의 사학의
체계화는 "독사신론"에서부터 시작된다고 말할 수 있다.[106]

　한편 《조선상고사》는 1924년경에 집필되어 《조선일보》에 1931년 6
월 10일부터 10월 14일까지 103회에 걸쳐 연재된 것이고, 《조선상고
문화사》는 1924년 이전에 집필되어 1931년 10월 15일부터 12월 3일까
지 그 일부가, 그리고 나머지는 1932년 5월 27일부터 5월 31일까지
40회에 걸쳐 연재 발표되었다. 이것은 "독사신론"이 발표되고 나서 약
23년 후의 일임을 주목할 필요가 있다. 《조선상고사》와 《조선상고문
화사》는 그 내용이 물론 "독사신론"에 비하여 정치(精緻)하고 학술적

---

106) 李基白 外, 《우리 역사를 어떻게 볼 것인가》, pp. 121~122 참조.

이다. 그러나 그 시대는 이미 1924~1931년경의 시기였음을 동시에
기억하여야 할 것이다.

우리는 '사서'(史書)에 대해서까지도 역사주의적 고찰을 할 필요가
있다고 본다. "독사신론"이 1908년경에 학계와 국권회복운동에 미친
영향 및 공헌과 《조선상고사》와 《조선상고문화사》가 1931년의 학계와
독립운동에 미친 영향과 공헌을 각각 그 시대의 역사적 학문적 발전의
조건과 관련하여 고찰할 필요가 있다고 보는 것이다. 이러한 관점에서
볼 때 "독사신론"이야말로 근대사학을 창립한 저작이라고 볼 수 있다.
그것이 시민적 민족주의 사학이었음에 틀림없으나, 모든 나라에서 근
대사학이 시민적 민족주의 사학으로 창립되었음을 고려하면, 그의 "독
사신론"이 우리나라 근대민족주의 사학의 창립의 저작이라고 보는 견
해가 이해될 수 있으리라고 본다.

물론 "독사신론"의 역사적 중요성을 역사주의적 입장에서 강조하는
견해가 그 후의 《조선상고사》와 《조선상고문화사》의 중요성을 경시하
는 것은 아니다. 그 역사적 사회적 역할이 다름을 강조하여 지적하는
것뿐이다. 뿐만 아니라 《조선상고사》와 《조선상고문화사》의 기본 뼈
대는 이미 "독사신론"에서 만들어졌음을 주목할 필요가 있다.

필자의 생각으로는 우리나라 근대민족주의 사학을 창립한 "독사신
론"에 대한 고찰은 그 내용의 '과학적' 고찰과 사상사적 고찰의 양면적
접근을 병행해야 한다고 본다. 왜냐하면 "독사신론" 자체가 극히 사상
적 사서이기 때문이다. 신채호 자신이 이 점을 강조하였다. 그는 "독
사신론"의 '서론'에서 "민족주의로 전국의 완몽(頑夢)을 환성(喚醒)하
며, 국가관념으로 청년의 신뇌(新腦)를 도주(陶鑄)하여, 우존열망(優
存劣亡)의 십자가두(十字街頭)에 병려(幷鑢)하여, 일전상존(一綫尙
存)의 국맥을 보유코자"[107] 이 신역사서를 쓴다는 의미의 글을 썼다.
또한 그는 "독사신론"이 중요한 문제만 논급했지만 '일관된 정신'을 관

---

107) "讀史新論,"《전집》, 상권, p. 472.

철하고 있다고 하여 그 사상적 성격을 스스로 밝혔다.

　　그 所論의 범위가 아 민족발달의 상태에 不外하여, 민족의 大禍福
　　을 釀한 사실이 아니면 不擧하며, 민족의 大利害를 與한 인물이 아
　　니면 不論하니, 일정한 條理는 무하나 일관한 정신은 有하니. [108]

　신채호가 "독사신론"에 넣은 사상은 한마디로 말하면 신채호의 민족
주의이며 필자가 이 글에서 밝히는 신채호의 '애국계몽사상'의 전부이
다. 그러나 "독사신론"의 내용과 사상은 더욱 구체적으로 그 특징이 밝
혀져야 할 필요가 있다. 이 문제는 논문이 너무 길어져 여기서는 생략
하고 별고로 발표하기로 한다. [109]

6. 국수보전론과 고유문화

1) 국수보전론(國粹保全論)과 고유문화

　신채호의 애국계몽사상 가운데 특징적인 것의 하나로 그의 국수보
전론(國粹保全論)을 들 수 있다. 신채호에 의하면, '국수'란 "즉 그 국
에 역사적으로 전래하는 풍속 · 습관 · 법률 · 제도 등의 정신"[110]을 말
한다. 또 다른 곳에서 신채호는 국수를 '국가의 미(美)'라고 하면서 '국
수'의 개념을 한 나라의 "풍속 · 언어 · 습관 · 역사 · 종교 · 정치 · 풍
토 · 기후 기타 모든 것의 특유한 미점"의 뽑음이라고 규정하고, 그 '애
국'과의 관련의 중요성을 강조하였다.

---

108) 같은 책, p. 473.
109) "신채호의 讀史新論의 비교분석—1908년경 시민적 근대민족주의 사학의 성
　　립,"《단재 신채호선생 탄신 100주년 기념논집》참조(이 책 제4장 수록).
110) "國粹保全說,"《전집》, 별집, p. 116.

국가에도 국가의 美가 있나니, 자국의 풍속이며, 언어며, 습관이며, 역사며, 종교며, 정치며, 풍토며, 기후며, 外他 온갖 것에 그 특유한 美點을 뽑아, 이름한 바 國粹가 곧 국가의 미니, 이 미를 모르고 애국한다 하면 빈 애국이라.111)

신채호에 의하면, 저 완고가(頑固家)·수구귀(守舊鬼)들이 석양에 담뱃대를 물고 사색당쟁이나 논하며 대낮에 먼지 쓴 관(冠)을 쓰고 앉아서 교만한 소리를 농하는 추한 작태를 보면 지사의 피가 끓어올라 당장 도끼로 모든 것을 파괴하고 싶은 것이 당연할 것이다. 그러나 파괴하라 하는 것은 미추(美醜)를 구분하지 않고 모두 파괴하라는 것이 아니라 추한 것을 파괴하고 미한 것을 보전하라는 것이다. 무릇 조상의 전래하는 풍속·습관·법률·제도 등에는 그 국가의 발달에 방해가 되지 않는 것이 있으니 이들은 보전하는 것이 마땅할 뿐더러 특히 그 '미'한 것에 이르러서는 이를 잘 보전하여야 한다. 신채호에 의하면 이러한 풍습·습관·법률·제도는 선성(先聖)·석현(昔賢)·거유(巨儒)·철사(哲士)·조종(祖宗)·선민(先民)의 심혈과 제반업력(諸般業力)이 배어 있는 것이므로 추한 것이 있어서 이를 파괴하지 않을 수 없는 경우에도 손으로는 쾌도(快刀)를 들어 이를 파괴하되 눈에는 슬픈 눈물을 흘리며 주저하여 차마 하지 못하는 마음을 가져야 참사람의 마음일 뿐더러 국가 장래에 위험이 없는 것이지, 만일 잘못 생각하여 역사적 습관의 선악을 분별하지 않고 모두 파괴하여 버리면 국민정신을 유지하고 애국심을 환기할 '기초', '근거'를 파괴하여 버리게 되는 것이다. 그러므로 불가불 외국문명을 수입할지나 이것에만 의존하다가는 벌레새끼의 교육을 하는 꼴이 되는 것이니 '국수'의 보전이 매우 중요하다고 그는 다음과 같이 강조하였다.

夫 此 풍속·습관·법률·제도는 先聖 昔賢의 심혈의 凝聚한 바며,

---

111) "新敎育(情育)과 愛國,"《전집》, 하권, pp. 133～134.

184

巨儒 哲士의 誠力의 結晶한 바며, 기타 일체 祖宗 先民의 起居動
作·視聽언어·시정행사 등 제반 業力의 薰染한 바니, 그 중에 惡
자·醜자가 有하여 부득이 파괴수단을 下할지라도 手로는 쾌도를 施
하되, 眼에는 凄淚를 揮하여 躕躇不忍之心을 抱하여야 方是 仁人
君子의 用心일 뿐더러 抑亦 국가 전도에 危怖가 無할지니, 苟或 '破
壞'이자를 오해하여 역사적 습관의 선악을 불분하고 一併掃却하면
장래 何에 기초하여 국민의 정신을 유지하여 何에 근거하여 국민의
애국심을 환기하리오. 외국문명을 불가불 수입할지나 단지 此만 의
지하다가는 蟪蛉 교육을 成할지며, 시국풍조를 불가불 酬應할지나
단지 此만 趨向하다가는 마귀 시험에 陷할지니, 重哉라 國粹의 保
全이며, 急哉라 국수의 보전이여. 112)

결국 신채호가 강조하는 '국수'의 보전은 현대어로 번역하면 '민족문
화의 정수'의 보전을 의미하는 것이라고 해석할 수 있다.

신채호는 한인이 고대인과 고대사에 대하여 애련(愛戀)이 없음을
단처라고 지적하면서 고대의 인물로부터 "그 단(短)을 기(棄)하고 그
장(長)을 취하여 청년으로 하여금 선민을 숭배케 하고 인민으로 하여
금 국성(國性)을 발휘케"113) 해야 한다고 강조하였다.

신채호에 의하면, 외국문명을 수입해야 하지만, 이것을 수입함에
'조국사상'을 몰각하여 모두 외국의 문물과 인물을 숭배하면 모르는 사
이에 '부외노'(附外奴)를 만들게 되므로 일반 문명국에서는 반드시 '국
수'를 고취하며 '국성'을 발휘하도록 하는 것이다. 그런데 최근 서울의
일부에서는 자기 선배의 언론과 구서적의 사적은 정공(精功)하고 광대
한 사실이라도 이를 낡은 것이라고 비하하고 서양의 최근의 현철의 말
은 그 정조(精粗)를 묻지 않고 칭송하니 이 역시 노성(奴性)의 뻗친
바라고 비판하였다.

신채호는 한편으로 '숭배화하주의'(崇拜華夏主義), '존화주의'를 격

---

112) "國粹保全說,"《전집》, 별집, pp. 116~117.
113) "國粹保全說,"《전집》, 별집, pp. 117~118.

렬히 비판하면서, 다른 한편으로 '국수'를 잃어버린 서양문명 추종주의
도 통렬하게 비판하였다. 114) 신채호는 당시 한국사회의 외국사회 모방
풍조에 대하여 이를 '동등적' 사상의 모방과 '동화적' 사상의 모방으로
구분하고 전자는 가하나 후자는 불가하다고 설명하였다. 신채호는 '동
등적' 사상의 모방에 대하여 다음과 같이 말하였다.

> 여하하면 동등적 사상의 모방이라 할까. 왈 我가 동등코자 하여 모방
> 함이니 고로 외국사회가 문명에 進하면 我도 문명에 진하며, 외국사
> 회가 자유를 애하면 我도 자유를 애하며, 외국사회가 학술을 발휘하
> 면 아도 학술을 발휘하며, 외국사회가 무력을 분흥하면 아도 무력을
> 분흥하는 등 모방이 是니라. 115)

한편 그는 '동화적' 사상의 모방에 대하여 다음과 같이 설명하였다.

> 또 여하하면 동화적 사상의 모방이라 할까. 왈 我가 同化코자 하여
> 모방함이니, 我의 정신은 都無하고 彼를 복종키만 樂하며, 我의 이
> 해는 불허하고 彼를 모범키만 務하여 我가 彼되기를 僕僕자원하다
> 가 필경 我의 身이 彼의 身으로 化하며, 我의 국이 彼의 국으로 화
> 하며, 我의 族이 彼의 족으로 화하여 그 국가와 그 종족이 消融乃已
> 하는 모방이니라. 116)

신채호는 당시 한국사회 내에서 주로 친일분자들이 '동화적' 사상의
모방을 하는 유형을 ① 정신적 동화, ② 언어문자상 동화, ③ 두발피
복상 동화로 구분하여 비판하면서 다음과 같이 경고하였다.

> 悲夫라. 한국사회에 외국을 모방함에는 長을 取하여 短을 補하며 害

---

114) "舊書蒐集의 必要,"《전집》, 별집, pp. 169~170 참조.
115) "同化의 悲觀," 같은 책, p. 150.
116) 같은 글.

를 鑑하여 利를 圖함이 그 法門이니, 고로 외국의 문물이 혹 세계에
보통 되는 자로 아국 고유의 문물보다 우승 혹 동등되는 자(즉 양
복·단발·洋鞋 등)나 불연하면 보통은 되지 못하는 자라도 특별히
우승한 자를 모방할지요, 若 보통은 되나 유해하거나 또는 보통도 되
지 못하고 우승치도 못한 자(즉 日服·淸服 등)는 모방치 아니할지
라. 어찌 외국의 문물이라 하면 玉도 拾하며 瓦도 拾하여 일종 노예
적 습관을 양성하리오.

오호라, 한국 동포여. 自今이라도 동화적 모방은 探湯같이 拂去
하고 동등적 모방으로 進할지어다. 117)

신채호는 학생이 교육을 받음은 지식을 증장(增長)코자 함과 동시
에 '국수'를 발휘코자 하는 것이라고 주장하였다. 118) 그는 또한 만주로
의 이민들에게도 삼대 권계(勸戒)의 하나로 ① 사상의 고상, ② 정치
능력의 양성과 함께, ③ '국수의 보전'을 특별히 강조하여 권고하였
다. 119) 신채호는 민중들에게 "애국하는 자는 반드시 국수를 중히 알
며, 국수를 중히 아는 국민은 반드시 그 나라를 사랑하느니라"120) 고
강조하였다. 신채호의 독특한 국수보전론은 그의 역사민족주의에 뿌
리를 두어 발전된 사상이라고 이해된다.

2) 구서수집간행론(舊書蒐集刊行論)

신채호는 민족문화의 보존 및 발전과 관련하여 '구서의 수집과 간행'
을 강조하였다. 이것은 신채호의 애국계몽사상 중의 독특한 부문을 이
루고 있다. 신채호에 의하면, "서적자(書籍者)는 일국 인심·풍속·정
치·실업·문화·무력을 산출하는 생식기며, 역대 성현·영웅·고

---

117) "同化의 悲觀," 《전집》, 별집, pp. 151~152.
118) "學生界의 特色," 《전집》, 하권, p. 118 참조.
119) "滿洲問題에 就하여 再論함," 《전집》, 별집, p. 243 참조.
120) "新敎育(情育)과 愛國," 《전집》, 하권, p. 134.

인·지사·충신·의협을 모전(模傳) 한 사진첩"[121] 으로서 나라의 부강
을 좌우하는 중요한 것이다. 또한 '구서', 즉 "자국의 서적은 시내(是
乃) 기천재(幾千載) 이래에 국민 선조·선배의 사상심혈의 결집한 자
라, 국민의 정신도 차(此)에서 관(觀) 할지며 국민의 성질도 차에서 험
(驗) 할지며, 기타 산천·인물·풍속·정치 등의 수찰연혁(搜察沿革)
도 막비(莫非) 차에서 적(籍) 할지니 어찌 중시치 아니리오"[122] 라고
'구서'의 중요성을 강조하였다.

신채호는 우리나라에 가전(可傳) 할 만한 서적이 약간 있으나 풍부
하지 못한 이유로서 다음의 다섯 가지를 들었다. [123]

① 수백 년간 학계에 전제 마적(魔賊) 이 배출하여 조금이라도 저들
누유(陋儒)의 범위에 벗어나는 것이 있으면 이를 '이단사설'(異端邪
說), '사문난적'(斯文亂賊) 이라 해서 그 자손을 금고(禁錮) 하는 고로
철인·학사가 비록 독특한 진리를 갖고 있더라도 세상에 공포하지 못
하고 깊이 감추어 두었다가 좀벌레에게 먹혀버리게 된 점.

② 가족주의가 국민의 심리를 지배하여 만일 자기 집안의 직계조상
이 아니면 국민의 고통을 구제한 최도통(崔都統)의 열성도 묻지 않고
외적의 기염을 꺾어버린 이충무공의 웅략(雄略)도 고려하지 않고, 오
직 자기 7대조·8대조의 보잘 것 없는 시문(詩文)만 수집하니, 혹시
자손이 없거나 있어도 빈한하거나 무식하면 비록 생전에는 만고영명
(萬古英名)이 빛났을지라도 사후에는 구원추초(九原秋草)만 황량하니
그 가언(嘉言)과 유집(遺集)이 있어도 이를 간행하지 못한 점.

③ 조선왕조 시대에 지나숭배주의가 전국을 풍미하여 역사서도 중국
사서요 지리서도 중국 지리서요 시집도 중국 시집이요 소설도 중국 소
설만 읽으니, 비록 본국에 '양서적'이 있더라도 어느 겨를에 이를 찾아

---

121) "舊書刊行論," 같은 책, p. 99.
122) "舊書蒐集의 必要,"《전집》, 별집, p. 171.
123) "舊書刊行論," 같은 책, pp. 100~112 참조.

읽을 여유가 없었다는 점.

④ 수백 년 이래로 국내 학자의 쟁탈하는 바가 문묘(文廟)의 한구석에 자리를 차지하는 것이 된지라, 총명한 남자가 자라면 자연히 가정과 사회풍습에 물이 들어 눈앞에 가장 크게 바라는 바가 이것뿐인데, 이를 얻는 길은 다른 데 있는 것이 아니라 고거(考據)를 잘하며 모방을 잘하여 정자(程子)가 운운하면 나도 운운하며, 주자(朱子)가 운운하면 나도 운운하며, 퇴계(退溪)가 운운하면 나도 운운하며, 율곡(栗谷)이 운운하면 나도 운운하며, 입은 내 입이건만 오직 고인의 언어만 이를 말하며, 뇌는 내 뇌이건만 오직 고인의 생각만 이를 생각하여, 마침내 나의 언어·행동·모발·부육(膚肉)이 고인의 영자(影子)와 방불하면 사람이 가리켜 말하되 선생이라 하며, 후세가 받들어 말하되 유찬(儒贊)이라 하여 제일등 노예자격을 얻으면 제일등 대우를 얻으니, 비록 고대 또는 당시에 신설(新說)의 서적이 있더라도 누구도 이를 찾아 묻지 않는 점.

⑤ 한국에는 판권전매법(版權專賣法)이 없어서 서적상이 출판의 이(利)를 알지 못하기 때문에 혹 간행할 만한 기서(奇書)가 있어도 그 전포(傳布)되는 길은 오직 한사(寒士)의 수중에 달린지라, 저들 한사는 가빈(家貧)하여 서적의 구람(購覽)은 생각지 못하고 이를 초사(抄寫)하여 집안에 장서해 두지만 그 자손이 빈한을 이기지 못하여 이 책자들을 부유한 공후가(公侯家)에 팔아버리니 일대(一代) 양서적이 공후가에만 많게 되었으나, 공후가는 귀인이므로 고기에 배가 터지고 권리에 눈이 붉어져서 부귀 두 자를 연구함에 여가가 없는데 어느 여가에 만권 서적을 열람할 겨를이 없고, 그 서적들을 구치(購置)한 뜻은 세족가(世族家)의 외관을 장엄케 보이고자 한 것에 불과한 것이므로 몇 년을 지나지 않아서 좀벌레 먹는 것이 반이고 썩은 것이 반이고 낙탈된 것이 반이 되어 귀중한 서적이 없어진 점 등이다.

신채호는 《박연암선생집》, 《여유당(與猶堂) 전집》, 《동사강목》(東史綱目), 《연려실기술》(燃黎室記述), 《조야집요》(朝野輯要) 등 위대한 구서들이 모두 간행되지 못한 것을 개탄하였다. 또한 그는《택리지》(擇里志)를 소개하고, 삼국시대 이래 배외명장(排外名將)의 사적을 상세하게 기록한《이십사걸전》(二十四傑傳)과 고대·삼국시대·통일신라시대·고려시대·조선시대의 지도와 13도 각군열읍의 산수를 상세하게 그린《산수명화》(山水名畵) 2권이 있음을 소개하면서, 이외에도 보배와 같은 서적으로 없어지는 것들이 장차 얼마나 될지 알지 못한다고 개탄하였다. 또한 이미 간행된 책 중에서도《동국통감》(東國通鑑),《반계수록》(磻溪隨錄) 등은 그 수가 새벽별같이 드물어서 얼마 되지 않아 절종될 것이라고 한탄하였다.124)

신채호는 또한《동국통감》,《징비록》(懲毖錄),《이상국집》(李相國集) 등을 일본에서 사기는 매우 쉬우나 서울의 서점에서 보기는 매우 어려움을 개탄하였다.125) 그는 당시 일본인들이 한국 역사 및 선철유집(先哲遺集)들을 모두 사들여가니 몇 년을 못 가서 한국 문헌은 모두 일본인의 장중(掌中)에 들어갈 것이라고 한탄하면서, 한국의 서적출판업이 중국이나 서양과 같이 발달되어 이러한 책들이 곳곳에 간포(刊布)된 후에 외국인이 사가는 것은 기쁜 일이거니와 아직 간행되지 않고 전포(傳布)되지 않은 서적이 모두 외국에 건너가서 그들에게 말살당하면, 우리나라의 영웅열협(英雄烈俠)의 성광(聲光)이 모두 없어지고 철유학사(哲儒學士)의 학설이 모두 없어질 것이니, 후세의 한국인은 장차 무엇에 근거하여 조국의 역사를 바로 쓰며 독립·자존심을 기를 것인가 하고 개탄하였다.126) 신채호는 세계문명의 3대 원인 중에 인쇄업의 발달이 그 하나인데, 한국은 동판활자의 인쇄술을 세계에서 제일 먼저 발명한 나라로서 문헌의 부족함이 이와 같은 것은 이 역시 국민의 책임이라고 강조하였다.127)

124) "舊書刊行論,"《전집》, 하권, pp. 102~103참조.
125) "舊書蒐集의 必要,"《전집》, 별집, p. 171 참조.
126) "舊書刊行論," 앞의 책, p. 103 참조.
127) "舊書蒐集의 必要," 앞의 책, p. 171 참조.

신채호는 하루속히 귀중한 구서를 수집하여 간행할 것을 촉구하면서 "금일에 구서를 보전하여 후인에게 유증(留贈)하는 자는 즉 시(是) 일대의 명성이며 만세의 목탁"[128]이라고 하고, "차일(此日) 차등(此等)에 구서를 수집하여 그 번욕(煩褥)을 거(據)하며 그 정영(精英)을 철(掇)하여 차(此)를 간출(刊出)하며 차를 유포하여 후진의 요구에 응하면 차역(此亦) 조국정신을 환기하는 일법문(一法門)이 될지오"[129]라고 그 긴급한 중요성을 강조하였다. [130]

7. 신구국교육론

1) 애국주의 교육

신채호는 한국의 자유와 국권을 회복하며 문명을 열 법문은 바로 '교육'이라고 강조하면서, 그러나 국가에 이익이 없거나 혹 해가 있는 교육, 즉 '무정신교육', '구식교육', '마교육'(魔敎育)은 결코 20세기 신국민의 교육이 아니요 반드시 '국가정신', '민족주의', '문명주의' 교육이어야 신국민을 만든다고 하였다. [131] 이 중에서 신채호가 가장 역점을 두어 강조한 것이 '애국주의' 교육, '애국심'을 배양하는 교육이었다. 그는 "교육이 없고 애국심이 없는 자는 천의(天意)를 순(順)하지 않음이요 의무를 다하지 않음이니 그 자신을 스스로 멸하고 그 나라를 스스로 멸한다"[132]고 하였다. 그에 의하면, '교육'과 '애국심'은 체용

---

128) "舊書刊行論,"《전집》, 하권, p. 104.
129) "舊書蒐集의 必要,"《전집》, 별집, p. 171.
130) 신채호의 이러한 주장은 新民會의 방계단체인 朝鮮光文會에 의하여 부분적으로 실현되었다. 愼鏞廈, "新民會의 創建과 그 國權恢復運動(下)" 가운데 '光文會' 참조.
131) "20세기新國民,"《전집》, 별집, pp. 226~227 참조.

(體用)의 관계에 있는 것이다. 교육이 있으면서 애국심을 갖지 않으면
그 사람이 부전(不全)하니, 용(用)이 없으므로 체(體)가 없는 것과 같
이 그 사람의 교육도 없는 것과 마찬가지인 것이다. 신채호는 애국심
을 충분케 하려면 불가불 교육을 선(善)히 해야 하며, 교육을 선(善)
히 해야 애국심이 자생한다고 하면서, 그 효과가 결국 국권을 회복할
단체력과 국력을 낳는다고 다음과 같이 강조하였다.

> 금일에 급선무는 전국 동포가 皆 敎育을 受하여, 擧皆 애국심을 抱
> 케 할 완전한 교육이 有한 후에야 정밀한 애국심이 生하고, 정밀한
> 애국심이 유한 후에야 그 志가 不媒而同하고 그 機가 不期而會하며
> 堅確한 단체력이 생하나니, 그 단체력이 於是에 강경한 국력을 成할
> 지라. 當此之時한 이는 誰敢侮之며 誰敢禦之리오. 그 교육의 효력
> 을 何如타 云哉아. 133)

신채호는 학부 편집국장이며 고등여학교장인 어(魚)모 씨가 학생의
작문을 고열하다가 '애국의 어(語)'로 작문한 학생을 질책했다는 사실
을 듣고 격노하여 교육의 가장 큰 목적은 '애국'에 있다고 지적하면서
다음과 같이 이를 강조하였다.

> 何를 위하여 교육을 興코자 하며, 何를 위하여 실업을 振코자 하며,
> 何를 위하여 문명개화를 叫하나뇨. 왈 此 皆 '國'이란 일자를 위함이
> 니라. 國에 유해하거나 무관할진댄 此(즉 교육·실업 등)를 진흥하여
> 何爲하리오. 134)

신채호는 봉명(鳳鳴)학교 교주 이 모가 일본기를 들고 일본인 관광

---

132) "西湖問答," 같은 책, p. 132.
133) "西湖問答,"《전집》, 별집, p. 133.
134) "愛國二字를 仇視하는 敎育家여," 같은 책, p. 122.

단을 환영하기 위하여 학생을 동원하려 함에 봉명학교 학생들이 이를 반대하고 마교주(魔校主)의 교육을 받는 것을 거절하여 일제히 퇴학한 사실을 칭찬하면서, "장재(壯哉)라 제(諸)씨여, 용재(勇哉)라 제씨여, 한국 학생의 독립사상이 여피(如彼) 그 웅장하며, 한국 학생의 애국정신이 여피 그 열렬하니 오제(吾儕)가 우하(又何)를 우(憂)하리오"[135]라고 학생들의 애국주의를 격려하였다.

신채호가 신민회의 청년조직인 "청년학우회 취지서"를 쓰면서 그 밑바탕에서 가장 강조한 것도 역시 국권회복을 위한 애국주의 교육이었다. [136]

2) 교육의 세 부분과 학교교육

신채호는 "국가의 강력은 인민교육에 재(在)하다 하노라"[137]고 강조하면서 교육을 세 부분으로 나누었다. ① 가정교육, ② 학교교육, ③ 사회교육이 그것이다. [138] 신채호의 이에 대한 견해를 간단히 보면 다음과 같다.

첫째, 가정교육은 한 사람이 입지(立志)하여 가정에서 먼저 실시하는 것으로 이때 '교육주의'와 '애국사상'으로써 하여 위로는 부모에 미치며 아래로는 처자와 형제에게 미쳐서 개인 개인이 모두 근면하고 서로 따르면 일가(一家)가 단회상락(團會相樂)하게 된다고 하였다.

그는 이를 위하여 우선 가내 부녀와 아이들로 하여금 국문을 습득케 하여 일상생활 도중에 여력이 있는 대로 시간과 일과를 정해서 가정잡지와 국문신보(國文新報)를 읽고 습득하도록 할 것을 주장했으며, 이때 남편은 아내를 가르치고 할아버지는 손자를 가르쳐서 온 집안이 이

---

135) "學生界의 特色,"《전집》, 하권, p. 117.
136) "靑年學友會趣旨書," 같은 책, p. 110 참조.
137) "西湖問答," 앞의 책, p. 133.
138) 같은 책, pp. 134~137 참조.

로써 안으로 의가지락(宜家之樂)을 삼고 밖으로 국민적 의무를 삼으면 비단 일가의 행복뿐이 아니라 국가의 보익(補益)이 되는 것이라고 하였다.139)

둘째, 학교교육은 시국이 이와 같이 급업(岌嶪)하므로 매우 긴급한 것으로서 ① 4세에 '유치원'에 입학시켜 과학의 예를 견습하도록 하고, ② 7세에 '소학교'에 입학시켜 보통과를 공부하도록 하며, ③ 10세에 '중학교'에 입학시켜 고등과를 공부하도록 하고, ④ 13세면 '대학교'에 입학시켜 전문과를 공부하여 15세에 졸업하도록 해야 한다고 주장하였다.

신채호의 이러한 견해는 상당한 '조기교육'을 주장한 것으로서, 이 제도가 지나친 조기교육이 되지 않겠느냐는 질문에 대하여 다음과 같이 설명하였다. 즉, 현재 4세의 어린애가 천자(千字)를 능통하고 《동몽선습》(童蒙先習)을 배우기 시작하는 자가 있으며, 일본에서는 겨우 5세의 어린애를 유치원에 보내는 자가 있다. 우리나라에도 지난날에는 10세의 어린애가 경전을 능통하며 시편(詩篇)을 능작하는 자가 역시 있었으니, 이것은 현재의 중학과를 수학할 만한 학력에 미치거나 초과하는 것이다. 이로써 보면 이것을 지나친 조기교육이라고 말할 수 없다는 것이다.

신채호는 이러한 조기교육의 실시가 필요한 이유를 시국의 요청에서 구하였다. 시국이 위급한데 남아 15세면 대장부라고 칭할 수 있으니 굳은 의지를 세우고 예기(銳氣)를 가져서 천하의 영웅을 수람하며 호걸과 동맹하여 일국의 흥망을 담당하는 것이 의무라는 것이다.140) 즉 신채호는 국권회복을 위한 인재의 조기양성을 주장한 것이었다고 볼 수 있다.

신채호는 도처에서 기회 있을 때마다 학교설립을 강조하고, 민중이

139) "西湖問答,"《전집》, 별집, p. 134 참조.
140) "西湖問答,"《전집》, 별집, pp. 134~135 참조.

194

학교를 설립하면 그를 축하하고 격려하는 논설을 썼으며, 학교교육에 대해서는 "국민동포가 자의로 의무교육제도를 방용(仿用)"[141] 할 것을 주장하였다. 그도 역시 대한자강회·박은식 등과 마찬가지로 의무교육실시를 주장한 것이었다.[142] 또한 신채호는 학교의 졸업자를 외국 유학시키는 것을 중요시하였다.[143]

셋째, 사회교육은 사회인이 사농공상(士農工商) 기타 제반 사업상에 '실지실험'과 '목적견습'을 하는 것으로서 이 일 역시 일부분의 교육이 됨을 말하는 것이라고 하였다.

신채호에 의하면, '사'(士)는 안으로 내치를 잘하고 밖으로 외교를 잘하여 내국에 부식(扶植)할 정략을 살피고 외국의 득실(得失)되는 기회를 찾아서 힘써 행하여야 한다고 하였다. '농'(農)은 오곡의 생산을 풍부히 하여 인국수출(鄰國輸出)을 지금에 비하여 배나 많게 하며 목면(木棉) 등을 재배하여 의류의 직조를 진흥케 하고 감자(甘蔗) 등을 재배하여 식품의 수입을 자파(自破)케 해야 한다고 하였다. '공'(工)은 기술을 습득하여 직조회사와 제조공장을 곳곳에 세우며 기술을 날로 발전시키고 제품이 날로 쌓여서 수입품이 변하여 수출품이 되도록 해야 한다고 하였다. '상'(商)은 각국이 상권 경쟁하기를 병력경쟁하기보다 더욱 심하게 하는 시대이므로 국내 광산의 천조물(天造物)과 공장의 인조물을 다수 외국에 수출하여 외국의 화폐를 흘러들어 오게 해서 민부국강(民富國强)하게 해야 한다고 하였다.

기타 '제 사업'은 매거하기 어려우나 각기 사업 중에서 '공부'하며 '자국정신'을 잃지 말고 우리나라로 하여금 저들 나라보다 우승케 하도록 기해야 한다고 하였다.[144]

신채호는 사회교육에서의 '신문'의 역할을 강조하여, "신문은 즉 사

141) "20세기 新國民,"《전집》, 별집, p. 227.
142) 愼鏞廈, "朴殷植의 敎育救國思想에 대하여,"《韓國學報》, 제1집(1975) 참조.
143) "西湖問答,"《전집》, 별집, p. 143 참조.
144) 같은 책, pp. 135~137 참조.

회교육의 대기관"145)이라고 하였다.

3) 체육과 상무교육

신채호는 당시의 교육학이 교육을 지육(智育)·덕육(德育)·체육
(體育)의 종류로 구분하는 것을 받아들이고, 가장 이상적인 것은 이
세 종류의 교육이 균형적으로 발전하는 것이라고 하였다. 신채호에 의
하면, 지육은 인류의 최령(最靈)으로서 학술의 정미함을 감하여 지혜
의 신묘함을 현출하는 것으로서 이제는 이것이 발달하여 예컨대 이학
가(理學家)의 경우에는 비행기와 무선전화도 발명할 것이요 장래에는
무연탄(無烟彈)·무성포(無聲砲)도 제조할 만큼 지육의 효력이 다대
하게 되었다고 하였다. 한편 덕육은 천리(天理)를 순종하여 회과천선
(悔過遷善)하는 것이며, 인의가 나오는 곳에 만민이 감화하며 덕화가
이르는 곳에 만국이 평화하는 것으로서 이것은 종교의 주의라고 그는
이해하였다.146)

신채호는 당시 대한제국에서는 지육과 덕육의 중요성은 잘 인식되어
있으나 '체육'의 중요성은 잘 인식되어 있지 않다고 보았다. 따라서 지
육·덕육·체육의 삼자 중에서 가장 긴급한 것은 '체육'이라고 하면서
"만일 차(此) 삼육을 가히 득겸(得兼)치 못할진대 영차(寧且) 덕·지
를 사(捨)하고 체육을 취할지니"147)라고 지적하였다. 신채호에 의하
면, "체육은 신체를 활동하여 지기(志氣)를 장쾌케 하며 기예(技藝)를
연습하여 군사를 학성(學成)"148)하는 것이다. 삼자 중에서 체육이 가
장 긴급한 이유는 '지'(智)를 구함도 '체'가 건강하지 않으면 지혜의 원
천을 감축하여 나오지 않고, '덕'을 구함도 '체'가 건강하지 않으면 덕의

145) "惜乎라, 禹龍澤氏의 國民·大韓兩魔報의 鷹犬됨이여,"《전집》, 하권, p. 122.
146) "西湖問答,"《전집》, 별집, pp. 137~138 참조.
147) "德·智·體 三育에 體育이 最急,"《전집》, 별집, p. 129.
148) "西湖問答," 앞의 책, p. 139.

원천을 손상하여 나타나지 못하므로 '체'의 건강이 먼저 취해져야 할 긴급한 것이라고 그는 다음과 같이 설명하였다.

연칙 삼종 교육 중에 何者 爲緊고. 왈, 체육이니 何則고. 求智者ㅣ 雖爲智나 體不健이면 肥膚枯瘠에 慧竇減縮하여 智不生이오, 求德 者ㅣ 雖爲德이나 體不健이면 腦氣觸傷에 志與心遷이 德不顯이라, 體不健이면 智與德이 俱廢而不全하나니, 고로 智와 德을 구할진대 先히 體의 健을 취할지니 體의 健은 體를 育함에 莫善이라, 소이로 체육이 爲緊이니라. 此等 제반 교육이 일치 발달이라야 가위 완전교육이라 하노라. 149)

신채호에 의하면, 한국인은 청년들도 때때로 체력이 약하다. 이것은 체질이 그러한 것이 아니라 어릴 때는 영활첩리(靈活捷利)하여 외국인에 떨어지지 않다가 15, 16세를 넘으면 한 걸음 퇴보하고 20, 30세를 넘으면 두 걸음 퇴보해서 약골이 되는 일이 빈번하니 그 최대의 원인은 종래의 한국의 교육이 '체육'을 무시한 때문이라고 다음과 같이 지적하였다.

한국인을 관하면 청년 신진자도 왕왕 面半瘀黃하며 身半跛萎하며… 체력이 如此한 국민으로야 奚道를 경쟁무대에 進列하리오. 연칙 此 跛萎病弱은 自是 대한국인의 天質인가. 왈 否라. 此國內에 頭角이 崒然한 아동은 개개 靈活捷利하여 외국인에게 낙후치 아니할 듯하다가 後來 십오 세 십육 세를 過하면 一퇴보하고 이십 세 삼십 세를 過하면 再퇴보하여 居然 孟賁烏獲의 자질은 全變하고 寒郊瘦島의 吟病이 빈번하나니, 此 其원인을 추구하면 求擧키 難하나 단 최대의 원인은 종전 한국의 교육이 체육을 무시한 故라. 학자사회에서는 其身을 案下에 속박하며, 하등사회에서는 일체 위생을 不知하고 又 彼 일반여자는 閨戶에 深鎖하여 出門일보를 不得자유하니, 如此하

---

149) 같은 글.

고서 체력의 강장을 구하면 是는 却步圖前과 無異하도다. 150)

  신채호가 체육을 강조한 배경은 단순히 여기에 그치는 것 같지 않
다. 그는 체육이 신체를 활동하여 지기를 장쾌케 할 뿐 아니라 "기예
를 연습하여 군사를 학성"하는 것이기 때문에 '상무(尙武) 교육'을 중요
시하여 '체육'을 강조하고 있는 것이다.

  신채호는 열강이 쟁투하는 군국주의 · 제국주의 시대에 '상무교육'이
아니면 국가정신 · 민족주의 · 문명주의도 유지하고 발휘하지 못하며
한국과 같이 무력이 쇠퇴한 나라는 '상무교육'이 아니고는 국권회복을
기할 수 없다고 '상무교육'의 중요성을 다음과 같이 강조하였다.

  吾儕는 상무교육 四자를 大聲으로 唱하노니, 何故요 하면 前節에
  논함과 如히 此 세계는 군국세계라, 세계 열국이 悉皆 상무교육, 즉
  軍國民敎育을 진흥하는 고로 彼와 如히 복리를 획득 또 확장하나니,
  오호라. 상무교육이 아니고는 결코 국가정신 · 민족주의 · 문명주의를
  유지 · 발휘치 못할지며, 又況 한국과 여히 무력의 쇄퇴한 國으로 상
  무교육이 아니고는 결코 回天의 道를 望키 난하리니, 국민동포는 반
  드시 상무교육을 확장하여 軍國民의 정신을 수양하며 군국민의 능력
  을 구비케 할지어다. 151)

  신채호는 일본의 경우에 소학교에서 체조운동과 기계운동을 가르치
며 중학교에서 담총조련(擔銃操鍊)과 포격연습을 실시하여 대오가 정
제하고 군용(軍容)이 엄숙한 사실을 들고 이들이 바로 뒷날에 지원
병 · 예비병이 되는 것이라고 지적하였다. 그는 이와 같이 교육한다면
국민이 배우지 않은 사람이 없고 학생도 상민(商民)도 공장(工匠)도
농자(農者)도 모두 '병'(兵)이 되니 이렇게 하여 징병을 실시하면 국민

---

150) "智 · 德 · 體 三育에 體育이 最急," 《전집》, 별집, p. 130.
151) "20세기 新國民," 《전집》, 별집, p. 227.

198

이 모두 개병(皆兵)이므로 나라가 강해진다고 하였다. 그는 일본이 이 부문에서 선진했으니 이를 참작하여 후일에 한국이 일본에 대한 정책을 실시할 때 이를 되돌려주어야 할 것이라고 지적하였다.[152]

'체육'과 '상무교육'의 강조는 신채호의 신구국교육론의 큰 특징이라고 하지 않을 수 없다.

4) 정육(情育)과 애국심

신채호의 신구국교육론의 또 하나의 큰 특징은 그의 '정육'(情育)의 강조에 있다고 볼 수 있다. 그는 국권회복을 위하여 '애국심'을 매우 중요시하고 강조했으므로 애국심을 배양하는 교육으로 '정육'을 강조한 것이었다. 신채호에 의하면, "애(愛)는 정(情)이라, 정이 없으면 애가 없고, 애가 없으면 정이 없나니, 그러므로 애국자를 얻으려면, 국민의 국가에 대한 애정을 길러야"[153] 한다. 따라서 그는 애국의 길을 전국에 널리 펴려면 '정육'(情育)에 주목하여야 한다고 하였다.

> 愛는 情이오, 애국은 국가에 대한 애정이니, 애국 군자가 만일 애국의 道를 전국에 弘布하려 할진대, 불가불 情育에 주의할지니라.[154] 情이란 激하여 치면 분노·불평의 감정이 되고, 觸하여 내면 비애·우수의 감정이 되나니, 정육이라 함은, 그 감정과 鬱情을 돋우자 함이 아니요 그 애정을 기르자 함이니, 애정이란 순결하며 貞固하여, 薰習侵漬로 얻는 정이요, 鼓動촉발로 얻는 정이 아니다.[155]

그러므로 아무리 비장한 강연과 강개(慷慨)한 논설도 감정과 울정(鬱情)은 촉발할지언정 그 진정한 '애국심'을 만드는 데는 '정육'만 못

---

152) "西湖問答,"《전집》, 별집, p. 139 참조.
153) "新敎育(情育)과 愛國,"《전집》, 하권, p. 132.
154) 같은 책, p. 133.
155) 같은 책, p. 133.

한 것이다.

신채호가 '정육'과 관련하여 강조한 것이 첫째로 '미'(美), '국가의 미', '국수'(國粹)였다. 신채호에 의하면, '미'는 애정을 담는 그릇이다. 가산려수(佳山麗水)에서 머물러 차마 떠나지 못함은 그 경관의 미를 사랑하기 때문이다. 국가에도 '국가의 미'가 있으니, 자국의 풍속·언어·역사·종교·정치·풍토·기후 기타 온갖 것에 그 특유한 미점(美點)을 뽑아 이름한 것이 앞서든 바와 같이 '국수'요, 곧 '국가의 미'이니, 이 '국가의 미'를 모르고 애국한다고 하면 그것은 빈 애국이다. 그러므로 '정육'은 '국가의 미', '국수'를 가르쳐 주어 완전하고 강한 애국심을 배양하는 것이라고 지적하였다. 156)

신채호가 '정육'과 관련하여 다음으로 강조한 것이 '점'(漸)이다. 그에 의하면 '점'은 애정을 심는 연장이다. 지나친 자극보다 온화하게 스며들다가 점차 염열(炎熱)하는 것이 애정을 심는 데 더욱 효과적이다.

情育도 이와 같아서 물 젖듯 漸하며, 싹 나듯 점하여, 不知不覺에 들어가서야 深摯한 情이 되나니, 학교의 교육에나 사회의 교육에서 매양 이 점에 주의하여 국민의 애국심을 기르려면, 高聲疾呼로 애국하라 애국하라 함보다 차라리 조국 위인의 전기를 이야기하며, 域內 산천의 독본을 읽게 하여, 내 나라에 대한 관념을 깊게 함이 나으리라 하노라. 157)

신채호가 '정육'을 강조하여 격렬한 감정의 억제를 주장한 것은 교육에 한정하여 말한 것이었다. 158)

---

156) "新敎育(情育)과 愛國,"《전집》, 하권, pp. 133~134 참조.
157) 같은 책, p. 134.
158) 신채호는 교육 이외의 다른 부문 특히 민족운동에서는 감정이 매우 중요함을 강조하고 있다.《전집》, 하권, pp. 134~135 참조.

5) 서적간행론

신채호는 국민의 신교육과 관련하여 서적 간행을 매우 중요시하였다. 서적은 공기와 같아서 국민이 하루도 떠날 수 없는 것이기 때문에 "그 서적이 부패하면 일국민을 부패케 함이며, 서적이 비열하면 일국민을 비열케 함이며, 서적이 무정신하면 일국민을 무정신케 함이며, 서적이 무주지(無主旨)하면 일국민을 무주지케 함이니, 서적계의 일반 역자·저자가 비록 차(此) 소제구불감(笑啼俱不敢)의 시대에 재(在)할지라도 일층 분발함이 가하며 일배(一培) 면려(勉勵)함이 가"[159] 하다고 강조하였다.

신채호는 앞서 든 구서(舊書) 간행과 함께 신서(新書) 간행을 매우 강조했으나 그가 말한 신서적은 외국 학설의 단순한 소개서가 아니라 한국인의 입장과 학술과 사상에 의하여 검토하고 연구하여 국민의 심리를 활현(活現)하는 신서적이었다. 그는 '한국의 신서적'의 내용에 대하여 다음과 같이 설명하였다.

> 新書籍이라 운함은 何오. 索士比亞(셰익스피어)의 시집이 신서적이 될까. 盧소(루소)의 《民約論》이 신서적이 될까. 余陵久(예링)의 권리경쟁론이 신서적이 될까. 是가 신서적이 될지라도 태서의 신서적이오 한국의 신서적은 아니니라. 何如하야 한국의 신서적이 될까. 왈 한국의 신서적은 必也 한국 풍속상 학술상의 고유한 특징을 발휘하여 서구 외래의 신이상·신학설을 調入하여 국민의 심리를 活現하여야 是가 한국의 신서적이니라.[160]

신채호는 당시의 서적계(출판계)에 대하여 주로 다음과 같은 종류의 서적과 출판계 상황을 비판하였다.[161]

---

159) "書籍界 一評,"《전집》, 별집, p. 172.
160) "書籍刊行論,"《전집》, 하권, pp. 99~100.

첫째로, 국민을 마혹(魔惑)케 하는 서적이니 ① 정부의 서적압수에 놀라서 애국정신도 없고 비판정신도 없는 서적, ② 조선왕조 선유의 저명한 저작 중에서 소소세세(琯琯細細)의 말절(末節)을 논하여 청년 신진의 덕육학(德育學)을 삼고자 하는 서적, ③ 수백 년래의 열마(劣魔) 정치가의 사대행적을 나열하여 칭도(稱道)한 서적 등이 그것이다.

둘째로, 무종지(無宗旨)·무조리(無條理)한 역서(譯書)니 ① 이 책을 역함이 우리나라에 이(利)할까 해(害)할까를 고려하지 않은 번역서, ② 사실과 일치하지 않는 내용의 책을 자구(字句)대로 직역한 번역서, ③ 한국 내에 각 국어학자가 허다한데 오직 일본서적만 채택하여 역한 번역서 등이 그것이다.

셋째로, 역서 중 인명·지명의 모순이니 ① 인명·지명·국명의 번역의 통일이 없는 점, ② 동일 번역자의 앞장과 뒷장에서 인명·지명을 달리 번역하는 점 등이 그것이다.

6) 매국적 학부 비판

신채호는 대한제국 정부의 학부(學部)가 일제 통감부의 지배를 받고 '교과서 검정방법'을 발표한 내용이 매국적이며 한국을 멸망케 하는 것이라고 격렬하게 이를 비판하였다. 이른바 학부의 교과서 검정방침의 요점은 ① 정치적 방면에는 왈 편협한 우국심을 고취함이 불가하다 하고, ② 사회적 방면에는 왈 현시 한국인의 사상을 변환케 함이 불가하다 하고, ③ 교육적 방면에는 왈 국가의무를 논술함이 불가하다 한 것이다.

신채호는 ①의 원칙에 대하여 다음과 같이 이를 통렬히 비판하였다.

오호라. 편협한 우국심이 불가하면 광대한 우국심은 가한가. 우국심

---

161) "書籍界 一評,"《전집》, 별집, pp. 172~174 참조.

202

을 고취함이 불가하면 망국심을 고취함이 가한가. 오호라, 彼가 한국을 멸망케 하는 학부이니 어찌 한국의 不亡을 肯許하리오. 彼 旣 한국의 불망을 불허하는지라. 고로 韓人의 우국심을 불허하며, 彼 旣 한인의 우국심을 불허하는지라, 고로 교과서에 우국심 고취함을 불허함이로다. 162)

신채호는 ②의 원칙에 대하여도 다음과 같이 통렬히 비판하였다.

又 현시 한인의 사상을 변전함이 불가하다 하니, 연칙 현시 한인의 부패劣茂한 사상만 배양하여 일보라도 전진치 못하게 함이 가한가. 彼 旣 한국을 멸망케 하는 學部이니, 어찌 한인의 사상계발을 희망하리오. 只是 豚犬的·노예적 사상으로 外人이나 服事하며, 멸망이나 自催하다가 茫茫魔窟裏에 점진乃已하여야 於心에 始快하리로다. 163)

또한 신채호는 ③의 원칙에 대하여도 다음과 같이 이를 통렬히 비판하였다.

또 국가의무 등을 논술함이 불가하다 하였으니, 국가사상을 不知케 할진대 교육하여 何에 用하리오. 국가사상과 국민의무를 논술함이 불가하면 無國無民한 유목시대적 상태나 논술함이 가한가. 抑 彼가 以爲 韓人은 無國人이라 국가와 의무를 知함이 불필요하다 함인가. 오호라. 彼 旣 한국을 멸망케 하는 학부이니 어찌 한인으로 하여금 국가사상과 국민의무를 知케 하리오. 只是 외국의 屬民이나 되며 外人의 노예나 되게 함이 목적이로다. 164)

162) "國家를 滅亡케 하는 學部," 《전집》, 별집, p. 125.
163) 같은 글.
164) 같은 글.

신채호는 일제 통감부와 학부의 이러한 정책이 "국내의 발행하는 교과서류에 애국·독립·자유 등에 속한 어(語)이면 척자반구(隻字半句)라도 무유(無遺)히 산거(刪去)하여, 피(彼) 청년신진으로 하여금 국가를 망역(忘域)에 치(置)하고 노예자격을 양성"[165] 하기 위한 것이라고 폭로 비판하였다. 신채호는 대한제국 학부가 제시한 교과서 검정의 9개 항목을 낱낱이 들어 통렬하게 비판하면서 동포들에게 학부가 아무리 한국을 멸망케 하고자 하나 '한국은 불멸망'이라는 것을 자손에게 전하면 한국은 망하지 않을 것이라고 계몽하였다. [166] 신채호의 학부에 대한 이러한 비판은 바로 일본 제국주의와 그에 부화뇌동하는 친일분자들을 비판한 것이었다.

8. 문무쌍전론(文武雙全論)과 무력양성론

신채호에 의하면 국가를 세우고 발전시키는 데 '문'(文), '무'(武) 중에 어느 하나를 편벽되게 발하는 것은 불가한 것이다. 만일 '문'이 없으면 국가의 정신을 유지할 기구가 없어서 비록 맹분(孟賁)·오획(烏獲) 같은 용사가 전국에 충만할지라도 한갓 적인(敵人)의 응견(鷹犬)이 되어 조국을 반역하기 쉽다. 반면에 '무'가 없으면 비록 석가(釋迦)·문수(文殊) 같은 활불(活佛)이 각지에 널리 나타난다 할지라도 다만 그 자비의 눈물을 뿌리고 일신을 들어서 굶주린 범의 입에 제공할 뿐이니 국가멸망에 당하여 어떠한 이익도 있을 수 없는 것이다. [167]

---

165) "愛國二字를 仇視하는 敎育家여," 《전집》, 별집, p. 122.
166) "國家를 滅亡케 하는 學部," 같은 책, pp. 125~128 참조.
167) "文化와 武力," 《전집》, 별집, p. 200. 신채호는 이에 대하여 세계사의 사례를 들고 있다. 즉 바빌로니아의 상업, 희랍의 철학, 로마의 문물이 멸망한 사실, 특히 게르만 민족에 의하여 로마 문명이 멸망한 사실을 그 예로 들고 있다.

204

그런데 한국은 '문승무이'(文勝武弛) 한 지가 지금 이미 수백 년이 되어서 백성들은 승평(昇平)에 기뻐하고 선비는 사장(詞章)에 단맛이 들어 일반 무비(武備)에 관한 일을 냉시(冷視)한 까닭으로 임진왜란 때 팔역(八域)이 유린당하였으며, 병자호란에 국욕(國辱)이 자심하고도 깨닫지 못하고, 마침내 근세에 이르러 20세기 제국주의의 거마(巨魔)가 육주(六州)를 횡행하여도 깨우치지 못한 채, 사자(士子)는 진편패책(陳編敗冊)을 들고 조정은 허문욕례(虛文縟禮)를 설(說)하다가 오늘날의 국권상실이라는 비경(悲境)에 이르게 된 것이다. 168)

신채호에 의하면, 제국주의의 시대인 20세기의 세계는 또한 군국의 세계이다. 그는 제국주의·군국주의의 무력에 의거한 횡포와 아시아·아프리카 여러 나라들의 무력의 약함에 의한 굴욕을 다음과 같이 예리하게 관찰하여 지적하였다.

> 20세기의 세계는 군국세계라. 強兵이 向하는 處에 正義가 不靈하며 대포가 到하는 處에 公法이 무용하여 오직 強權이 유할 뿐이니 慘憺하도다. 斯世여 試看이라. 彼 육대 강국이 양양한 意氣로 우주에 횡행함은 何故오, 왈 武力이 강한 소이며, 彼 아세아·阿弗利加 中 衆邦이 타인의 苔打를 감수함은 무력이 약한 소이니, 오호라. 此 군국세계에 生한 자ㅣ 어찌 此를 不思하리오. 是以로 목하 열국이 소위 武裝平和說을 藉하고 군비에 급급하여 혹 전함이 수백 척에 달하며 혹 精兵이 수백만에 달하는지라. 169)

신채호는 열강이 강대한 전투력을 가진 이유를 두 가지로 들었다.
첫째, 열강은 국민개병주의(國民皆兵主義)로 병제를 편제하여 모든 국민이 반드시 병역에 복무하며 반드시 병기(兵技)를 훈련하여 국민이 모두 강병정졸(強兵精卒)인 점, 둘째, 열강은 물질문명의 진보에 따라

168) 같은 책, pp. 200~201 참조.
169) "20세기 新國民,"《전집》, 별집, p. 219.

서 병기가 날로 더욱 새로워진다는 점 등이다.

신채호는 육군·해군으로 세계에 독보하는 영국·프랑스·독일·러시아 등 열강도 오히려 무력을 날로 더욱 분려(奮勵)하여 군비확장의 경쟁이 끝이 없는 실태이므로 다른 약소국은 말할 필요도 없다고 지적하였다.

신채호는 또한 열강은 물질적 무력만 강대한 것이 아니라 정신적 무력이 또한 역시 발흥하여 그 국민을 양성함에는 반드시 '군국민'(軍國民)으로써 하며 그 국민을 개도함에는 반드시 '군국민'으로써 하여, 의협(義俠)·충용(忠勇)·강의(剛毅)·견인(堅忍)의 미덕이 국민의 뇌속에 박힌 바 된 까닭으로 백절불굴(百折不屈) 유진무퇴(有進無退)의 정신기력을 가져서 국가의 위번(衛藩)을 만든다고 지적하였다.

신채호에 의하면 열강과는 반대로 한국은 무력의 쇠퇴가 극도에 달한 나라이다. 그 원인을 신채호는 열강의 경우와 대비하면서 다음의 세 가지로 들었다.[170] 첫째, 열강은 문도 숭상하고 무도 숭상하였는데, 한국은 문만 숭상하고 무는 억누른 점, 둘째, 열강은 인민의 병력을 의무로 하는 동시에 영광으로 했는데 한국은 인민의 병역을 노역으로 알았던 점, 셋째, 열강은 민기(民氣)를 고발(鼓發)했는데, 한국은 민기를 꺾어버린 점 등이다.

신채호는 이상과 같은 이유로 정신계와 물질계를 막론하고 대한제국은 무력의 약함이 극에 이르렀으므로, 오늘날 동포들이 세계 속에서 무대의 일석을 차지하고자 하면 불가불 정신계와 물질계의 양면에서 '무력'을 양성해야 한다고 주장하였다.

신채호는 '무력' 양성과 관련하여 신교육 중에서 특히 '체육'을 강조하였다. 왜냐하면 그에게 '체육'은 신체와 지기(志氣)를 단련함과 동시에 국민개병의 '군사'를 배워 이루는 것으로 이해되었기 때문이다. 그는 다음과 같이 말하고 있다.

---

170) 같은 책, p.220 참조.

체육은 신체를 활동하여 志氣를 장쾌케 하며 技藝를 연습하여 군사를 學成하나니, 일본을 見할진대 소학교에서 체조운동과 기계운동을 교수하며, 중학교에서 擔銃操鍊과 포격연습을 종사하여 대오가 整齊하고 軍容이 엄숙하니, 후일에 지원병 예비병이라. 전국 인민이 無不學일새 학생도 後日兵이오, 商民도 前日兵이오, 工匠도 後日兵이오, 農者도 前日兵이라. 如是而 徵兵을 실시하여 국민이 皆兵이라야 국이 강하니라. 171)

그러나 신채호는 '무력'양성을 적극 주장하면서도 '무사'(武事)를 전적으로 숭상하고 '문화'를 무시함을 단호히 반대하였다.

연칙 금일 유지군자가 불가불 국민의 武魂을 환기하며 武氣를 양성하여, 人人이 林慶業의 三超臺에 躍하여 人人이 滄海力士의 百斤推를 將하여 모험의 途로 전진케 함이 可할지나, 연이나 武事를 全尙하고 문화를 무시함은 역 不可하니라. 172)

왜냐하면 문화에 국민을 위미(萎靡) 케 하는 문화도 있고 서구열강과 같이 국민을 강용(强勇) 케 하는 문화도 있으므로, 자기 나라 민족문화의 장점을 보전하고 외래문명의 정수를 채용하여 신국민을 양성하는 신문화를 발전시키면 무력과 문화의 힘이 합하여 국권회복의 목적을 달성할 수 있다고 그는 보았기 때문이다.

---

171) "西湖問答," 《전집》, 별집, p. 139.
172) "文化와 武力," 같은 책, p. 201.

9. 신동국영웅론과 외경사상

1) 신채호의 '영웅'의 개념

신채호의 애국계몽사상 중에 또 하나의 특징이 되는 것으로 신동국
영웅(新東國英雄)의 출현과 양성에 대한 주장이 있다. 신채호가 '영웅'
을 강조했으므로 때로는 마치 그가 한두 사람의 영웅의 출현을 대망한
것처럼 오해할 소지가 있다. 또한 그는《수군제일위인 이순신전》,《을
지문덕전》,《동국거걸 최도통전》을 저술하였기 때문에 영웅사관에 빠
져 이러한 한두 사람의 영웅이 출현해서 나라를 구제해 줄 것을 기대한
것으로 일부에서는 오해하는 경우도 있다. 이 문제를 명확히 하기 위하
여 먼저 그의 영웅의 개념을 알아볼 필요가 있다. 신채호는 영웅을 다
음과 같이 '위인'과 같은 것으로 규정하고 있다.

> 영웅이라 운함은 여하한 명사인고. 왈 영웅 이자는 譬컨대 맹수를
> 虎라 하고 珍禽을 鸞이라 함과 같이 위인에게 봉헌하는 徽號라. 此
> 휘호는 여하한 人이라야 當得할꼬. 왈 그 口가 二라도 此 휘호를 難
> 得할지며, 그 臂가 六이라도 此 휘호를 난득할지요, 唯 그 지식이
> 만인에 超하며 기개가 일세에 蓋하여 何種 마력으로 以하든지, 必也
> 일국이 風靡하고 천하가 山仰하여 태양이 萬有를 흡인하듯이 동서
> 남북 林林葱葱한 인물이 皆 그 일신이 향하여 以歌以泣하며 以愛以
> 慕하며 以拜以敬하여야 어시호 영웅 기인이니라. 173)

여기서 주목할 것은 '지식'과 '기개'(氣槪)가 강조되고 있지 '무장'(武
將)이 강조되고 있지 않다는 점이다. 신채호는 "인류사회에서 수출(秀
出)한 자를 영웅이라 명하는 바라"174) 라고 썼다.

---

173) "英雄과 世界,"《전집》, 별집, p. 111.

174) "20세기 新東國之英雄,"《전집》, 하권, p. 112.

신채호는 실제로 영웅의 개념을 협의적 개념과 광의적 개념으로 나누었다. 협의적 개념의 영웅은 '무장', '무공가'요, 광의적 개념의 영웅은 '각 부문의 결출한 인물'을 말하는 것이다. 신채호는 협의적 개념의 영웅은 고대의 개념이요 근세에 이르러서는 광의적 개념이 타당하다고 하면서 그도 광의적 개념의 영웅을 논하고 있음을 다음과 같이 설명하였다.

> 고대인의 眼孔은 왕왕 협의적으로 영웅을 관찰하였으니, 가령 韓人더러 "爾國의 영웅이 其誰오"하면, "一, 을지문덕 二, 개소문이라"할지며, 지나인더러 물으면 "一, 秦始王 二, 項羽라"할지며, 서구인及 일본인더러 問하여도 대개 該撒(카이사르)·漢尼巴(한니발)·豊臣秀吉 등에 불과할지요, 그외 종교가·정치가·실업가·문학가·철리가·미술가 등에는 雖或 奇偉宏傑한 인물이 출현하더라도, 必其명칭을 구별하여, 일개는 是 聖賢이라 하며, 일개는 是 策士라 하며, 일개는 是 富客이라 하며, 일개는 是 文豪라 하며, 又 高士혹 才士라 하여 영웅이란 徽號가 一隅 武功家의 전유물을 作한 지금자 누천여년인데, 근세에 至하여 학리가 大明하매 협의적으로 영웅을 不求하고, 광의적으로 영웅을 취하여 其人의 수중에 劍을 執하였든지 砲를 執하였든지 筆을 執하였든지 文簿를 執하였든지 是는皆 불문하고 唯 其 所執한 長物로 風雲을 질타하여 산하를 轉移하여 이목수족을 具有한 靈物로 일체 그 슬하에 屈伏케 하는 능력만優有하면 是를 영웅이라 칭하는 바라. [175]

따라서 신채호가 말하는 영웅은 비단 무공가(武功家) 뿐이 아니라정치·종교·실업·문학·철학·미술 기타 모든 부문에서 '지식', '기개', '지도력'이 결출한 인물을 뜻하는 것으로서 '위인'과 거의 일치하는개념이라고 볼 수 있다.

---

175) "英雄과 世界," 《전집》, 별집, p. 111~112.

2) 구(舊)영웅과 신동국 영웅

신채호는 영웅을 '구영웅'과 '20세기 신동국 영웅'으로 엄격히 구분하였다. 구영웅은 '일가', '일향', '일방', '일당'의 소영웅이요, 신영웅은 '전국민적', '전민족적' 영웅이다. 즉 충성과 정성과 생명과 자기의 모든 것을, 온갖 작은 것을 초월하여, 직접 '국민', '민족', '국가', '동포', '사회'에 바치는 영웅이 신영웅인 것이다. 신채호는 '신동국 영웅'의 뜻을 다음과 같이 설명하였다.

> 왈 何如하여야 신동국 영웅이라 可云할까. ⋯ 단지 그 이상이 우주에 超하며 그 정성이 天日을 貫하여 삼천리 강토를 그 家舍라 하며, 2천만 민족을 그 권속이라 하며, 과거 四千載 역사를 그 譜牒이라 하며, 미래 억만세 국민을 그 자손이라 하며, 간난험저의 경력을 그 학교라 하며, 사회공익의 사업을 그 생애라 하며, 愛國憂民 4자를 그 天職이라 하며, 독립자유 일구를 그 생명이라 하고, 그 磅礴울적한 血誠公墳으로 천지간에 立하여 국가의 威靈을 仗하고 千魔百怪와 戰하며 동포의 생명을 위하여 전도의 형극을 剪하는 者니, 是가 신동국영웅이니라. 176)

신채호는 우리나라의 지금이야말로 바로 영웅이 출현할 시대라고 보았다. 그러나 그 영웅은 위에서 말한 '20세기 신동국 영웅'을 말하는 것이었다. 여기서 또 하나 주의할 것은 신채호는 한둘의 신영웅이 출현하여 나라를 구제해줄 것을 기대하지 않았다는 사실이다. 그러한 일은 '고대'에나 있는 일이며, 근대에 오면 일국의 흥망은 '국민 전체'가 어떻게 '교육'을 받고 얼마나 '실력'이 있으며 '신영웅적'인가에 달려 있는 것이다. 신채호는 이 점을 다음과 같이 명쾌하게 설명하였다.

제공은 혹 何處 艸根石窟에서 일개英雄이 産出하여 此國 산하를 정

---

176) "20세기 新東國之英雄,"《전집》, 하권, pp. 112~113.

돈할 줄로 信하는가. 고대에는 일국의 원동력이 항상 한두 호걸에
在하고 국민은 그 지휘를 隨하여 좌우할 뿐이러니, 금일에 至하여는
일국의 흥망은 국민 전체 실력에 제하고, 한두 호걸에 부재할 뿐더
러, 且 완전한 교육이 무하면 진정한 일국의 근세적 호걸이 不現할
지어늘, 만일 此等 미신을 帶하고 天回運施를 坐俟하면 어찌 愚人
이 아닌가. 177)

　신채호는 한둘의 영웅이 출현하여 나라를 구제해 줄 것을 앉아 기다
리는 것을 '미신'이라고 말하였다. 신채호는 국권을 빼앗긴 시기를 맞
이하여 때로 일영웅(一英雄)이 나오지 않음을 개탄하면서도, 이것은
동포를 분발시키기 위한 그의 표현양식이었고, 그가 기다린 것은 실제
로는 '무수한'178) 영웅들의 출현이었다. 즉 그가 기대한 것은 국민들이
'신국민'이 되어 국민들이 바로 '무수한' 영웅들이 될 것을 기대하고 강
조한 것이었다.

　　嗟爾 신동국 신영웅이여, 爾가 英雄을 作코자 할진대 爾의 喉와 爾
　　의 舌로 신국민을 日叫할지며, 嗟爾 신동국 신국민이여, 爾가 영웅
　　을 覵코자 할진대 爾의 心과 爾의 血로 신국민 됨을 日視하라. 구국
　　민은 국민이 아니며, 구영웅은 영웅이 아니니라. 179)

　신채호는 그가 영웅론을 초(草)하는 것은 '신인물'180)을 부르고 길
러 일으키기 위한 것이라고 강조하였다. 그는 '신영웅'과 '국민적 영웅'
의 중요성을 다음과 같이 강조하였다.

---

177) "所懷 一幅으로 普告同胞," 같은 책, p. 93.
178) "20세기 新東國之英雄," 앞의 책, p. 111. 예컨대 그는 서구의 예를 들면서
　　다음과 같이 강조하고 있다. "彼 富强이 無匹한 英吉利를 看하라. 傑男越
　　(크롬웰) 이후에 무수한 傑男越이 有하며 … 무수한 俾斯麥(비스마르크)이
　　有하도다."
179) "20세기 新東國之英雄,"《전집》, 하권, p. 116.
180) "20세기 新東國之英雄," 앞의 책, p. 116.

오호라. 국민적 영웅이 유하여야 종교가 국민적 종교가 될지며, 국
민적 영웅이 유하여야 학술이 국민적 학술이 될지며, 국민적 영웅이
유하여야 실업가가 국민적 실업이 될지며, 미술가가 국민적 미술가
가 될지오, 종교·학술·실업·미술가 등이 국민적 종교·국민적 학
술·국민적 실업가·국민적 미술가가 된 연후에야, 동국이 동국인의
동국이 될지니, 國民乎며 英雄乎여.181)

  즉 신채호는 모든 부문에서 국권회복을 목표로 한 신국민주의자들,
또는 신민족주의자들의 출현을 신영웅의 출현과 같은 것으로 간주하였
다고 볼 수 있다.
  신채호는 당시의 애국계몽운동가들과 의병들이 '지사'일 뿐이요, '영
웅'은 아니지 않는가 하는 질문에 대하여, 국권회복을 위하여 일하는
지사는 모두 '영웅'과 다름없다고 설명하였다.

    此는 誤解之甚이로다. 영웅은 非別物이라, 善說 善文 善淚에 能感
    人하며 能嚇人하며 能激人者도 亦是也니, 演說而能感人者도 今有
    之矣이며, 文章而能嚇人者도 世知矣며, 下淚而能激人者도 予見之
    矣로니, 다수한 영웅을 我韓에 豈云無乎아. 子는 以爲하되 有志者
    ㅣ 盡是英雄이라 하노니 何故오. 此等 연설가와 문장가와 下淚客을
    不見乎며 不知乎아.182)

  신채호는 국권을 잃은 이 위험한 시기에 처하여 전국민이 '신국민'이
되고 특히 청년들이 '신청년'이 되어 '신동국 영웅'들이 됨으로써 국권
회복을 위하여 '영웅적'으로 투쟁할 것을 기대해서 '신동국 영웅론'을
주장한 것이었다. 신채호가 《이태리건국 삼걸전》을 번안하고, 《을지
문덕전》, 《이순신전》, 《최도통전》을 지어 국민을 계몽한 이유는 대한
의 신청년들이 그대로 그를 숭배하고 따르라는 뜻이 아니라 "과거 영웅

─────────────
181) "20세기 新東國之英雄," 앞의 책, p. 116.
182) "西湖問答,"《전집》, 별집, p. 145.

의 역사를 찬(讚)하여 미래 영웅의 산출을 최(催)"[183] 하기 위한 것이
었다. 즉 '무수한' 대한제국의 청년들이 을지문덕·이순신·최영 등과
같은 사람의 행적을 배워서 '무수한' '미래 영웅'이 되어 국권회복을 위
해서 영웅적으로 투쟁할 것을 기대한 것이었다.

신채호가 구태여 이 경우에 '신영웅론'을 강조한 것은 '기회'의 문제
와 관련되어 있다. 그는 한말의 '기회론'을 매우 적극적으로 해석하고
주장하였다. 신채호에 의하면 영웅은 '기회'를 앉아서 기다리지 않고
스스로 만드는 것이다.

> 기회자는 영웅이 自造하며 영웅이 自攫하나니, 膽을 練하여 그 險
> 을 能踰하며 志를 勵하여 그 難을 耐하며 지식을 充하여 그 來를 善
> 察하며 능력을 盡하여 그 逝를 勿縱하라. [184]

신채호는 한국의 신청년·신국민들이 '무수한', '영웅'들이 되어 '기
회'의 도래를 앉아서 기다리지 말고 국권회복의 '기회'를 적극적으로
'자조'(自造)하기를 주장한 것이었다. 신채호는 "군영회합(群英會合)에
천의(天意)도 가승(可勝)이요, 천기(天機)도 가탈(可奪)이라, 시무(時
務)의 불식(不識)을 하환(何患)이며 시세의 미조(未造)를 하환이리
오"[185] 라고 강조하면서 '무수한 신동국 영웅'들이 '단체'를 이루어 '회합'
해서 국권회복의 '기회'를 적극적으로 '자조'할 것을 주장하였다.

신채호의 신동국 영웅론은 국권회복을 위한 그의 보다 '적극적'이고
'영웅적'인 투쟁의 주장과 깊이 관련되어 있다고 볼 수 있다.

---

183) "韓國의 第一豪傑大王," 같은 책, p. 191.
184) "機會는 不可坐待," 같은 책, p. 115.
185) "西湖問答," 같은 책, p. 145.

3) 외경사상과 신동국영웅

신채호의 애국계몽사상 중에서 중요한 위치를 차지하는 것으로 '외경사상'(外競思想)이 있다. 이것은 벤자민 키드 등의 사회진화론의 영향을 받아서 형성된 것이지만, 신채호는 이를 자기 역사와 관련시켜 해석하고 적용함으로써 독자적 관점을 수립하기에 이르렀다. 그의 신동국 영웅론도 외경사상과 직접 관련되어 있다.

신채호에 의하면, 한국사회 고대에는 '외경력'이 매우 강성하였다. 특히 부여·고구려 시대에는 '자강'이 이룩되고 '외경사상'과 '외경력'이 강했으므로 중국은 물론 그 어느 나라도 이를 넘보지 못하였다. 그러나 고구려가 멸망한 이후로는 '외경'에 힘쓰지 않게 되었다. 186) 특히 발해가 멸망한 이래로 한민족은 '외경력'이 약해져서 온갖 이민족이 한국 민족의 발상지인 만주를 점유하여도 이를 받아들여 반도 내의 한구석에 엎드려 있는 것을 달게 여기기에 이르렀다. 187)

그에 의하면, "경쟁은 인의 천직이며 생활하는 자본"188)인데, "한국이 금일 차경(此境)에 지(至)함은 기백 년 동해 일각에 처하여 대치한 열국이 무(無)함으로 경쟁의 사상이 불기(不起)하여 무강(武强)이 삼국시(三國時)에 불급(不及)하고 침침(沈沈)히 일퇴(日退)하여 차경(此境)에 지(至)"189)한 것이다.

신채호가 우리나라의 역사상의 영웅들의 전기를 쓴 동기도 '외경사상'을 고취하기 위한 것이 그 중요한 목적의 하나였다. 신채호는 고구려의 광개토대왕(永樂大王)을 그리스의 알렉산더 대왕과 여러 가지 측면에서 대비하여 찬양하면서, 서양인들이 알렉산더 대왕을 찬미하는 것은 '외경사상'을 고취하기 위한 것이라고 지적하고, 그가 특히 광개

---

186) "韓國과 滿洲," 《전집》, 별집, p. 232 참조.
187) "滿洲問題에 就하여 再論함," 같은 책, p. 241 참조.
188) "東國巨傑 崔都統傳," 《전집》, 중권, p. 424.
189) "韓·日合倂論者에게 告함," 《전집》, 별집, p. 209.

214

토대왕에 대하여 존경의 글을 쓰는 것도 국민의 '외경사상'을 고취하고 '조국위광'(祖國威光)을 빛내기 위한 것이라고 시사하면서 다음과 같이 국민의 각성을 촉구하였다.

연이나 彼(서양인 — 필자)가 此(알렉산더 대왕 — 필자)를 숭배하며 차를 찬미하며 차를 傳記하여 그 인물을 天神같이 尊하며 그 遺史를 금옥같이 愛함은 惟 그 外競思想을 고취하여 祖國威光을 발휘키 위함이어늘, 惟 차 한국동포는 세계절대영주 永樂大王의 유적을 能述치 못하여 祖王의 胎謨를 亡하며 조국의 명예를 掩하였으니, 여차하고야 어찌 외경사상을 能奮하며 조국위광을 不墜하리오. 190)

신채호는 《을지문덕전》에서도 을지문덕의 외경에서의 찬연한 승리를 찬미하면서, 후세에 '외경력'이 떨어진 것을 개탄하고, 다음과 같이 '을지문덕주의'의 '자강'과 '외경력'을 동포들이 배우고 가질 것을 촉구하였다.

고로 古歌에 왈 "가자 가자 어서 가자 오늘에 아니가면 다시는 갈 날 업다" 운운홈이 便是 吾人 경쟁계에 우승열패의 공리룰 指明한 一天書로다. 三國시의 산천도 只是 금일 산천이며 풍물도 只是 금일 풍물이며 인종은 只是 금일 吾輩의 祖先이어늘 乃是 후세의 外競力이 愈下 愈劣홈은 何故인가. 此는 求進 求退의 異效로다. 强은 불가라 ᄒ야 惟弱을 是務ᄒ며 大는 불가라 ᄒ야 惟小룰 是欲홈으로 타국을 稱ᄒ민 必曰 대국강국이라 ᄒ며 자국을 칭ᄒ민 必曰 소국약국이라 ᄒ야 卑辭增弊로 국방을 作ᄒ며 談經賦詩로 軍備를 代ᄒ야 東으로 대마도룰 讓ᄒ며 西으로 鴨綠以西를 盡失ᄒ고 一龜玆國됨을 甘心ᄒ얏스니 日退가 如此ᄒ고야 日弱을 豈免가.
　所以로 을지문덕주의는 敵이 大ᄒ야도 必進ᄒ며 적이 强ᄒ야도 아 필진ᄒ며 적이 銳ᄒ던지 勇ᄒ던지 아 필진ᄒ야 일보를 退홈에 其

190) "韓國의 第一豪傑大王," 《전집》, 별집, p. 191.

汗이 背에 沾ㅎ며 一毫를 讓홈에 그 血이 腔에 沸ㅎ야 此로 자신을
勵ㅎ며 차로 동료를 鼓ㅎ며 차로 전국민을 作興ㅎ야 그 生을 조선으
로 以ㅎ며 그 死를 조선으로 以ㅎ며 一息一飽를 조선으로 以혼 결
과에 여진부락이 皆 是 我의 식민지를 作ㅎ고 支那天子를 幾乎 我
手로 生擒케 되얏스니, 오호라 토지의 大로 그 國이 大홈이 아니며
兵民의 衆으로 그 국이 强홈이 아니라 惟 自强者大者가 유ㅎ면 그
國이 강대ㅎ나니 賢哉라 을지문덕주의여. 191)

　신채호는 발해 멸망 이후 장기간 '외경력'이 약화된 속에서 최도통
(최영) 한 사람이 다시 '외경사상'을 발휘하여 고대의 자기 민족의 구
토(舊土)를 광복하려다가 대지를 꺾이었다고 개탄하면서, 192) 《동국거
걸 최도통전》에서 "단군구강(檀君舊疆)이 다물(多勿, 古語에 국토회복
을 曰 다물)의 경(慶)을 거둘"193) 기회를 잃게 되었다고 한탄하였다.
신채호는 또한 《이순신전》에서 이순신의 구국한 공적을 설명하면서
"오호라. 아민족의 외경력이 여차 감퇴한 시대에 공이 내유(乃有) 하였
으니 어찌 가경(可驚) 할 바"194) 아니겠는가 라고 지적하고 '외경력'이
가장 약한 시대에 "아 민족을 활(活) 하여 아 역사를 광(光)"195) 한 곳에
이순신의 특이한 위대성이 있다고 찬미하였다.
　신채호는 당시에 국민들이 각성하여 신사상과 애국심을 갖고 외경
력을 기르고 있으므로 일본이 한국을 쉽게 병탄하지 못할 것이라고 이
른바 '한일 합병론자'에게 경고하였다. 196)
　신채호가 신동국 영웅론을 주창한 것은 일본 제국주의와 이민족의
침략에 대항하는 '외경력'을 길러 일본 제국주의로부터 국권회복을 쟁

191) "乙支文德,"《전집》, 중권, 별항, pp. 29～31.
192) "滿洲問題에 就하여 再論함,"《전집》, 별집, p. 241 참조.
193) "東國巨傑崔都統傳,"《전집》, 중권, p. 455.
194) "李舜臣傳,"《전집》, 중권, p. 140.
195) 같은 글.
196) "韓·日合倂論者에게 告함,"《전집》, 별집, pp. 204～207 참조.

취하는 민족적 과제를 수행하기 위해서 모든 국민이 영웅적으로 투쟁할 것을 고취하기 위한 것이었다고 볼 수 있다.

10. 사회관습개혁론

1) 가족주의관념의 타파

신채호는 낡은 사회관습을 개혁하여 신관습과 신도덕을 수립코자 계몽하였다. 신채호가 첫째로 강조한 것이 가족주의관념의 타파였다.

신채호는 한국이 가족관념·가문관념·씨족관념이 너무 강하여 국가관념이 성장하지 못함을 비판하였다.[197] 그는 국권을 잃어버린 위기의 시대를 만나서 아직도 "가족적 관념만 흉리(胸裡)에 팽창"[198] 한 사람들을 날카롭게 규탄하였다. 신채호는 그 예로 ① 신학문을 구국을 위해서 하는 것이 아니라 가족·가문의 번성을 위해서 하며, ② 당년 세도가 안동 김씨 등이 종약학교(宗約學校)·가문학교를 설립한 사실들을 예로 들면서 이러한 것들은 "가족관념의 고착"[199] 이라고 비판하고, 이러한 '가족주의'는 '국가관념', '국민적 단결', '국민적 사업'에 방해가 된다고 다음과 같이 비판하였다.

> 정신이 一錯하면 만사가 盡墮하고 두뇌가 一破하면 百體가 俱死하나니, 彼가 旣是 가족관념에 기인하여 가족교육을 設行한즉 기하에서 가족사상만 발달하고 가족사업에 매몰하여 一國山河를 毁丹에 輸送커든 그 園에 陟하여 吾家의 一片田庄이나 獨完한가 하며, 一國生靈을 지옥에 埋ㅣ 커든 그 室에 入하여 吾家의 數口처자나 獨

197) "20세기 新東國之英雄,"《전집》, 하권, pp. 111~116 참조.
198) "打破 家族的 觀念,"《전집》, 별집, p. 164 참조.
199) 같은 글 참조.

安한가 하여, 國이란 一念은 腦에 不照하며, 民族이란 이자는 眼에
不暎하여 彼의 癡心癡想이 국가의 安危는 불문하고 門戶의 보전만
圖코자 하리니, 此는 수백여 姓을 分하여 수백여 부락을 建함이며,
이천만口를 散하여 이천만口를 作함이니, 비록 국민적 단결을 圖하
여 국민적 사업을 행코자 한들 어찌 可得하리오. 고로 吾가 동포의
사상발달을 祝하나 가족사상의 발달은 不祝하는 바며, 교육진보를
원하나 가족교육의 진보는 불원하는 바로다.[200]

신채호는 국민들에게 '국가'를 '대가족'으로 생각하여 가족을 사랑하
는 것과 같이 국가를 사랑할 것을 촉구하였다.[201]

2) 사당관념(私黨觀念)의 타파

신채호는 가족주의관념 다음으로 특히 유자(儒者)들 사이의 '사당관
념'의 타파를 강조하였다.[202]

신채호는 당시에 가문과 당색별로 사회단체를 조직하는 것을 비판
하였다. 예컨대 저명인사들인 신모가 영천학계를 조직하고 이모가 한
산학회를 조직한 것을 지적하면서, 교육은 좋으나 가문이나 사당(私
黨) 중심의 관념은 타파하여 국가의 차원으로 그것을 발전시켜야 한다
고 강조하였다.[203]

신채호가 격렬하게 비판한 것은 바로 유림들의 사색당쟁의 관념의
잔재였다. 그는 "산림(山林) 한일월(閑日月)에 유자의 심뇌(心腦)가
공부(空腐)하여 경쟁하는 자는 사당승패(私黨勝敗)가 시(是) 며"[204] 라

---

200) "打破 家族的 觀念," 《전집》, 별집, p. 165.
201) "國家는 卽 一家族," 같은 책, pp. 148~149 및 "家族敎育의 前途," 같은 책,
     pp. 146~147 참조.
202) "20세기 新東國之英雄," 《전집》, 하권, pp. 115~116 참조.
203) "家族敎育의 前途," 《전집》, 별집, pp. 146~147 참조.
204) "20세기 新東國之英雄," 앞의 책, p. 115.

고, 유림들의 사당과 사당관념의 잔재를 날카롭게 비판하고 이러한 낡은 관념을 타파할 것을 주장하였다.

3) 계급의 타파와 평등주의

신채호는 사회관습을 개혁하고 신도덕을 수립하기 위하여 '계급'의 타파와 '평등'을 주장하였다. 신채호는 인간은 모두 '평등'한 것이며, '불평등주의'는 악마로서 도덕 · 정치 · 종교 · 경제 · 법률 · 학술 · 무력 등 사회의 모든 부문을 망치는 것이라고 지적하였다. 그는 '평등주의'를 행하는 나라는 반드시 흥하고 '불평등주의'를 행하는 나라는 반드시 망한다고 다음과 같이 강조하였다.

> 대범 吾人의 인류가 피 창조설과 如히 上帝가 창조하였던지 又 피 진화설과 여히 자연으로 진화하였던지 인류는 평등이니, 연칙 강자도 人, 약자도 人, 부자도 人, 빈자도 人, 왕후 · 장상 · 영웅 · 성인도 人, 樵夫 · 牧童 · 愚夫 · 愚婦도 人이라. 如斯히 인류는 인격이 평등이요 인권이 평등이니, 오호라. 피 불평등주의는 인류계의 악마요 생물계의 죄인이로다. 피 불평등의 怪幟가 一現하면 도덕이 망하며, 정치가 망하며, 종교가 망하며, 경제가 망하며, 법률이 망하며, 학술이 망하며, 무력이 망하여, 세계는 암흑하고 생민은 焦死하나니, 慘毒하도다. 불평등의 禍여. 고로 평등주의가 행하는 국은 반드시 흥하였나니, 구미 문명 각국이 是요, 불평등의 주의가 행한 국은 반드시 망하였나니, 彼蘭 · 인도 등 국이 是라. 오호라 민국의 불행이 불평등에서 심한 자ㅣ 무하도다. [205]

신채호는 한국이 오늘날 이 지경에 이르게 된 첫째 원인을 '불평등'이라고 들면서 '불평등'의 3자는 한국의 최대 원수라고 지적하였다. 신채호는 갑오개혁에 의하여 한반도의 불평등제도가 폐지된 후 전국 동

---

205) "20세기 新國民." 《전집》, 별집, p. 215.

포가 각성하여 복리의 길로 나가고 있지만 아직도 불평등의 잔재가 남아 있다고 지적하면서 그 대표적인 것을 다음의 세 가지로 들었다. [206]

① 씨족의 계급 - 이것은 즉 한국의 제 1불행의 제도이다. 그 사독 (肆毒)이 가장 잔학한 것이다.
② 관민의 계급 - 이것은 즉 한국의 제 2불행의 제도이다. 그 사독이 씨족계급에 버금가는 것이다.
③ 적서(嫡庶)의 계급 - 이것은 즉 한국의 제 3불행의 제도이다. 그 사독이 역시 관민계급에 버금가는 것이다.

신채호는 이외에도 ④ 사·농·공·상의 계급, ⑤ 남녀의 계급 등이 있어서 그 해독을 끼치고 있다고 지적하고 계급주의를 한칼로 타파할 것을 다음과 같이 호소하였다.

오호라. 동포여. 동포는 生코자 하는가, 死코자 하는가, 存코자 하는가, 亡코자 하는가. 생하며 존하려거든 차 亡國滅民의 계급주의를 一刀로 斷去할지어다. 차를 과연 단거할진대 국리민복의 攫得이 反掌과 如하리로다. [207]

신채호는 계급주의 타파에 의한 사회개혁의 실현과 국리민복의 획득에서 국가와 민중의 흥륭의 길을 발견했다고 볼 수 있다.

4) 자유사상과 자유생활양식의 실행

신채호는 '자유'를 우리들의 제 2생명이라고 하면서 신체의 죽음은 유형의 죽음이지만 자유의 죽음은 무형의 죽음이라고 지적하였다. 왜냐하면 사람을 사람이라 하는 것은 인격이 있기 때문인데, 자유를 잃

---

206) 같은 책, pp. 215~116 참조.
207) 같은 책, p. 216 참조.

220

은 사람은 인격이 없어서 일금수(一禽獸)나 일목석(一木石)과 같기 때문이다. 또한 그는 형이하학적으로 볼지라도 비록 오늘 수치의 생명을 유지했다 할지라도 그 자유를 회복하지 못하면 필경 멸망을 면하지 못하니, 이것은 자유의 죽음이 곧 신체의 죽음과도 같은 것이라고 말할 수 있다고 하였다.

신채호에 의하면 한국은 종래 '자유'의 두 자도 모르는 나라이다. 그렇기 때문에 사회적으로는 세력가의 노예가 되며, 정신적으로는 사상계의 노예가 되며, 정치적으로는 현상계의 노예가 되어, 자유사상과 자유생활을 발전시키지 못했다고 다음과 같이 세 가지 측면을 특히 비판하고, 자유사상과 자유생활의 관습과 도덕을 만들 것을 호소하였다.

① 세력이 중등되는 자는 세력이 상등되는 자의 노예가 되며, 세력이 하등되는 자는 세력이 중등되는 자의 노예가 되어, 혹 一身이 노예되며, 혹 一家가 노예되며, 혹 擧國이 노예되어, 필경 全國 중에 비노예자는 一人도 무함에 至하고,

② 中古人의 사상은 上古人의 사상의 노예가 되며, 금인의 사상은 중고인의 사상의 노예가 되어 牛溲 馬勃의 腐說이라도 古人의 餘睡라면 天使의 명으로 봉하며, 翻天運地의 위업이라도 후인의 所爲라면 怒劍을 거하여 斥하고,

③ 현상의 노예를 樂作하여 因循姑息을 是事하고, 치욕고통도 不計하여 狗苟의 생명을 保하고 回天의 雄圖를 忘하여 貢使의 北行이 오백 년을 不絕하고 剝民의 蒡政이 수세기에 安亘하였도다. 208)

신채호는 자유사상과 자유생활의 관습만이 국민을 노예의 정신상태와 관습에서 해방시켜 주는 것이라고 주장한 것이었다.

208) "20세기 新國民,"《전집》, 별집, pp. 216~117 참조.

5) 사리심(私利心)의 타파와 정의의 수호

신채호는 한국동포가 정의(正義)가 전무함은 아니나 '대'를 잃고 '소'를 얻을 뿐이어서 나라가 위태로워도 애통해하는 사람이 많지 않고 이 민족이 침략해 올 때 그 향도(嚮導)되는 자가 나오지 않는다고 개탄하고, 오늘날 한국동포는 정의를 힘쓸 필요가 절실하다고 강조하였다. 신채호가 말하는 정의는 국권을 회복하고 지키는 '의'를 바르게 하는 일과 직접적으로 관련된 것이다.

또한 신채호는 사리심을 통혁(痛革)해야 한다고 강조하였다. 그는 사리심의 강대가 한국동포의 통폐라고 지적하면서, 이로 인하여 혹 일인(一人)을 해하며, 혹 일군(一郡)을 해하며, 작게는 기민탈취(欺民奪取)를 일삼고 크게는 매군매국(賣君賣國)을 꺼리지 않게 되었다고 지적하였다. 그는 우리나라의 상하가 모두 사리를 추구하기에 급급하다고 비판하면서 오늘날 백성이 쇠약하고 나라가 무너짐에 사리심이 일대 원인이 되었다고 지적하고, 한국동포는 바로 이 사리심을 타파해야 한다고 강조하였다.[209]

6) 미신의 타파

신채호는 '미신'이 또한 일부 동포의 악습이라고 지적하고 미신타파를 강조하였다. 그는 한국인의 미신을 다음과 같이 세 가지로 나누어 비판하였다.[210]

① 잡술의 미신이니, 즉 무복(巫卜)·풍수·일가(日家)·기술(奇術) 등이 이것이다. 이것은 모두 근거 없는 망령된 행동이요 백성을 병들게 하는 악습이다.

---

[209] "20세기 新國民,"《전집》, 별집, pp. 217~118 참조.
[210] 같은 책, p. 218 참조.

222

② 운명의 미신이니, 노력하지 않고 운명을 믿는 것으로 국가의 해
　가 크다.
③ 자연현상에 대한 미신이니, 국가에 화를 낳음이 적지 않다.

7) 의용(毅勇)의 선양

신채호에 의하면 한국동포는 '의용'이 크게 결핍되어 있다고 한다.
어떠한 사상이 있어도 오직 의용을 기다린 후에야 실행하는 것이며,
어떠한 경륜이 있어도 오직 의용을 기다린 후에야 성공하므로, 의용은
국민의 간성(干城)이라고 할 수 있다. 하물며 현 세계는 분투가 극렬
한 세계이다. 열강이라는 승냥이와 이리가 땅에서 싸우며 전쟁의 풍운
이 하늘을 덮으니 의용이 없으면 열패를 면할 수 없다.

신채호에 의하면 한국동포는 '의용'이 크게 결핍되어 있기 때문에 겁
유번뇌(怯濡煩惱)에 쉽게 지며 후퇴와 패배를 쉽게 만든다. 그러한즉
한국동포는 이 의용을 선양하여 모험진취(冒險進取)하며 강장인내(强
壯忍耐)하여 국민의 정신기력을 크게 발휘해야 할 것이라고 강조하였
다.[211]

8) 공덕심과 공공심의 함양

신채호에 의하면 자기 시대의 한국동포는 공공심·공덕심이 약하고
이기심과 배제성이 많다. 상당수의 국민이 개인이 있는 줄만 알고 사
회가 있는 줄을 모르며, 가족이 있는 줄만 알고 국가가 있는 줄을 모
르니 뜻 있는 이의 통탄할 바가 아닐 수 없다는 것이다.

신채호는 한국동포가 공덕심과 공공심을 일으키고 길러서 특히 단
체에 충실할 것, 공익에 힘써서 동포를 자신으로 보며 국가를 자가(自

---

211) "20세기 新國民," 《전집》, 별집, p. 218 참조.

家)로 볼 것을 강조하였다. 212)

9) 정당한 사업의 전문화

신채호는 한국동포들이 일을 할 때 '정당'한 사업을 택해서 해야 하며, 선택한 한 가지 사업을 '전문화'해서 해야 한다고 주장하였다.

비록 정당한 일이라도 '전문화'하지 아니하여, 예컨대 교육에 유의하는 자가 또 실업에 유의하며, 학술에 유의하는 자가 또 정치에 유의하여, 아침에는 동쪽에 나타났다가 저녁에는 서쪽에 나타나며, 아침에는 상류로 향했다가 저녁에는 하류로 향하면, 아무리 출몰이 귀신같이 민첩하고 일신(一身)이 천억(千億)을 화하며 일설(一舌)이 천백(千百)을 화하여 천하의 사(事)를 낱낱이 자기 손으로 하고자 하더라도 외면의 열심은 존경할 만하나 실제의 성사는 기대하지 못한다고 비판하였다. 213)

10) 근면과 장구성(長久性)의 함양

신채호는 비록 단순하고 작은 한 가지 일이라도 나타(懶惰)하여 오늘의 일을 내일로 미루고 내일의 일을 모레로 미루어 세월을 다 던져보내버리고 기회를 헛되이 헤아리는 것을 비판하였다. 하물며 풍운의 시대를 맞아서 국권회복과 국가의 행복을 도모하여 두 어깨에 회천전일(回天轉日)의 사업을 기하는 사람들은 모든 일에 특히 근면해야 한다고 그는 강조하였다.

또한 신채호는 비록 근면히 일을 하더라도 만일 '계속성'이 결핍하여 항상 소나기식으로 일각 일시에 이를 완료하고자 하다가 이루지 못하는 경우에는 담력이 꺾이고 혈기가 사라져서 낙망의 굴에 떨어져 전공

---

212) 같은 책, pp. 218~219 참조.
213) "人生의 目的을 確定함이 可함,"《전집》, 별집, pp. 192~293 참조.

(前功)을 잃어버리는 경우가 많음을 비판하였다. 신채호는 일을 함에 '장구성'을 강조하고, 이십 년, 삼십 년, 사십 년, 장기계획을 세워서 '장구'하게 목적하는 사업을 달성하는 의지와 관습을 기를 것을 강조하였다. 214)

신채호는 이상과 같은 사회관습개혁이 신국민을 만들고 국권회복의 목적을 달성하여 신국가와 신사회를 건설하는 매우 중요한 기초작업임을 거듭거듭 강조하였다.

11. 신국민경제론

신채호는 열강의 제국주의적 무역경쟁이 최근에는 군사경쟁과 마찬가지로 치열함을 지적하면서 갑국이 을국을 대함에 반드시 경제경쟁을 먼저 하고 강국이 약국을 대함에 반드시 경제의 장악과 침략을 먼저 하므로 우리나라도 경제상의 우승열패에 대처해야 한다고 지적하였다.

신채호는 당시의 한국경제의 상황은 경제의 사상이 매우 결핍하고 경제의 능력이 매우 미약하여 외국인의 발호를 오직 방임하고 광구(匡救)의 방책을 만들지 못했기 때문에 전국의 혈맥이 거의 소진하고 있다고 개탄하였다. 신채호는 한국의 경제의 곤핍이 이 지경에 이르게 된 형편과 원인을 다음과 같이 지적하였다. 215)

① 생산의 부족
한국이 외국과 통상을 시작한 이후로 외래화물의 需用이 날로 증가하지만 생산의 발달은 이에 전연 따르지 못하였다. 농업생산은 한국인의 유일한 산업이나 이것 역시 개량이 없었다. 삼림은 거론할 필

---

214) 같은 책, pp. 193~195 참조.
215) "20세기 新國民," 《전집》, 별집, pp. 220~223 참조.

요도 없을 정도이다. 광물과 수산은 외국인에게 모두 돌아갔다고 말해도 가할 정도이다. 공업은 매우 적고 어리며 뒤떨어진 정도가 더욱 심하다.

② 상업의 부진

한국에서는 상업이 발달하지 못하여, 해륙무역의 대상도 발달하지 못하고 국내 소상업도 날로 퇴폐하였으며, 밖으로는 수출입의 역조가 극에 달하여 금전이 고갈되었고 안으로는 외국인의 경쟁이 치열하여 상권을 외국인에게 정복당한 형편이다.

③ 遊民의 다수

한국에는 자래로 유민이 매우 많아서 서생·宦族·土豪·鄕紳을 비롯하여 협잡자·잡술자·부랑자 등에 이르기까지 어떠한 노동도 하지 않고 어떠한 恒産도 없이, 일가 일문이 遊衣遊食을 일삼아서 미미하고 무력한 農商工家의 利를 빼앗아 취하여 국민의 기생충이 되는 자가 다수이다.

④ 정치의 영향

정부의 정책이 산업·교통 등의 발달에 힘쓰지 않고 경제의 발달에 힘쓰지 않았다.

신채호는 한국이 기후로 보든지, 지세로 보든지, 토지력으로 보든지, 천산물(天產物)로 보든지, 실로 경제의 부성(富盛)을 이루어야 할 터인데 이와 같이 경제의 발달을 보지 못한 원인을 ① 근면력의 부족, ② 진취력의 부족, ③ 정치상 권리의 부족, ④ 사회정책 시설의 결핍, ⑤ 수백 년 압제정치의 악한 결과, ⑥ 그로 말미암아 생긴 국민의 국민경제의 사상 능력의 결핍 등을 들었다. [216]

신채호는 이제 이미 정부는 믿을 것이 못되니 국민이 스스로 근면력을 분발하고 진취력을 분발하며, 국민의 경제사상의 능력을 분발하여 어떠한 경제사업을 경영하든지 반드시 '신국민경제' 건설의 목적을 세워서 문명한 기술지식을 발달시키고 경제사업을 속히 분발하여 일으켜

---

216) 같은 글, p. 223 참조.

야 한다고 하였다. 만일 국민들이 자발적으로 그렇게 하지 않으면 지금 일본인의 경제세력이 그들 정부의 지원 하에 바야흐로 삼천리 강산을 모두 경제적으로 붕괴시키고 있으므로 나라의 위급함이 눈앞에 있다고 다음과 같이 지적하였다.

> 又 再思 三思하라. 금일 한반도에 盲風怪浪이 여하한가. 피 日人의 경제계 세력이 삼천리강산을 懷裏하여 피의 정부는 장려하며 피의 인민은 奮躍하여 大潮의 횡행같이 그 勢가 慘壯하니, 금일 한국동포는 何방법으로든지 가히 국민경제의 倒懸을 解하며, 가히 국민경제의 발전을 啓할 수가 있을진대, 설혹 我 一身에는 목전의 小利가 무하더라도 我의 체력·지력·재력을 樂捐하여 국민경제의 功을 成하여야 可히 피 외래의 세력을 對峙하고 동포의 생명을 유지할지니, 勉하라 동포여. 217)

신채호는 신국민경제를 발달시키기 위하여 한국동포가 실행해야 할 경제사업상의 시급한 것으로 다음의 세 가지를 나누어 설명하였다. 218)

① 국가가 직접 경제정책으로 실행해야 할 것을 국민동포가 실행할 것. 신채호는 그 내용으로서 국민동포가 자력을 합하여 국내에 대규모의 실업학교의 설립, 공장 등의 건설, 외국인 교사·기술자의 초빙, 해외에의 유학생 파견, 국민으로 하여금 실제적으로 실업상 기술지식을 발달케 하여 실업개발의 기초를 만들 것을 제시하였다.
② 산업의 개량발달을 空論하지 말고 실행할 것.
③ 세계인과 무역을 크게 확장하여 한국으로 하여금 세계적 국가의 본래의 능력을 발휘하여 세계시장의 이익을 널리 얻도록 할 것.

---

217) "20세기 新國民,"《전집》, 별집, p. 224.
218) 같은 책, pp. 224~225 참조.

신채호의 신국민경제론의 초점은 현대과학기술에 기초한 자립적 현대산업경제를 건설함으로써 신국가의 경제적 기초를 수립하여 일본 제국주의의 경제침략을 막을 뿐만 아니라 나아가서는 세계시장에 진출하여 열국과 경쟁할 수 있도록 촉구한 것이었다.

12. 민족종교론

신채호에 의하면, 종교는 국민에게 좋은 감화를 주는 일대 기관이다. 국민의 정신기개가 이에 기초하는 것이 많고, 국민의 정의·도덕이 이에서 발하는 것이 많다. 그러므로 구미열강도 종교와 교육을 자매의 관계로 보아 보호 확장하는 것이라고 그는 설명하였다. 그러나 신채호는 종교의 노예가 될 뿐이요 국가관념이 없는 종교이거나, 종교의 신도가 될 뿐이요 국민정신이 없는 종교는 결코 이십세기 신국민의 종교가 아니라고 하였다.[219] 그는 이러한 입장에서 당시의 각 종교의 문제를 다음과 같이 관찰하였다.

1) 유교의 개혁

신채호에 의하면, 조선왕조 오백 년 동안에 국민 중 제1위에 처했던 자가 '유림'(儒林)이며, 가장 영향력을 많이 끼친 종교가 '유교'(儒教)이다. 그에 의하면 유림이 이렇게 대우를 받은 것은 초기에는 유림이 "국가사상이 침후(深厚)하여 평시에는 도덕과 학문으로 황유(皇猷)를 비보(裨補)하며, 난세에는 백의로 종군하여 구적(寇賊)을 척토(斥討)하였으니, 임진지변(壬辰之變)에도 팔도 의병장이 십분의 팔, 구

219) "20세기 新國民,"《전집》, 별집, p. 227 참조.

228

는 모두 유림(儒林) 중 인물"[220] 이었기 때문이었다. 그러나 신채호에 의하면 자기 시대의 유교는 "유교를 신앙하므로 쇠약한 것이 아니라 유교의 신앙이 그 도를 부득(不得)하였기 때문에 쇠약이 극에 이르렀다"고 하였다. 신채호가 당시의 유교의 폐해와 문제점으로 든 것은 다음과 같다. [221]

① 俗儒들이 말로는 공자·맹자·顔回·曾參을 말하나 그 뇌수에는 오직 부귀를 구하며, 외면으로는 인의와 예지를 말하나 그 내용으로는 오직 명예를 낚을 뿐이었다.
② 선현의 정신은 배우지 않고 선현의 형식만 모방하면 이를 선생으로 받들어 그 流風이 '실'을 버리고 '허'를 좇으므로 도덕의 진리는 절반도 실천하지 못하였다.
③ 또한 몇 사람의 철인 군자가 있어서 진심으로 유교를 숭배하며 유교를 신앙할지라도 이 역시 그 眼光이 '大同'에 미치지 못하고 단지 '小節'에 구구할 뿐이었다.
④ 유교를 扶植코자 하는 자는 대체로 '형식'을 중시하고 '보수'를 전적으로 생각하여 신사업에 반대하는 자가 많았다.
⑤ 유교의 流弊가 '奢美'를 크게 억압하여 아름다운 문물공예의 발달을 저해하였다. [222]
⑥ 유림 중에는 눈이 멀어서 '존화주의'나 주장하며 '완고사상'이나 고취하는 자가 많았다. [223]

신채호는 당시 유림의 비중이 크며 유교의 풍속과 관습이 매우 많기 때문에 유교개혁이 백성과 나라의 장래의 명운과 행복에 절실하다고 지적하고 주로 다음의 세 가지 측면에서 유교개혁을 강조하였다.

---

220) "警告 儒林同胞," 같은 책, p. 105.
221) "儒教界에 대한 一論," 같은 책, pp. 108~109 참조.
222) "古物陳列所觀 高麗磁器有感,"《전집》, 별집, pp. 230~231 참조.
223) "儒教擴張에 對한 論,"《전집》, 하권, p. 119 참조.

첫째, 유림 중에는 오늘날 유교확장을 주장하여 대동학회 회원으로 '일본과의 결탁(結日)'을 역창(力唱)하는 유림이 많은데 "충군애국과 구세행도(救世行道)의 유교의 본지(本旨)"[224]로 돌아와서 국권회복운동의 편에 서야 한다는 것이다.

신채호는 "유교확장을 창(唱)하는 자가 그 진리를 배치하여 매국노의 추행으로 황금이나 낚아얻으며, 벼슬이나 도취(盜取)하고자 하여 국가의 적이요 유교의 적"[225]이 되고 있다고 규탄하였다.

둘째, 유림들은 '보수', '수구', '완고사상', '존화주의'를 버리고 '신사업'에 나아가 '민지'(民智)를 진흥하고 '국권'을 옹호하는 데 적극적으로 나아가야 한다는 것이다. 신채호는 "오호라. 교계 동포여. 여금(如今)이라도 과연 유교의 진의를 발휘하여 보수를 변(變)하고 실천을 무(務)하며, 수구를 변하고 취신(就新)을 약(弱)하며 필야(必也) 침정(沈靜)을 변하고 활동을 무(務)하면, 필야(必也) 민지(民智)를 진흥하며 국권을 옹호하여 유가의 대광채를 섬동(閃動)할 일일(一日)이 유할진저"[226]라고 호소하면서, "우학자(愚學者)의 맹안(盲眼)으로 존화주의나 주장하며 완고사상이나 고취하고자 하여 유교확장을 창하는 자는 문명의 적이요 유교의 적"[227]이라고 규탄하였다.

셋째, 유림들은 '허위', '허학', '형식'을 버리고 '실학'을 힘쓰며, '소강'(小康)을 버리고 '대동'으로 나아가야 한다는 것이다.

신채호는 "이른바 유교확장가여, 유교를 확장코자 하면 유교의 진리를 확장하여 허위를 기(棄)하고 실학을 무(務)하며, 소강(小康)을 기(棄)하고 대동을 무(務)하여 유교의 광(光)을 우주에 조(照)할지어다"[228]라고 호소하였다.

---

224) "警告 儒林同胞,"《전집》, 별집, p. 106.
225) "儒敎擴張에 對한 論," 앞의 책, p. 119.
226) "儒敎界에 對한 一論,"《전집》, 별집, p. 109.
227) "儒敎擴張에 對한 論,"《전집》, 하권, p. 119.
228) 같은 글, pp. 119~120.

신채호는 민중들과 유림들에게 근일 박은식 씨가 "유교구신론(求新
論)"을 지어 제공했는데 이것은 '유교계의 신광선(新光線)'을 일으키는
것이니 이를 읽고 유교를 개혁할 것을 요청하였다. 229) 신채호의 유교
개혁론은 박은식의 "유교구신론"과 본질적으로 같은 내용을 가진 것이
며 박은식의 주장을 따른 것이었다 라고 볼 수 있다. 230)

2) 구세불교론(救世佛敎論)

신채호에 의하면, 그 자신은 불교의 심오한 뜻을 잘 알지 못하지만
그가 알기로는 불교 팔만대사천게(八萬大四天偈)의 개권(開卷) 제일
의(第一義)는 '구세'(救世)에 있으며, 이 '구세'주의를 버리면 불교는
없는 것과 마찬가지이다. 231) 또한 한국 불교에는 역사적으로 하나의
특색이 있으니 '국가주의'를 강(講)하는 것이 바로 그것이다.

삼국시대에 국난에 몸을 바친 승도(僧徒)가 사책(史冊)에 얼마든지
나오는바, 신라의 원광(圓光) 선사가 항상 용병승패(用兵勝敗)의 이둔
(利鈍)을 연구하여 충절을 면려(勉勵)하였고, 고구려에는 수양제의
입구시(入寇時)에 을지문덕과 동사(同事)하여 유공(有功)한 칠승(七
僧)이 있었으며, 그 외에 헌신구국한 승려를 낱낱이 헤아리기 어렵고,
또 승려 이외의 충의강개자류(忠義慷慨者流)도 대부분 불학의 감화를
받은 사람들이었다고 그는 설명하였다. 고려에 이르러 최우(崔瑀) 부
자의 전권시대에 800 승려가 단결하여 적신(賊臣)을 베고 국민을 구하
려다 모두 죽음을 당했으나, 그 늠름한 의열은 지금까지도 읽는 자의
머리털을 서게 하며, 도통(都統) 최영(崔瑩)이 북벌을 꾀할 때에 승
현린(玄麟)이 이를 찬성하여 팔도승군(八道僧軍)을 단련하다가 이성

---

229) "儒敎界에 對한 一論," 앞의 책, pp. 109~110 참조.
230) 愼鏞廈, "朴殷植의 儒敎救新論・陽明學論・大同思想,"《歷史學報》, 제 73집
　　　(1977) 참조.
231) "遍告 僧侶同胞,"《전집》, 별집, p. 181 참조.

계의 정변을 당하여 최영과 동사(同死)함에 그 꽃 같은 이름이 청사를 빛내었다. 조선왕조에 들어와서는 휴정(休靜, 西山대사)·송운(松雲, 사명당) 제공이 있어서 임진란에 의군을 일으켰다.

이상의 사실은 대략만을 쓴 것이나, 불도로 '국가주의'에 열등(熱騰)한 것은 오직 한국 승려의 특색이니, 이 특색은 더욱더 한국의 승려들이 한마음으로 갖추고 지켜야 할 것이라고 신채호는 지적하였다. 특히 국권을 빼앗긴 이 시대에 불교계는 '구세'의 본지를 강연하며 한국불교의 특색을 발휘하는 것이 승려의 책임이라고 그는 강조하였다.[232]

신채호는 최근 몇몇 승려들이 시대의 풍조를 감지하고 학교를 설립하여 청년승도를 교육하는 분들이 간혹 있으나, 그 내용을 보면 서산대사와 사명당의 '구국종지'(救國宗旨)를 가슴에 품고 후진을 개도하는 자는 적고 단지 시세를 좇아서 일어를 가르치거나 통역 생활을 꾀하고자 하니 이것은 한국 승려의 수치의 하나라고 하였다.

신채호는 또 몇몇 승려들이 불교연구회를 조직하여 종문(宗門)의 면목을 보전코자 하나 저 일본승도(日本僧徒)와 같이 동서고금 철학가의 학설을 참호(參互)하여 불교의 신면목을 세우는 자는 없으니 이것 역시 한국 승려의 수치의 하나라고 지적하였다. 또한 저 일본 승도가 일본 불교를 가지고 도래하여 포교하는 자가 많은데 한국 신도에는 이에 대립하는 자가 없을 뿐 아니라 오늘날 유교계가 통감 이토 히로부미(伊藤博文)의 공작을 받고 추악한 행위를 하는 것과 같이 승려 중에도 이토 히로부미의 공작을 받은 무리가 있으니 이것 역시 승려의 수치의 하나라고 신채호는 개탄하였다.

신채호는 승려들의 '분흥'(奮興)을 촉구하면서 이 시대에 불교는 ① 불씨상전(佛氏相傳)의 구세주의(救世主義)를 잊지 말 것, ② 한국 불교의 특색인 국가주의를 잃지 말 것, ③ 신지식을 수입하여 모든 사업을 외국(일본) 승려에게 양보하지 말고 대웅(大雄), 대무외(大無畏),

232) 같은 글, pp. 181~182 참조.

대진보(大進步) 할 것을 촉구하였다. 233)

신채호는 심산각사(深山各寺)에서 선미(禪味)를 홀로 탐내어 자가 일신만 극락에 가려는 것은 불조(佛祖)의 허락하지 않는 바로써 완공 외도(頑空外道)에 떨어져 지옥에 떨어질 것이라고 지적하고 승려들의 각성을 촉구하였다.

3) 천도교의 문제

신채호는 천도교(天道敎)에 대해서는 그 신도가 상당히 성(盛)하나 아직 그 성격을 명확히 알 수 없으므로 국권회복운동에 기여할 장래를 조망(眺望)한다고 하였다. 234)

4) 기독교에의 기대

신채호는 종교 중에서 기독교에 대하여 많은 기대를 걸었다. 그는 현재 영국·미국·프랑스·독일 등이 기독교로 종교를 삼아 국보(國步)와 국광(國光)이 떨치는 사례를 들고, 기독교가 한국의 경우에도 덕육(德育)과 나라를 강하게 함에 도움이 될 수 있을 것이라고 하였다. 235) 신채호는 기독교가 각 방면으로 한국 종교계의 제1위를 점령해 가고 있으며, 또한 20세기의 신국민적 종교의 가치가 있으니, 이를 확장하는 동시에, 기독교도 가운데 국권회복을 위한 정신이 없는 자는 이를 경기(警起)하여 외래(일본과 외국)의 침력(侵力)을 몰아내면 가히 국민의 앞날에 대복음을 지을 수 있을 것이라고 기대하였다. 236)

---

233) "遍告 僧侶同胞,"《전집》, 별집, p. 183 참조.
234) "20세기 新國民,"《전집》, 별집, p. 228 참조.
235) "西湖問答," 같은 책, pp. 138~139 참조.
236) "20세기 新國民," 같은 책, p. 228 참조.

5) 단군숭배의 문제

신채호는 단군(檀君)을 개국시조(國祖)로 생각하며, 자기 시대의 국민을 "혁혁한 단군 자손",[237] "단군의 자손"이라고 생각하였다.[238] 신채호는 1908년에 그의 단군숭배사상을 다음과 같이 표현하였다.

> 시조 단군이 태백산에 下하사, 此國을 개창하고 후세자손에 胎하시니, 삼천리 강토는 그 産業也며, 四千載 역사는 그 譜牒也며, 역대 제왕은 그 宗統也며, 環域山河는 그 藩籬也라. 唯 이천만 자손이 차에서 생하며 차에서 長하며 차에서 歌하며, 차에서 哭하며, 居住를 차에서 同하며, 衣食을 同하며 休戚을 차에서 同하나니, 家와 國이 何異가 有리오.[239]
>
> 檀君始祖가 태백산에 下하사 형극을 剪하고 자손의 粒食을 謀하던 遺蹟을 仰想커든 一飮에 不敢忘하며….[240]

신채호는 단군조선시대와 고대에 우리나라의 고유종교로서 '선교' (仙敎)가 있었다고 강조하고 '단군'을 '천선'(天仙)이라고 불렀다고 기술하였다.[241]

그러나 이때 나인영(나철)·오기호(오혁) 등에 의하여 단군숭배의 '대종교'(大倧敎)가 창건된 것은 1909년이므로 신채호는 적어도 애국계몽운동 기간에는 '대종교'(檀君敎)와 직접적으로는 관련이 없었다고 볼 수 있다. 우리가 여기서 말할 수 있는 것은 한말 애국계몽운동기의 하나의 사상으로서 '단군민족주의', '단군내셔널리즘'이라고 부를 수 있는 사조가 사상계에 큰 비중을 차지하고 전개되다가 그 한 흐름은 역

237) "日本의 三大忠奴," 《전집》, 하권, p. 56.
238) "打破 家族的 觀念," 앞의 책, p. 165 참조.
239) "國家는 卽 一家族," 《전집》, 별집, p. 148.
240) "歷史와 愛國心의 關係," 《전집》, 하권, p. 74.
241) "古代東國 仙敎考," 《전집》, 별집, p. 47 참조.

사로 흘러들어가 신채호 등의 '고대사'의 설명에 투사(投射) 되고, 다른 한 흐름은 종교로 흘러 들어가서 나인영 등의 '대종교'의 창건으로 나타났다고 볼 수 있다는 점이다. 그러나 신채호는 한말 애국계몽운동기에《단기고사》(檀奇古史)에 서문을 쓸 정도로 '단군'을 국조(國祖)로 생각하고 있었으므로 '대종교'가 창건된 이후 1910년 4월 국외로 망명해서 '대종교'와 관련을 가질 사상적 친화력은 이때 이미 가지고 있었다고 볼 수 있다. 그러나 적어도 한말 애국계몽운동 기간에는 신채호는 '대종교'의 신도가 아니었다.

13. 국문론

신채호는 국어국문학자는 아니었으나 당시 그 자신의 독특한 국문론을 가지고 있었다. 이제 그 요점을 정리하여 보면 다음과 같다.

첫째, 한문의 폐해는 어렵고 읽기 힘든 것이지만, 배움의 지리한 데에 있는 것이 아니라 독립심을 상실케 하고 노예사상을 길러주는 데 있다. 삼국시대 이전에는 한문이 아직 성행하지 아니하여 전국 인심이 자기 나라만 존중하며 자기 나라만 사랑하고, 지나(支那)가 비록 크지만 우리나라의 구적(仇敵)으로 생각하여 을지문덕 휘하의 일복부(一僕夫)도 수나라 천자를 사갈(蛇蝎) 같이 보며, 연개소문 휘하의 일취비(一炊婢)도 당나라 황제를 구체(狗彘) 같이 매도하여 남녀노소가 모두 애국혈성(愛國血誠)으로 나라를 위하여 노래하며 나라를 위하여 울고 나라를 위하여 죽되, 변경에 한 번 봉화만 오르면 꼴 베고 소 먹이는 목동도 적개심을 가득 품고 적진에 나아간 고로 수당(隋唐)의 대침략을 물리칠 수 있었다. 그러나 삼국시대 이후로는 집집마다 한문을 간직하고 사람마다 한문을 읽어서 한관위의(漢官威儀)로 '국수'(國粹)

를 매몰하며 한토풍교(漢土風敎)에 '국혼'(國魂)을 실려 보내 언필칭 대송·대명·대청이라 하고 당당한 대조선을 타국의 일부용국(一附庸國)으로 거꾸로 인정하므로 '노성'(奴性)이 충만하여 '노경'(奴境)에 오래 빠지게 된 것이라고 그는 지적하였다.242)

둘째, 자기 나라의 언어로 자기 나라의 문자를 편성하고 자기 나라의 문자로 자기 나라의 역사지지(歷史地誌)를 편집하여 전국 인민이 읽고 알아야 그 고유한 '국정'(國精)을 간직하여 지키며 순미(純美)한 '애국심'을 고취하고 발휘할 수 있다.243)

셋째, 새삼스럽게 국문과 한문의 경중을 논하면 반드시 국문이 중하고 한문이 경한 것이다. 왜냐하면 내국문(內國文)이기 때문에 국문이 중한 것이요, 외국문이기 때문에 한문이 경한 것이며, 또한 한문은 폐해가 많은데 국문은 폐해가 없기 때문에 그러한 것이다.244)

넷째, 국문의 기원은 조선왕조 세종대왕이 창제한 것이 아니라 그 훨씬 이전에 지금으로부터 천년 전에 고승 '요의'(了義)가 이를 창제한 것이라고 애국계몽운동기의 신채호는 주장하였다. 그에 의하면, 《진언집》(眞言集)이라는 책을 읽으니 일찍이 불가에서 전불(傳佛)하기 위하여 한글을 만든 것이라고 기록되어 있다는 것이다.245) 그는 추측건대, 우리나라 국문은 단군시대에 이미 있었는지도 모른다고까지 하였다.246) 세종대왕은 이를 다시 지어서 개량한 것이라고 보는 것이다.247) 그러나 신채호의 이러한 주장을 증명할 만한 고증자료는 현재까지 발견되지 않았다.

---

242) "國漢文의 輕重,"《전집》, 별집, p. 75 참조.
243) 같은 글, pp. 75~76 참조.
244) 같은 글, pp. 73~74 참조.
245) 그러나 《진언집》이라는 책은 지금 전해지지 않으므로 그 진위에 대해서 현재의 단계로서는 도저히 논평할 수가 없다.
246) "國文의 起源,"《전집》, 별집, p. 78 참조.
247) "國文研究會委員 諸氏에게 勸告함," 같은 책, p. 79 참조.

다섯째, 국문을 창제한 이후로 국문을 한 구석에 버려 두고 여자와 노동계에서만 국문을 사용하였으며 상등사회에서는 한문만 존상하여 독습해서 저작하는 바도 한문으로만 하였으나, 시대의 사조가 일변하여 저 어렵고 읽기 힘든 한문으로는 지식을 고르게 계발함이 어려움을 크게 깨닫게 되고 또 자기 나라 국문을 무시하고 다른 나라 문자만 존상함이 불가함을 크게 깨닫게 되어서 국문을 순용(純用)코자 한다는 것이다. 그러나 신채호는 단, 수백 년 관습하던 한문을 하루아침에 모두 버림이 시의(時義)와 시세(時勢)에 다 같이 합하지 아니한 고로 당분간 '국한문 혼용'을 하는 것이라고 지적하였다. 248)

여섯째, 국한문 혼용을 함에 어떤 이는 한문 문법에 국문토만 붙이고, 어떤 이는 국문 문세(文勢)로 나가다가 돌연히 한문 문법을 쓰고, 어떤 이는 한문 문세로 나가다가 돌연히 국문 문법을 써서 통일된 방식이 없다는 것이다. 따라서 '국한문 혼용' 방식의 문법이 마땅히 통일되어야 한다고 그는 주장하였다. 249)

일곱째, 국문연구에서 가장 급한 것은, 사서(辭書)·자전(字典)을 편찬하는 일이다. 250)

여덟째, 국문연구회 위원들이 고어(古語)의 발견에 집착하거나, ㅈ·ㅊ·ㅋ·ㅌ·ㅍ·ㅎ의 자음을 '종성복용초성'(終聲復用初聲)이라는 국문창제 당시의 구어(句語)를 존중하여 '종성'(받침)으로 쓰려는 것과, 'ㆍ'(아래 아)를 폐지하려고 하는 것은 혼란을 가져오고 음운에도 부적합하고 시의에도 부적합한 것이므로 그는 반대한다고 하였다. 국문연구는 자양(字樣)을 간단하고 쉽게 하며 음운을 균일케 해서 읽는 이로 하여금 손바닥을 보는 것과 같이 쉽게 해야 할 것이라고 그는 주장하였다. 251) 신채호는 이 부분에서 보면 주시경 등 국문연구회 위

248) "文法을 宜統一," 《전집》, 하권, p. 95 참조.
249) "文法을 宜統一," 같은 책, pp. 95~96 참조. 신채호의 이 주장은 국문법의 통일을 주장한 것이 아님을 주의할 필요가 있다.
250) "國文研究會委員 諸氏에게 勸告함," 《전집》, 별집, p. 79 참조.

원들의 국문법연구의 내용과 의미를 충분히 이해하지 못한 것이 분명
하다. 그러나 그는 자기 나름대로의 독자적 국문론을 갖고 있었다고
볼 수 있다.

또한 신채호는 당시 '국문 전용론자'라기보다는 '국한문 혼용론자'였
다. 그러나 일찍이 '한문무용론'을 주장하였고 《가명잡지》를 순국문으
로 간행하는 데 오랫동안 간여한 것을 고려하면 그는 국문전용의 중요
성과 언젠가는 국문전용의 시기가 와야 할 것을 인식하고 있었던 것으
로 볼 수 있을 것이다.

14. 애국계몽문학론

신채호는 그의 애국계몽사상에 따라서 문학에 대해서도 그 '예술성'
보다는 '계몽성'을 더욱 중요시하였다. 그는 문학에 대하여 많은 관심
을 가지고 글을 썼지만 그의 글 속에 '예술지상주의적' 요소는 전혀 찾
아볼 수 없고 철저하게 '애국계몽문학론'이라 이름 붙일 수 있는 주장
을 전개하였다.

신채호가 문학 중에서 가장 중요시한 것은 '소설'이었다. 252) 신채호
는 소설을 '국민의 나침반'과 같은 것이라고 비유하면서 소설이 국민을
강한 데로 계도하면 국민이 강해지고, 소설이 국민을 약한 데로 계도
하면 국민이 약해지며 국민의 정(正)과 사(邪)도 소설이 이를 계도할

---

251) 같은 글, p.80 참조. 신채호의 이 부분의 견해는 주시경의 견해와 정면으로
     대립되는 것임을 주목할 필요가 있다.
252) "天喜堂詩話"라는 평론이 《전집》, 별집, pp.55~72에 수록되어 있으나,
     《대한매일신보》 1909년 11월 9일부터 12월 4일까지 이 평론이 연재될 당시
     신채호는 天喜堂이라는 堂號를 사용한 사실이 없다. 따라서 '天喜堂'이 신채
     호의 堂號라는 사실이 밝혀질 때까지는 이 평론은 타인의 작품으로 간주하고
     여기서는 다루지 않기로 한다.

수 있다고 주장하였다.

> 소설은 국민의 나침반이라. 그 說이 俚하고 그 筆이 巧하여 目不識
> 丁의 노동자라도 소설을 能讀치 못할 자ㅣ 無하며, 又 嗜讀치 아니
> 할 자ㅣ 무하므로, 소설이 국민을 강한 데로 導하면 국민이 강하며,
> 소설이 국민을 약한 데로 導하면 국민이 약하며, 正한 데로 導하면
> 正하며 邪한 데로 導하면 邪하나니. [253)]

  신채호의 이러한 계몽문학관은 당연히 소설 중에서도 '국문소설'을
가장 중요시하게 하였다. 소설의 감화력은 그것이 '리'(俚)하고 '교'
(巧)해서 민중의 '혹기'(酷嗜), 즉 '극도로 좋아하는 것'에서 나온다고
보았다. 그는 '전국민'을 '신국민', '애국자'로 만들고자 했으므로 국민
의 절대 다수를 차지하는 '일반 민중'의 교화에 지대한 관심을 갖고 있
었다. 그는 씩씩하고 바른 선비가 '고금흥망의 역사'로써 사람을 교화
하는 것은 유식자에게는 아주 유효하지만, 유식하지 못한 노동자나 부
녀층과 어린이 등 일반 민중을 교화하는 데는 '국문소설'이 더 유효하
다고 하였다. 그는 '국문소설'이 만일 그 '사상'이 뛰어나고 '필력'이 웅
장하면 읽는 이가 모두 이 국문소설에 심취하여 결국 자연히 그 덕성
도 감화를 받게 되므로 사회의 대추향(大趨向)은 '국문소설'이 바로잡
게 되는 것이라고 주장하였다.

> 사회大趨向은 종교 · 정치 · 법률 같은 대철리 · 대학문으로 正하는
> 배 아니라, 諺文小說의 正하는 배라 하노니, 何故오 하면, 대저 국
> 민의 부패가 극도에 달하여 도덕도 無하며 지식도 무하고, 丈夫는
> 蘇大成의 春睡나 賦하여 永日을 消하며, 여자는 釋迦尊前에 叩頭
> 하고 他生極樂이나 원하여, 奄奄無進步的의 국민을 成한 이상에는,
> 설혹 그 중에 何許 위대한 인물이 有하더라도, 一事功을 成하기 難

253) "小說家의 趨勢,"《전집》, 별집, p. 81.

하려니, 고로 왈 천하대사업은 婦孺走卒의 做하는 배라 함이여. 莊
人正士가 장엄한 皐比에 임하여 天然정대한 면목으로 심성사물의
奧理를 談하며 고금흥망의 역사를 說함에는 그 傍에서 環聽할 자 一
幾個 有文識者에 불과할 뿐더러 且此로 由하여 다소간 지식은 啓하
더라도 그 기질을 轉移하여 악자를 善케 하고 흉자를 順케 하기는
난할지오. 피 俚談俗語로 선출한 소설 책자는 불연하며 일체 婦孺走
卒의 酷嗜하는 배인데 만일 그 사조가 稍奇하며 필력이 稍雄하면 백
인이 傍觀에 백인이 갈채하며 천인이 방관에 천인이 갈채하되 그 정
신혼백이 지상에 移하여 悲悽한 事를 讀함에 淚의 滂沱를 不覺하
며, 장쾌한 事를 讀함에 氣의 噴湧을 不禁하고 그 薰陶凌梁의 旣久
에 자연 그 德性도 感化를 被하리니, 고로 왈 사회의 대추향은 국문
소설의 正하는 배라 함이니라. 254)

신채호는 '국문소설'에 대하여 천하대사업을 이룩하는 데 "하등사회
로 시(始) 하여 인심전이하는 능력을 구(具) 한 자는 소설"255) 이라는 계
몽적 문학관을 시종일관 피력하였다.

신채호는 이러한 문학관에 입각하여 당시의 소설들이 대부분 음담이
나 늘어놓는 '회음소설'(誨淫小說)에 불과하며, 이러한 회음소설들은
이름은 어떻든간에 암암리에 음설(淫說)을 고취하여 매독으로 사람을
죽이는 것과 다름이 없다고 혹독하게 이들을 비판하였다. 256)

그러나 신채호는 일부 지사들이 음담이 대부분인 구소설의 매매를
금지하자는 주장에는 반대하였다. 그는 비단옷으로 갈포옷을 바꾸면
응하지 않은 자가 없고 고기로 좁쌀을 바꾸면 기뻐하지 않는 자가 없는
것처럼 기묘영결(奇妙瑩潔) 한 '신소설'만 많이 나오면 구소설은 자연히
없어질 것이므로 구태여 강제적으로 민심을 거스르면서까지 어려운 일

---

254) "近今 國文小說 著者의 主義," 《전집》, 하권, p. 17.
255) "近今 國文小說 著者의 主義," 《전집》, 하권, pp. 17~18.
256) "小說家의 趨勢," 《전집》, 별집, p. 81 및 "近今 國文小說 著者의 注意," 앞
　　 의 책, p. 18 참조.

240

을 행할 필요가 없다고 주장하였다. 그는 '신소설'이 단지 일시 모리적으로 급히 지어져서 구소설에 비하여 별로 큰 차이가 없고, 따라서 족히 '신사상'을 별로 집어넣지 못하고 일반 민중에 대한 '계몽성'이 별로 없는 것이 더 큰 문제라고 지적하였다.[257]

신채호 자신은 애국계몽운동 기간에는 전기류 이외에는 소설을 쓰지 않았다. 그러나 신채호는 《이태리건국 삼걸전》(번역), 《수군제일위인 이순신전》, 《을지문덕전》, 《동국거걸 최도통전》(東國巨傑 崔都統傳), 《을지문덕》(국문판), 《리순신전》(국문판) 등을 한편으로는 '역사서'임과 동시에 다른 한편으로는 소설과 같은 기능을 하도록 '전기소설'의 형식을 취하여 저술하였다. 그는 이러한 '전기'의 저술목적이 '애국자'를 배양하는 데 있음을 그 결론에서 스스로 명백히 밝혔다.[258]

신채호의 이러한 애국계몽문학론은 그 후에도 지속되어 1910년 이후 스스로 몇 편의 소설을 써서 발표하기에 이르렀다. 신채호의 "꿈하늘"(夢天, 1916), "용(龍)과 용의 대격전"(1928), "일이승"(一耳僧) 등의 소설에는 그의 사상의 변화에 따라 그 소설이 담은 사상의 내용이 달라지고 있지만 소설의 '예술성'보다는 '계몽성'을 보다 더 중시하는 '계몽문학관'은 변함없이 시종일관하게 이어지고 있다.[259]

이러한 뜻에서 그의 역사론은 역사민족주의에 입각한 '애국계몽사학'이라고 한다면 그의 문학론은 민중계몽주의에 입각한 '애국계몽문학'이라고 부를 수 있을 것이다.

---

257) "近今 國文小說 著者의 注意," 앞의 책, p. 18 참조.
258) "伊太利建國三傑傳,"《전집》, 중권, p. 184 참조.
259) 《전집》, 별집, pp. 273~319 및 《전집》, 하권, pp. 171~366 참조.

15. 맺음말

지금까지 고찰한 것이 애국계몽운동기(1904~1910)의 신채호의 애국계몽사상의 특징이라고 볼 수 있다. 우리는 여기서 신채호의 애국계몽사상의 바탕을 이루는 것이 본질적으로 '시민적 민족주의 사상'임을 알 수 있다. 그는 자기 시대의 열강의 제국주의·군국주의의 침략성을 허버트 스펜서, 벤자민 키드 등의 '사회진화론'의 '우승열패'(優勝劣敗), '약육강식', '적자생존' 등의 이론에 의거하여 잘 이해하고 있었다. 또한 그는 사회진화론에 의거하여 자강이론을 도출하고 그의 자강주의적 민족주의와 자유주의를 결합시킴으로써 제국주의에 대항하는 피침략 약소국 '민족주의'의 독자적 사상체계를 수립했으며, 그것이 수행하는 결정적 중요성을 크게 강조하였다.

그러나 신채호의 시민적 민족주의 사상은 '사회진화론', '사회다윈주의'를 극복하지 못하고 그에 바탕을 둔 것이었기 때문에 그의 제국주의에 대한 비판은 처음부터 한계가 뚜렷하게 설정되어 있는 비판이었다. 이것은 전적으로 신채호가 '사회진화론'의 본질과 한계에 대한 비판을 애국계몽운동기에는 철저하게 수행할 사상을 갖고 있지 못했기 때문에 나온 것이었다고 생각된다. 이 때문에 신채호는 한편으로 제국주의의 침략성을 비판하고 다른 한편으로는 약소국의 민족주의를 매우 강조하면서도 끊임없이 제국주의에 대한 편린적 선망을 자기의 민족주의 사상체계 안에 넣고 있었다. 이것은 신채호의 민족주의 사상의 한계일 뿐 아니라 애국계몽운동기의 거의 모든 동시대인이 공통으로 가졌던 사상적 한계였다고 볼 수 있다.

즉, 신채호의 애국계몽사상은 제국주의에 대한 본질적 비판을 사상적으로는 철저히 이론화하지 못한 상태에서 제국주의의 침략과 식민지 지배에 대항하는 피침략 약소국의 시민적 민족주의의 사상적 체계를 수립한 것이었다. 그것은 '국권회복'을 최고목표로 설정한 시민적 민족주의 사상으로서 유럽 등 다른 지역의 시민적 민족주의 사상과는 처음부터 큰 차이가 있는 것이었다.

신채호의 애국계몽사상은 시민적 민족주의 사상의 범주에 드는 것이면서도 당연한 논리로 그의 '애국', '애국심', '애국주의'에 대한 강조는 다른 어떤 민족주의 사상에서도 볼 수 없는 강렬한 것이었다. 그는 국민들의 '애국심', '애국주의'가 국권을 회복하는 원동력이 될 것이라고 확신하였다. 그는 국가를 '정신상 국가'와 '형식상 국가'로 구분하여 '정신상 국가'가 있은 후에야 '형식상 국가'가 비로소 존재하게 된다고 주장하여 '정신상 국가'를 머리에 놓았으며, '정신상 국가'를 '애국심', '애국주의', '독립정신'이라고 보았다. 우리는 여기에서 한편으로 신채호 사상의 관념적 요소의 편모를 봄과 동시에 다른 한편으로 국권회복을 위한 그의 '애국주의', '애국심'에 대한 강조가 얼마나 열도높은 것이었는가를 이해할 수 있다.

신채호는 또한 제국주의의 침략자의 실력과 한국민족의 실력을 비교할 때 나타나는 엄청난 격차를 인식했을 경우에 나오는 '절망'을 단호하게 거부하였다. 그에 의하면 '절망'하면 모든 것이 허사이다. 현실적으로 제국주의 침략에 대항하는 실력이 매우 약하다 할지라도 그 현실을 그대로 딛고 일어서서 '애국심', '애국주의'를 기초로 하여 국권회복을 이룩하고 자주부강한 신국가를 수립하기 위한 민족의 '희망'을 크게 갖고 나아갈 때 반드시 목표를 달성할 수 있다고 그는 민중을 격려하면서 "민중의 희망으로 국가가 곧 존재"하는 것이라고 주장하였다. 신채호는 자기 시대의 민족현실의 비참함에 결코 절망하지 아니하고 국권회복을 위하여 민중의 실력을 배양하고 신민족국가를 건설하기 위한 구상을 민중들에게 제시하고 계몽하였다.

신채호는 국권회복을 이룩하고 건설해야 할 신국가의 정체를 애국계몽운동기에 이미 '입헌공화국'이라고 명백히 선언하였다. 그는 '입헌국가'만이 '국민적 국가'라고 주장하고 서양의 예를 들면서 "입헌공화의 복음이 널리 퍼져서 국가는 국민의 낙원이 되며 국민은 국가의 주인이 된다"고 '입헌공화제'를 찬양하였다. 신채호의 이러한 주장은 그가 대변인처럼 되어 있던 신민회(新民會)가 이때 신국가의 정치체제를 '공화정'으로 목표정립한 사실과 관련되어 있는 것을 보인다. 신채호는 자주부강한 '입헌공화국'의 건설을 위하여 국민들이 '신국민'이 되고 신국민이 국권회복을 위한 '단체'를 조직하여 단결할 것을 촉구하였다.

신채호는 '신국민', '신국가'를 만들기 위한 방법으로는 '신구국교육'을 주장하였다. 그의 신구국교육론의 특징은 ① 애국주의 교육, ② 학교교육을 선두로 한 가정교육과 사회교육의 혁신, ③ 체육과 상무(尙武)교육의 중시, ④ 애국심 배양을 위한 정육(情育)의 강조, ⑤ 서적 간행의 중시, ⑥ 매국적 학부(學部) 비판 등에서 잘 나타났다. 그는 여기서 국권회복과 자주부강한 입헌공화국의 건설을 위한 신민족주의 교육을 주장한 것이었다.

신채호는 이와 관련하여 국가를 세우고 부강케 하는 데는 '문'(文), '무'(武) 어느 하나를 편벽되게 해서는 안 되는 것인데, 우리나라는 조선왕조 이래 '문'만 높이고 '무'를 등한시했다고 비판하면서 '문무쌍전'(文武雙全)을 주장하고 국권회복과 열강의 침략에 대항하기 위한 '무력양성'을 주장하였다.

신채호는 또한 '신국민'과 관련하여 '신영웅들'의 배양을 주장하였다. 이때 신채호가 말한 '신영웅'은 넓은 의미의 개념으로서 '각 부문의 걸출한 인물'을 가리킨 것이었다. 여기서 우리가 주의할 것은 신채호는 한두 사람의 신영웅이 출현하여 나라를 구해줄 것을 기대하지 않았다는 사실이다. 신채호에 의하면 그러한 일은 '고대'에나 있는 일이요, 근대에 오면 한 나라의 흥망은 '국민 전체'가 어떻게 '교육'을 받고 얼마나 '실력'이 있으며 '신영웅적'인가에 달려 있다는 것이다. 신채호의 이러한 신동국영웅론은 이론적으로는 그의 '외경사상'과 관련되어 있으며, 실천적으로는 그의 국권회복운동의 영웅적 투사의 배양에 대한 열망과 관련되어 있었다고 볼 수 있다. 그는 모든 민중들 특히 청소년들이 모두 '신영웅'들이 되어 '기회'를 기다리지만 말고 스스로 기회를 만들어서 능동적으로 국권회복을 위하여 영웅적으로 투쟁할 것을 교육하고 계몽한 것이었다.

신채호는 또한 '신국민', '신국가'를 만들기 위하여 낡은 사회관습을 개혁할 것을 주장하였다. 그가 주장한 사회관습 개혁의 특징은 ① 가족주의 관념 타파, ② 사당(私黨) 관념 타파, ③ 신분계급(씨족계급·官民계급·嫡庶계급·士農工商 계급·남녀 계급)의 타파와 평등주의 실현, ④ 자유사상과 자유로운 생활양식 실현, ⑤ 사리심(私利心) 타파와 정의수호 실천, ⑥ 미신 타파, ⑦ 의용(毅勇) 배양, ⑧ 공덕심과 공공심 함양, ⑨ 사업의 전문화 실현, ⑩ 근면과 장구성(長久性) 함양 등이었다.

신채호는 또한 '신국민', '신국가'를 만들기 위하여 신국민경제를 건설할 것을 주장하였다. 그는 자기 시대의 경제경쟁·무역경쟁이 군사경쟁과 마찬가지로 가열하고 침략적이라는 사실을 지적하면서 자기 민족이 경제상의 우승열패에 대처해서도 반드시 이겨야 '신국민', '신국가'를 건설할 수 있다고 주장하였다. 신채호의 신국민경제 건설의 주장의 특징은 ① 공장 건설, ② 대규모 실업학교 설립, ③ 해외 유학생 파견, ④ 국민에 대한 실업·기술교육 실시, ⑤ 세계무역에의 진출과 국제경쟁력 강화 등이었다. 신채호의 이러한 주장의 초점은 현대과학기술에 기초한 자립적 현대산업체제를 건설함으로써 신국가의 경제적 기초를 건설하고 일본 제국주의의 경제침략을 막으려고 한 것이었다.

신채호는 또한 국민이 종교의 노예가 되어서는 안되며 도리어 종교 자체가 민족주의적 종교가 되어서 '신국민'의 교화와 국권회복운동에 참여하고 기여해야 한다고 주장하였다. 그의 주장의 특징은 ① 유교개혁과 국권회복운동에의 적극적 참여, ② 불교의 구세·구국종교화, ③ 천도교에의 기대, ④ 기독교의 국권회복운동에의 큰 기대, ⑤ 단군숭배사상의 인정 등이라고 볼 수 있다. 신채호는 종교까지도 모두 민족주의 사상으로 개혁되어 '신국민', '신국가'를 건설하는 데 공헌해야 한다고 주장하였다.

신채호의 애국계몽사상 중에서 특히 주목할 특징은 그가 "민족문화의 정수(精髓)"의 보전을 강력히 주장했다는 사실이다. 그는 이것을 '국수'(國粹) 보전이라고 표현했다. 이때의 신채호의 '국수'는 그후의 파시즘과는 전혀 관련이 없고, 그의 표현을 그대로 빌리면 "풍속·언어·습관·역사·종교·정치·풍토·기후 기타 모든 것의 특유한 미점(美點)의 뽑음"을 말하는 것이었다. 이것은 현대어로 번역하면 '민족문화의 정수'를 의미한 것이라고 해석할 수 있다.

신채호에 의하면, 수구파들이 석양에 담뱃대를 물고 사색당파나 논하는 것을 보면 도끼로 모든 것을 파괴하여 버리고 싶은 것이 지사의 당연한 심정이라고 하였다. 그러나 이때 민족문화의 '미(美)한 것'과 '추한 것'을 구분하여 '추한 것'을 파괴하고 '미한 것'은 보전해야 한다고 주장하였다. 그는 만일 잘못하면 민족문화의 미추(美醜)를 분별하지 않고 모두 파괴하여 버리면 한국인의 애국심을 불러일으킬 '기초' '근거'를 파괴하여 버리게 된다는 것이다.

신채호는 조상으로부터 전래하는 민족문화를 발굴하여 그 장처(長處)를 보전 발전시킬 것을 주장했으며, 외국문명을 수입하는 경우에도 민족문화를 주축으로 하여 그 장처만 섭취할 것을 주장하였다. 그는 한편으로 중국문화 숭배주의를 격렬하게 비판하면서, 다른 한편으로 '민족문화의 정수'를 잃어버린 서양문명 추종주의도 통렬하게 비판하였다. 그는 이러한 입장에서 민족문화의 발견과 보전을 주장하고 조상이 지은 구서의 수집과 간행을 주장하였다.

신채호의 이러한 민족문화의 보전에 대한 주장은 그의 사상에 강력한 문화적 주체성을 부여하였다. 후세에 일부 국수주의자들이나 또는 그 비판자들이 신채호의 이러한 주장을 오해하여 '국수'의 문자에 집착하거나 파시즘류의 사상과 결부시키는 것은 신채호의 생각과는 다른 것이다(파시즘을 '國粹主義'라고 번역한 것은 1920년대 이후의 일임을 주의할 필요가 있을 것이다). 신채호는 민족문화의 보전과 발전을 주장했으나 그것은 주체적 문화관과 자유주의적·민주주의적·시민적 민족주의 사상과 관련된 것이었지 배타적 국수주의(파시즘)와 관련된 것이 아니었음을 주의할 필요가 있다.

신채호의 민족문화의 보전·발전에 관한 주장은 그의 '역사'의 중요성에 대한 주장과 연결되어 있었다. 신채호는 국권회복을 위하여 '애국심', '애국주의'를 배양하는 가장 좋은 방법과 부문을 '역사'라고 주장하였다. 이것은 마치 주시경이 애국주의의 열쇠를 '국어국문'이라고 주장한 사실과 좋은 대비가 된다. 이 점에서 주시경의 애국계몽사상의 특징의 하나를 '어문민족주의'라고 한다면, 신채호의 애국계몽사상의 특징의 하나를 '역사민족주의'라고 부를 수 있다. 또한 신채호가 '역사'를 학문 그 자체로 생각하지 않고 시종일관하여 국권회복을 위한 민중의 '애국심' 계발의 부문으로 고찰하였다는 점에서 그의 사학을 '애국계몽사학'이라고 부를 수 있다.

신채호가 '애국심' 계발을 위하여 가장 강조한 '역사'는 물론 '본국사'이며 그 중에서도 '정치사'가 중심이 되어 있다. 그는 국민에게 애국심을 배양하기 위하여 가장 좋은 방법으로 국사를 교육하되 ① 어릴 때부터 읽히며, ② 늙을 때까지 읽히며, ③ 남자뿐 아니라 여자도 읽게 하며, ④ 상층계급뿐만 아니라 하층계급까지 읽게 해야 전국민 전민중에게 애국심을 환기시킬 수 있다고 주장하였다. 그러나 신채호는 당시의 국사서에는 전민중에게 읽힐 만한 좋은 국사서가 없다고 개탄을 거듭하였다. 그는 ① 종래의 국사서들이 '존화사관', '소중화사상', '사대주의'에 빠져서 중국을 주인으로 한 국사서들이 대부분이고, ② 일본 역사서들이 한국사를 왜곡한 무설(誣說)이 횡행하고 있으며, ③ 한국인이 지은 국사교과서들도 위의 영향을 받아 악교과서들이 범람하고 있음을 통렬히 비판하였다.

신채호의 역사민족주의와 애국계몽사학의 관점에서는 이러한 무설(誣說)·악서들을 추방해 버리고 국권회복을 위하여 애국심이 저절로 우러나와서 용솟음치며 자기 민족의 기원과 진화과정을 당당히 밝히는

'신역사'를 쓰는 것이 국권회복과 민족의 백년대계를 위하여 가장 긴급
하고 중요한 사업을 인식되었다. 신채호는 스스로 이 과제를 수행하는
것을 자기의 사명으로 삼았다. 이러한 문제의식에서 급히 씌어진 것이
1908년의 "독사신론"(讀史新論)이다. 신채호의 "독사신론"은 애국계몽
운동기에 사학계뿐만 아니라 전 문화계에 커다란 '충격'을 준 저작으로
서 이 책은 그 이전의 역사서나 당시의 역사교과서들과 비교해 보면
가히 '혁명적'인 새로운 역사서였다. 역사주의적 관점에서 보면 신채호
는 "독사신론"에 의하여 우리나라에서 시민적 근대민족주의 사학을 창
립했다고 볼 수 있다.

　신채호의 민족문화에 대한 깊은 관심은 그의 독자적 국문론에도 잘
나타났다. 그는 한문의 폐해가 배우기 어려움에 있다기보다는 노예사
상을 길러주는 데 있다고 지적하였다. 그는 독립사상을 배양하기 위해
서는 자기 나라의 문자, 즉 국문으로 자기 나라의 역사와 지리를 저술
하여 교육해야 한다고 주장하였다. 그는 국문을 창제한 후로 국문을
한구석에 버려둔 채 지배신분층은 한문만 전용하고, 국문은 여성과 평
민층만 사용케 했기 때문에 국문이 발달하지 못했다고 지적하였다. 그
는 국민지식을 균등하게 계발할 필요가 긴급하게 된 자기 시대에는 국
문을 전용하는 것이 원칙적으로 옳은 일이라고 생각하였다. 그러나 그
는 수백 년 관습적으로 사용해 오면서 많은 서적과 문화를 만든 한문
을 하루아침에 전폐할 수는 없으므로 당분간 국한문 혼용을 하다가 국
문전용으로 나아가되, 국한문 혼용의 경우도 일정한 약속과 법칙을 세
워서 이를 시행하자고 제의하였다.

　신채호는 문학에 대해서도 '예술성'보다는 '계몽성'을 더욱 중시하였
다. 이 점에서 그의 문학관은 시종일관하여 '애국계몽문학'의 특징을
갖고 있었다. 그는 문학 중에서 소설 특히 '국문소설'을 중시하여 "소
설은 국민의 나침반"이라고 비유하였다. 신채호에 의하면 소설은 민중
이 '혹기'(酷嗜), '극도로 좋아하는 것'의 특성을 갖고 있기 때문에 큰
감화력을 가진 것이므로 소설은 역사와 마찬가지로 일반 민중을 '애국

자', '신국민'으로 만드는 매우 큰 교화력을 갖고 있다고 지적하였다. 그는 당시 신소설들이 음설(淫說)에 기울어지고 있는 경향을 혹독하게 비판하면서 신소설들이 '신국민'의 '애국심'을 주조(鑄造)하는 데 계몽적 역할을 수행해야 한다고 강조하였다.

신채호의 애국계몽사상의 가장 큰 강점은 두 가지 측면에서 가장 크게 나타나고 있다고 생각한다. 그 하나는 중세적 사상과 중세적 문화에 대한 가혹하고 철저한 비판과 극복이고 다른 하나는 강렬한 애국주의에 바탕을 둔 시민적 민족주의 사상의 정립이다. 그의 민족주의는 일부 논자들의 주장과는 전혀 달리 결코 복고적인 것이 아니며 낡은 것에 집착하는 것도 아니다. 그는 중세 유교문화와 사상을 가장 가혹하고 통렬하게 비판하면서 자기 시대의 민족적 민중적 과제를 해결할 수 있는 새로운 사상들을 제시하였다. 이 과정에서 신채호는 적어도 자기 시대에서는 가장 진보적인 시민적 민족주의를 주장했으며, 국권을 빼앗긴 상황에서 그것이 국권회복의 목표에 부착되어 애국계몽사상으로 전개된 것이라고 볼 수 있다.

신채호의 애국계몽사상의 가장 큰 한계점은 이론적으로 제국주의 비판이 불철저한 점이다. 실천면에서 신채호의 제국주의에 대한 비판은 철저했다. 그러나 이론면에서의 그의 제국주의 비판은 취약한 것이며, 이것은 그가 '사회진화론', '사회다원주의'를 수용하여 소화했을 뿐 그것을 비판하지 못한 사실과 직결되어 있었다. 그러나 신채호의 애국계몽사상의 이러한 한계점은 그의 모든 동시대인 한계점이었으며 근본적으로 당시 한국 사회과학 발전의 한계점이었다.

신채호의 애국계몽사상과 그 본질을 이루는 시민적 민족주의 사상이 오늘날의 발전된 사회과학의 관점에서는 여러 가지 문제점을 보여준다 할지라도 그의 시대에는 가장 진보적이었고 창의적인 것이었으며, 한국 국권회복운동과 사회사상의 발전에 지대한 공헌을 했다는 객관적 사실을 잊어서는 안될 것이다.

제4장

신채호의 '독사신론'(讀史新論)의 비교분석
1908년경 시민적 근대민족주의 사학의 성립

1. 머리말

단재 신채호 탄신 백주년을 맞이하여 논문을 청탁받고 종래 신채호의 작은 사론으로 취급되던 "독사신론"(讀史新論)을 필자가 구태여 독립 논문으로 논급하려고 하는 것은 신채호의 "독사신론"(1908년)에 의하여 우리나라에서 중세사학이 극복되고 시민적 근대민족주의 사학이 성립되었다고 보기 때문이다. 필자는 이미 신채호의 "독사신론"의 결정적 중요성을 강조한 바 있으며,[1] "독사신론"이야말로 애국계몽운동기에 우리나라에서 시민적 근대민족주의 사학을 창립한 획기적 저작임을 그의 애국계몽사상에 대하여 글을 쓰면서 거듭 강조하였다.[2]

---

1) 李基白 外,《우리 歷史를 어떻게 볼 것인가》(三省文化文庫, 1976), pp. 121
　～122 참조.
2) 愼鏞廈, "申采浩의 愛國啓蒙思想(上)," 《韓國學報》, 제19집(1980, 여름호)

신채호가 "독사신론"을 쓴 1908년경에는 이미 여러 종류의 국사서들
이 간행되어 있었다. 그 가운데 근대민족주의 사학을 창립하려는 줄기
찬 노력이 이어져 내려오고 있었다.[3] 그러나 당시에는 중세사학과 일
본인 사가들의 근대적 양식의 《조선사》(朝鮮史)의 영향이 심대하여
이 중요한 작업은 아직 완전히 성공하였다고 볼 수 없었다. 신채호의
경우 그의 애국계몽사상의 관점에서 당시의 국사서들의 가장 큰 문제
점으로 본 것은 특히 다음의 세 가지 점이었다.[4]

① 아직도 중세유학의 영향을 다 벗어버리지 못한 다수의 국사서들
은 '존화사관'(尊華史觀), '소중화사상'(小中華思想),[5] '사대주의'(事大
主義)[6]에 빠져 중국(지나)을 주인으로 하고 자기 나라를 객(客)으로
하여 주객을 거꾸로 한 역사를 서술하고 있는 점.

② 일본 사가들이 우리나라 역사에 대한 사실을 왜곡하여 무설(誣
說)을 퍼뜨리고 있는 점. 예컨대 첫째, 한반도는 항상 북방 제 민족
세력, 서로 지나의 세력, 남으로 일본의 세력이 교충(交衝)하는 지점
이어서 한국 민족은 북·서·남의 강한 민족에 복속하여 왔다는 무설
과 둘째, 이른바 일본의 '신공황후'(神功皇后)가 신라를 침공하고, 가
야(伽倻)에 이른바 '임나일본부'(任那日本府)를 설치했다는 무설 등을
지어 퍼뜨리고 있는 점.

③ 한국인이 지은 근대국사서 또는 '역사교과서'까지도 자기 민족의
기원과 진화과정을 밝히지 못하고, 어떤 교과서는 아직도 존화사관에

참조.

3) "독사신론"뿐만 아니라 애국계몽운동기의 다수의 국사서들이 편년체를 극복하
고 근대적 역사서술을 전개하려고 시도하고 있으며, 종래의 중세 존화사관을
극복하기 위한 상징적 용어로 '중국'을 한결같이 '지나'(支那)라고 표현하여 기
술하고 있다.

4) 愼鏞廈, "申采浩의 愛國啓蒙思想(上·下)," 《韓國學報》, 제 19~20집 (1980,
여름·가을호) 참조

5) "東洋伊太利," 《전집》, 별집.

6) "國史의 逸事," 《전집》, 별집, p. 51 및 "論麗史誣筆," 《전집》, p. 30.

젖어 있거나 또는 일본 사학의 무설을 받아들여 자기 민족의 역사를
주체적으로 정립하지 못하고 있는 점 등이다.

신채호의, 역사를 국권회복을 위한 애국심 배양의 첫째가는 부문이
라고 보는 역사민족주의와, 역사는 민중의 애국심과 민지(民智)를 계
발하는 학문이 되어야 한다는 애국계몽사학의 관점에서 보면 이러한
중세적 역사서들이나 비주체적 국사서들을 완전히 극복하여 추방시켜
버리고 국권회복을 위하여 애국심이 저절로 우러나와 배양되고 용솟음
치며 한국 민족의 기원과 진화과정을 당당하게 밝히는 '신역사'7)를 쓰
는 것이 국권회복과 민족의 영구한 발전을 위하여 가장 긴급하고 중요
하며 절박한 과제로 인식된 것이었다. 신채호는 스스로 이 과제를 수
행하는 것을 자기의 사명으로 삼았다. 그는 자기의 시민적 민족주의·
애국계몽사상에 의거하여 '신역사'를 쓰려고 하였다. 이렇게 해서 그
화급한 요청에 응하여 씌어진 것이 "독사신론"인 것이다.

현재 다수의 역사학자들은 아직 신채호의 "독사신론"이 갖는 중요성
을 충분히 인식하지 않는 것으로 보인다. 거기에는 약간의 이유가 있
다고 본다.

첫째, 신채호가 "독사신론" 이후에 《조선상고사》(《조선일보》, 1931
년 6월 10일~10월 14일까지 103회에 걸쳐 연재됨)와 《조선상고문화사》
(《조선일보》, 1931년 10월 15일~12월 3일까지 그 일부가, 그리고 나머
지는 1932년 5월 27일~5월 31일까지 40회에 걸쳐 연재됨)라는 보다 정
밀하고 고증적인 대작을 썼기 때문에 그 내용의 평면적 비교분석에 치
중한 결과 "독사신론"의 중요성이 가려져 그것이 갖는 역사적 의미를
충분히 인식할 수 없었기 때문인 점이 하나의 이유가 될 것이다.

둘째, "독사신론"이 통상적 교과서와는 달리 '사론적' 신국사서이기
때문에 '고증'에 전혀 치우치지 않고 사상적 사서(史書)의 성격을 띠고
있기 때문이다. 이른바 '고증사학'의 엄격성과 과학성의 한 면만을 알

---

7) "讀史新論,"《전집》, 상권, p. 472.

고 역사의 다른 한 면의 본질을 외면하는 학자들의 입장에서는 "독사
신론"을 경시하기 쉬운 것이 하나의 이유가 될 것이다.

　셋째, "독사신론"이 '미완성' 작품이기 때문이다. 당시 다른 국사교
과서들이 대체적으로 고대부터 조선왕조 말기까지의 역사를 시기적으
로 일단 다룬 데 비하여 "독사신론"은 발해 문제까지 다뤘고 미완인 채
연재가 중단되었다. 이 점도 "독사신론"의 중요성을 충분히 인식할 수
없게 한 요인으로 작용한 것이라고 생각된다.

　그러나 우리는 '사서'에 대해서까지도 일관되게 역사주의적 고찰을
할 필요가 절실함을 강조하고 싶다. "독사신론"이 1908년경에 국사학
과 국권회복운동에 미친 영향 및 공헌과 《조선상고사》와 《조선상고문
화사》가 1931～1932년의 국사학과 독립운동에 미친 영향 및 공헌은
현저하게 다른 것이며, 각각 그 시대의 학문적 발전 조건과 사회적 조
건을 고찰할 필요가 있는 것이다. 이러한 관점에서 보면, 신채호의
"독사신론"이야말로 근대국사학을 창립한 저작이라고 볼 수 있다.

　물론 이 시대에 근대국사학을 창건하기 위한 여러 가지 국사서, 특
히 국사교과서들이 다시 저술되고 간행되었다. 그 대표적 저작, 특히
국사교과서들을 간행 연도순으로 들면 다음과 같다.[8]

①《朝鮮歷史》, 學部編輯局, 3권 3책, 1895.
②《朝鮮歷代史略》, 學部, 3권 3책, 1895.
③《朝鮮略史十課》, 學部, 1책, (1895 ?)
④《東國歷代史略》, 學部, 8권 5책, 1899.
⑤《大韓歷代史略》, 學部, ④의 계속, 1899.
⑥《(普通敎科) 東國歷史》, 玄采, 5권 2책, 1899.
⑦《東史輯略》, 金澤榮, 11권 2책, 1902.

---

8) 《韓國開化期敎科書叢書》, 제 11～20면, 國史篇(亞細亞文化社, 1977) 참조.
　여기서는 아세아문화사의 이 《叢書》에 수록된 국사교과서들을 간행 연도순으
　로 재배열하였다.

⑧《歷史輯略》, 金澤榮, 11권 3책, 1905.

⑨《大東歷史》, 崔景煥, 5권 2책, 1905.

⑩《大東歷史》, 鄭喬, ⑨의 보충, 12권 4책, 1905.

⑪《(中等敎科) 東國史略》, 玄采, 4권 4책, 1906.

⑫《大東歷史略》, 대한국민교육회, 7권 1책, 1906.

⑬《新訂 東國歷史》, 元泳義·柳瑾, 2권 2책, 1906.

⑭《初等本國歷史》, 柳瑾, 1책, 1908.

⑮《초등대한력ᄉ》, 조종만, 1책, 1908.

⑯《初等大東歷史》, 朴晶東, 1책, 1908.

⑰《대한력ᄉ》, 헐버트·吳聖根, 1책, 1908.

⑱《初等大韓歷史》, 鄭寅琥, 1책, 1908.

⑲《初等本國歷史》, 安種和, 1책, 1909.

⑳《初等本國略史》, 興士團, 2책, 1909.

㉑《國朝史》, 元泳義, 1책(프린트), 1910(?)

㉒《新撰初等歷史》, 柳瑾, 3권 3책, 1910.

이러한 국사서들은 개화기와 애국계몽운동기에 근대민족주의 사학을 건설하는 데 각각 모두 일정한 기여를 했다고 본다. 그러나 이러한 국사서들은 비록 '시대'는 더 길게 통시대(通時代)를 다룬 사서가 많았지만, 우선 '민족주의 사관'의 관철이나 '주체성'이나 관점의 '참신성'의 측면에서 도저히 신채호의 "독사신론"을 따를 수 없다. "독사신론"은 '구사서'들을 참고하고 때로는 계승 발전시키면서, 동시대의 국사서들이 수립하려고 노력한 근대민족주의 사학의 창립작업들을 일단 집약적으로 한 단계 높여서 수행한 것이다. 따라서 "독사신론"은 우리나라에서 시민적 근대민족주의 사학을 확립시킨 사서라고 볼 수 있다.

신채호의 "독사신론"은《대한매일신보》에 1908년 8월 27일부터 12월 3일까지 연재되는 동안 사학계뿐만 아니라 전 문화계에 표현하기 어려울 만큼 큰 '충격'을 준 저작이었다. 이 저작의 관점과 내용을 그 이전 및 당시의 다른 국사서들과 대비해보면 가히 '혁명적'인 것이라고 할 수 있다. 여기서는 신채호의 "독사신론"이 우리나라에서 시민적 민족주의 사학을 확립한 저작임을 거듭 명백히 하면서 그 근거가 되는 "독사신론"의 내용상 '특징'을 소개하고 밝히려 한다. 다른 국사교과서와의 대비는 필요한 경우에 한정하기로 한다.

2. '독사신론'에 의한 근대민족주의 사학의 성립

신채호의 "독사신론"의 내용으로 바로 들어가기 전에 이 저작을 통해 우리나라에서 근대민족주의 사학이 성립했다는 것을 이해하기 위하여 "독사신론"의 일반적 특징과 오해라고 생각되는 종래의 몇 가지 관점에 대하여 언급하려고 한다.

첫째, 신채호는 "독사신론"에서 처음부터 '민족주의'로 역사를 해석하고 있으며, 따라서 '민족주의 사관'을 수립하여 일관되게 발해시대까지의 국사를 '재해석'한 사서임에 주목할 필요가 있다. 즉 "독사신론"은 '근대민족주의'에 의거하여 국사를 해석하고 이를 통하여 독자들에게 근대민족주의를 보급·계몽하려고 의도한 새로운 국사서인 것이다. 신채호 자신이 "독사신론"에서 스스로 이 점을 밝히고 있다.

> 금일에, 민족주의로 전국의 頑夢을 喚醒하며, 국가개념으로 청년의 新腦를 陶鑄하여, 優存劣亡의 十字街頭에 幷鑣하여, 一綫尚存의 國脈을 보유코자 할진대 역사를 捨하고는 他術이 無하다고 할지나… 9)

신채호가 누차 그 절박한 필요성을 강조한 '신역사'는 바로 새로운 '민족주의 사관'으로 해석된 역사를 의미한 것이었다.

---

9) "讀史新論,"《전집》, 상권, p. 472.

둘째, 신채호의 "독사신론"에서 다루어진 '신역사'의 단위 주체는 '민족'이었으며, 가장 역점을 둔 것이 '민족적 주체성'이었다.

> 국가의 역사는 민족 消長盛衰의 상태를 閱叙할 者라. 민족을 捨하면 역사가 무할지며, 역사를 捨하면 민족의 그 국가에 대한 관념이 不大할지니, 오호라, 역사가의 책임이 其亦 重矣哉인저. 10)

신채호가 다른 국사교과서들처럼 연대나 기술하며 인명·지명이나 기술하는 역사를 반대하고 '일정주의', '일관정신'이 살아 있는 역사를 주장한 것11)도 '민족주의 사관'에 의거하여 '민족 주체성'이 있는 역사 서술을 강조한 때문이었다. 김춘추(金春秋)나 김부식(金富軾)이 '민적'(民賊), '공구'(公仇)로서 가혹한 비판을 받은 것도 신채호의 이러한 관점과 관련이 있는 것이었다. 12)

셋째, 신채호의 "독사신론"에서의 민족주의 사관은 중세사학을 철저히 비판·극복하고 있다는 사실에 주목할 필요가 있다. 신채호는 예컨대 사마천(司馬遷)의 《사기》(史記)나 반고(班固)의 《한서》(漢書) 등을 단지 "일성(一姓)의 전가보(傳家譜)"13)로밖에 보지 않았다. 또한 그는 왕조사를 철저하게 비판하여 이른바 왕조의 정통을 따지며 공자(孔子)의 '춘추'(春秋) 의리(義理)니 주자(朱子)의 '강목'(綱目) 의리를 논하는 사학을 완루한 '구사'(舊史)라고 비판하였다.

신채호는 김부식이 우리나라 역사에서 발해국을 떼어내 포기해버린 것도 김부식이 고려왕조를 정통으로 만들고 당시의 자기 군주에게 아첨하기 위한 이유 때문이었다고 분석하고 '왕조사'의 폐해를 비판하였다. 14) 신채호는 모든 종류의 중세사, 특히 춘추강목체사학(春秋綱目

---

10) "讀史新論,"《전집》, 상권, p. 471.
11) "歷史와 愛國心의 關係,"《전집》, 하권, p. 78 참조.
12) "讀史新論," 앞의 책, pp. 508~513 참조.
13) 같은 책, p. 471.

體史學) 을 '구사'라고 보고 있으며, 자기 시대는 '신안공'(新眼孔) 으로 '신역사'를 써야 할 시대임을 극히 명확하게 자각하였고 주장하였으며 실천하였다. 일부의 역사학도들이 한말까지는 신채호가 중세사학을 완전히 극복하지 못하였다고 보는 것은 매우 피상적 관찰에 불과한 것 이다.

넷째, 신채호가 "독사신론"에서 그의 '근대민족주의 사학'의 사관을 이룬 민족주의의 '민족'의 구성요소로서 가장 중요시한 것은 언어·인종(또는 혈연 공동체)·국토(토지) 등이었다. 이 가운데 신채호는 언어 의 문제를 자명한 것으로 보아 "독사신론"에서 다루지 않았다. 그가 이 저작에서 심각하게 다룬 것은 인종과 국토의 문제였다.

신채호의 "독사신론"은 주로 고대사를 다룬 저작이기 때문에 다수의 부족국가들의 인종문제 또는 부족문제에 부딪쳤다. 널리 아는 바와 같 이 고대에는 근대에서와 같은 '민족'이 형성되지 않았기 때문에 누구든 지 고대사를 연구하고 기술하려 할 경우에는 이 문제에 부딪치게 마련 인 것이었다. 신채호는 고대사에서의 이 문제를 '주족'(主族) 과 '객족' (客族) 으로 구분하고 우리 민족을 형성한 주 종족으로서 '부여족'(扶餘 族) 을 제시하여 그 계통으로서 '부여-고구려 주족론'을 제기함으로써 이를 해결하고자 하였다. 즉 우리 민족의 기원을 부여족에서 구하고 그것을 우리 민족의 고대 대명사로 쓰면서 부여족이 '토족'(土族) 을 정 복·흡수하여 고대국가를 수립·발전시키는 과정과 '객족'인 선비족(鮮 卑族)·지나족(支那族)·말갈족(靺鞨族)·여진족(女眞族) 과의 '투쟁' 에서 진화해 나가는 과정을 밝히려고 한 것이다.

신채호가 '부여족'을 우리 민족 고대의 주 종족으로 선택하고 부여족 을 우리 민족의 고대 대명사처럼 사용한 이유는 부여·고구려가 가장 강성했으며 이민족과의 투쟁과정에서 여러 차례 빛나는 승리를 쟁취하 고 고대 동아시아에서 가장 강대한 고도의 문명국가를 수립하여 다수

---

14) 같은 책, pp. 512~513 참조.

의 고대 동아시아 부족들을 지배했으며, 강대한 중국 민족과 어깨를
나란히 하여 경쟁하고 중국 민족의 대규모 침략을 여러 차례 패배시킨
사실과 관련이 있을 것이다. '사회진화론'을 사학의 이론적 배경으로
한 신채호에게 고대에서 가장 강성한 종족이 주 종족으로 중요시된 것
은 당연한 논리였다고 볼 수 있다.

신채호의 이러한 견해는 오늘날의 사회과학적 민족형성론이나 역사
적 사실의 연구결과와 완전히 부합되는 것은 아니다. 그의 '부여-고구
려 주족론'이라고 부를 수 있는 견해는 당시의 지배적인 시민적 사회
과학인 사회진화론의 논리, 즉 강대한 종족의 정복에 의한 고대 문명
국가 형성론을 그 이론적 배경으로 하고, 자기 시대의 자주부강한 민
족독립국가 건설을 열망하는 그의 민족주의 사상이 투사된 것으로 이
해되어야 할 것이다. 그는 이러한 작업을 함에 사회진화론에 의거한
진화사관을 수립하여 적용했으며, 인류 역사가 국가생활의 발달의 측
면에서는 ① 추장(酋長) 시대, ② 귀족시대, ③ 전제시대, ④ 입헌시대
의 단계를 거쳐 발전한다고 보았다. 15)

여기서 지적해야 할 것은 일부의 역사학도들이 신채호의 '부여-고구
려 주족론'이나 '주족-객족' 구분론을 두고 신채호가 중세유가적 정통
론을 벗어나지 못했다고 보는 것은 피상적이고 부정확한 관찰이라는
사실이다. 신채호의 '부여-고구려 주족론' 등은 주자학적 정통론에 의
거하여 나온 학설이 아니라 시민적 사회과학인 사회진화론과 시민적
근대민족주의 사상에 의거하여 나온 것이었다. 16) 또한 그의 '주족-객

15) "進化와 退化,"《전집》, 별집, p. 208 참조.
16) 근대 이후에도 이데올로기의 영향을 많이 받은 사회과학의 제학파(諸學派)는
사적 고찰에서는 자기 학파 계통의 주류의 흐름을 찾으려는 강력한 성향이 있
었다. 사학에서도 마찬가지여서 이데올로기의 영향을 크게 받은 사학은 그것
이 현대사학일지라도 자기의 가치기준에 의거한 주류를 찾으려는 경향이 있
다. 신채호의 "독사신론"도 시민적 민족주의의 이데올로기 사학의 성격이 그
한 면을 이루고 있으므로, 그가 무리하여 '주족'을 찾으려고 한 것은 주자학적
정통론의 영향 때문이 아니라 그의 열정적인 시민적 근대민족주의 사상의 영

족' 구분론은 본질적으로 시민적 근대민족주의에 기초한 강렬한 '민족
적 주체성'을 역사서술에 투사한 것이었다고 해석되어야 할 것이다.

　다섯째, 신채호의 "독사신론"에 나타난 민족주의 사관은 '국토' 문제
에 만주를 시종일관하여 우리 민족 형성의 구성요소 안에 포함한 큰
특징을 갖고 있다. 그에게 만주는 우리 국토의 일부이며 우리 민족의
구성요소의 한 부분이었다.[17] 신채호가 이같이 만주를 우리 민족의
국토로 본 사실은 상호보완적으로 그의 고대사관과 고대사의 구성에
심대한 영향을 끼쳤다고 볼 수 있다. 그의 '부여-고구려 주족론'은 만
주를 우리 국토로 발견하게 함과 동시에 만주를 국토로 보는 관점이
부여-고구려 주족론에 대한 그의 입론을 더욱 강화시켰다고 볼 수 있
다. 또한 이러한 관점은 우리나라 고대사의 영역과 주 무대를 지리적
으로 반도로부터 만주의 넓은 대륙 벌판으로 옮겨놓는 작용을 하였으
며, 우리나라 고대사를 더욱 웅장하게 만들었다.

　신채호의 이러한 관점은 김춘추의 삼국통일에 대한 비판적 관점을
정립하는 데도 크게 작용하였다고 볼 수 있다. 또한 그가 그후 우리
나라 역사에서 요동(遼東)과 만주를 수복하려는 운동과 인물을 매우
높이 평가하고 중요시한 관점을 낳도록 하였음에 틀림없다고 볼 수 있
다. 최영(崔瑩)을 우리나라 역사상 삼걸(三傑)의 하나로 보는 신채호
의 관점도 물론 이와 관련된 것이다.[18] 그리고 신채호의 이러한 관점

　향 때문이라고 보는 것이 더 정확한 해석이라고 생각된다.

17) "滿洲問題에 就하여 再論함,"《전집》, 별집, pp. 238~241 참조. 예컨대, "千
　　載以前 滿洲는 前段의 已言함과 如히 勿論 韓國의 所有어니와 渤海 滅亡 以
　　來의 韓國은 何故로 如此히 劣退하였느뇨!" 등 참조. 이 외에도 신채호는 "韓
　　國과 滿洲," 같은 책, pp. 232~234 및 "滿洲와 日本," 같은 책, pp. 235~237
　　에서도 비슷한 주장을 하고 있다.

18) "滿洲問題에 就하여 再論함," 같은 책, p. 241. "其 末葉에 至하여 繼 崔都統
　　一人이 出하여, 其 燭天耀地의 雄眼을 放하여 呼風喚雲의 神腕을 揮하고 鴨
　　綠의 長江을 越하여, ① 八站을 破하여 蒙古國의 勢力을 推하고, ② 紅巾을
　　斥하여 支那族의 慢悔를 禦하며, ③ 明 征東都督 僕眞을 擊斬하여, 彼 明太
　　祖 朱元璋의 魂을 飛케 하고 古代 韓族의 武力을 再振하여 自家의 舊物을

은 발해국을 재발견하여 국사에 편입하고, 통일신라시대와 고려 초기를 '양국시대'(兩國時代)라고 보는 독특한 그의 사론을 정립케 하는 데 작용했다고 볼 수 있다. 발해를 국사에 편입한 것은 신채호가 처음은 아니고 유득공(柳得恭)의 《발해고》(渤海考) 등에서 이미 볼 수 있는 것이지만, 우리나라 역사에서 발해의 중요성에 대한 신채호의 강조와 그 역사적 의미의 중요성에 대한 독특한 해석은 매우 강도가 높으며 이례적인 것이라고 보지 않을 수 없다. 19)

우리가 여기서 주의하지 않으면 안 될 것은 신채호가 만주를 우리 국토 안에 포함시켜 강조한 사실이 비단 고대사의 재구성에만 관련된 것이 아니라, 만주를 국권회복운동 기지로 설정하려는 신채호의 현실적 의도가 강력하게 투사되어 있었다는 점이다. 그는 "독사신론"을 쓸 무렵 이미 만주 이주민들에게 만주가 우리 국토의 일부임을 설명하면서 그곳에서 민족문화를 간직하고 국권회복운동을 전개할 것을 계몽하였다. 20) 신채호는 국권을 회복한 후에는 만주의 구강토(舊疆土)를 국토로서 회복하게 될 것까지 생각했을지도 모른다. 21)

여섯째, 신채호는 "독사신론"을 통하여 민중에게 '민족주의', '애국

<hr/>

光復하려다가, 居然 國朝鼎革의 際를 當하여 大志를 齎하고 黃泉에 赴하였으니, 此는 千古 讀史者의 遺恨이오 …" 참조.
19) "韓國과 滿洲,"《전집》, 별집, p. 233. "… 고로 大祚榮 부자가 고구려의 遺燼을 再噓하여 渤海國을 창립할 새. 其 第一着이 만주에 入據하여 用武의 중심점을 作하였으니 千載以上 千載以下 英雄의 所見이 略同한저." 참조.
20) "滿洲問題에 就하여 再論함," 같은 책, p. 243 참조.
21) "한국민족 지리상 발전," 같은 책, p. 198. "嗚呼라. 此 지리상 발전의 跡을 由하여 한국민족의 장래를 測하건대, 將且 步步히 전진하여, 고구려 舊域을 索還하며, 단군 遺史를 重光할 시대가 又有할 듯하나 …" 참조. 또한 "만주문제에 就하여 再論함," 같은 책, p. 243. "嗚呼라. 風雨가 晦冥하고 龍虎가 쟁투하는 間에 徒悲치 말며 徒恨치 말고, 정치가는 정치가의 天能을 現하며, 實業家는 실업가의 本分을 盡하여, 何如히 하면 此 만주문제에 대하여 활동을 善히 할까 하며, 何如히 하면 장래 我國民도 此等 문제에 容喙함을 得할까 皆 公等의 分內 연구할 바이니라." 참조.

심', '민족적 자부심'을 교육하고 배양하려 하였다. 그는 역사가의 취
미를 위한 역사가 아니라 나약한 자를 일어서게 하고 완매(頑昧)한 자
를 깨우치게 하는 역사를 주장하였다. 이것은 바로 계몽사학의 강조였
다. 그는 자기 시대의 모든 목표의 초점을 국권회복에 두었기 때문에
이를 위하여 '애국심', '민족주의', '자강', '용기', '영웅적 투쟁', '발분'
을 고취하는 애국계몽사학을 주장하고 강조하였다. 한편으로 '신국민',
'애국심', '민중'이 강조되면서도 다른 한편으로 '영웅', '위인'의 행적이
강조된 것은 이러한 민중계몽을 목적으로 한 신채호의 애국계몽사학의
특징 때문이었다.

일부의 역사학도 중에는 신채호가 "독사신론"을 쓸 무렵에 몇 개의
영웅전을 쓴 사실과 그 내용에 주로 큰 인상을 받아 애국계몽운동기에
신채호가 '영웅중심 사관', '영웅주의 사관'에 빠져 있었다고 보는 사람
들이 있다. 그러나 이러한 견해는 피상적 관찰이라고 필자는 생각한
다. 신채호는 예컨대 양계초(梁啓超)의《이태리건국 삼걸전》(1907)을
번역한 데 이어서 우리나라 역사상의 삼걸로《수군제일위인 이순신
전》(1908),《을지문덕전》(1909),《동국거걸 최도통전》(1909)을 썼다.
그러나 이들은 모두 민중에 대한 계몽과 교육을 목적으로 한 저작이었
다.[22] 정작 신채호의 "독사신론"의 내용은 결코 영웅주의 사관에 지배
되지 않았으며 오히려 시종일관하여 시민적 민족주의 사상에 입각한
민족주의 사관이 본질적으로 관철되어 있다.

신채호가 영웅·위인들의 전기를 쓴 것은 당시 국권회복의 목적과
관련하여 한국의 국민들이 낱낱이 '신국민'이 되고, 청년들이 과거의

22) 역사가의 사관(史觀)의 여하를 막론하고 모든 사관 모든 학파에서 '교육'이 목
적일 때에는 영웅·위인을 모범으로 찬양하여 내세우는 경향이 있다. 이것은
민중주의적 사관의 경우에도 그러하다. 오직 그 영웅·위인의 내용에 차이가
나타날 뿐이다. 신채호는 제국주의 침략에 대항하여 국권회복을 목적으로 한
신교육을 주장하고 사회진화론의 '외경'(外競) 사상의 영향을 받고 있었으므로
이민족의 침략에 대항하여 외경에서 승리를 쟁취하거나 구강토(舊疆土)를 회
복하려 한 인물을 특히 삼걸로 선정한 것이라고 볼 수 있다.

영웅·위인들의 행적을 학습해서 낱낱이 무수한 신영웅들이 되어 국권
을 되찾는 데 영웅적 투쟁을 전개할 것을 계몽한 교육상의 목적 때문
이었음을 거듭 지적하고 주의를 환기하고 싶다. 신채호가 정작 "독사
신론"에서 때때로 논급하는 영웅에 대한 찬양은 시민적 민족주의 사학
이 영웅의 역할을 주목하는 범위를 결코 벗어나지 않고 있다. 뿐만 아
니라 신채호의 "독사신론"은 주로 고대사를 다룬 사서이다.

신채호는 고대에는 한 나라의 원동력이 한둘의 영웅호걸의 지휘 여
하에 달려 있었으나 자기의 시대에는 한 나라의 흥망은 국민 전체의 실
력에 있고 한둘의 호걸에 있지 않으며, 만일 한둘의 영웅이 나와서 나
라를 구제해 주리라고 기대한다면 그것은 '미신'이라고까지 단언하였다.

諸公은 或 何處 草根石窟에서 일개 영웅이 産出하여 此國 산하를
整頓할 줄로 信하는가. 고대에는 일국의 원동력이 恒常 一, 二豪傑
에 在하고 국민은 其 指揮를 隨하여 좌우할 뿐이러니, 금일에 至하
여는 일국의 흥망은 국민 전체 실력에 在하고, 한두 호걸에 不在할
뿐더러, 且 완전한 교육이 無하면 진정한 一國의 근세적 호걸이 不
現할지어늘, 萬一 此等 미신을 帶하고 天回運施를 坐俟하면 어찌
愚人이 아닌가. 23)

신채호는 여기서 고대에는 근대와는 달리 영웅호걸의 역할이 매우
큼을 강조했음에도 불구하고, 정작 고대사를 다룬 그의 "독사신론"에
서 관점의 중핵을 이루고 있는 것은 영웅이 아니라 민족이며, 관철되
고 있는 것은 시민적 민족주의 사관인 것이다. 24) 애국계몽운동기에

23) "所懷 一幅으로 普告同胞", 《전집》, 하권, p. 93.
24) 신채호의 "독사신론"에서는 '민족'이 단위 주체가 되어 있기 때문에 그의 '민족',
'민족주의', '시민적 근대민족주의 사관'에 합치되거나 도움이 되지 않는 인물은
아무리 위대하다고 고정관념이 정립되어 있어도 받아들여지지 않고 있을 뿐만
아니라 때때로 '민적'(民賊), '공구'(公仇)로 비판되고 있다. 통상 영웅으로 생
각되는 태종무열왕(太宗武烈王) 김춘추(金春秋)나 김경신(金庚信)이 영웅으

국권회복을 목적으로 한 그의 사관으로서의 시민적 민족주의 사관과 교육목적의 영웅전기는 서로 모순되는 것이 아니었음을 주의할 필요가 있을 것이다.

신채호가 "독사신론"을 쓴 애국계몽운동기에는 앞서 든 예에서와 같이 이미 신국사서가 다수 간행되어 널리 읽혀지고 있었다. 신채호가 이러한 신국사교과서들에 대하여 불만을 가졌던 측면은 영웅숭배라든가 고증이 부족한 점들이 아니라 바로 그가 강조한 민족주의 사관과 민족적 주체성이 부족하다는 점들이었다.[25]

일곱째, 신채호는 "독사신론"을 쓸 무렵에 이미 연대나 기술하며 인명·지명이나 기술하는 역사를 반대하고, '민족진화'(民族進化)의 상태를 기술하며 국가치란(國家治亂)의 인과를 분석하는 역사를 주장하였다.[26] 이것은 신채호가 역사의 근대과학화 또는 사회과학화를 주장하고 자기 시대의 최신 사회과학이론에 기초하여 역사를 과학적으로 해석하고 기술하려 했음을 의미한 것이라고 볼 수 있다.

신채호가 "독사신론"에서 가장 많이 원용한 당시의 진보적 사회과학이론은 허버트 스펜서, 벤자민 키드 등의 사회진화론과, 서구의 지리환경영향론, 그리고 우리나라의 전통적 역사지리론을 종합하여 그 자신이 발전시킨 지리영향설 등이었다. 당시 사회진화론이나 지리영향설 등은 서구에서도 역사연구에 널리 원용되고 있던 대표적인 시민적 사회과학이론이었다.

신채호는 사회진화론과 지리영향설의 큰 영향을 받고 역사에서의 진화사관(進化史觀)을 갖게 되었다.[27] 그는 우리나라의 고대사 기술에서도 민족이 진화·진보해 가는 과정을 서술하려고 노력하였다. 또한 그는 단순한 사실의 서술에 그치지 아니하고 당시의 사회과학이론

로 찬양되기는커녕 민적·공구로 비판·성토되고 있는 것이 그 단적인 예이다.
25) "論麗史誣筆,"《전집》, 별집, pp. 30~31 참조.
26) "歷史와 愛國心의 關係,"《전집》, 하권, p. 78 참조.
27) "進化와 退化,"《전집》, 별집, pp. 208~209 참조.

에 기초하여 집요하게 사실의 인과분석을 추구하였다. 이 점이 신채호
의 "독사신론"과 그 이전 및 동시대의 다른 국사서들과의 현저한 차이
점이다. 신채호에게 고증은 역사서술의 준비단계이고, 인과분석을 하
는 '해석' 사학은 궁극적으로 그의 "독사신론"의 중핵이었다. 신채호는
자기 시대의 진보적인 시민적 사회과학이론과 근대민족주의 사상에 기
초하여 그의 "독사신론"을 씀으로써 한국에서 시민적 근대민족주의 사
학을 성립시켰다고 볼 수 있다.

여기서 필자가 한국에서 근대민족주의 사학을 성립시킨 업적으로서
1908년의 "독사신론"의 역사적 중요성을 강조한다고 해서 1931~1932
년에 간행된 그의 《조선상고사》와 《조선상고문화사》의 중요성을 경시
하는 것은 아니다. 다만 사서에서도 우리는 역사주의적 고찰을 전개하
여 각각 그 역사적·사회적 역할의 다름에 주목해야 함을 강조하여 지
적하는 것이다. 뿐만 아니라 《조선상고사》[28] 와 《조선상고문화사》의
기본 뼈대는 이미 "독사신론"에서 만들어졌음에 주목할 필요가 있다.
이 중에서 《조선상고문화사》는 1931~1932년에 걸쳐 맨 나중에 출간
되었으나 그 저술은 신채호가 일찍이 대종교의 교도가 되었던 1910년
경 만주에서 대부분이 씌어졌던 것으로 보인다. 이 저작에서의 단군시
대에 대한 서술은 특히 상세하지만 모두 대종교에서 설명하는 내용에
의거하고 있다. 그가 1914년경에 대종교에 입교하여 윤세복(尹世復)
의 집에 머물면서 같은 해에 《조선사》의 집필에 착수하였다는 기록이
있다.[29] 《조선상고문화사》는 이때의 《조선사》이거나 그것을 발전시
킨 것이 아닌가 한다. 그 내용을 볼 때 《조선상고문화사》보다 1년 앞

---

28) 《朝鮮上古史》는 신채호가 상해 임시정부에서 탈퇴한 후 1921~1924년경에 집
  필된 것으로 보인다. 李允宰가 1921년 북경으로 신채호를 방문했을 때 그는
  원고를 쓰고 있었으며, 1924년 觀音寺의 승려 생활에서 나왔을 때에 집중적으
  로 北京大學 圖書館에서 《四庫全書》등 사료들을 섭렵하면서 역사연구에 전
  념한 시기를 가질 수 있었다.

29) "年譜,"《전집》, 하권, p. 499 참조.

264

서 간행된《조선상고사》가 훨씬 더 비대종교적이며 더욱 시민과학적
인 방법과 내용이 기술되어 있고 "독사신론"을 더욱 정통적·고증적으
로 발전시키고 있는 저작이라고 볼 수 있다. 물론《조선상고사》도 대
종교의 영향을 받고 있으나 그 정도는《조선상고문화사》보다 훨씬 약
하다.

　우리는 신채호의 저술에서 두 개의 약간 다른 흐름을 볼 수 있다. 그
첫째의 흐름은 사회진화론 등 시민과학에 기초하여 쓴 사서들인 ① "독
사신론",《조선상고사》계통과, 다른 하나는 대종교의 영향을 크게 받
은 ②《조선사》,《조선상고문화사》의 흐름이다. 현재 1914년의《조선
사》는 전해지고 있지 않으므로《조선상고문화사》가《조선사》이거나
그것을 보충한 것이라고 본다면,《조선상고문화사》는 1914년경의 작
품이거나 또는 적어도 1910년대 말의 작품이라고 볼 수 있다.[30] 한편
《조선상고사》는 대종교 사학의 영향이 크게 남아 있음에도 불구하고
직접적으로 "독사신론"을 계승 발전시키고 있으며 본질적으로 시민적
근대민족주의 사학의 한국 고대사라고 볼 수 있다. 따라서 신채호의
사서를 저술연대로 본다면 "독사신론"(1908) →《조선사》(1914) →《조
선상고문화사》(1910년대 말) →《조선상고사》(1921~1924) 의 순서라고
볼 수 있으며, 간행연대로 본다면 "독사신론"(1908) →《조선상고사》
(1931) →《조선상고문화사》(1931~1932) 의 순서라고 볼 수 있다. 어

30)《조선상고문화사》는《조선상고사》에 뒤이어 1931년경《조선일보》에 연재 발
　표되기 시작했으므로, 신채호의 이 두 개의 저작은 거의 동시에 공간(公刊)되
　었다고 볼 수 있다. 그러나 같은 저자의 동일 시기의 두 개의 저작내용이 이처
　럼 상이할 수는 없는 일이다. 그러므로 공간이 동일 시기에 安在鴻의 주선에
　의하여 되었다 할지라도 집필은 각각 상이한 시기에 이루어진 것이라고 보아
　야 할 것이다. 신채호가 대종교에서 입교하여 그 청탁으로 쓴《조선사》가
　1914년의 집필이고《조선상고문화사》는 대종교 색채가 짙으므로《조선상고문
　화사》를《조선사》이거나 그 증보 저작으로 보면 그 집필연대는 1910년대로 추
　론할 수 있다. 그것은 아무리 늦게 잡아도 1921년 이전의 작품임에 틀림없다
　고 생각한다. 비록 간행은 늦게 되었지만《조선상고문화사》가《조선상고사》
　보다 이전에 쓰어진 저작임에는 틀림없다.

느 경우에나 1908년의 "독사신론"이 그의 근대민족주의 사학의 성립 작품인 것이다.

앞에서 든 근거들에 기초하여 우리는 신채호의 1908년의 "독사신론"이 한국에서 중세사학을 완전히 극복한 그가 말한 '신역사'이며, 한국에서 시민적 근대민족주의 사학을 창건하여 확립한 저작임을 거듭 강조하면서 그 내용의 특징을 소개하고 검토해 보기로 한다.

3. '부여-고구려 주족론'과 마한(또는 삼한) 정통론의 부정

1) 부여-고구려 주족론

신채호의 '신역사'를 구성하는 지적 자원은 두 개의 학문에 기초를 두고 있다고 볼 수 있다. 그 하나는 신채호 시대의 시민적 사회과학이요, 다른 하나는 그의 시대까지의 역사학과 사료들이다.

당시 신채호에게 영향을 가장 많이 끼친 사회과학은 ① 스펜서(Herbert Spencer), 키드(Benjamin Kidd)의 사회진화론, ② 브룬칠리(Johann Caspar Brunchilli) 등의 사회·민족유기체설, ③ 루소(Jean Jacques Rousseau)의 계몽사상 등이었으나 그가 가장 크게 흡수하여 원용한 이론은 사회진화론과 그 자신이 발전시킨 지리영향설 계통의 사상과 학설이었다.

신채호는 사회진화론의 설명을 흡수하여 역사를 왕조사에서 민족사로 변환시킴과 동시에 유기체로서의 민족의 진화과정을 사회진화론의 역사설명의 이론인 주종족(또는 주부족)의 이웃 종족의 통합과 분리와 재통합의 끊임없는 과정을 민족의 형성과 진화과정으로 설명하고자 하였다. 당시 사회진화론은 근대 이전의 사회를 '군사형 사회'로 설명하여 군사력에 의한 정복·통합·분리·재통합이 중요한 정치현상이고 생산활동은 그를 보조하는 부문이라고 설명했다. 신채호는 이러한 사

266

회진화론을 이론적 배경으로 하여 우리 민족사에서 처음 그 기원을 추구하면서 우리 민족의 기원을 구성한 고대의 주종족을 찾고자 하였다.

> 국가가 旣是 민족정신으로 구성된 유기체인즉, 단순한 혈족으로 전래한 국가는 고사하고, 혼잡한 各族으로 결집된 국가일지라도, 必也 그 중에 항상 主動力이 되는 특별 종족이 有하여야, 어시호 그 국가가 국가될지니, 만일 一盤에 沙를 撤하듯이, 東來의 一種族도 此에 偶聚하며, 西來의 一種族도 此에 偶聚하며 南來 北來의 一種族도 此에 偶聚하여, 彼丈夫 我丈夫의 異觀이 유할진댄, 此는 一酋長政治도 공고케 행하기 불능할지며, 一部落團體도 완전케 立하기 불능할지니, 況 국가건설 문제야 어찌 與論하리오.31)

신채호는 이 '주종족'을 찾아서 그 주종족의 진화과정을 정치·경제·군사·습관·민족형성·흡입·외교 등 각 부문에서 규명하는 것이 민족주의 사학의 방법의 하나가 되어야 한다고 보았다.

> 역사의 필을 執한 자ㅣ 必也 그 國의 주인되는 一種族을 先에 現하여, 此로 主要를 作한 후에, 그 정치는 若何히 張弛하였으며, 그 실업은 약하히 漲落하였으며, 그 武功은 약하히 進退하였으며, 그 습속은 약하히 變移하였으며, 그 외래各族을 약하히 吸入하였으며, 그 他方異國을 약하히 交涉함을 叙述하여야, 어시호 역사라 운할지니, 만일 불연하면, 是는 무정신의 역사라. 무정신의 역사는 무정신의 민족을 産하며, 무정신의 국가를 造하리니, 어찌 可懼치 아니하리요.32)

신채호의 이러한 주족설에 의거한 역사관은 사회진화론의 역사관과 거의 일치하는 것이며 여기에 강력한 민족주의가 융합되어 주창되고

31) "讀史新論,"《전집》, 상권, p. 471.
32) 같은 책, p. 472.

있는 것이다.

신채호가 신역사를 쓰기 위하여 지적 자원으로 사용한 역사학과 사료들은 ① 본국문헌에 속한 조사(朝史: 官撰史書 및 이른바 正史類), ② 야승류(野乘類), ③ 각종 서적에서의 단편적 기록수집 등이었다.[33] 이러한 사료들이 어떠한 것이었는지는 물론 사학사 연구자들이 면밀히 조사 연구해야 할 과제일 것이다. 여기서 지적하고자 하는 것은 당시 신채호가 요즈음 우리가 알고 있는 국사서들은 물론이요, 지금은 전해지지 않은 국내의 사서나 사료들을 매우 광범위하게 찾아다녔다는 사실이다. 예컨대 지금은 찾아볼 수 없는《이십사걸전》,《산수명화》(山水名畵, 2권) 등에 대해서도 그는 언급하고 있다.

> … 又 崔岡씨가 嘗自言하되, 自家의 書籤에《二十四傑傳》이 유한대, 삼국 이래 排外名將의 사적을 상세열록한 자라 하며, 又 南章熙 씨의 家에《山水名畵》2권이 유한대, 제1장에는 동국 고대의 지도요, 제2장에는 삼국시대의 지도요, 제3장·제4장에는 신라 급 고려의 지도요, 또 기하에는 本朝 13도 各郡의 면읍山水를 詳列하여 즉 부여족의 최초 점거한 지방과 역대 道郡의 연혁이 目下에 완연하더라 ….[34]

신채호는 거시적 통찰력으로 이러한 사료들을 검토하고 고금의 정치·풍속(사회)의 각 부문을 정밀히 관찰한 후에 역사를 써야 할 것이라고 강조하였다. 이러한 관점과 관찰과 사료검토 후에 그가 발견한 것이 우리 민족 고대의 '부여-고구려 주족론'이라고 볼 수 있다.

신채호는 동북아시아의 제 민족을 적게는 6종, 크게는 8종으로 구분하였다. 즉 ① 선비족(鮮卑族), ② 부여족(扶餘族), ③ 지나족(支那族), ④ 말갈족(靺鞨族), ⑤ 여진족(女眞族), ⑥ 토족(土族), ⑦ 몽

33) 같은 책, p.472.
34) "舊書刊行論,"《전집》, 하권, pp.102~103.

골족(蒙古族), ⑧ 일본족(日本族)이 그것이다. 이 중에서 부여족이 동국민족의 주족으로서 4천 년간 동토(東土)의 주인공이 된 종족이다. 부여족은 단군이 창업한 지 2천여 년에 그 왕조가 양파로 분립하여 동부여(東扶餘), 북부여(北扶餘)로 나뉘었는데 북부여가 곧 고구려라고 그는 보았다.[35] 따라서 고구려는 부여족을 바로 계승하는 직계종족으로서 동국민족의 고대 주족은 부여-고구려라고 보는 것이다.

선비족은 부여족과 요만(遼滿) 등지에 병립하여 서로 혈전을 계속하던 종족인데 그 후에 부여족에게 크게 축출당하여 그 근거지를 잃고 지금은 시베리아 등지에 그 남은 유족을 갖고 있는 종족이다. 지나족은 한(韓)·한(漢) 양국의 토지가 근접한 관계로 기자(箕子)가 동쪽으로 온 이래 계속 피난민이 밀려들어왔기 때문에 부여족을 제외하면 최다수를 점유한 종족이다. 말갈족과 여진족은 본래 고구려의 속부(屬部)로 함경도·황해도 등지에 거주하던 종족인데, 후일 고구려가 신라에 병탄되매 고구려 유민(遺民)이 이를 이끌고 요동(遼東)·심양(瀋陽) 등주(等州)에 옮겨 들어가서 발해국을 창설하였다. 그 후 말갈족과 여진족은 지나를 정복하여 각각 대금(大金)과 대청제국(大淸帝國)을 건설하였다. 토족은 고대 남북한 지방에 이미 있던 종족으로서 삼한(三韓)의 각종 부락과 동쪽의 예맥(穢貊) 등족이 모두 이에 속하였다. 이 토족은 '우존열망'(優存劣亡)의 결과로 누대(累代)의 도태(陶汰)를 만나서 점차 소멸하여 부여족에 흡수되어 버리고 말았다고 그는 보았다.

따라서 신채호에 의하면 동국민족의 주족은 부여·고구려요, 한국민족의 역사는 그 큰 흐름에서 부여족의 성쇠소장의 역사라고 본 것이다.[36]

신채호의 '부여-고구려 주족론'은 우리나라 고대사의 주 무대를 만주

---

35) "讀史新論,"《전집》, 상권, p. 478 참조.
36) "讀史新論,"《전집》, 상권, p. 475.

로 옮겨놓았으며 만주를 한국 국토의 일부로 설정했을 뿐 아니라 고대
의 한국 민족이 만주에 거주하던 여러 이종족〔客族〕들을 지배한 강대
하고 고도의 문명을 이룩한 민족임에 주목케 하였다. 신채호는 상고사
(上古史)의 만주에서는 2천 년의 긴 시간을 통하여 모든 다른 민족들
을 그 발 밑에 지배하고 만주의 패권을 장악하여 역사상 광채를 빛낸
민족이 바로 부여족이라고 다음과 같이 썼다.

> 금에 만주를, ① 上古史의 만주 ② 中古史의 만주 ③ 近世史의 만
> 주에 分하여 관하건대, 往古 삼, 사천載 전후에는 扶餘族·肅愼
> 族·鮮卑族 등이 此地에 雜處하여 호상爭雄하다가 檀聖이 作하며,
> 太武王·廣開土王·乙支文德·淵蓋蘇文이 繼하여 부여족이 光燄
> 을 發하여 만주의 패권을 握하고, 각족이 그 足下에서 屛息케 하였
> 으니, 기간에 檀石槐·慕容皝 등의 爭霸가 不無하되 皆 短促의 시
> 기에 불과하고, 차에 이천년간 長日月의 수명을 保하여 史上에 광채
> 를 放한 자는 扶餘族이라.[37]

신채호의 '부여-고구려 주족론'은 '사회진화론'을 이론적 배경으로 하
여 고대사 서술에 그의 시민적 근대민족주의 사관을 적용해서 도출한
새로운 학설이자 새로운 관점이었다. 신채호는 이 학설에 의하여 한국
고대사를 웅장하게 만들고 고대 한국 민족을 강대한 고도의 문명민족
으로 부각시켰으며, 그 자신이 기회 있을 때마다 그처럼 강조한 만주
를 한국 민족의 영토 안에 포함시키는 작업에 성공했다고 볼 수 있다.

2) 마한정통론(馬韓正統論)의 부정

그러나 신채호의 부여-고구려 주족론은 당시까지도 널리 읽혀지고
있던 주자학 사서·실학 사서〔예컨대 安鼎福의 《東史綱目》〕, 그리고 당

---

[37] "滿洲問題에 就하여 再論함," 《전집》, 별집, pp. 238~239.

270

시의 한말 사서·국사교과서의 이른바 '마(삼)한 정통론'(馬〔三〕韓 正
統論)과 정면으로 대립하는 것이었다. 학부(學部) 편찬의《조선역사》
(1895)는 '단군-기자-마한-신라'의 정통론의 입장을 뚜렷이 하여 국사
를 체계화하였으며, 역시 학부 편찬의《조선역대사략》(朝鮮歷代史略,
1895)도 '단군-기자-마한-삼국-신라'의 정통론을 강조하면서 신라의 문
무왕(文武王)이 삼국을 통일했으므로 마한 다음에는 삼국이 무정통으
로 분립했다가 결국 신라가 정통인 것으로 쓴다고 하였다.

> 三韓 雖一時幷立 正統旣歸馬韓 況辰韓本馬韓之所割與 而又常 以
> 馬韓人作主弁韓 …. 38)
> 　新羅建國二十一年 而句麗興四十年 而百濟興 三國開倉 差有先
> 後 而位均體 敵不能主一 故依綱目 無正統例書之 至新羅文武王統
> 三爲一 故始以正統書之. 39)

　그 후《동국역대사략》(東國歷代史略, 1899),《조선략사십과》(朝鮮
略史十課, 1895?),《(보통교과) 동국역사》(東國歷史, 1899),《초등대
한역사》(初等大韓歷史, 1908),《역사집략》(歷史輯略, 1905),《대동역
사》(大東歷史, 1905),《대동역사략》(大東歷史略, 1905),《신정 동국
역사》(新訂 東國歷史, 1906) 등이 모두 이 '단군-기자-마한-(삼국)-
신라' 정통론을 취하였다. 이 입장은 하나같이 ① 기자조선을 단군을
잇는 정통으로 놓고 있으며, ② 마한(또는 삼한)을 정통으로 넣어서 뒤
의 신라의 정통을 준비하고 있으며, ③ 신라의 건국연대를 고구려보다
선행(예컨대 약 20년) 시키고 있으며, ④ 방법론적으로 주자학의 강목체
사학(綱目體史學)에 의존하고 있는 특징을 나타내었다.

---

38)《朝鮮歷代史略》(學部), 卷一, p. 2 및《韓國開化期敎科書叢書》, 제11권,
　　p. 272.
39)《朝鮮歷代史略》, 卷一, pp. 2~3 및《韓國開化期敎科書叢書》, 제11권,
　　pp. 272~273.

신채호에 의하면 이것은 모두 '구사'의 범위를 벗어나지 못하는 것이다. 왜냐하면 이들은 모두 ① 왕조의 대통(代統) 중심이며, ② 사가들의 자의적 편향에 의거한 것이며, ③ 주자학에 근거한 명분론에 불과한 것이다. 그에 의하면, ① 왕조가 아니라 민족(또는 종족)을 기준으로 보아야 하며, ② 주족과 객족을 엄밀히 구분해 보아야 하며, ③ 고대의 군사형 사회에서는 '우존열망'(優存劣亡)의 원리에 의하여 강자가 아니고는 주족이 될 수 없다고 보아야 하는 것이다. 따라서 그에게 동국민족의 주족은 고대의 가장 강성하였던 부여-고구려가 되는 것이다.

여기서 우리가 거듭 주목할 것은 신채호가 이른바 '단군-기자-삼한-신라 정통론'을 극복한 방법론은 당시의 최신의 시민적 사회과학이론인 사회진화론이었다는 사실이다. 당시로서는 신채호만이 부여-고구려 주족론을 제시하여 전통적으로 전승되던 '삼한정통론'을 부정하였다. 또한 그가 만주를 한국 민족의 구영토요, 국토의 일부로 보는 관점과 만주문제에 대한 그의 민족주의적 깊은 관심이 부여-고구려 주족론의 정립을 절실하게 촉구하여 주었다고 볼 수 있다.

> 단군이 首出하신 聖人으로 조선국을 창건하실새, 만주를 중시하자 기자 扶婁로 차를 개척하시고 후세자손의 用武地를 胎하시더니, 그 후예가 中微하여 고토를 多失하고 기백년 역사상에 광영이 不現하였으나 尙且 滿洲일역은 據有한 고로 東明王 朱蒙이 차를 빙자하여 一鞭으로 東指하매, 衛氏·漢씨(漢代의 四郡二府類) 등 支那族의 기백년 축적한 세력을 一朝에 정복하였고, 기자왈 단군왕조가 北遷한 후로 그 자손이 墻內干戈에 종사하여 曷思國·부여국·고구려국 등이 自相屠滅하고, 外競에 不遑하였으나 그 건국연대가 《古記》와 《總目》에 대략 載有하였거늘, 한국 역사가 箕氏왕조는 說하고 扶餘왕조는 闕하여 주권상 주족·객족의 구별이 무하니 가탄이로다.[40]

---

40) "韓國과 滿洲,"《전집》, 별집, p.232.

신채호의 사회진화론에 의한 정통론 또는 삼한정통론의 극복은 당시의 사학계에는 거의 혁명적인 것이었다. 그것은 ① 민족 단위의 고찰을 확립했으며, ② 고대의 가장 선진적이고 강성했던 부여·고구려사를 발견케 했으며, ③ 잃어버렸던 발해사를 재발견케 했으며, ④ 고대 동국민족의 발전상을 밝혀주었으며, ⑤ 한국 고대사의 주 무대를 만주의 대륙으로 광대하여 옮겨놓았으며, ⑥ 만주의 넓은 대륙을 한국민족의 구영토로 정립했으며, ⑦ 시민적 근대민족주의 사학의 길을 넓게 열어놓았다.

신채호가 삼한정통론을 얼마나 철저히 부정하려 했는가는 그의 토족에 대한 설명에서 찾아볼 수 있다. 그는 삼한의 각종 부락을 토족에다 넣어서 토족을 정통으로 보기는커녕 사회진화론의 우존열망(優存劣亡)의 원리에 의하여 토족이 도태되어 결국 부여족에 흡수되었다고 잘라 말하고 있는 것이다. 41)

또한 신채호의 사회진화론에 의거한 부여-고구려 주족론은 그의 사상적 욕구를 충족시켜 주었다. 그는 국권회복을 위한 장래의 민족간부인 청소년 학도들에게 애국심과 민족적 자부심과 상무의 씩씩한 기상을 역사교육을 통하여 넣어주고 싶어했다. 고대에 선비족·말갈족·여진족을 그 지배하에 복속시키고 강대한 중국 민족(지나족)의 침략을 여러 차례 패배시켜 그와 당당히 겨루면서 광대한 만주 일대를 지배하고 높은 수준의 찬란한 고대문명을 창조한 고구려의 재발견은 그가 "역사와 애국심의 관계"에서 강조한 것처럼 역사교육의 시대적 효과에 가장 적합한 것으로 생각되었다. 또한 빈곤과 일제 탄압을 못 이겨 만주로 이주하는 이주민들에게 만주가 우리 민족의 옛 국토임을 가르쳐

---

41) 《朝鮮上古史》와 《朝鮮上古文化史》에서는 그 후 이 견해가 수정되고 있다. 《朝鮮上古史》에서는 '三朝鮮分立時代'로서 '南三韓'의 문제로 설명이 대치되고 있으며, 《朝鮮上古文化史》에서는 '阿斯達王朝時代'로 대치되고 있고, 《前後三韓考》에서는 '後三韓'을 '土族'이 아니라 모두 우리 민족 형성의 일부로, 考證的으로 고찰하려는 노력이 보인다.

주고 구강토에서 자부심과 민족문화를 굳게 간직하여 만주를 근거지로 국권회복에 헌신할 것을 고취하는 일에도 그것은 매우 적합한 것으로 생각되었다. 42)

오늘날의 사회과학이론이나 고대사 연구의 업적에서 보면 물론 신채호의 소론이 모두 정확하고 사실과 일치하는 것은 아니다. 여기서 지적하려고 하는 것은 신채호에 의하여 한국에서 시민적 근대민족주의 사학의 성립되었다는 것이다. 또한 신채호가 당시 최첨단의 시민적 사회과학이론인 사회진화론에 의거하여 정통론 내지 삼한정통론을 붕괴시키고 사회진화론과 민족주의 사상을 융합하여 '부여-고구려 주족론'을 주장함으로써 그 길이 넓게 열리게 되었다는 엄연한 사실에 주목해야 한다는 것이다.

신채호의 부여-고구려 주족론은 종적으로 사후에 연결시켜보면 수산(修山) 이종휘(李種徽)의 《수산집》(修山集) 권11~14의 "동사"(東史)에 연결되어 있는 것으로 보인다. 43) 이 점에서 신채호는 이종휘의 사학과 실학을 계승 발전시켰다. 그러나 또한 양자 사이에는 근본적 차이가 있음에도 주목할 필요가 있다고 생각한다.

첫째, 이종휘는 두 개의 '정통'을 병렬시키고 있는 데 비하여 신채호는 하나의 '주족'의 흐름만을 부각시킨 것이다. 이종휘는 단군조선-부여-고구려의 계통과, 기자조선-마한(삼한)-삼국의 두 개의 정통이 병존함을 제시하면서, 예맥(濊貊)·동옥저(東沃沮)·비류(沸流) 등을

---

42) "滿洲問題에 就하여 再論함," 《전집》, 별집, pp. 239~243 참조.

43) 《朝鮮上古史》, 《전집》, 상권, p. 43에서 신채호는 이종휘의 사학을 다음과 같이 評하고 있다. "… 이종휘의 《수산집》 끝은 단군 이래 조선 고유한 독립적 문화를 詠歌하여 김부식 이후 사가의 노예사상을 갈파하여, 특유한 발명과 採輯은 없다 하여도, 다만 이 한 자리로도 또한 不朽에 垂한 것이다." 그러나 1908년 "독사신론"을 집필할 당시 신채호가 《수산집》의 영향을 얼마나 직접 받았는지는 더 검토해볼 여지가 있다. 오히려 신채호는 삼국시대의 관제·풍속·문화·인물을 다룬 부분에서 당시보다 뒤에 더 큰 영향을 받았을지도 모른다는 추론도 가능할 것이다.

단군조선의 계열로 넣었다. 이종휘의 문제의식은 안정복의 《동사강
목》이 "기자조선"에 대한 부기(附記)로서 단군조선-부여를 넣으면서
단군조선-기자조선-삼한-삼국-신라의 정통론을 정립한 데 대한 비판
과 극복이었다. 그러나 신채호는 하나만의 주족을 들고 그것이 부여-
고구려족이라고 본 것이다. 그는 단군조선도 부여족이 세운 나라이며,
고구려와 백제는 물론 신라도 부여족의 일파라고 보았다. 반면에 마한
(三韓)은 토족으로 보아 부여족에 정복된 것으로 보며, 기자조선·예
맥·옥저·비류 등은 객족으로 여긴 것이다.

둘째, 이종휘는 자기의 독특한 이원적 정통론으로 안정복 등의 삼한
정통론을 극복하려고 했다. 즉 정통론으로서 정통론을 극복하려 한 것이
다. 따라서 이종휘에게는 여전히 '왕조사'가 중심이었다. 이에 비해
신채호는 '부여-고구려 주족론'으로서 이종휘의 '이원적 정통론'과 안정
복 등의 '삼한정통론'을 모두 극복하려 했다. 즉 '민족'(또는 종족)으로
'왕조사'를 극복함과 동시에 '정통론' 그 자체도 극복하려 한 것이었다.
따라서 신채호는 단군조선도 부여족이 세운 최초의 국가이기 때문에
부여족이 주체로 처음부터 등장되는 것이다.

셋째, 이종휘가 비록 부여·고구려·발해의 중요성을 되찾아냈다
할지라도 여전히 '유가적 중세사학'의 범주를 벗어나지 못하고 있음에
주목할 필요가 있다. 신채호의 부여-고구려 주족론은 고증에 문제점
이 있다 할지라도 그 학설 자체는 시민과학으로서의 사회진화론을 이
론적 배경으로 한 시민적 근대민족주의 사학의 범주에 포함되는 것임
에 특히 주목할 필요가 있는 것이다.

4. '단군 - 추장시대론'과 태백산 = 장백산론

1) 단군 - 추장시대론(檀君-酋長時代論)

개화기나 애국계몽운동기의 국사서들은 모두 개국시조를 단군이라고 하여 단군시대·단군조선을 첫머리에서 다루고 있다. 단군시대에 대하여 당시의 국사서들, 일본인 사가의 조선사, 신채호의 "독사신론" 사이에는 커다란 차이가 있다.

첫째, 당시의 대부분의 국사서들은 단군을 '신인'(神人)이라고 신비화하여 신인인 단군이 지금의 묘향산(妙香山)인 태백산(太白山) 단목하(檀木下)에 내려와 나라를 세웠다고 설명하였다.

> 단군(명은 王儉이니 혹운 王險이라 하니라)은 동방에서 처음에 君長이 무흐더니 神人이 유흐야 太白山 檀木下에 降흐거늘, 國人이 奉立흐야 爲君흐니 호를 檀君이라 흐고 국호를 조선이라 하니, 초에 평양에 都흐고 후에 白岳에 都흐니라(太白山은 금 寧邊의 妙香山이오 白岳은 금 文化의 九月山이라).[44]

이와 대동소이한 서술을 한 국사서로는 《조선역대사략》, 《동국역대사략》, 《조선략사십과》, 《(보통교과) 동국역사》, 《(보통교과) 대동역사략》 등이 있다. 또 다른 국사서들은 환인(桓因)이 아들 웅(雄)을 낳고 웅(雄)이 태백산(太白山) 단목하에서 한 아들을 낳으니 성덕(聖德)이 있고 신명(神明)하여 사람들이 왕으로 삼으니 이가 곧 단군이라고 설명하였다. 이러한 서술을 한 국가서로는 《동국사략》(玄采), 《대동역사》, 《역사집략》, 《(초등) 대한역사》, 《신정 동국역사》 등이다. 어떠한 국사서들이나 하나같이 모두 태백산을 묘향산이라고 풀이하고 있으며 도읍을 평양에 정했다고 서술하였다.

---

44) 《朝鮮歷史》, 學部, 卷一, p. 1 및 《韓國開化期教科書叢書》, 제 11권, p. 5.

둘째, 일본인 사가 임태보(林泰輔)는 단군의 개국설에 대하여 이상과 같은 우리나라 사서의 주장은 그 설이 황당하여 믿을 수 없다고 부인하였다.

조선 개국의 기원은 더욱 茫邈하게 相傳한다. 처음에 君長이 없었으나 神人이 있어 檀木下에 降하니 國人이 세워 君으로 하였다. 이를 단군이라 한다. 國을 조선이라고 호하고 평양에 도읍을 정하였다. 支那 唐堯의 때에 해당한다. 그 후 1048년을 거쳐서 商의 武丁8년에 이르러 阿斯達山(황해道 문화현 九月山)에 들어가 神이 되었다고 한다. 그 說이 황당하여 도저히 믿을 수 없다.[45]

셋째, 신채호는 단군을 개국시조라고 보았으나, 놀랍게도 단군을 '추장'(酋長)으로 보았으며 단군시대를 "추장정치 최성(最盛)한 시대"[46]라고 하여 단군을 추장정치와 관련시켰다.[47] 신채호는 그 논거로서 삼국 초엽이 추장정치가 끝나고 군현제도(郡縣制度)가 남상(濫觴)을 시작하는 때라고 볼 수 있는데, 기록에 당시 아직도 소국이 열립하여 고구려는 17국을 통합하였고 신라는 32국을 통합하였다 하며, 백제는 45국을 통합하였다 하였으니, 이것으로 단군 후대를 미루어 보건대 당시는 10리에 10국, 100리에 100국이 존재하여 허다한 추장이 서로 자웅을 겨루던 시대라고 볼 수 있다는 것이다.

단군은 이러한 시대에 몸을 일으키어 신공(神功)과 성덕(聖德)으로 무수한 각방(各邦, 各酋長小國)을 통일하거나 또는 이를 신복(臣腹)시켜 추장정치 속의 하나의 왕이 되었다고 보았으며, 그 처음 몸을 일

---

45) 林泰輔,《朝鮮史》, 卷一(1892, 明治 25), 日本 東京 吉川半七藏版, p. 19 左.

46) "讀史新論,"《전집》, 상권, p. 479.

47) 그러나 신채호는 단군을 개국시조로 높이는 뜻에서 직접화법을 쓰지 않고 간접화법으로 단군시대를 '추장시대', '추장정치'라고 표현하여 단군을 '제추장(諸酋長)들을 복속시키고 추장들 중의 추장으로 왕이 된' 개국시조로 풀이하고 있다.

으킨 땅이 장백산(長白山) 아래이고 그 정치의 중심처가 졸본부여(卒本扶餘)라고 보았다. [48]

이것은 당시로서는 놀라운 과학적 추론이었으며, 신채호만이 이러한 접근을 하고 있다. 당시 한말의 모든 국사서에는 단군을 개국시조로 쓰지 않은 책은 하나도 없다. 일종의 '단군내셔널리즘'이라고 부를 수 있는 사조가 전국을 휩쓸어서 국사서의 처음에 단군을 기술하였으나 모두 하나같이 전설을 사실로 기재하여 태백산 단목하에 하늘로부터 신인이 내려와서 나라를 세웠다거나 신인인 환인의 아들 환웅이 단군을 낳아 나라를 세워 국호를 조선이라 하였다는 식의 전설적으로 서술하였다. 추장정치의 연맹이라든가 발전 등과 같은 사회과학적 착상은 찾아볼 수 없다.

신채호의 추장정치시대론은 스펜서의 고대사회관을 연상케 한다. 그는 고대사회를 ① 단순사회, ② 복합사회, ③ 이중복합사회, ④ 문명사회 또는 삼중복합사회의 단계로 진화하는 것이라고 하고, 문명사회의 시작인 삼중복합사회에서는 대부분의 추장이 하나의 추장 또는 왕(one head)에 복속되고 주민이 정착하게 된다고 하면서, 그 사례로 고대 멕시코·앗시리아 왕국·이집트 왕국 등을 들었다.

신채호는 여기서 상당한 시사를 얻은 것이 아닌가 한다. 신채호가 단군시대를 '추장정치가 최성한 시대', '추장시대'라고 본 것은 그가 사회진화론의 진화사관에 의거하여 국가생활의 발달을 제1기 추장시대, 제2기 귀족시대, 제3기 전제시대, 제4기 입헌시대로 일반론으로 단계설정하고 단군시대를 추장시대로 본 것이었다. [49]

신채호는 단군을 대부분의 추장들을 복속시키고 그 위에 선 왕이라고 보았으나, 단군시대 후대까지도 추장들이 남아 있었으며, 단군시대를 '추장정치 최성한 시대'라고 보는 것이다. 즉 단군을 신인이 아닌

48) 같은 책, pp. 478~479 참조.
49) "進化와 退化,"《전집》, 별집, p. 208 참조.

추장들 중의 대추장으로서 무력(武力)과 덕화(德化)로 무수한 추장들을 복속시키고 왕이 되어 동국민족에 고대국가의 문명의 단계를 연 시조로 보는 것이다. 신채호는 단군이 묵묵히 남면(南面)하여 앉아서 덕화로써 저 숙신족(肅愼族)·조선족(朝鮮族)·예맥족(濊貊族)·삼한족(三韓族)을 거느렸다는 당시 국사서들의 설명을 일축하였다. 그는 기본적으로 단군의 정복이 각 종족 추장들을 복속시킨 것이라고 보았으며, 그 근거지가 졸본부여인즉 단군이 정복한 지역은 맨 처음이 심양(瀋陽)이고 그 다음이 요동(遼東)이며 그 다음이 조선본부라고 보았다.[50]

이렇게 단군의 무공(武功)이 이미 떨치고 문덕(文德)이 두루 미치매 주위 원방의 각 소국 추장들이 바람을 따라 귀화한 것이라고 설명하였다. 그는 단군 제 1세만이 그러한 것이 아니요 그 자손도 그 뜻을 이어서 이 정복과 덕화의 사업을 계속하여 마침내 그 강역이 북으로는 흑룡강(黑龍江), 남으로는 조령(鳥嶺), 동으로는 대해(大海), 서로는 요동(遼東)에 이르게 된 것이라고 하였다.[51]

2) 태백산＝장백산론(太白山＝長白山論)

신채호는 이러한 관점으로 "단군이 조선국을 창건하실새, 만주를 중시하사 그 자(子) 부루(扶婁)로 차(此)를 개척하시고 후세자손의 용무지(用武地)를 태(胎)하시더니"[52]라고 하여 단군시대의 영토를 만주 전역과 요동으로 설정한 것이다.

신채호는 당시의 모든 국사서들이 태백산을 영변 묘향산이라고 해

---

50) "讀史新論,"《전집》, 상권, p. 480 참조. 단군이 기본적으로 정복에 의거하여 다른 추장들을 복속키시고 영토를 넓히어 단군조선을 세웠다는 착상도 기본적으로 사회진화론의 역사관인 것이다.

51) 같은 책, p. 478 참조.

52) "韓國과 滿洲,"《전집》, 별집, p. 232.

석하고 그 도읍을 평양(平壤) 왕검성(王儉城)에 두었다는 설명을 부
정하였다. 그에 의하면 이것은 후대 사가들이 단지 고기(古記)에 '신
인강하 태백산단목하'(神人降下 太白山檀木下)라고 적힌 구절에 근거
하여 태백산을 평안도·황해도(서북) 일대에서 널리 구하다가 묘향산
에 이르러 향단목이 총총히 울창함을 보고 이를 태백산으로 억지 단정
한 것이라고 하였다.

신채호는 장백산의 옛 이름이 태백산임을 밝혀내고 역사지리적으로
추적하여 단군이 졸본부여에 도읍을 세워서 자손의 탕목읍(湯沐邑)을
만들고, 압록강 이동(以東, 北)의 추장들의 소열국을 은덕으로 회유
하고 병혁(兵革)으로 위협하여 신복시킨 것이라고 추론하였다.

3) 단군시대 고조선의 만주영토론(滿洲領土論)

단군시대의 고조선의 영토를 만주와 요동이라고 본 것은 신채호에
게는 너무나 당연한 논리였다고 볼 수 있다. 신채호는 평양성(平壤
城)·삼랑성(三郞城) 등의 고기(古基)의 건축은 필시 강하고 사나운
만족(蠻族)의 불복종자를 원정하다가 당시 정복한 주군기념지(駐軍紀
念地)에 세운 성궐(城闕)이라고 해석하였다. 또한 강동현(江東縣) 대
박산(大朴山)에 단군릉(檀君陵)이 있다는 설에 대해서는 마치 알렉산
더가 페르시아를 정벌하다가 중도에서 서거한 것과 같이 상고(上古)에
단군이 허다한 각 부족을 정복하여 만세(萬世)의 기업(基業)을 정하고
자 평안히 멈추는 곳 없이 원정을 계속하다가 원정의 거가(車駕)가 강
동에 이르러 서거하여 이에 묻힌 것이라고 해석하였다.

신채호는 또한 단군시대에 건축한 평양성·삼랑성의 고기(古基)를
관찰해보면 그 공예의 발달을 가히 알 수 있으며, 이웃나라 사서가 찬
미한 단국궁(檀國弓)·숙신노(肅愼弩)의 단평을 읽어보면 그 병기(兵
器)의 정미(精美)함을 알 수 있다고 하여 단군시대가 문명시대의 시작
임을 시사하였다. 그는 단군이 팽오(彭吳)에게 명(命)하여 국내의 산

천에 제(祭)를 지냈다는 고기(古記)의 사실을 인정하였다.[53]

신채호는 단군시대를 자세히 밝히지 못함은 한국 민족의 주족인 부여족의 고구려가 망할 때, 그 유문고사(遺文古史)가 적에 의하여 불태워져서 사서들이 없어졌기 때문이라고 하였다.[54] 또한 고구려 후에 발해가 건국하여 나머지 본국 문헌이 이에 들어갔는데 발해가 망한 후 고려시대에 김부식(金富軾) 등이 발해의 문헌을《사기》(史記)에 넣지 않아 단군시대를 더욱 밝히기 어렵게 만들었다고 그는 개탄하였다.

신채호의 단군신화 해석은 민족주의 사상에 지배되어 있으나, 그 해석방법은 시종일관하여 과학적 방법을 원용하려고 노력하였다. 이것은 당시와 그 후에 일본의 시민적 민족주의 사가들이 일본의 고대 신화들을 황당무계하게 그대로 사실화시킨 것보다 훨씬 과학적 접근으로 보인다. 또한 신채호가 1910년 망명 이후인 1914년경에 대종교에 입교하여 종교적 영향을 받은 이후 대종교의 경서인《삼일신고》(三一神誥),

---

53) 《朝鮮上古文化史》와《朝鮮上古史》에서 그 후 단군시대의 문명에 대하여 매우 상세한 설명을 하였다. 그러나 그 과학성은 "독사신론"보다 전진된 것이라고 보기 어려운 부분이 여러 군데 있다. 신채호의 단군 내셔널리즘이 그 후 역사학적으로 표현된 것이 이들 두 저작이라고 볼 수 있다.

54) "朝鮮史 整理에 對한 私疑,"《전집》, 중권, pp. 133~135 참조. 신채호에 의하면 우리나라 역사에 대한 사료는 여섯 차례에 걸쳐 크게 소멸되었는 바, 즉 ① 鮮卑族의 慕容廆가 북부여를 침공하여 단군시대의 비치한 도서들을 불태우고 약탈한 것이 그 제1차요, ② 고구려와 백제가 당에게 망할 때 唐將 李勣은 평양에서, 鮮定方은 부여에서 고구려 · 백제 양국의 7백 년 文蹟을 불태운 것이 그 제2차요, ③ 그 후 渤海의 文蹟은 여진에 의하여, 신라의 文蹟은 後百濟王 甄萱이 가져갔다가 후백제가 망할 때 모두 불탄 것이 그 제3차요, ④ 金富軾이 儒家의 事大思想에 젖어 半文의 史的 가치밖에 없는《三國史記》를 지어 官力으로 민간에 분포하고 郞 · 佛 兩家의 저작은 몰수하여 없애버린 것이 그 제4차요, ⑤ 몽고가 침입하여 왕궁에 비장한 史冊을 가져다가 조선에 자랑할 만한 것은 모두 말살하거나 없애버린 것이 그 제5차요, ⑥ 조선왕조에 들어와 나머지 史冊마저 王命으로 압수하여 內閣(奎章閣)에 深藏하고 민간에게 보여주지 않다가 임진왜란 때 불타 한줌의 재가 되어버린 것이 그 제6차라고 한다.

《천부경》(天符經) 등과 김교헌(金敎獻, 제 2세 교주)의 《신단민사》 (神檀民史), 《신단실기》(神檀實記), 《단기고사》(檀奇古史) 등의 영향을 불가피하게 받은 다음에 쓴 《조선상고문화사》와 《조선상고사》에서의 단군시대 해석보다도 방법론 그 자체는 더 과학적으로 접근했다고 볼 수 있다. 55)

신채호가 단군을 추장으로, 단군시대를 '추장정치가 최성한 시대'로서 단군이 소추장들을 무력 또는 성덕으로 복속시키고 추장들 위의 대추장(大酋長)으로서 개국의 시조왕이 되어 고대문명을 열었다고 설명하는 곳에서 우리는 시민적 근대민족주의 사학의 사회과학적 전설해석의 전형적 설명을 보게 되며, 신채호의 선각을 새삼 인식하게 된다.

5. '기자조선'의 부정과 '기자일읍수위설'(箕子一邑守尉說)

1) 기자조선의 부정

신채호의 "독사신론"은 당시에 조금도 의심 없이 통용되던 '기자조선설'(箕子朝鮮說)을 부정한 유일한 역사서였다. 당시 널리 읽힌 국사교과서들에서는 기자는 중국의 상왕(商王) 주(紂)의 숙부인데 주가 무도

---

55) 《朝鮮上古文化史》, 《전집》, 상권, pp. 378~424에 걸친 "檀君時代," "檀君朝의 業績과 功德" 및 "阿斯達王朝時代와 檀君以後의 分裂과 植民地의 盛衰"는 단군조선시대에 대하여 온갖 사료와 상상력을 다 동원하여 매우 자세하게 그 고도의 문명과 강성을 문화사적으로 정립하였다.
　《朝鮮上古史》, 《전집》, 상권, pp. 74~90의 "수두時代"편에서는 "讀史新論"을 계승하여 扶餘을 조선을 최초로 개척한 부족으로 보고 단군시대의 祭政文化에 대하여 '壇'을 '수두'로 해석하면서 신채호 독특한 학설을 정립하였다. 그러나 그 내용의 풍부성은 별도로 하고 그 방법론만을 볼 때 "讀史新論"에서 檀君을 '酋長들 중의 추장'으로서 諸酋長을 정복하고 처음으로 왕으로 군림한 지배자라고 보는 사회진화론적 방법보다 더 과학성이 있을지에는 의문이 없지 않다.

하여 주무왕(周武王)의 멸한 바 되자 기자는 오천 명의 종자를 데리고 동천하니 시(詩)·서(書)·예(禮)와 의(醫)·무(巫)·음양(陰陽)·복서(卜筮)와 백공기예(百工技藝)가 다 따라오거늘, 국인이 일어서서 왕을 삼으니 이것이 곧 기자조선이요, 기자는 평양에 도읍을 정하여 팔조교(八條敎)를 펴고 정전제(井田制)를 실시하여 백성을 교화하고 풍속을 순미하게 하였다고 천편일률로 설명하였다.[56]

당시 높이 평가받던 김택영(金澤榮)의《역사집략》(歷史輯略)도 이러한 설명을 그대로 답습하였다.[57] 단지 김택영은 오늘날의 주장보다 훨씬 전 이미 1905년에 기자조선은 또한 한씨조선(韓氏朝鮮)이라고 부르기도 했다고 설명하고 있는 것이 주목할 만한 점이다.[58] 당시 가장 널리 읽히고 단군시대를 근대적 방법으로 적극 설명했다는 근대적 국사서인 현채(玄采)의《동국사략》(東國史略)에서조차도 "단군의 자손이 천여 년을 전하다가 기자가 동래혼 후 그 위를 기자에게 손(遜)ᄒ고 도읍을 평양으로부터 부여로 천도ᄒ니 단군릉이 즉금 강동군(江東郡)에 재(在)ᄒ오이다"[59]라고 설명하였다. 그 외의 당시의 거의 모든 국사서들은 기자조선을 대서특필하여 기자가 동래하자 국인이 모두 그를 받들어 왕을 삼았다고 하면서 모든 문명이 그로 말미암은 것으로 장황하게 이를 설명하였다. 일본인 역사가 임태보(林泰輔)는 "기자(箕

---

56) 《朝鮮歷代史略》, 卷一, pp. 2~3 및《韓國開化期教科書叢書》, 제11권, pp. 277~279 참조.

57) 《歷史輯略》, 卷二, p. 7 및《韓國開化期教科書叢書》, 제15권, p. 25의 "初箕子之東來也 殷人隨之者五千 詩書禮樂醫巫 陰陽卜筮之流 百工技藝皆從焉 始至言語不通 譯而後知之 箕子乃敎其民以禮義田蠶織作 用王受兢爲師施八條之禁 … 有仁賢之化 至今天下稱東方君子之國 皆箕子之遺敎也" 참조.

58) 《歷史輯略》, 卷一, p. 5 및《韓國開化期教科書叢書》, 제15권, p. 23의 "(己卯) 朝鮮太祖文聖王箕子元年 … 武王問以夫道 箕子爲陳洪範九疇 旣而箕子義不臣僕走之朝鮮 居平壤或曰 朝鮮亦謂之韓.
　按 箕子以下五十王事 雜出於鮮于氏王遺史記及 韓奇二氏之家譜…." 참조.

59) 《東國史略》, 卷一, p. 2 및《韓國開化期教科書叢書》, 제16권, p. 24.

子)가 조선왕이 되다"라고 하면서 "기자가 중국의 오천 인을 거느리고 지(地)를 조선에 피(避)하여 평양에 도읍을 정하여 그 민(民)을 교도(教導)함에 덕화로써 하고 예양(禮讓)의 풍(風)을 점차 행하였다. 조선은 여기에서 비로소 흥하였다"[60]고 하여 조선사의 사실(史實)은 기자조선부터임을 강조하였다.

그러나 신채호는 이를 정면으로 일축하고 전혀 새로운 학설을 주장하였다. 신채호에 의하면, 은(殷)나라가 망하여 기자가 동쪽으로 피난올 때, 가슴에 품은 것은 군사의 도략(韜略)이 아니라 홍범구주(洪範九疇)의 그가 배운 은의 법제(法制)이며, 그가 거느린 것은 사기 높은 전사가 아니라 무격(巫格)을 중심으로 한 피난민들이었다. 백이(伯夷)·숙제(叔齊)와 같은 정심(貞心)으로 자기 왕조를 멸한 신왕조와 같은 하늘을 이고 사는 것을 부끄러이 여겨 초초한 행장으로 피난길로서 군자의 나라인 동국에 온 것이다. 이때의 기자의 충정을 생각해 보면 부귀도 원치 않고 빈천도 사양치 않을 처지였으며 오직 망위주복(罔爲周僕)의 초지(初志)만 불변코자 한 것뿐이었다. 기자의 당시의 처지는 만일 이때 단군조선의 왕이 토지 한 조각을 주어 조선의 농민이 되라 하여도 마땅히 재배할지며, 암혈에 들어가서 해동의 은사(隱士)가 되라고 해도 마땅히 재배할 지며, 피발양광(披髮佯狂)의 고태(故態)를 다시하여 망문걸식(望門乞食)하라 하여도 마땅히 재배할 처지였으니, 망국포신(亡國逋臣)의 죽음이 오히려 늦고 애통한 한탄과 눈물이 아직 마르지 않았는데 어느 겨를에 일국의 왕이 될 몽상이나 했을 것인가 라고 그는 날카롭게 이때 상황을 지적하였다.

그는 기자가 그러한 몽상뿐만 아니라 또한 능력도 전혀 없었음을 명백히 지적하였다. 그는 '단군 후예가 기자를 피하여 북부여로 천거(遷居)하매 국인이 기자(箕子)를 존(尊)하여 왕을 삼았다'는 당시 모든 사서들의 해석은 후대 사가들의 강변(强辯)이라고 이를 통박하면서 다

---

60) 林泰輔, 《朝鮮史》, 卷一, p. 20 左右.

음과 같이 그 논리를 전개하였다. [61]

신채호에 의하면 ① 단군이 과연 평양을 근거지로 하여 자손이 천여 년을 상전(相傳)하였다고 한다면 단군조선이 아무리 미약하고 또 미약하였다고 할지라도 일개 포신(逋臣)의 행차에 놀라서 원방으로 도주할 리가 없으며, ② 또는 혹시 군덕이 불인(不仁)하여 나라 사람들이 단군조선의 왕을 공동으로 쫓아냈다면 그가 신민이 이반한 후에 북방에 독주(獨住)하면서 입국할 능력이 없었을 것이며, ③ 또 역시 기자의 인성(仁聖)에 감동하여 그 위를 양위하였다고 할지도 모르나 그렇지 아니하니 단군 후예가 현(賢)할진댄 부조상전(父祖相傳)하던 천년사직과 국가인민을 들어서 타족(他族)에게 양도할 리가 없으며, ④ 단군의 후예가 아무리 불초할지라도 역시 그 만승(萬乘)의 귀(貴)를 포기하여 타인에게 줄 리가 만무하고, ⑤ 또 혹 국인의 구가옥송(謳歌獄訟)이 기자에게 자귀(自歸)하므로 단군 후예가 부득이 피거한 것이라고 생각할지 모르나 그렇지 아니하니, 저 우순(虞舜)의 성(聖)함도 기자만 못하지 아니하나 오히려 또한 사문(四門)에 납(納)하며 백규(百揆)에 택(宅)하여 수년을 역성(歷誠)한 후에야 그 백성들이 비로소 믿었거늘, 하물며 조선인이 기자를 갑자기 맞으매 그 언어가 불통하며 풍속이 부동하거늘, 어찌 일견에 감복하여 천여 년 받들던 자기임군(단군의 자손왕)의 자손을 버리고 부식부지(不識不知)하는 외국인에게 돌아갈 수가 없다는 것이다. 그는 단군 후예가 기자를 피하여 북천하였다 함은 어불성설이라고 보았다. 신채호는 여기서 최초로 기자조선설(箕子朝鮮說)을 단호하게 부정하였다.

2) 기자일읍수위설(箕子一邑守尉說)

그러면 신채호는 이 기자조선설을 어떻게 해석하는가? 신채호에 의

---

61) "讀史新論,"《전집》, 상권, pp. 483~484 참조.

하면, 기자가 동으로 왔던 시기는 부여왕조의 광영이 오히려 아직도 조선각부에 찬란하게 빛나던 시기이다. 기자가 동으로 오자 부여왕이 작(爵)을 내리니 기자는 봉작(封爵)을 받고 평양에 살면서 정교(政敎)를 펴니 부여왕은 군왕이고 기자는 신하이며 부여 본부는 왕도이고 평양은 그 속읍(屬邑)이었다고 한다. 이것은 기자가 왕으로 추대된 것이 아니라 부여왕의 봉작(封爵)을 받아 그 신하로서 일읍(평양)의 수위(守尉)가 된 것을 말하는 것으로, 우리는 이것을 '기자일읍수위설'(箕子一邑守尉說)이라고 명명할 수가 있을 것이다.[62]

신채호의 기자일읍수위설은 당시 그 누구도 착상하지 못했던 이른바 기자조선에 대한 전혀 새로운 해석이었다. 또한 이 해석은 매우 과학적이고 논리적인 추론 위에 정립되어 있음을 알 수 있다.

신채호는 이와 유사한 사례로 위만(衛滿)이 투항해오매 기준(箕準)이 그에게 서북 백리지(百里地)를 봉하였으며, 진망인(秦亡人)이 처음 투항해오매 마한(馬韓)이 진한(辰韓) 육부(六部)를 주었으며, 온조(溫祚)가 남으로 내려옴에 한왕(韓王)이 토지를 할여(割與)한 사실을 들면서, 지나인(支那人) 또는 타부인(他部人)으로서 재덕이 있는 자가 내귀(來歸)하면 봉작하여 변경을 지키게 함은 우리나라 역사상 누누이 볼 수 있는 사례이니 어찌 오직 기자수봉(箕子受封)만 의심할 필요가 있겠는가 라고 지적하였다.

신채호는 기자가 당시에 은(殷)나라 유민(遺民) 오천 명을 데리고 눈물을 뿌리며 동으로 왔을 때 산천이 비록 아름다우나 고국의 토지가 아니며, 풍물이 비록 좋으나 고국의 풍경이 아니며, 좌우에 늘어선 것은 토착추장(土着酋長)의 부락이며, 눈앞에 접촉하는 것은 다른 나라의 민속이니, 아무리 고상한 홍범(洪範)의 도(道)로 그 백성을 교화하고자 한들 어찌 할 수 있으며, 지리한 예악(禮樂)으로 그 백성을 승복케 하고자 한들 어찌 할 수 있겠는가 라고 반문하면서, 천여 년 조선

286

을 통리(統理)하던 단군 후에 부여왕조의 명령을 받들어 비로소 중민
(衆民)을 관리하고 팔조(八條)의 정(政)을 시행할 수 있었다고 추론
하였다. 그는 대체로 수봉지(受封地)가 백 리에 차지 못함은 동국 고
대의 통례이므로 기자의 유적(예컨대 井田의 畵와 八條의 說)이 평양
이외에는 나타나지 않는 것이라고 하였다.

이른바 기자조선의 사실 여부에 대해서는 고대 사가들이 이를 현대
의 과학적 방법으로 검토할 문제이지만, 여기서 명확히 지적할 수 있
는 것은 신채호의 기자일읍수위설이 당시까지의 성립기의 기자조선설
을 부정하고 전혀 새롭고 독특한 학설을 주장했다는 사실이다.

김택영도 《역사집략》에서 기자가 동래할 때 단지 주(周)나라를 피
하여 자정(自靖)하기 위한 것이요 왕이 되기 위한 것이 아니며 칭왕
(稱王)한 것은 후인이 추존(追尊)한 것이라고 보아 신채호의 견해에
접근하는 듯하다가 기자를 '조선육조문성왕'(朝鮮六祖文聖王)으로 받
아들여 신채호와 결국 다른 결론에 이르렀다.[63]

신채호는 기자가 동래하여 왕이 되어서 기자조선을 세우고 도읍을
평양에 정하였다는 '기자조선설'은 부정했으나, 기자의 피난민으로서
의 동래설(東來說) 자체는 부정하지 않았기 때문에 후기의 기자조선에
대해서는 여러 가지 기록들을 참작하여 그 나름대로 해석하였다. 즉
처음에는 기자가 부여왕의 신하로서 일읍의 수위(守尉)였으며 그 자손
이 평양 한 고을만 다스렸으나, 후세에 이르러 부여왕조는 골육이 상
잔하여 동부여와 북부여가 분립하게 됨으로써 성광이 떨어지게 되고
선비족(鮮卑族)과 말갈족(靺鞨族)이 각각 발호하매 여기에 기자의 자

63) 《歷史輯略》, 卷一, p.5 및 《韓國開化期教科書叢書》, 제15권, p.23의 "朝
鮮太祖文聖王箕子元年 … 然箕子之東來 只爲避自靖 而非爲其爲王 則稱王
者盖後人誌追尊也 故特書箕子二字以明其志" 참조. 金澤榮의 《歷史輯略》은
1905년에 공간된 것이고, 신채호의 "讀史新論"은 1908년에 간행된 것이기 때
문에 신채호는 부분적으로 김택영의 서술에서 착상이나 영향을 받았을 가능성
이 크다고 볼 수 있다.

손이 이 시기를 타서 부근의 소국을 병탄하며 왕위에 즉위하여 해내
(海内)를 호령하며 전승공취하여 강토를 크게 넓히니, 서는 요하(遼
河)에 달하며 남은 한수(漢水)에 이르러서 단군조선 옛 땅의 3분의 2
를 차지하게 되었다고 본 것이다. 이때 부여왕조는 북방의 한구석에
밀리었으나 그 민족의 정신은 기회만 있으면 팽창하려는 방향으로 나
아갔다고 썼다. 64)

여기서 신채호는 후기의 부여왕조와 기자왕조의 병립(竝立)을 인정
하면서, 그의 독특한 '주족·객족론'을 들어서 이 말기의 경우에도 부
여왕조는 주족이요 기자왕조는 객족임을 역사가는 엄격히 구분해야 한
다고 역설하였다.

> 甚矣哉라 아 국사가의 蔑識이여, 아국 문헌의 殘缺함이 雖甚하나,
> 檀君 嫡統의 傳次한 부여왕조가 昭在하니, 설혹 당시 我東에 십국
> 이 유할지라도 主族은 부여가 是며, 백국이 有할지라도, 주족은 부
> 여가 是며, 천국 억국이 유할지라도, 주족은 부여가 是니, 부여는
> 당당히 단군의 정통을 授한 자어늘, 부여는 일자일구에 說及도 무하
> 고, 箕子만 구가하니, 오호라, 기 蔑識이 어찌 此에 至하뇨. 즉 소
> 위 민족주의는 물론에 付하고, 피 先儒의 '春秋', '綱目'의 의리로 言
> 할지라도, 부여왕조는 東遷의 周가 될지며, 南渡의 晋이 될지어늘
> … 況 失德이 무한 扶餘왕조의 정통을 어찌 箕子로 遞代하리오. 65)

신채호는 스스로 자기가 오활한 유생처럼 정통을 가르는 것처럼 오
해받을 수도 있으나, 그것은 고문(古文) 금문(今文)의 대의(大義)를
들어서 설명과 이해를 돕기 위한 친절한 논급이고 자기의 입장은 주족
과 객족의 엄격한 구분을 강조하는 것이지 구역사의 정통을 논하는 것
이 아니라고 설명하였다.

---

64) "讀史新論,"《전집》, 상권, p. 486 참조.
65) 같은 책, pp. 481~482.

雖然이나 余說이 亦 長矣로다. 王統의 正閏을 爭함은 迂儒의 완몽
이며, 조정의 眞僞를 辯함은 奴輩의 譫語이니, 如今에는 學理가 大
明하여, 국가란 자는 一姓의 사유물이 아니요 만민의 公産됨을 發現
한 고로, 역사를 著하는 자가, 新羅紀·高麗紀의 陋例를 去하고 국
가발달 방면의 관찰을 上·中·近 삼시대로 구별하며, 龍朔元年·
開耀元年의 亂號를 削하고 국민사상계에 지배될 敎主 혹 國祖로 紀
元하여 차등 완루의 聚訟이 무하거늘, 금 余가 홀연 抽筆하여, 誰
는 정통이며 誰는 비정통이라 하여, 甚麼 '春秋'義理 '綱目'義理를
辯論하니, 余亦 多事者가 될지로다.

연이나, 主權上 主族 客族의 界限은 역사가의 부득불 엄격의 論
辯을 下할 자라.[66]

우리는 여기서 신채호의 기자조선 부정과 기자일읍수위설이 매우
과학적 추론 위에 정립된 매우 독특한 학설임에 주목할 필요가 있을
것이다.

6. 국토지리 중시 및 '만주영토론'과 부여족의 발달

1) 부여족의 발달과 국토지리

신채호는 그의 민족주의 사학의 일환으로 국토의 중요성과 관련하
여 지리와 역사의 관계를 매우 중요시하였다.[67] 그가 지리를 말할 때
에는 과학적으로는 사회경제지리에 의거해서 민족의 생활문화의 입지
와 변천의 설명을 위한 과학적 기초로서 이것이 강조되고, 한편 사상
적으로는 시민적 민족주의에 의거한 만주영토론(滿洲領土論)을 인식

---

66) "讀史新論,"《전집》, 상권, p. 482.
67) "韓國民族 地理上 發展,"《전집》, 별집, pp. 198~199 참조.

시키기 위하여 이것이 강조되고 있다. 그의 사회경제지리에 의거한 우
리 민족(부여족)의 생활문화의 입지와 변천에 대한 설명의 특징을 보
면 다음과 같다.[68]

먼저, 신채호는 부여족의 시조가 백산허(白山墟)의 고지(高地)에서
일어나서 압록강의 흐름을 따라 내려와 부근의 평원에 흩어져 자리를
잡으니 압록강 이서(以西)는 요동이 곧 이것이요, 압록강 이동(以東)
은 조선(朝鮮, 단 이 조선은 지금의 평안·황해도만을 가리킴)이 곧 이
것이니, 초민시대(初民時代)의 문명은 압록강 유역에서 발동한 것이
라고 보았다.

신채호는 부여족의 자손이 점차 번성하게 되자 일파는 요동 및 만주
의 각지에 분포하게 되고, 다른 일파는 조선 및 삼한 각지에 분포하여
각기 본족(本族)을 결집하여 토만이종(土蠻異種)을 정복하거나 또는
흡수했다고 보았다. 그는 이 시기를 우리 민족 발달의 제 1기라고 설
정하였다.[69] 그에 의하면 이 제 1기의 우리 민족의 영토는 압록강 유
역을 중심으로 동북으로는 만주와 요동이 이에 포함되고, 남으로는 조
선과 삼한이 이에 포함되었으므로 지금의 만주와 한반도는 우리 민족
의 영토가 되는 것이다.

제 2기는 부여족 부근의 허다한 만족(蠻族)이 모두 부여족 세력하에
굴복하여 지배당하거나 동화(同化)한 시기이며, 본족(本族, 부여족)

---

68) "讀史新論," 앞의 책, pp. 475~476 참조.
69) "進化와 退化,"《전집》, 별집, pp. 208~209에서 신채호는 진화사관에 의거하
여 국가적 생활의 진화를 앞서 본문에서 본 바와 같이 4단계로 구분하였다. 즉
제 1기 추장시대, 제 2기 귀족시대, 제 3기 전제시대, 제 4기 입헌시대가 그것
이다. 신채호는 이 진화단계론을 우리나라 역사에 적용할 때, ① 단군시대와
부여시대와 기자시대는 제 1기 및 제 2기에 해당하고 ② 고구려·백제·신라가
일어나매 제 2기 시대가 漸過하고, 제 3기 즉 전제시대가 漸固하여 고려시대
를 거치고 ③ 조선조에 들어와서는 다시 제 2기 즉 귀족시대로 퇴화하였다가
④ 수년래로 신문명의 맹아시대를 다시 지으니 제 4기를 바라볼 수 있게 되었
다고 보았다. 이곳에서의 시기 구분은 "독사신론"의 시기 구분과 밀접하게 관
련되어 있는 것으로 보인다.

내에 경쟁이 또한 일어나고 전개되어 삼국이 정립해서 전투가 끊임이 없던 시기이다. 신채호는 우리가 보통 삼국시대라고 말하는 시기를 부여족 발달의 제2기로 보는 것이다.

제3기는 우리 민족이 반도 내에 자리를 잡은 시기를 말한다. 우리 민족 중 북방에 있던 민족은 안으로 동족의 침입을 만나고 밖으로 여러 이민족의 앞다툰 핍박을 입어 앞뒤로 적을 만나는 고난을 감당하지 못하여 고구려가 먼저 쓰러지고 발해가 후에 망하였다. 그후에 민족 내의 경쟁이 이미 그치고 외구(外寇)가 또한 멀어지매, 효웅(梟雄)이 이 기회를 타서 군강(群强)을 누르고 왕이 되어서 민기(民氣)를 꺾어 조정의 권(權)을 펼새 이 반도의 삼천리로 일대 철옹(鐵甕)을 지어 일국(一國) 인민을 그 안에 가두고 한 걸음도 이 땅을 월출(越出)함을 허락지 않았다. 대개 고려조 이래의 역사를 읽으매 영웅이 눈물로 소매를 적시니 이는 부여족이 제3기의 발달시대에 저력(阻力)이 태구(太久)하므로 도리어 쇠약하게 된 때문이라고 하였다.

신채호는 우리 민족 발달의 세 시기를 나누어 고찰하면서 이를 지리와 관련시켜 설명하였다. 이것은 당시의 시민적 역사과학이 사회지리를 보조과학으로 매우 중시하던 세계적 경향과 보조를 같이한 것이다. 신채호의 민족 발달과 지리와의 관련에 관한 설명의 몇 가지 예를 들어보면 다음과 같다.[70]

① 전국의 문명이 압록강 밖에서 발원한 이유는 무엇인가? 신채호에 의하면, 초민(初民)시대의 문명은 항상 평원(平原)·대하(大河)·해빈(海濱)에서 일어나는 것인데 이제 본국[半島] 내지에는 비록 삼면에 대해가 둘러싸고 있으나 곳곳에 산령(山嶺)이 중첩하여 통상(通商)·행군(行軍)에 큰 장애를 짓고, 요동·심양 등지와 같은 평원이 없으며, 또한 내지의 강하(江河)의 크기는 요하(遼河)나 압록강에 비할 만한 것이 적은 때문이라고 하였다.

---

70) "讀史新論,"《전집》, 상권, pp. 476~477 참조.

② 우리 민족이 서북으로부터 따라 내려오면서 동남으로 옮겨 들어간 이유는 무엇인가? 신채호에 의하면, 서토(西土)는 한열(寒冽)하여 초민(初民)의 거주에 적합치 않은 때문이라고 하였다.

③ 단군 이래로부터 고려 초엽에 이르기까지 서와 남이 항상 분립하여 무릇 수천 년을 거친 이유는 무엇인가? 신채호는 지기(地氣)의 한난(寒暖)이 이미 다르며 특성이 또한 달라서 조합(調合)이 항상 어려울 뿐더러 또 높은 산봉우리가 곳곳에 험준하여 교통이 불편한 때문이라고 하였다.

④ 서와 남이 분립한 시대에 서방이 항상 승(勝)하고 남방이 항상 약한 이유는 무엇인가? 신채호는 남방은 온난하여 인성이 문약(文弱)한 때문이라고 하였다.

⑤ 고구려·발해의 강(强)으로도 마침내 멸망을 면하지 못한 것은 어떠한 이유인가? 신채호는 저 대륙의 강국과 북방의 여러 호족(胡族)들이 우리 민족의 핍박을 싫어하여 참혹한 전쟁과 침략이 그친 날이 없는데, 남방의 민족이 매번 이 기회를 이용하여 동서 협공(挾攻)을 시도한 때문이라고 하였다.

⑥ 우리 민족의 실력이 압록강 밖을 넘어 나아가서 조선(祖先)의 발상지를 환수(還收)치 못한 것은 어떠한 이유인가? 신채호는 내지의 천산(天産)이 풍부하여 수용(需用)이 자족하므로 득롱망촉(得隴望蜀)의 사상이 생기지 않은 까닭이라고 하였다.

⑦ 우리나라의 지형이 그리스·이탈리아 등과 비슷한 반도인데, 그 인민이 쇄국에 스스로 안주하여 항해(航海) 원정(遠征)의 사상이 일어나지 않음은 어떠한 이유인가? 신채호는 이것 역시 천산(天産)이 풍부하여 역외(域外)와의 교통이 아니라도 생업이 자족한 때문이라고 하였다.

⑧ 인민의 가족적 관념이 두텁고 국가적 관념이 얇으며 단결력이 환산(渙散)하여 고립을 좋아함은 어떠한 이유인가? 신채호는 산협(山峽)이 깊고 벽(僻)하여 각지가 초격(迢隔)하므로 중앙정부의 간섭이

고루 미치기 어려워서 인민이 조가(朝家)의 일을 무관(無關)으로 생각하며, 오직 청학동(靑鶴洞)·우복동(愚伏洞)과 같은 깊은 골짜기에 숨어 살아서 가장정치(家長政治)만 발달된 때문이라고 하였다.

신채호의 이러한 해석은 당시의 시민적 사회과학의 한 흐름이었던 역사에 대한 지리영향설의 해석을 나타내고 있으나, 이와 함께 그는 시종일관하여 역사에 대한 사회과학적 해석을 추구하고 있는 곳에 그 특징이 보다 뚜렷하게 나타나고 있다고 생각된다.

신채호가 강조하는 것은 역사에 대한 지리결정론이 아니라 역사와 지리와의 밀접한 관계이었다. 신채호는 다음과 같이 썼다.

> 盖 지리란 자는, 그 민족의 특질을 與하며 습관을 與하여, 凡 인심·풍속·정치·실업에 일일이 밀접 관계를 與한 자니, 국민된 자 ㅣ 此에 연구하여, 自家의 특성을 발휘하여 缺處를 보충함이 亦 그 天職也니라. [71]

신채호는 고증을 중시하기는 했지만, 여기서도 볼 수 있는 바와 같이 그는 처음부터 해석사학(解釋史學)을 목표로 하고 더 중시했음을 알 수 있다. 그는 처음부터 우리 민족의 발달과정의 역사적 사실에 대한 사회과학적 설명을 집요하게 추구했으며, 이를 위하여 자기 시대의 최신의 사회과학의 이론들을 가능한 한 최대로 흡수하여 역사해석에 응용하려고 노력한 것이다.

신채호는 고대 우리 민족(대명사는 부여족)의 대발달시대를 삼국 초기시대의 전후 백여 년간이라고 보고 있다.

> … 乃者 삼국 초기시대의 전후 백여 년간에 부여족의 聲勢가 동서 만여 리간에 突飛하니, 此는 고대 부여족의 제일 발달시대라. … 烏蘇里江 유역에 양 대국을 建하니 왈 東扶餘·北族扶요, 압록강 유역

에 일대국을 建하니 왈 고구려요. 한강 유역에 一大國을 建하니 왈
백제요, 낙동강 유역에 兩大國을 建하니 가락·신라라.[72]

신채호는 종래의 국사서들이 삼국의 건국연대 순서를 ① 신라, ②
고구려, ③ 백제로 보아온 것을 ① 고구려, ② 백제, ③ 신라의 순서
로 수정하였다. 신채호는 고구려가 건국기(동명성왕 때)에 말갈(靺鞨)
을 물리치고 송양(松讓)의 항복을 받으며 행인(荇人)·숙신(肅愼) 등
의 나라를 멸(滅)하고 선비(鮮卑)를 쫓아내며 옥저(沃沮)의 항복을
받고 동으로 삼한을 위협하고 서로 지나(支那)에 대항했으니 단군의
구강(舊疆)이 다물(多勿, 강토회복의 고구려 말)의 영광을 바치며 우리
민족이 튼튼한 기초를 정했다고 그 발달을 찬양하여 서술하였다.[73]
신채호는 동부여·북부여·고구려·백제·신라·가락은 모두 부여족
이 세운 고대국가들임을 설명하면서, 고구려가 가장 강성한 시기를 대
무신왕(大武神王) 이후로 보고, 신라가 가장 강성한 시기를 아달라왕
(阿達羅王)·벌휴왕(伐休王)의 시기라고 보았다. 신채호는 이 삼국시
대 초기-중기의 고대국가들을 묶어서 이들이 모두 우리 민족(부여족)
이 세운 국가들이라고 보고 이 시기를 고대 우리 민족이 가장 발달한
전성시대라고 본 것이다.

2) 만주영토론(滿洲領土論)

신채호의 이러한 관점의 배경에는 만주를 우리 민족의 영토로 보고
국토 안에 포함시키는 그의 '만주영토론'이 깊이 관련되어 있음을 주목
할 필요가 있다.

신채호의 논지를 파고 들어가 보면 고대 우리 민족이 단순히 강성한
곳에 초점이 두어지지 않고 만주를 모두 회복·중광(重光)·다물(多

---

72) 같은 책, p. 489.
73) "讀史新論,"《전집》, 상권, p. 491 참조.

勿) 했는가의 여부에 초점이 두어져 있음을 보게 되는 것이다. 신채호는 만주를 무대로 한 각 민족의 경쟁 상투(相鬪)를 역사적으로 고찰한 후에 우리 민족이 만주를 얻으면 우리 민족이 강성해지고 다른 민족이 만주를 얻으면 우리 민족이 열퇴(劣退) 했다고 만주영토(滿洲領土)의 중요성을 다음과 같이 강조하였다.

> 이상 略列한 만주역사를 觀하라. 한국과 만주의 關係 密切이 과연 여하한가. 한민족이 만주를 得하면 한민족이 강성하며, 타민족이 만주를 득하면 한민족이 열퇴하고, 또는 타민족 중에도 북방민족이 만주를 득하면 한국이 북방민족 勢力圈內에 入하며, 동방민족이 만주를 得하면 한국이 동방민족 세력권내에 入하니, 오호라. 此는 사천년 鐵案不易의 定例로다. 74)

신채호의 이러한 '만주영토론'이라고 부를 수 있는 '만주'의 중요성에 대한 깊은 관심은 그의 고대사관, 발해관, 인물 평가, 우리 민족의 발달시대관, 그리고 전 역사관에 커다란 영향을 주었다고 볼 수 있다. 75)
신채호의 만주영토설은 신채호의 시민적 근대민족주의 사학과 그의 민족주의 사상이 상호보완적으로 융합되어 나온 독특한 주장이라고 말할 수 있을 것이다.

7. '임나일본부설'의 부정과 초기 대일관계 신론

1) 임나일본부설(任那日本府說)의 부정

신채호는 당시 일본 사가들이 주장하던 이른바 고대 일본의 '임나

---

74) "韓國과 滿洲,"《전집》, 별집, p. 234.
75) "滿洲問題에 就하여 再論함,"《전집》, 별집, pp. 238~241 참조.

부'(任那府) 설치설을 부정하였다.

> … 又接 新羅時 任那府 설치의 說은 我史에 不見한 바니, 彼史의
> 운운한 자를 貿然히 信筆로 據함이 불가함.[76]

신채호는 비단 임나일본부설을 단호히 부정했을 뿐 아니라 이른바 만일 저들의 신공황후(神功皇后)가 신라를 침공했다면 큰 사건이었을 것임에도 다른 사료에 전혀 그 기록의 흔적이 없음을 보아 전혀 근거 없는 것이라고 부정하였다.

2) 일제 초기 식민주의 사관 비판

신채호가 비판의 대상으로 삼은 것은 일차적으로 당시 우리나라 사학계에 악영향을 끼치고 있던 일본 동경제국대학 사학과 연구실계의 임태보(林泰輔)의 《조선사》였다. 임태보는 대가야(大伽倻)가 왕자 아라사(阿羅斯)를 일본에 보내 이른바 '내조'(來朝)했고, 뒤에 국명을 바꾸어 '임나'(任那)라고 했으며, '신공황후' 때에는 국왕의 외에 다시 '일본부'(日本府)를 두었는데 가라의 7국이 모두 이에 속했으며 후에 더욱 부근의 소국을 병합하여 모두 '임나'라고 불렀다고 다음과 같이 기술하였다.

> 大伽倻 또는 任那라고 말한다. … 대가야는 我(일본 — 인용자) 崇神帝의 때에 蘇那曷叱知를 보내 鎭將을 乞하였다. 帝는 鹽乘津彦을 파견하여 鎭守하였다. 또한 왕자 阿羅斯 등도 我에 來朝했으나 길을 잃고 重仁帝의 때에 이르러서 비로소 謁見하였다. 帝는 그 國에 돌려보냈다. 또 국명을 改하여 任那라고 말하였다. 대개 阿羅斯 등이 길을 잃지 않고 이르렀으면 先帝 御間城天皇(즉 崇神帝)에 仕함

---

76) "讀史新論,"《전집》, 상권, pp. 474~475.

으로써 그 御名을 負하였으리라고 할 것이다. 神功皇后의 때에는 국왕의 외에 다시 日本府가 있었다. 比自㶱(慶尙道 昌寧縣), 南加羅(대개 小伽倻였을 것이다), 㖨國(기지 未詳), 安羅, 多羅(慶尙道 陜川郡), 卓淳(慶尙道 金山郡에 直旨川이 있다. 추측건대 그 근방일 것이다), 加羅의 7국이 모두 이에 屬하였다. 후에 더욱 부근의 小國을 倂合시켜 總하여 任那라고 말하였다. 重臣을 항상 駐劄시켜 諸韓의 事를 統制하였다.[77]

임태보의 이러한 기술은 우리나라 역사에 이른바 저들의 '임나일본부'를 정식으로 끼워 넣은 일본 제국주의의 근대 초기 전형적 식민주의 사관의 허구의 날조였다. 임태보가 《조선사》에서 우리나라 역사에 대한 식민주의 사관을 정립하면서 우리 민족의 과거의 사실과 능력에 대한 온갖 폄하와 왜곡을 하는 중에 가장 왜곡시킨 부문이 고대의 '우리 민족의 중국과 일본에 대한 관계'였다. 일본과의 관계에 대한 예를 들면, 이른바 임나일본부를 제외하고도 그의 주장을 그대로 인용해 볼 때 특히 다음과 같은 서술이 그 전형적인 예이다.

① 이른바 '신공황후'의 신라침공설

신라의 일본에 대해서는 건국 이래 교통이 이미 열리어 피차 서로 이주하였다. … 또한 邊郡을 擾시키는 일이 屢하여(일본의 신라에 入寇한 것은 박혁거세 8년 이후 頗多하였다) 왕래 頗이 빈번하였으나 그 후 神功皇后가 크게 兵을 擧하여 이를 攻하였다. 王力이 對敵하지 못하여 복속하였다. 未斯欣을 人質로 하였다. 또 每歲 調賦를 朝貢하였다.[78]

② 일본 출병과 백제의 일본에의 복속 · 조공설

百濟는 근초고왕의 때에 我의 신공황후가 신라를 정복할 때부터 비

---

77) 林泰輔, 《朝鮮史》, 卷二, pp. 21 左~23 右.
78) 같은 책, p. 31 右.

로소 일본에 복속하였다. 누차 方物을 獻하여 朝貢이 끊임이 없었으나 辰斯王에 이르러서는 그 禮를 失했기 때문에 應神帝는 紀角 등을 파견하여 이를 責하였다. 國人이 王을 弑하여 謝罪하였다. 紀角 등이 阿花를 立하여 王으로 삼았다. … 79)

이때 백제도 역시 使臣을 하여금 朝貢시켰다. 신라가 그 貢物을 빼앗았다. 이에 我將 荒田別 등이 백제를 統帥하여 이를 伐하고 比自㶱 등의 7국을 平定하였다. 이로부터 이래 누차 朝貢을 修하였으나 그 闕貢을 責하는 것도 그치지 않았으니 或은 兵을 사용하기에 이르렀다. … 80)

③ 백제가 일본보호에 의뢰하여 망함을 면했다는 설

그 후 蓋鹵王은 女를 (일본에 — 인용자) 送하여 혼인을 시키었다. 또한 그 弟 昆支君을 인질로 보내었다. 그리하여 王은 마침내 고구려 때문에 살해되었으나 社稷이 亡하지 않은 것은 실은 일본의 보호에 의뢰해서 된 것이라고 말하였다. … 81)

慈悲王은 我(일본 — 인용자)를 두려워하여 원조를 고구려에 빌리었다. … 고구려 長壽王이 군사를 일으키어 來攻하여 왔다. 王이 구원을 任那에 乞하였다. 我(일본 — 인용자) 鎭將 膳班鳩 등이 이를 救하였다. 그러나 修好를 我에 맺지 않았기 때문에 雄略帝는 또한 紀小弓으로 하여금 이를 伐케 하였다. 82)

④ 고구려의 일본에의 조공설

그 후 드디어 使聘을 通하거나 或은 僧徒로 하여금 入朝시켰다. 寶藏王의 때(我 孝德帝의 朝)에 이르러 朝貢을 더욱 누차 하였다. 그러나 그 國이 北方에 있어서 일본과의 거리가 멀기 때문에 관계도 역시 자연히 적어서 백제·신라의 빈번함과 같이는 이르지 않았다. 83)

---

79) 林泰輔, 《朝鮮史》, 卷二, p. 29 右.
80) 같은 책, p. 31 左.
81) 같은 책, p. 29 左.
82) 같은 책, p. 31 左.

⑤ 탐라의 일본에의 조공설

백제가 망하기에 앞서(我 紀元 1320년) 일본의 사신 津守吉祥이 唐으로부터 還歸하는 도중 폭풍을 만나 탐라에 漂着하였다. 耽羅王은 그 이르름을 기뻐하였다. 드디어 王子 阿波岐로 하여금 이를 送하였다. 또 方物을 獻하였다. 이로부터 그 후 무릇 사십 년간 누차 일본에 조공하였다. … 84)

⑥ 통일신라의 일본에의 조공설

당시 신라는 … 통일의 후에는 누차 調物을 貢하였다(당시의 調物은 金, 銀, 銅, 鐵, 刀旗, 綾羅, 錦絹, 布皮, 狗馬, 驢騾, 駱駝 등으로서, 별도로 皇后·皇太子 及 親王에게 金, 銀, 綾羅 등을 獻하는 것이 例이었다). … 85)

여기서 든 몇 가지 예에서도 알 수 있는 바와 같이 임태보는 가라(加羅, 임나)·신라·백제가 일본의 지배하에 있었고, 심지어 고구려와 통일신라까지도 일본에 조공을 바쳤다는 황당무계한 설을 주장하였다. 고대 한국의 중국과의 관계에 대한 왜곡은 일단 접어두고, 일본과의 관계에서도 임태보는 그의 《조선사》에서 근대사학의 탈을 쓰고 이때 이미 우리나라 역사에 대한 전형적 식민주의 사관을 정립하여 퍼뜨린 것이었다. 신채호는 이러한 임태보 등의 초기 식민주의 사관의 허구와 날조를 정면으로 단호하게 부인하여 비판하였다. 이에 관련하여 "독사신론"에서 신채호가 주장한 논지의 요점은 다음과 같다. 86)

① 일본여황(日本女皇) 비미호(卑彌乎, 즉 일본사에서 말하는 신공황후)가 신라를 침범한 일은 우리나라 역사에는 기록되어 있지 않을 뿐더러 일본사를 보더라도 그 '대어협주 조일급국'(大魚挾舟 潮溢及國)

---

83) 같은 책, p. 28 左.
84) 林泰輔, 《朝鮮史》, 卷二, p. 30 左.
85) 같은 책, p. 32 右.
86) "讀史新論," 《전집》, 상권, p. 495 참조.

등의 그들 자료용어가 나타내는 바와 같이 역시 하나의 황설(荒說)에 불과한 것이다.

② 더욱 가소로운 것은 미사흔(未斯欣)의 일본에 인질(人質)함은 즉 실성왕(實聖王)이 형제간에 숙감(宿憾)을 품어 이를 이국에 쫓아 보낸 것이어늘, 이제 비미호(신공황후)의 내침과 신라의 굴복을 억지 증명코자 하여 꾸며서 이르기를, 신공황후가 신라를 침략하매 신라왕이 그의 아우 미사흔을 인질로 보냈다고 강변하는 것이다.

③ 고대에는 일본이 우리나라의 일촌토(一寸土)를 점거한 사실이 없거늘 꾸며 이르기를 일본이 대가야(大伽倻)를 멸하고 임나부를 설치하였다고 주장하면서 일본이 이 국토를 점거함을 역사상 상례와 같이 보도록 한 것이다. 신채호에 의하면 이것은 전혀 근거 없는 무설(誣說)에 불과한 것이다.[87]

일본 사가들은 자기의 시대에는 더욱 괴상하게 되어 단군을 소전오존(素戔嗚尊)의 제(弟)라고 하며, 고려는 원래 일본의 속국이라고 주장하게 되었다고 신채호는 규탄하였다. 신채호는 만일 한국인들이 일본 사가들의 말을 모두 믿으면 우리나라 사천 년 역사는 일본사의 부속품이 될 것이라고 날카롭게 지적하고 경고하였다.

그렇다면 일본 사가들이 역사를 날조하고 왜곡하면서 이러한 무설을 지어내는 이유는 무엇인가? 신채호는 그 이유를 두 가지로 들었다.[88] 첫째, 한국을 옛날로부터 자가 소유물같이 인정하여 한국을 침략하기 위한 것이다. 둘째, 그렇게 함으로써 일본의 일반 국민의 외경

---

87) "讀史新論,"《전집》, 상권, p. 496 참조. 신채호는 통일신라가 일본에 조공을 했다는 일본 사가의 주장을 반박하여, 古時에도 우리나라 學士가 일본에 건너가서 그 풍속 역사를 探한 자가 없지 않으나, 姜睡隱의 십 년 看羊에 毛利輝元의 百濟遺種됨만 들었고 神功女主가 신라를 정복한 일은 듣지 못하였으며, 金東溟(金世濂의《乘槎錄》에 이르기를 日本年代紀에 의거한 바라 함)의 八個月 乘槎에 신라의 太宗 武烈王이 大阪 정복함만 기술하였고 저들 神功女主 云云一事는 당초에 기술이 있지 않았다고 지적하였다.
88) 같은 책, pp. 496~497 참조.

사상(外競思想)을 고취하고 국민정신을 진작시키기 위한 것이다.

　신채호는 '허무(虛無)의 사(事)'도 날로 거듭 말하면 '확실한 사(事)'와 같이 된다고 지적하였다. 즉《삼국지》,《수호지》가 소설인 줄 모두 알지만 그것을 거듭 읽고 거듭 전하는 사이에 제갈공명(諸葛孔明)의 금낭삼계(錦囊三計)나 무송(武松)의 경양강타호사(景陽岡打虎事)를 마치 사실인 것처럼 생각케 되는 것과 같이, 저들 일본인들은 모든 역사서 속에서 '고려가 원래 일본 속국이라 한 류(類)'의 말을 써 넣어서 상전상송(相傳相誦)하매 학교 강의에서는 일본의 어린아이가 기뻐 뛰며 한거독서(閒居讀書)의 경우에는 장부의 용기가 솟아올라 한국을 옛날로부터 자가 소유물과 같이 생각케 하고 일반 국민의 외경사상을 고취하게 된다는 것이다.

　이러한 관찰에 입각하여 신채호는 자기 시대의 한국 사가들이 일본 사가들의 무설이나 또는 그 영향을 받은 학설을 국사교과서에 편입하는 사실을 통렬히 비판하였다. 그에 의하면, 중세에 우리나라 역사가들이 중국을 숭배할 때 중국인이 자존자오(自尊自傲)의 특성으로 자존폄외(自尊貶外)한 사적을 우리나라 역사에 맹목적으로 집어넣어 비열역사(卑劣歷史)를 편입했기 때문에 민기(民氣)를 떨어지게 하여 수백 년 국치(國恥)를 양성하더니, 자기 시대의 일부 역사가들은 일본을 숭배하는 노성(奴性)이 생겨서 자기의 역사를 무멸(誣蔑)하고 청년의 뇌(腦)를 미란(迷亂)함이 극에 달했다고 하였다.[89] 그는 한국 사가들에게 "일본인들이 비록 망령되지만 어찌 사기(史記)야 날조하리오, 반드시 실사(實事)가 있을 것인즉 우리 역사에 수용하여 넣으리라"고 하여 저들을 망신(妄信)하고 우리를 자기(自欺)하고 있다고 경고하였다.

　당시의 국사교과서로는 현채(玄采)의《동국사략》이 임태보(林泰輔)의 역사서술의 근대체계를 흡수하는 데 매혹당하여 그 식민주의 사관을 단호하게 거부·비판·극복하지 못하고 이른바 '역술'(譯述)이라는

---

89) "許多古人之罪惡審判,"《전집》, 별집, pp. 119~121 참조.

이름으로 그 일부를 받아들이거나 애매모호한 서술을 한 대표적 경우
가 되었다. 신채호의 비판을 받은 것으로 보이는 몇 가지 예를 들면
다음과 같다.

① 이른바 임나일본부(任那日本府)는 인정하지 않고 있으나 가락
(駕洛)과 임나(任那)가 일본 등의 견제를 받았다는 서술.

大伽倻는 又曰 任那니 … 대저 駕洛과 任那는 일부락이라. 국력이
미약ᄒ야 신라, 백제 及 일본의 牽制를 受ᄒ얏ᄂ이다. 90)

② 이른바 신공후(神功后)의 신라침공설을 수용한 서술.

신라는 건국ᄒ 이래로 일본과 교통이 開ᄒ야 … 그후 일본 神功后가
來犯하거늘 王이 그 弟 未斯欣으로써 遺質ᄒ더니, 후에 使者 朴堤
上을 送ᄒ야 未斯欣을 脫還ᄒ고 … 91)

③ 백제가 임나(任那)에게 구원을 청하였다는 서술.

慈悲王은 日本을 拒코자 ᄒ야 고구려에 구원을 청ᄒ다가 旣而오 疑
ᄒ야 그 兵을 殺ᄒ니 고구려 長壽王이 來伐ᄒᄂ지라. 王이 임나에
게 구원을 청ᄒ얏고 … 92)

④ 탐라가 일본에게 조공[方物]을 보내었다는 서술.

백제가 망ᄒ 후, 明年에 日本使臣 津守吉祥이 唐으로부터 還ᄒ다가
폭풍을 遇ᄒ야 耽羅에 漂着ᄒ니 耽羅王이 悅ᄒ야 그 子 阿波岐를
일본에 遣ᄒ고 그후 사십 년간에 누차 方物을 送ᄒ얏ᄂ이다. 93)

---

90) 《東國史略》, 卷一, pp. 25~26 및 《韓國開化期教科書叢書》, 제16권, pp. 4
7~48.

91) 《東國史略》, 卷一, pp. 28~29 및 《韓國開化期教科書叢書》, 제16권, pp. 5
0~51.

92) 《東國史略》, 卷一, p. 29 및 《韓國開化期教科書叢書》, 제16권, p. 51.

93) 《東國史略》, 卷一, p. 28 및 《韓國開化期教科書叢書》, 제16권, p. 50.

302

현채의 《동국사략》에 뒤이어 국민교육회의 《대동역사략》도 일본 사
학의 영향을 받아서 고대사 서술에 있어서 근거 없는 학설을 교육하였
다. 그 몇 가지 예를 들면 다음과 같다.

① 마한시대에 임나(任那)가 존재하여 마한에 조공하였다는 서술.
(馬韓) … (甲申) … 任那(今 高靈)가 入貢하다. [94]
(甲午) 27년에 任那人이 珊瑚를 入貢하다. … (丁未) 4년에 王이
崩ᄒ고 子 爕이 立ᄒ니 곳 襄王이러라. (戊申) 元年에 任那大人 媚
和辭突을 封ᄒ야 任那君을 삼다. [95]

② 일본이 金城〔慶州〕을 침공하여 이를 물리쳤다는 서술.
(基臨王) (丙午 36년) … 일본이 入寇ᄒ야 金城(在今 金城)을 圍ᄒ
거날 王이 閉門不出ᄒ고 일본의 倦疲ᄒ음을 乘ᄒ야 將軍 康世로 ᄒ여
금 勅騎를 發ᄒ야 擊敗하다. [96]
(奈勿王) … (壬辰) 36년 … 夏5월에 入寇ᄒ야 金城을 圍ᄒ거날 將
士가 다 出戰코자 ᄒ더, 王曰 今에 賊이 捨舟深入ᄒ야 死戰코ᄌᄒ
니 그 鋒을 不可當이라 ᄒ고 이에 閉城固守ᄒ더니 밋 日兵의 退去
홈을 乘ᄒ야 勇騎로써 그 歸路를 遮截하고 또 步卒로써 禿山(在 慶
州郡 東)에 追至ᄒ야 夾擊大破ᄒ야 殺獲이 甚衆ᄒ다. [97]

③ 신라가 미사흔(未斯欣)을 일본에 인질로 보냈다는 서술.
(戊午) 訥祇王元年 … 秋에 朴堤上이 日本에 使ᄒ얏다가 見殺ᄒ다.
初에 王이 二弟가 有ᄒ니, 曰 卜好, 曰 未斯欣이라. 卜好ᄂᆫ 高句
麗에 遣質ᄒ고 未斯欣은 日本에 爲質ᄒ엿더니 … [98]

94) 《大東歷史略》, 卷一, p.18 및 《韓國開化期敎科書叢書》, 제18권, p.48.
95) 《大東歷史略》, 卷一, p.19 및 《韓國開化期敎科書叢書》, 제18권, p.49.
96) 《大東歷史略》, 卷一, pp.46~47 및 《韓國開化~期敎科書叢書》, 제18권, pp.76~77.
97) 《大東歷史略》, 卷一, pp.49~50 및 《韓國開化期敎科書叢書》, 제18권, pp.79~80.

다른 국사교과서 또는 국사서들은 이른바 임나일본부를 인정하여 수용하거나 이른바 신공황후(神功皇后) 침공설을 수용하여 서술하지는 않고 있으나 일본 사학의 이러한 주장에 대한 비판이나 반론은 펴지 못하였다. 그러나 신채호만은 단호하게 일본 사가들의 이러한 주장들이 무설(誣說)이라고 반박하여 비판하고, 자기 시대의 국사교과서들이 일본 사가들의 무설을 받아들이는 것은 청년들의 뇌를 미란(迷亂)시키고 민기(民氣)를 떨어뜨리는 중대한 잘못이라고 통렬하게 비판하였다. 신채호는 이른바 임나일본부설(任那日本府說)·신공황후침공설(神功皇后侵攻說) 등을 전적으로 부인함과 동시에 그 이론적 뒷받침으로서 고대의 대일관계에 대한 전혀 새로운 학설을 정립하여 제시하였다.

3) 백제와 일본의 관계 신론(新論)

신채호에 의하면, 삼국 중에서 신라가 발흥하던 시대부터 동해 밖에 한 사나운 민족이 출현하니 이것이 일본이다. 일본이 해상고도(海上孤島)에 고립하여 자연적 방참(防塹)을 가졌으므로 타국이 일본에 침략한 일도 없으며 일본이 타국에 침입한 일도 없었다. 그러나 오직 우리나라와의 관계만은 지리상의 최근접한 사실로 말미암아 고대부터 상교통·상침벌(相交通 相侵伐)한 일이 빈번히 있었으며, 가장 빈번했던 시대가 백제·신라시대라고 그는 보았다.

신채호에 의하면, 삼국의 대외관계를 볼 때, 삼국이 모두 하나의 여국(與國—동맹국과 유사한 것)을 가졌으니, 고구려는 말갈(靺鞨)을, 백제는 일본을, 신라는 지나(支那, 唐)를 가졌었다. 이 중에서 말갈은 전적으로 고구려의 속국 성격이었고, 당은 처음부터 신라의 여국(與國)이 된 것이 아니라 단지 후기에 김춘추·김유신 등이 한때 외교적

---

98) 《大東歷史略》, 卷一, p. 51 및 《韓國開化期教科書叢書》, 제 18권, p. 81.

304

수단에 의하여 고구려·백제를 병탄하고자 할새 비사후폐(卑辭厚幣)
로 당과 결합한 것이었다.

이 중에서 대일관계만을 떼어 보면, 백제는 일본의 여국(與國)이요
신라는 일본의 수국(讎國 — 敵對國 비슷한 것)이었다. 백제와 일본과
의 교섭은 빈번하여, 신채호에 의하면, 일본은 문자도 백제에서 수입
했고, 미술도 백제에서 수입했을 뿐더러, 또한 그 인종이 많이 백제인
으로 구성되었다고 한다. 그 때문에 백제와 일본 사이에는 틈이 없었
다고 그는 설명하였다. 백제와 일본의 혼로상통(婚路相通)과 무령왕
(武寧王) 이후의 여러 박사들의 빈번한 파견이 모두 그 증거라고 하였
다. 이 때문에 임진란에 강수은(姜睟隱)이 일본에 구류되어 있을 때에
그 토민(土民)이 백제유종(百濟遺種)이라고 스스로 말한 자가 허다하
였으니 그들이 어찌 공연히 그 보계(譜系)를 무언(誣言)했을 리가 있
겠는가고 그는 지적하였다.

그렇다면, 백제와 일본의 관계는 고구려와 말갈의 관계와 같았는
가? 신채호에 의하면, 백제가 일본을 대우함은 비록 고구려가 말갈을
구사함과는 조금 다르나, 일본이 백제를 앙망(仰望)함은 말갈이 고구
려를 숭배함과 거의 동일하다고 하였다. 그렇지 않다면 어찌 백제가
일본을 항상 끌어들여 수백 년간 신라를 침요(侵擾)하였으며(廣開土
王이 백제를 정벌할 때 城中에 왜병이 충만한 것과 같이) 백제가 어찌 일
본을 써서 술병(戍兵)을 만들었겠는가고 그는 반문하였다. 대체로 일
본이 문화·병법·상공 등 각종 기예(技藝)를 모두 백제에서 배워 얻
었으므로 자연히 그 구역(驅役)을 받음은 고대 미개인의 상례가 그러
한 것이라고 그는 설명하였다. 99)

---

99) "讀史新論,"《전집》, 상권, pp. 497~498 참조. 또한 신채호는 백제가 망할
즈음에 왕자 福信이 일본에 入質하여 救兵을 청하였다는 설에 대하여 다음과
같이 설명하였다.
"後來 백제가 將亡에, 왕자 福信이 일본에 입질하여 其 救兵을 청한 時에 至
하여, 或者 일본의 文治武力이 已旺한 이후인 듯하나, 但 其時 我邦人의 質

신채호는 그 후 중국에 망명한 후 저술한 《조선상고사》(1931)에서
는 《구당서》(舊唐書), "백제전"(百濟傳)의 "서도해 지월주 북도해 지
고려 남도해 지왜"(西渡海 至越州 北渡海 至高麗 南渡海 至倭)라는 기
술에서 출발하여 동성왕(東城王) 때에는 백제는 요서지방(遼西地方)
까지 진출했을 뿐만 아니라 일본 전국이 백제의 속국이 되었다고 지적
하고 "倭는 지금의 일본이니, 《구당서》의 위의 양구(兩句)에 의하면
당시 일본 전국이 백제의 속국이 되었던 것이 무의(無疑)하니라"[100] 고
기술하였다.

4) 신라와 일본과의 관계 신론

신채호에 의하면 고대 신라(新羅)와 일본의 관계를 보면 매년 한 번
정도의 왜의 침략이 있었다. 그 이유는 고대 일본은 추장(酋長)이 분
립하여 아직 자웅을 결하지 못한 때인데, 그 중 바닷가의 부락이 바다
를 건너 우리나라와 교통할새, 백제를 본즉 외외(巍巍)한 대국이라 감
히 야심을 품을 여지가 없고 신라를 엿본즉 이는 해동(海東)의 최약국
(最弱國)이라 이제 그 창끝을 빈번히 시도해본 것이다. 그렇다면 신라
가 이미 대국이 된 후에도 자주 침범해 온 이유는 무엇인가? 신채호에
의하면, 이때에는 일본도 역시 이미 제(諸) 부락(部落)을 통합하여 한
대국을 이룬 때문이라고 하였다.[101] 그는 일본의 신라에 대한 빈번한

者라 云云함은, 卽 彼支那 고대에 약국이 강국에 遺質한 例와 不同하고, 只
是 隣國에 旅遊 혹 往聘한 事를 皆 遺質로 言하였으니, 卽 黃龍國은 고구려
의 속국이로되 왕자 解明을 遺質이라 하였으며, 樂浪은 고구려보다 약국이로
되 왕자 好童이 爲質이라 하였으니, 此等으로 推하건대, 당시 我邦人의 質子
라 稱함은 支那戰國의 所云 質子와 不同함은 可知니, 卽 왕자 福信의 爲質
도 亦 약국이 강국에 청원코져 하여 왕자로 質함과 一例로 看함이 不可한지
라. 故로 백제·일본의 始終關係는 고구려·말갈과 略似하다 하노라."
100) 《朝鮮上古史》, 《전집》, 상권, p. 224 참조.
101) "讀史新論,"《전집》, 상권, p. 494 참조.

306

침략 시도는 사실로 인정했으나 이른바 신공황후(神功皇后)의 침공설과 임나일본부설(任那日本府說)은 단호히 부정하였다.

신채호에 의하면, 일본이 고대에 백제·신라를 지배하거나 침공하기는커녕 도리어 일본이 백제와 신라의 문화의 개화를 입은 나라였다. 일본의 신교(神敎)는 신라의 선교(仙敎)에서 습취한 것이고, 유교와 불교는 백제에서 수입한 것이며, 기타 공예미술도 백제와 신라에서 빌려간 것이다.[102] 우리가 여기서 주목할 것은 신채호의 이러한 접근의 과학성에 대한 것이다. 그 몇 가지를 예시하면 다음과 같다.

첫째, 문화의 발달의 정도에 의거하여 그 국제적 흐름을 고찰하고 있는 점이다. 즉 백제의 문화발달의 높은 수준과 그와 비교할 수조차 없이 문화수준이 낮았던 일본으로의 '문화의 흐름'에 기초하여 두 나라의 국제관계를 설명하는 점이 주목된다.

둘째, 고대국가 성립과 관련하여 이른바 '신공황후침공설', '임나일본부설'을 부정하고 있는 점이다. 즉 이때에는 신라도 반도내의 최약국이었으나 일본은 추장이 분립하여 자웅을 미결(未決)한 고대국가 성립 이전의 부락추장시대여서 일본이 임나일본부 따위를 설치할 단계에 와 있지 않았음을 논증하는 것이다. 일본이 제 부락을 통합하여 고대국가를 형성했을 때에는 신라도 이미 대국이 되어 그들의 침략 시도는 받았으나 이를 물리칠 실력이 있었던 것으로 고찰하였다.

우리는 여기서 고대 대일관계사(對日關係史)에서 일본 제국주의 사가의 초기 식민주의 사관을 분쇄하는 신채호의 매우 과학적 접근방법과 민족주체사관에 특히 주목할 필요가 있을 것이다.

---

102) "韓·日合併論者에게 告함,"《전집》, 별집, p. 205 참조.

8. 고구려의 강성과 지나족·선비족과의 관계

1) 고구려중심 삼국시대관(三國時代觀)

신채호는 우리 민족이 삼국시대 초엽부터 동서에 분포하였으나, 영좌(嶺左)에 자리잡은 신라와 한남(漢南)에 자리잡은 백제는 그 위치가 한구석에 벽처(僻處)하므로 외방강국(外方强國)과 관계됨이 많지 않고, 그 서로 다툰 바는 본토(本土) 소부락(小部落) 및 말갈·일본 등 소구(小寇)에 불과하였다고 보았다. 따라서 당시 신라·백제 등 남방민족은 족히 우리나라 역사에 광영을 줄 것이 많지 않고, 오직 고구려가 열강 사이에 처하여 곡용거용(曲踊距踊)의 기개로 동정서벌(東征西伐)의 무력을 크게 발휘했다고 하였다. 따라서 그는 우리나라 고대사를 편(編)함에 있어 우리 민족의 주인옹(主人翁)은 통일신라시대 이전까지는 부득불 고구려라고 인정하지 않을 수 없다고 하였다.

신채호의 이러한 고구려 중심 삼국시대관은 사회진화론·사회다원주의에 의거한 외경사상(外競思想)을 기준으로 자연적으로 도출된 것임을 주목할 필요가 있다. 그에 의하면, 고구려 중심 삼국시대 사관은 그가(또는 申氏가) 고구려의 후손이라는 것에 있는 것이 아니라 사회진화론의 사상 특히 외경사상을 역사에 응용했을 때 나온 필연적 귀결이었다고 하지 않을 수 없다.

신채호에 의하면, 고구려와 대결했던 열족 중에서 저들 읍루족(挹婁族)·말갈족(靺鞨族)·예맥족(濊貊族) 등은 불과 일격(一擊) 또는 재격(再擊)을 받고 우리 민족에 복속하여 우리 민족이 하는 대로 따랐다. 그러나 선비족과 지나족만은 고구려를 월경하여 침공하기도 하고 수백 년 혈전을 계속했으므로 고구려와 이들과의 관계는 특별히 고찰할 필요가 있다고 본다.

2) 고구려와 선비족과의 관계 신론

신채호에 의하면, 선비족(鮮卑族)은 고대의 일 부족으로서 그 무력
이 강하고 용감하여 사나움이 다른 종족에 출중한 민족이었다. 이 때
문에 동명성왕(東明聖王)이 고구려를 창건했던 초기에 선비족을 제어
할 방책을 강구하였고, 고구려의 명장 부분노(扶芬奴)가 기계(奇計)
를 내어 그 소혈(巢穴)을 뒤집어엎고 그들을 정복하여 선비족을 고구
려의 속국으로 만들었다. 그러나 선비족의 잔여가 재기하여 우리 민족
에게 큰 위협을 가해왔다. 신채호는 고구려와 선비족과의 관계를 다음
의 8단계로 구분하여 고찰하였다.103)

제1단계는 선비족 중에서 모용(慕容)이라는 자가 일어나서 우선 고
구려의 형제국이 되는 북부여를 공격하여 격파함으로써 선비족이 비로
소 강하게 되어 우리 민족의 기반(羈絆)을 벗어난 단계이다.

제2단계는 고구려 미천왕(美川王) 31년에 고구려 군대가 요동 서안
평(遼東 西安平)을 공격하여 취하매 선비족과 고구려의 강역(疆域)이
비로소 서로 닿아서 다툰 단계이다.

제3단계는 낙랑도독(樂浪都督) 장통(張統)이 고구려에 패전하고
모용씨(慕容氏)에게로 도망하므로 고구려는 그 인민을 얻었더니, 또
한 오래지 않아 진(晋)의 평주자사(平州刺使) 최비(崔毖)가 모용씨를
반대하고 고구려에 내분(來奔)하매 선비족이 또 그 토지와 인민을 모
두 얻었으므로 여기에 선비족과 고구려 사이의 간격이 크게 벌어지게
된 단계이다.

제4단계는 모용황(慕容皝)이 휼계(譎計)를 농하여 환도성(丸都城)
을 습격하매 대병(大兵)이 패전(敗戰)하고 고구려왕이 파천하여, 비
록 우리 민족의 북도인사(北道人士)의 충용(忠勇)으로 저들의 예봉
(銳鋒)을 꺾기는 했으나, 도읍이 파괴되고 선능(先陵)이 파헤침을 당

---

103) "讀史新論,"《전집》, 상권, pp. 499~500 참조.

하여 우리나라 역사사상 일대 오점을 남겼으며, 또한 그후 3년에 모용황이 지나 동북(支那 東北)의 땅을 모두 차지하고 연황제(燕皇帝)에 즉위하여 그들의 국상(國相) 모용격(慕容格)을 파견해서 고구려의 남소성(南蘇城)을 빼앗으니 선비족의 세력이 매우 강성했던 단계이다 (그후 선비족은 荷秦族에게 멸함을 당하여 그 聲氣가 자못 침체하게 되었다).

제 5단계는 선비족의 모용수(慕容垂)가 재기하여 부진(符秦)을 도리어 멸하고 구강(舊疆)을 모조리 회복하여 불같은 기세로 요동을 석권하매, 우리 민족의 명(命)이 한 가닥 줄에 걸렸더니 다행히 절세의 무왕(武王) 고국양왕(故國壤王)이 일어나서 선비족을 몰아내고 요동전토(遼東全土)를 회복(回復)함으로써 우리 민족이 재소생(再蘇生)된 단계이다.

제 6단계는 광개토왕(廣開土王)이 뒤를 잇자 그 선지(先志)를 계승하여 연(燕)의 평주(平州)를 공격해서 빼앗으며 현토(玄菟)를 수복하여 선비족의 대세를 크게 죽임으로써 그 이후로부터 선비(鮮卑)의 환(患)이 끊어져 수백 년에 달하게 된 단계이다.

제 7단계는 선비족의 별부(別部) 우문씨(宇文氏)가 서위(西魏)를 찬탈하여 북제(北齊)를 병합하고 지나 강북의 수만 리를 장악하여 일시에 세력을 크게 떨치니, 저들의 이른바 무제(武帝, 宇文覺)는 일세의 영주(英主)이므로 모용씨(慕容氏)의 기업(基業)을 회복코자 하여 대병(大兵)을 스스로 이끌고 우리 민족(고구려)의 요동을 침략했다가 고구려의 대형(大兄) 온달(溫達)의 용무(勇武)를 만나서 드디어 퇴각한 단계이다.

제 8단계는 수(隋)의 양씨(陽氏 — 本性은 普六茹氏)가 후주(後周)를 찬탈하고 중국의 강남(江南) · 강북(江北)을 모두 통일하매 그 부성(富盛)의 세(勢)에 기초하여 우리 민족과 자웅을 결하고자 할새, 저들의 이른바 문제(文帝, 楊堅) · 양제(煬帝, 楊玄)가 전력을 다하여 고구려를 도모하다가 한왕(漢王) 양(諒)의 삼십만 군은 칼끝에 숨겼으며 우문술(宇文述)의 백만군(百萬軍)은 을지문덕에 패하여 고기밥이 되고 만 단계이다.

신채호에 의하면, 수(隨)의 양씨(楊氏)는 지나의 땅에 거하며 지나 사람을 써서 우리 민족과 결투한 것인즉 단순히 선비족으로 보기는 어려우나, 그러나 그 권력을 잡은 자가 모두 선비족이요, 그 장사(壯士)에 우문술(宇文述)·맥철장(麥鐵杖) 등이 태반 선비족이므로 고구려·수의 전쟁을 선비족에 대한 전쟁으로 간주할 수 있다고 하였다. 결국 이때에 이르러 우리 민족과 선비족의 결투함이 수천 년을 이미 경과하였는데, 그 사이 비록 일승일패가 있었으나 필경은 '우존열망(優存劣亡)의 공례(公例)'를 벗어나지 못해 이 제8단계 이후로 결국 선비족은 우리 민족에게 패하여 선비족의 광영이 동양사 위에서 볼 수 없게 된 것이라고 그는 설명하였다.

3) 고구려와 지나족과의 관계 신론

신채호에 의하면, 고대 지나족(支那族)은 우리 민족과 대치하여 교쟁(交爭)이 끊임없던 민족이었다. 우리나라 4천 년 역사를 통해 지나족과 경쟁이 가장 치열하던 시대는 고구려시대라고 그는 지적하였다.

신채호는 먼저 지나족이 우리 민족에 침투한 역사를 3단계로 나누었다.[104] 제1기는, 단군왕조 중엽에 기자가 그 무리 5천 명을 인솔하고 동래(東來)하여 우리나라의 봉작(封爵)을 받아서 평양의 일부를 다스린 시기이다. 제2기는, 기자의 후예가 침대(寢大)하여 요동을 병합하고 각 민족 사이에 호시(虎視)하여 그 성세(聲勢)가 우리 민족의 부여왕조를 능가한 지나족 강성의 시기이다. 제3기는, 위만(衛滿)이 기씨(箕氏)를 쫓아내고 기씨는 남한에 도망하여 들어오더니, 한무제(漢武帝) 유철(劉徹)이 또 위씨(衛氏)를 쫓아내서 북한 일대에 사군(四郡)

---

104) "讀史新論,"《전집》, 상권, pp. 500~501 참조.

을 설치한 시기이다.

한편, 우리 민족(扶餘族)이 발흥하고 저들 지나족이 쇠퇴한 역사는 다음 5단계로 나누고 있다.[105]

제1기는 위만과 유철의 지배가 바뀐 후 백여 년에 우리 부여족의 성세(聲勢)가 점차 커져서, 동명성왕이 사군(四郡)을 정복(征服)하고, 대무신왕(大武神王)이 한(漢) 고구려현을 공격하여 취하매, 한광제(漢光帝) 유수(劉秀)가 와서 싸우다가 필경 패퇴하여 살수(薩水) 이남을 우리 민족에게 양도한 시기이다.

제2기는, 그 후로 두 민족이 수백 년을 상쟁(相爭)하되 어떠한 대승패가 없더니, 조·위말(曹·魏末)에 이르러서는 저들 지나족이 그들의 장수 관구검(毌丘儉)을 보내어 우리 고구려의 환도성(丸都城)을 공략했는데, 유유(紐由)·밀우(密友)가 그 충의를 분발하여 옛 수도를 회복하고 우리 민족의 무용(武勇)을 일으킨 시기이다.

제3기는, 그 후로 저들 지나족의 세력이 홀연히 타락(墮落)하여 그 대륙 거의 모두를 흉노(匈奴)·말갈(靺鞨)·저(氐)·강(羌)·선비(鮮卑) 등 각 족에게 빼앗기고, 단지 강남 한구석에 엎드린 때문에 우리 민족이 저들 지나족과 3백여 년을 대치한 때가 없더니, 당태종(唐太宗) 이세민(李世民)이 일어나서 오호(五胡)를 몰아내어 지나(支那)를 통일(統一)하고 그 야심이 홀연히 발흥하여 우리 동토를 엿볼새, 제1차는 스스로 장수(將帥)가 되어 입구(入寇)했으며, 제2, 3차는 장군들을 보내어 내침(來侵)했으나, 모두 우리 고구려의 막리지(莫離支) 연개소문(淵蓋蘇文)에게 패퇴하고 또 때때로 우리 쪽의 침입과 핍박으로 놀란 시기이다.

제4기는, 그 후로 당인(唐人)이 그 부끄러움을 감당치 못하여 재공격을 도모코자 하나 고구려의 강함을 두려워하여 주저하는 중에 우리의 남부민족 신라가 고구려에 세수(世讐)됨을 알고 즉시 사신을 빈번

---

105) "讀史新論,"《전집》, 상권, pp. 501~504 참조.

312

히 보내어 두터이 상결(相結)하니, 신라가 만년원대(萬年遠大)의 계
(計)를 생각지 아니하고 도리어 수치스럽게도 구적(寇敵)을 도와서 형
제를 토(討)하니 이로 인하여 고구려가 피폐(疲弊)하고 저들이 퇴패의
중에도 발강(勃强)의 기틀을 갑자기 나타낸 시기이다.

제5기는, 연개소문의 불초자 남생(男生) 형제가 불화하여 내정이
결렬하고 또한 신라 명장 김유신이 그 기틀을 타서 내침하매 남우(南
憂)가 바야흐로 커졌는데, 이때에 당인(唐人)이 신라와 협력하여 백
제를 멸망시키고 그 여봉(餘鋒)이 고구려에 미치매 마침내 고구려가
멸망하여 북방 일대가 저들 지나족의 할거한 바 되더니, 다행히 천하
의 위인 대중상(大仲象) 부자가 일어나서 한 민족으로 백두산 동쪽을
점거하고 말갈의 나머지 무리를 채찍질하여 고구려의 옛 강토를 모두
회복하여, 다시 북진하여 흑룡강 부근지를 병탄하며 지나의 나머지 침
략을 격퇴하고 저들의 등주자사(登州刺使) 이해고(李楷固)를 공격하
여 베니, 단군(檀君)·부루(扶婁)의 자손들이 망하지 아니하고 을지
문덕·연개소문의 옛 자리가 다시 회복된 시기이다.

신채호는 이 다섯 시기를 경과한 이후에는 지나족이 우리 민족에 대
하여 공격한 일이 없고, 두 민족의 관계가 이 시기에 이르러 일단락을
짓게 되었다고 하였다.106)

신채호는 우리 민족과 선비족·지나족과의 외경(外競)에서, 선비족
과의 상쟁의 과정에서의 영웅으로 을지문덕을, 지나족과의 상쟁의 과
정에서의 영웅으로 연개소문을 들었다. 그는 을지문덕에 대해서는 '제
일 대위인'이라고 표현하면서 《을지문덕전》(1908)의 저술을 국한문 혼
용판과 국문 전용판으로 내어 우리나라 역사상 이순신(李舜臣)·최영
(崔瑩)과 더불어 삼대영웅의 하나로 국민에게 소개하였다.107)

106) "讀史新論,"《전집》, 상권, p.505에서, 신채호는 명과 조선조와의 관계는 별
　　도로 후편에서 詳論하겠다고 쓰고 있으나, 그후 그의 견해를 발표할 기회를
　　갖지 못하였다.
107)《乙支文德》,《전집》, 중권, pp.251~352 및 《을지문덕》,《전집》, 별집,

그는 연개소문에 대해서는, 소년시에 지나에 유람한 것을 피터 대제 (大帝)에 비유하고, 천지를 진동하는 병위(兵威)로 동정서벌(東征西 伐)하여 향하는 곳에 적(敵)이 없음을 나폴레옹에 비유하였으며, 간 신(奸臣)에게 놀아나면서 비사후폐(卑辭厚幣)로 적과 내통하는 군왕 (君王)을 벤 것을 크롬웰에 비유하면서, 연개소문(淵蓋蘇文)을 광개 토왕(廣開土王)의 초손(肖孫)이며 을지문덕의 현제(賢弟)에 해당하는 우리들 만세후인(萬世後人)의 모범이라고 하였다.

그럼에도 불구하고 《삼국사기》(三國史記) 등에 연개소문을 '흉인' (凶人), '역적'(逆賊)이라고 기록해 놓은 것을 신채호는 이것은 고려시 대의 역사가들이 어리석고 눈이 멀어서 그렇게 된 것이라고 크게 개탄 하였다. 당시 이세민(李世民)이 고구려를 침공할 때 연개소문이 그의 구적(仇敵)이니 그가 선전서(宣戰書)를 보냄에 연개소문을 어지러이 매도했을 것은 당연한 일이었다. 고려조의 사가(史家)가 고구려 유사 (遺史)가 없어져 남아 있지 아니하자 주체성 없이 고구려사의 태반을 당사(唐史)에서 자료를 취한 때문에 연개소문전은 모두 이세민의 선전 서 중에서 용어를 취하게 된 것이라고 하였다. 이 때문에 이세민이 가 로되 연개소문이 '흉인'이라 하고 '역적'이라 하면 고려의 사가도 그렇 다고 하여 이세민의 구적(仇敵)되는 연개소문의 역사를 저술하면서 이 세민이 남긴 욕설을 주워 모았으니 연개소문이 '흉인', '역적'됨을 면치 못하게 된 것이라고 그는 지적하였다.

신채호는 저 눈먼 역사가가 홍몽필법(鴻濛筆法)으로 우리 민족의 절세영웅을 매장하고 죽여서 우리 수천 년 후인으로 하여금 진상을 볼 수 없게 만들었다고 개탄하였다. 108)

---

pp. 493~542 참조.

108) "讀史新論," 《전집》, 상권, pp. 502~503 참조. 신채호는 중국인들은 고려 사 가들과는 대조적으로 淵蓋蘇文을 위인으로 찬양하였다고 지적하고, 그 예로 서 ① 《太平廣記》에 실린 연개소문의 풍채, ② 王安石의 《經筵講論》에 '非 常英雄'이라 찬미한 사실, ③ 柳公權의 《雜著》에 "旌旗兵壘 四十里"라고 한

또한 신채호는 당사(唐史)에 당태종(唐太宗)이 안시성(安市城)에서 양만춘(楊萬春)과 싸우다가 이기지 못하므로 돌아갔고, 연개소문과는 싸우지 않았다는 기록을 무설(誣說)이라고 비판하였다.[109] 그는 당태종이 수십만 대병(大兵)을 이끌고 고구려를 침공했다가 안시성 하나의 선수(善守)로 돌연 돌아갔을 리도 만무이며, 정조(正祖) 때에 이계(耳溪) 홍량호(洪良浩)가 북경에 가다가 안시성(安市城)을 지난즉 그로부터 100여 리 떨어진 곳의 계관산(鷄冠山)에 계명사(鷄鳴寺)가 있는데 이 절은 당태종이 고구려병에게 대패하여 단기(單騎)로 독주(獨走)하다가 머문 유허(遺墟)라는 말을 들었다고 기록해 놓은 것을 보아서도, 당태종은 연개소문과 일대교전을 했다가 대패하여 패퇴한 것이 틀림없다고 추론하였다.[110]

그러나 주의할 것은 신채호가 여기서 영웅사관(英雄史觀)을 피력하는 것은 아니라는 점이다. 그의 "독사신론"(讀史新論)에는 시종일관하여 시민적 근대민족주의 사관이 강렬하게 관철되고 있으며, 민족 사이의 외경(外競)은 일관하여 사관의 하나로 관철되고 있지만 영웅사(英雄史)를 논하는 것이 아님이 명백한 것이다. 여기서 구태여 신채호가 연개소문에 대하여 자세히 적은 것은 그가 민중의 모범으로 생각하는 연개소문이라는 영웅을 중세사가들이 흉인·역적으로 적어놓았기 때문에 인물평가와 역사를 바로잡아놓기 위하여 특별히 긴 설명을 한 것이다. 이 점은 신채호가 연개소문의 문제를 설명하면서 본문과는 구별하여 '안'(按)자를 붙이고 일단 별도로 이 문제를 다루고 있는 것에서 이를 알 수 있다.

표현, ④ 如蓮居士의《稗談》에 실려 있는 "句麗大將蓋蘇文 去屠長安一瞬息 今年若不來進攻 明年八月就興兵"의 快詩 등을 들었다.

109)《朝鮮上古史》, 같은 책, pp. 50~52 및 pp. 291~314에서, 그후 신채호는 唐太宗이 연개소문에게 大敗했을 뿐 아니라 화살을 맞아 눈까지 멀게 되었다는 사실을 매우 자세하게 논증하여 기술하였다.

110) "讀史新論," 앞의 책, pp. 503~504 참조.

4) 일제 초기 식민주의 사관 비판

신채호가 고대 고구려의 문명과 강성을 증명하고 북방에서 가장 강대하였던 지나족·선비족과의 외경에서 승리하였다는 사실을 제시한 것은 당시 일본인 사가들이 근대사학의 이름으로 만들어가던 한국사에 대한 초기 식민주의 사관을 근본적으로 분쇄한 것이었다. 그것은 고구려가 일본에 조공했다는 허무맹랑한 무설(誣說)을 처음부터 입론의 여지없이 분쇄시켜 버렸다. 또한 고구려가 지나의 봉책(封冊)을 받았다는 무설을 분쇄시켰으며, 한국 민족이 고대부터 지나인의 견제를 받고 거의 지나의 속국과 같은 민족이었다는 무설을 근본적으로 분쇄시켜 버렸다.

신채호 시대에 일본인 사가 임태보(林泰輔)는 한국 민족이 고대 이래 지나의 거의 속국과 같은 위치에 있었음을 다음과 같이 기술했다.

조선은 國을 세운 것이 매우 오래다. 그러나 그 疆域이 支那에 접근하여 있었기 때문에 항상 그 견제를 받아서 지나인이 혹은 와서 왕이 되거나 혹은 그 地로써 군현을 만들었다. 또한 본국인의 왕이란 자도 대저 지나에서 봉작을 받고 조공을 바치며 사대의 예를 닦지 않은 자가 매우 드물었다. 이로 보면 조선은 거의 지나의 속국과 같았다. 111)

임태보(林泰輔)는 고구려가 일찍이 지나로부터 봉책을 받아왔다고 다음과 같은 무설을 지어냈다.

지나의 봉책을 받은 것도 고구려가 가장 앞서 있었다. 故國原王은 燕과 싸워 대패하여 35년 使臣을 보내어 조공을 바치었다. 燕王이 僑王으로써 征東大將軍 營州刺使로 하고 樂浪公에 封한 후부터 그

---

111) 林泰輔, 《朝鮮史》, 卷一, p. 6 右.

후 長壽王이 즉위하자 晉에서 사신을 파견하여 고구려주 樂浪郡公
에 봉하였다. 宋은 왕을 策하여 車騎將軍開府儀同三司로 하였다.
齊는 驃騎大將軍으로 함과 같은 것이 歷世의 恒例이었다.[112]

신채호는 한 일본인이 《조선의 위치》라는 논저에서, 한반도는 항상
북·서·남의 강국 세력이 교충(交衝)하는 지점이어서 이 지점에 선
한민족은 북이 강하면 북에 복속하며, 서가 강하면 서에 복속하여 왔
다는 한국 역사에 대한 타율성론의 서술을 조목조목 들어 철저히 비판
하였다.[113]

신채호의 "독사신론"(讀史新論)은 그의 시대의 일본 제국주의 어용
사가들이 한국사에 대하여 날조한 타율성론(他律性論)·초기 식민주
의 사관(植民主義史觀)에 대항하여 이를 비판·분쇄하고 자기 민족의
고대사를 근대민족주의 사관에 의거하여 주체적으로 참신하게 새로이
정립한 것이었다.

9. 삼국흥망의 원인신론

신채호는 삼국의 흥망의 원인에 대하여 자신의 독특한 해석을 피력
하였다. 이제 그 몇 가지 사례를 들면 다음과 같다.[114]

(1) 삼국 초엽에 신라가 가장 약하였고, 그 중엽에 이르러서는 점점
강해지기 시작했으나 그 성세(聲勢)가 고구려·백제에 아직도 미치지
못하더니, 말엽에 이르러서는 광영이 혁혁하던 고구려는 먼저 멸망하
고 무열(武烈)이 막강하던 백제도 뒤이어 멸망했는데, 오직 홀로 신라

만이 흥한 것은 어떠한 이유인가?

신채호는 이 무렵에 외족이 바야흐로 강성해져서 침구가 그치지 않았는데 마침 이때 고구려는 남생(南生) 형제가 불화하여 내분이 일어났으며, 백제는 의자왕(義慈王)의 군신(君臣)이 모두 교태(驕泰)한데 반하여, 신라는 상하가 합덕(合德)하여 외교에 근신(謹愼)했기 때문이라고 하였다.

(2) 고구려는 비록 멸망했으나 대조영(大祚榮)이 뒤이어 일어나서 옛 강토를 모두 회복했으니 망한 것은 그 왕통뿐이요 인민과 토지는 무사했는 데 비하여, 백제는 의자왕이 북천(北遷)한 후에 각지에서 의병이 봉기하여 수년을 나당연합군에 반항했으나 결국 성공하지 못한 것은 어떠한 이유인가?

고구려는 4면이 적국의 가운데 처하여 그 국민이 항상 성풍혈우(腥風血雨) 사이에서 생활한 결과로 백절불굴의 용기를 갖추며, 또한 7백여 년을 처음부터 어떠한 동맹국도 갖지 않아서 그 국민의 독립심이 매우 왕성하여 이 때문에 이적(李勣)이 평양을 함락하던 그 이튿날 파루산(把婁山) 동쪽에서 존양(尊攘)의 군사가 즉시 일어나서 옛 강토들을 광복했었다. 이에 비하여 백제는 남으로 신라가 있으나 약하다 하여 이를 멸시하며, 북으로 고구려 있으나 원(遠)하다 하여 이를 불비(不備)하고, 해외의 구구한 도국(島國) 일본의 후원에 항상 의뢰하여, 그 결과 그 마음이 항상 교만하며 그 기(氣)가 쉽게 상하였으므로 민기(民氣)가 떨어져서 성공하지 못한 것이다. 그에 의하면 비록 고대에 민권이 없던 시대에도 그 민기가 죽지 않은 나라이면 그 남은 싹이 다시 생장함은 당연한 이치인 것이다.

(3) 외원(外援)을 빌려서 이웃의 적을 방어함은 신라와 백제가 마찬가지인데 신라는 이로써 흥했으나 백제는 이로써 망한 것은 어떠한 이유인가?

신채호에 의하면, 신라는 지나의 원조가 있었으나 이를 전적으로 기대함이 아니요, 오직 그 '자강'(自强)의 술(術)을 강구한 연후에 이를

이용한 것이었다. 나당이 연합하여 백제를 멸망시킨 후에 신라가 한편
으로 당과 친목을 도모하면서 다른 한편으로 방경(防警)을 더욱 엄하
게 하여 소정방(蘇定方)의 흉모(凶謀)를 중지케 하였으며, 당의 웅진
도독부(熊津都督府)를 공격하여 격파하고 백제구지(百濟舊地)를 전부
수복하였으니, 이로 보건대 신라의 외교는 단지 당을 일시적으로 이용
하려 한 데서 나온 것이 명백한 것이다. 반면에 백제는 그렇지 않아서
항상 외원을 얻어 국방을 달성하고자 할새, 백제가 일본을 교도(敎導)
한 공덕에 의하여 항상 일본병을 써서 적을 방어하는 어리석은 정책을
쓴 것이다. 신채호는 이 점을 설명하면서 고대에도 "자강(自强)의 술
(術)을 불수(不修)하고 타원(他援)만 대(待)하는 자는 필망(必亡)의
도(道)니라"[115]고 강조하여 지적하였다.

　(4) 혹자는 말하기를 신라는 강대한 지나의 원조에 기댄 때문에 흥
하고 백제는 약소한 일본의 원조에 기댄 때문에 망하였다 하는데 이는
타당한 해석인가?

　신채호에 의하면 결코 그렇지 않다. 그는 설령 백제가 지나의 원조
에 기대었을지라도 반드시 망했을 것이라고 하였다. 왜냐하면 외원을
이용함은 가하나 외원을 의지함은 불가한 것이기 때문이다. 신라도 만
일 지나를 의지했으면 결코 고구려·백제를 멸망시키는 대공(大功)을
이루지 못했을 것이며, 설혹 그 공을 이루었다 할지라도 뒤이어 소정
방(蘇定方)의 음모에 떨어져서 신라 사직도 지키지 못했을 것이다. 또
혹 그 음모에 떨어지지 않았다 할지라도 백제구지(百濟舊地)는 당에
결국 양도하고 영남의 한구석에 약국(弱國) 됨을 면하지 못했을 것이라
고 하였다. 외원을 주고받는 나라는 이(利)로써 상합(相合)하는 것이
므로 이가 다하면 필산(必散)하여 필상해(必相害)하는 것은 소연한
정리(定理)라고 하였다. 따라서 외원을 이용함은 가하나 외원을 의지
하면 반드시 망한다고 그는 본 것이다.

---

115) "讀史新論,"《전집》, 상권, p. 507.

우리는 여기서 신채호의 삼국흥망의 상이한 원인에 대한 새로운 해석에서 두 가지 큰 특징을 발견하게 된다. 첫째는, '자강'이 유일한 독립변수로서 강조되는 점이다. 그 나라가 '자강의 술(術)'을 닦았는가 닦지 않았는가의 여부가 그 흥망성쇠를 설명하는 기본적 요인이 되는 것이다. 둘째는, '외원'을 위험한 종속변수로서 고찰하고 있다는 점이다. '자강의 술'을 닦은 연후에 이를 기본으로 하여 외원(外援)을 이용하면 이것은 나라를 흥케 하는 종속변수로 될 수 있는 것이며, 반면에 자강이 없이 외원에 의지하면 자기 나라도 반드시 멸망케 하는 것이다.

신채호의 이상과 같은 '자강주의'(自强主義) 설명방식은 이론적으로는 사회진화론·사회다원주의와 관련되어 있으며, 실천적으로는 자기의 애국계몽사상의 역사에의 투영과 관련되어 있다고 볼 수 있는 것이다.

10. 삼국통일과 김춘추(金春秋)의 공죄론

신채호는 우리가 국사상 상식으로 알고 있는 신라의 삼국통일을 인정하지 않을 뿐만 아니라 그 수행자인 태종 무열왕(太宗 武烈王, 金春秋)의 업적을 그 공(功)보다 죄(罪)가 더 많다고 평가하였다. 그는 신라의 삼국통일을 이민족을 끌어들여 형제국을 멸망시킨 일로 보았으며, 삼국통일을 긍정적으로 높이 평가하는 역사가들을 신랄하게 개탄하고 비판하였다.

異種을 招하여 同種을 멸함은 寇賊을 引하여 형제를 殺함과 無異한 자니, 此義가 甚明하여 비록 삼척동자라도 가히 知得할 바이어늘, 惜乎라 아국 역사가여, 此義를 知하는 자 甚少하도다. 116)

320

신채호와는 대조적으로 김춘추와 김유신 및 삼국통일을 높이 평가
한 국사서로는 현채(玄采)의 《동국사략》,117) 김택영(金澤榮)의 《역
사집략》,118) 국민교육회의 《대동역사략》,119) 정교(鄭喬)의 《대동역
사》,120) 박정동(朴晶東)의 《초등 대동역사》,121) 유근(柳瑾)의 《신찬
초등역사》122) 등이 가장 대표적인 것들이었다.

신채호는 이러한 국사자들의 견해에 반대하는 것이다. 그에 의하면
신라 역대 왕들이 항상 외원(外援)을 이용하여 고구려·백제를 멸망코
자 하였으나 그 마음 또는 시도는 있었지만 목적을 이루지 못했으니
모살미수(謀殺未遂)라고 할 수 있는데, 태종 무열왕 김춘추에 이르러
서는 이 일을 이루기 위하여 필력과 수완을 다하고, 마침내 일을 성취
한 후에는 득의양양했다는 것이다. 그는, 반분(半分)이라도 혈기가
있는 자라면 이에 타매(唾罵)함도 가하며 주척(誅斥)함도 가하거늘,
이제 본말을 탐구하지 아니하고 단지 말하기를 김춘추를 동국통일의
단서를 연 임금이라 하니, 그가 '동국뿐 아니라 지나도 통일하고 일본
도 통일하며 기타 동서열국을 빠뜨리지 않고 통일했다 할지라도, 그
공으로 그 죄를 덮지 못할 터인데 하물며 동국통일한 공으로 어찌 그
죄를 덮으리오'라고 지적하였다.

신채호는 우리나라가 단군 이후에는 한 사람도 민족을 '통일'한 사람

116) "讀史新論,"《전집》, 상권, p. 508.
117) 《東國史略》, 卷一, pp. 29~30 및 《韓國開化期敎科書叢書》, 제16권, pp. 5
1~52 참조.
118) 《歷史輯略》, 卷四, pp. 162~210 및 《韓國開化期敎科書叢書》, 제15권,
pp. 196~210 참조.
119) 《大東歷史略》, 卷四, pp. 74~80 및 卷五, p. 81 그리고 《韓國開化期敎科書
叢書》, 제18권, pp. 104~117 및 p. 111 참조.
120) 《大東歷史》, 卷十一, p. 1 및 《韓國開化期敎科書叢書》, 제17권, p. 271.
121) 《初等大東歷史》, pp. 24~28 및 《韓國開化期敎科書叢書》, 제17권, pp. 46
6~470 참조.
122) 《新撰初等歷史》, 卷一, pp. 58~59 및 卷二, p. 1과 《韓國開化期敎科書叢
書》, 제20권, pp. 222~229 참조.

이 없었다고 말할 수 있다 했다. 그 이유를 다음과 같이 설명하였다.

(1) 부여 중엽에 나라가 점차 쇠약한 이후로 북한 일대에는 기씨(箕氏)·위씨(衛氏)·말갈(靺鞨)·예맥(濊貊) 등이 강성하며, 남한 일대에는 허다한 토족추장(土族酋長)이 자립했으니, 이것은 단군 구역(舊域)이 분열되어 십수국(十數國)이 쟁웅(爭雄)한 시대이다.

(2) 그 다음에는 고구려가 한강 이북에 건국하며, 신라·백제는 한강 이남에 병립하였으니, 이는 십수국(十數國)이 합하여 삼국이 된 삼국시대이다.

(3) 또 그 다음에는 고구려가 망하여 발해가 되고, 백제가 망하여 신라에 합하였으니, 이는 '양국(兩國)된 시대'[123], 즉 '양국시대'(兩國時代)라고 볼 수 있다.

(4) 발해가 망한 다음에는 압록강 북서의 토지는 결국 거란(契丹)·몽골(蒙古) 등 이민족에게 빼앗겨서 단조(檀祖)의 구강(舊疆)의 절반은 9백여 년간 잃게 되었다.

(5) 고려 태조가 동국을 통일하였다 하며, 조선왕조의 개창(開創)에도 태조가 역시 동국을 통일하였다고 하나, 이는 '반변적(半邊的)통일'이요 '전체적 통일'이 아니다.

신채호는 만일 이러한 '반변적 통일'을 통일이라고 한다면 동명성왕도 역시 통일을 한 것이며 온조·혁거세도 역시 통일을 한 것이니, 하필 김춘추 이후에야 비로소 통일이 되었다고 말할 수 없다는 것이다. 따라서 전체적 통일을 통일로 구한다면 단군 이후에는 통일을 다시 본일이 없으니 김춘추를 통일한 자라고 말할 수 없다는 것이다.

따라서 신채호에 의하면 김춘추의 일생에는 죄만 있고 공이 없는데도 불구하고 우리나라 역사가들이 부분노(扶芬奴)·온달(溫達)·을지문덕(乙支文德) 등이 있음을 알지 못하고, 오직 김춘추만 알아서 '불세출(不世出)의 군(君)'이니 '대유위(大有爲)의 지(志)'니 하여 찬미하

---

123) "讀史新論,"《전집》, 상권, p. 509.

고 숭배했기 때문에, 우리나라 사람들의 마음이 마경(魔境)에 떨어져서 결국 구적(寇賊)을 유인하여 형제를 멸망시킨 것을 떳떳한 일로 인정하게 되었다는 것이다. 그 때문에 신라가 당병의 후원이 되어 발해에 침범함을 사양치 아니하였으며, 왕건(王建)과 견훤(甄萱)이 서로 다투매, 저 지나 강남(江南)의 일개 자수노(自守虜)에 불과한 오월왕(吳越王) 전목(錢木)을 빌려서 그 허세공위(虛勢空威)로 서로 공갈·위협하였으며, 최영(崔瑩)이 '북벌(北伐)의 대사(大事)'를 일으킬 때에 그 병(兵)이 반도(半道)를 다 가지 못하여 이성계(李成桂)·조준(趙浚)·정도전(鄭道傳) 등이 창을 거꾸로 돌려 고려조를 뒤집어엎고 개국원훈(開國元勳)의 위(位)를 차지한 것이다.

신채호는 국가삭약(國家削弱)의 원천을 추론하여 보면 동족상구(同族相仇)에 있음을 알게 된다고 하였다. 이러한 관점에서 그는 김춘추를 이족으로 동족을 멸망시킨 장본인이라고 단죄했으며, 김춘추를 찬미하는 역사가를 '이족으로 하여금 동족을 멸망케 하는 주의'를 고취하여 우리나라를 쇠약케 하는 역사가라고 비판하였다.[124]

신채호는 김춘추 등의 '삼국통일'을 이민족의 힘을 빌려 동족을 멸망시킨 선례를 남긴 행위이며, 고구려를 당에게 양도하였기 때문에 그것이 고구려의 광대한 영토와 백성을 잃고 백제만을 얻은 '반변적 통일'이요 진정한 통일인 '전체적 통일'이 아님을 들어서 김춘추의 공보다 죄가 더 큼을 날카롭게 지적한 것이었다.

신채호의 견해에 대하여 비판할 여지가 많이 있음에도 불구하고, 이상에서 든 그의 주장은 신채호의 독특한 사관과 민족주의 사상을 나타내고 있음에 주목할 필요가 있을 것이다.

---

124) "讀史新論,"《전집》, 상권, p. 510 참조.

11. 발해사의 국사편입 및 '양국시대론'과 김부식 비판

1) 발해사(渤海史)의 국사편입(國史編入)

개화기와 애국계몽운동기의 국사서들에는 발해국(渤海國)을 국사에 편입하지 아니한 사서와 국사에 편입한 사서로 크게 나뉘어져 있었다. 발해를 국사에 편입하지 아니한 국사서는 《조선역사》, 《조선역대사략》, 《동국역대사략》, 《조선약사 십과》(朝鮮略史十課), 《(보통교과) 동국역사》, 《대동역사》, 《초등 대동역사》, 《대동역사략》, 《대한력스》, 《신정 동국역사》 등이다. 물론 일본 사가들은 발해를 우리나라 역사에 편입시키지 않았다.

당시 발해를 국사에 편입한 국사서는 김택영(金澤榮)의 《역사집략》(歷史輯略, 1905)이 "신라기"(新羅紀)에 부수해서 "부(附), 발해국(渤海國)"이라 하여 편년체로 발해를 우리나라 역사의 일부로 다루었다.[125] 그러나 김택영의 발해에 대한 기술은 유득공(柳得恭)의 《발해고》(渤海考)를 편년체로 신라왕세(新羅王世)와 맞추어 그대로 배열한 구사(舊史)의 틀을 벗어나지 못하였다. 현채(玄采)의 《동국사략》(東國史略, 1906)은 발해를 국사의 상고사 부분에 독립된 절로 설정하여 건국·관제(官制)·대외관계·쇠망 등을 근대적으로 서술하였으나 겨우 2페이지를 배당하여 간략하게 취급하였을 뿐이었다.[126]

신채호는 "독사신론"(讀史新論)에서 독립된 장을 설정하여 발해가 우리 민족의 한 국가임을 설명하고 근대적으로 장문의 서술을 했을 뿐 아니라, 발해를 국사에 편입하는 역사적 의의에 대하여 사론적(史論的)으로 매우 주목할 만한 독특한 주장을 전개하였다.

125) 《歷史輯略》, 卷五, pp. 11~70 및 《韓國開化期敎科書叢書》, 제15권, pp. 223~282 참조.
126) 《東國史略》, 卷一, pp. 36~38 및 《韓國開化期敎科書叢書》, 제16권, pp. 58~60 참조.

2) 발해·신라 양국시대론

신채호에 의하면, 발해는 혈통과 인문과 강토가 모두 단군·부여·고구려를 계승하는 우리 민족이 건설한 일 국가이다. 뿐만 아니라 우리가 보통 '통일신라시대'라고 부르는 시기를 발해와 신라가 병립한 '양국시대'라고 부르고 있다. 이것은 혜풍(惠風) 유득공의 《발해고》(渤海考)를 직접 계승 발전시킨 것일 뿐 아니라,[127] 김택영이 《발해고》를 계승하면서도 발해를 신라에 부수하여 서술한 것보다 훨씬 더 나아가서 그 중요성에 대한 새로운 사론을 편 것으로 획기적인 것이라고 보지 않을 수 없다.

신채호의 발해·신라의 양국시대론(兩國時代論)은 발해의 비중을 매우 높여 국사에 편입하고 시대설정의 내용과 이름까지 고친 그의 획기적이고 독특한 주장이었다. 신채호는 그후 일제치하에 와서도 "삼국 뒤에 신라·발해, 동북 양국이 대치"[128]하였다고 하여 '양국시대론'을 고수하였다. 그는 발해가 우리 민족이 건설한 국가이므로 반드시 국사에 편입하여 드러내야 함을 다음과 같이 강조하였다.

> 渤海大氏의 전래하던 혈통을 推하면 즉 我 단군의 자손이며, 그 統禦한 인민을 問하면 즉 我 부여의 종족이요, 그 據有한 강토는 즉 고구려의 舊物이니, 大氏를 我國史에 不著하면 當何人을 著하며, 大氏를 我國史에 不著하면 當何國史에 著하리오.[129]

신채호에 의하면, 일조정(一朝廷)을 위하여 소절(小節)을 드러낸

---

127) 《朝鮮上古史》, 《전집》, 상권, p.43에서 "柳惠風의 《渤海考》는 大氏 三百年間 文治武功의 事業을 수록하여 천여 년 사가의 압록강 이북 創棄한 缺失을 追補하며"라고 격찬하였다.

128) "朝鮮史整理에 對한 私疑," 《전집》, 중권, p.134.

129) "讀史新論," 《전집》, 상권, p.510.

자도 사가의 찬미가 분분하여 수천 년 이후에도 사람들의 숭배를 받거늘, 우리의 발해선왕(渤海先王)은 고구려 멸망 후에 남은 수백 병졸로 백두산 동쪽에 우뚝 서서 동으로 신라를 대적하며 서로 지나를 대적하고, 그 외에 흑수(黑水) 말갈·거란·유연(柔然) 등을 대적하여 혈전 10여 년에 결국 허다한 적국을 격퇴하고 독립의 공을 울리며, 면면한 역사를 3백 년에 전하였으니, 대중상(大仲象)·대조영(大祚榮)·대무예(大武藝)의 인격과 역사가 찬란함을 알 수 있다고 하였다.

신채호에 의하면, 그러나 우리나라 역대를 헤아리는 자가 발해의 역사를 헤아리지 아니하며, 문헌을 전하는 자가 발해의 문헌을 전하지 아니하며, 발해국이라 하면 흉노·거란·선비·몽골의 동류(同類)로 보며, 대중상(大仲象)·대조영(大祚榮)이라 칭하면 아보기(阿保機)·모용수(慕容垂)·성길사(成吉思)의 동렬(同列)로 보며, 우리 단군 후예의 영웅들을 저들 만족 중의 영웅으로 비웃으니 참으로 애석하다고 하였다. 그는 종래 역사가들이 사대주의에 젖어서 대조영이 망국을 회복하여 장백산 서쪽에 발해국을 세웠는데 이를 코웃음쳐서 구려잔얼(句麗殘孽)이라고 하는 정도까지 이르게 되었음을 개탄하였다.[130]

신채호에 의하면, 우리나라가 압록강 강북(서)을 포기하여 적국에 양도함이 언제부터인가 하면 김문열(金文烈, 富軾)이 《삼국사기》(三國史記)를 편찬하던 때로부터이다. 김부식이 만주벌판 광대한 강토에서 고구려를 계승하여 강대하게 번영하였던 우리 민족의 일 국가인 발해를 우리나라와 우리 민족의 일 국가로 보지 않고 따라서 국사에 편입하지 않은 것이 압록강 강북을 포기하고 우리나라가 반도내의 소국으로 고정된 가장 큰 이유가 되었다는 것이다.

신채호는 김부식이 발해의 역사를 국사에 편입치 아니하고 전하지 아니한 영향을 세 가지로 나누어 지적하였다.[131]

---

130) "歷史와 愛國心의 關係,"《전집》, 하권, pp. 78~79 참조.

131) "讀史新論,"《전집》, 상권, pp. 510~511 참조.

① 국민의 자기 민족영웅에 대한 숭배심을 감살(減殺)한 점, ② 조종상전(祖宗相傳)의 강토인 요동과 만주일대를 후인이 망각하게 한 점, ③ 대국이 소국이 되고 대국민이 소국민이 되게 한 점 등이다.

신채호는 안정복(安鼎福)이 동사(東史)를 읽다가 조선태조 이성계가 동녕부(東寧府)를 공격할 때에 크게 진군하여 요동과 만주를 회복하지 못하고, 또한 그 후에 원(元)의 평장사(平章事) 유익(劉益)이 요양(遼陽) 13주를 들어 우리나라에 귀부(歸附)하려 할 때에 이를 받아들이지 아니하여 명조(明朝)에 귀부(歸附)케 했기 때문에 압록강이 드디어 일대철계한(一大鐵界限)이 되어 천하 약국(弱國) 됨을 면하지 못했다고 본 것은 하나만 알고 둘은 모른 피상적 관찰이라고 하였다. 신채호는 물론 태조 이성계 때 유익의 귀부를 받지 않은 것이 뒤에 압록강 강북(서)을 잃은 원인이기는 하지만, 여기에 그치지 않고 다시 이런 결과를 가져온 더 근본적 원인을 캐내야 한다는 것이다.

그러면 그 근본적 원인은 무엇인가? 압록강 강북의 조선(祖先)의 구토(舊土)를 영구히 잃어버리게 만든 근원적 원인은 어디에 있는가?

신채호에 의하면 김부식이 편사(編史)함에 있어 발해국을 국사에 편입하지 아니하고, 발해국을 우리나라 역사에 기재하지 아니한 것이 그 근본적 원인이 되었다는 것이다. 당당한 고구려의 유민으로 고구려 구토에 스스로 건국한 발해국을 우리나라 역사에 편입하여 밝히지 않고, 압록강 강북의 천지는 누가 점유하든지 불문했기 때문에 수백 년 이래 우리나라 사람의 심중(心中)과 안중(眼中)에 자기 나라 강토도 오직 압록강 강남의 강토만을 자기 것이라 하며, 자기 민족도 오직 압록강 강남의 민족만을 자기 것이라 하고, 자기 나라 역사도 오직 압록강 강남의 역사만을 자기 것이라 하며, 사업도 오직 압록강 강남의 사업만을 자기 것이라 하여 사상이 압록강 밖으로는 한 걸음도 넘어가는 것을 경계하며, 꿈에라도 압록강 밖으로 한 걸음 넘어가는 것을 두려워하여 마침내 조상이 마음과 몸을 다 바쳐 만세상전(萬世相傳)의 기업(基業)으로 우리 자손에게 주신 일대토지(一大土地)를 타국의 것으로 보고, 그 빼앗김의 아픔을 상관하지 않게 되었다고 개탄하였다.

3) 김부식 비판

신채호는 우리 민족의 이러한 '움츠러듦'의 근본적 원인을 김부식이 발해국을 우리나라 역사에서 떼어내버린 사실에서 구하면서 김부식을 다음과 같이 거듭 역사적 사례와 관련하여 비판하였다. 132)

(1) 고려 혜종(惠宗) 때에 거란이 발해를 공격하여 전 만주를 점유하매 우리 민족의 단군의 발상지가 슬그머니 외족에게 들어가니, 무릇 우리 부여민족이 모두 칼을 빼어들고 용약(踊躍)할 시대어늘, 이때에도 오히려 압록강 이남만 지켜서 민족의 분(憤)을 생각지 아니하니, 그 이유가 어디 있는가 하면 곧 김부식이 발해를 우리나라 역사에서 높이 밝히지 아니하여 그 토지가 우리 민족의 소유임을 알지 못한 때문이었다.

(2) 그 후에 강감찬(姜邯贊)·강민첨(姜民瞻)이 거란과 싸워서 그 20만 대병을 격파하고 압록강에 추격하여 이르렀을 때, 발해 유민이 이 소식을 듣고 일제히 분기하여 이때가 발해의 광복을 찾을 때라고 일어나서 즉시 발해의 동경(東京)을 회복하고 국호를 재건하여 전후 수십 차례에 걸쳐 사신을 파견해서 고려에 원조를 청하니 이는 곧 우리 부여민족이 승승장구(乘勝長驅)하고 내외합일(內外合一)하여 단군 구강(檀君舊疆)을 회복할 시대어늘, 이때에도 오히려 압록강 이남만 지켜서 진취(進就)할 사상이 없었으니 그 이유가 어디에 있는가 하면, 곧 김부식이 발해를 우리나라 역사에 높이 밝히지 아니하여 압록강 밖의 민족이 우리 민족과 같은 민족임을 모른 때문이었다.

(3) 또한 고려 말년에 이르러 수륙군도통제(水陸軍都統制) 최영(崔瑩)이 백전백승의 웅위를 기초로 하여 대병으로 요동(遼東)과 심양(瀋

132) "讀史新論,"《전집》, 상권, pp. 511~512 참조.

陽)을 함께 도모코자 할 때가 곧 우리 부여민족의 수백 년 잃어버린 구강(舊疆)을 회복할 시대어늘, 이때에는 또한 국내에서의 권력투쟁에 급급하여 압록강 밖의 일보지(一步地)를 탈환치 못하였으니, 그 이유가 어디에 있는가 하면 곧 김부식이 발해를 우리나라 역사에 높이 밝히지 아니하여 압록강 밖의 수십 만리 토지가 본래 우리 민족의 토지임을 모른 때문이었다.

신채호는 여기서 무엇보다도 요동(遼東)과 심양(瀋陽)을 비롯한 압록강 이북의 만주가 우리 민족의 옛 강토요 발해가 우리 민족이 건설한 국가의 하나임을 정신적·사상적으로 잊어버리고 잃어버린 것이 옛 강토를 회복할 수 있는 기회가 와도 이를 회복하지 못하게 한 궁극적 원인이라고 보았으며, 그것이 바로 김부식이 발해국을 우리나라 역사에 편입하지 아니하고 떼어내버린 곳에서부터 발생한 것이라고 본 것이다.

그러므로 신채호의 김부식 비판은 단순히 피상적으로 발해국을 어떻게 보았는가 하는 데만 있는 것이 아니라, 그 배경에는 국토의 일부로서의 만주를 잃어버린 아쉬움과 대륙으로 뻗어나갈 수 있는 민족의 의욕을 꺾어버린 사실에 대한 분노가 깃들어 있는 비판이었으며, 신채호의 웅대하고 자주부강한 민족국가를 열망했던 민족주의적 국사관에 의거한 비판이었던 것이다. 133)

신채호의 김부식에 대한 비판은 매우 준엄하였다. 그는 김부식의 역사가로서의 자질 그 자체를 처음부터 다음과 같이 전적으로 가혹하게 부정하였다.

연이나, 金文烈은 史識과 史才가 全缺하여, 地理의 何如도 不知하여 史例의 何如도 不知하며, 자국의 可尊도 不知하며 영웅의 可貴도 不知하고, 只是誕忘 卑劣 斷爛無稽의 說을 集하여 幾卷을 成하

---

133) "韓國과 滿洲,"《전집》, 별집, p. 233 및 "滿洲問題에 就하여 再論함," 같은 책, pp. 238~243 참조.

고, 是를 왈 史라 하며, 是를 왈 三國史라 한 자니, 史乎 史乎여, 此等 史도 史인가. 134)

신채호는 여기서 김부식이 우리나라 역사를 저술하면서 왜 발해를 제거했는가 그 이유를 다음과 같이 추론하였다. 즉 그것은 김부식이 "지나(支那) 사례(史例)를 모방하여"135) 우리나라의 정통(正統)·윤통(閏統)을 분별하려고 할 때 그가 산 시대가 바로 고려 중엽이므로 압록강 이북의 부여구토(扶餘舊土)는 모두 거란의 점유한 바가 되었으니, 만일 부여구토를 모두 가진 자를 정통으로 시인하면 고려가 윤통(閏統)에 불과하게 되므로 압록강 밖에는 우리 민족이 살았든지 다른 민족이 살았든지 묻지 않고 모두 이국(異國)으로 보고, 압록강 이남만 전유하였으면 이를 정통군주로 존하여 자기 시대의 군주에게 아첨하기 위한 것이었다는 것이다.

그렇다면 김부식이 고구려도 우리나라 역사에서 빼어버렸을 터인데 왜 '삼국'이라 병칭했는가? 신채호는 그것은 고구려가 압록강 이남의 평양에 도읍했기 때문이라고 하였다. 그렇다면 발해도 한때 우리나라의 서북일대를 점유했으니 만일 도읍만 서북지방에 옮겼으면 김부식이 발해를 우리나라 역사에 편입했을 것인가? 신채호는 그렇지 않았을 것이라고 보았다. 왜냐하면 김부식의 편사(編史)의 목적은 자기 조정인 고려에게 정통을 주는 데 있었으므로, 만일 발해의 도읍이 압록강 이남에 있었더라면 고려의 혜종(惠宗) 때까지 병립(竝立)하였던 발해를 떼어내기 위하여 고구려까지 더불어 우리나라 역사에 기재하지 않았을 것이라고 보았다.

신채호의 "독사신론"(讀史新論)은 비단 김부식 한 사람만 아니라 우리나라 역사가들이 수백 년간 김부식의 오류를 그대로 좇아서 발해를 우리나라 역사에서 빼어버린 사실을 절절히 개탄하면서 '미완'인 채 중

134) "讀史新論,"《전집》, 상권, p. 512.
135) 같은 책, pp. 512~513 참조.

단되고 있다.

우리가 여기서 주목할 것은 신채호가 김부식을 비판하면서 김부식의 오론(誤論)의 방법론적 배경을 주자학적 정통론과 왕조사적 사관에 두고 있다는 사실이다. 즉, 김부식이 자기 시대의 왕조인 고려(高麗)를 정통으로 놓기 위한 목적과 자기 시대 왕조와 군왕에게 아첨하기 위하여 발해국을 우리나라 역사에서 빼어버린 것이라고 본 것이다.

한편 신채호가 김부식을 비판하는 관점은 주자학적 정통론을 비판 극복하고 있으며, 왕조가 아니라 민족 또는 민족내의 여러 국가들이 모두 포용되고 있고, 우리 민족이 활동했던 국토(특히 만주)가 매우 중요시되고 있다는 사실이다. 즉, 신채호는 본질적으로 시민적 민족주의 역사관의 입장에 서서 김부식의 주자학적 정통론과 전근대적 왕조사관이 민족의 발달을 저지시킨 데 대한 해독을 준엄하게 비판하고 있는 것이라고 볼 수 있다.

신채호의 김부식 비판은 그 후 일제하에 와서는 고려시대 이래 민족 주체성의 발전을 판가름하는 계기의 문제로서 '낭가(郎家)의 독립사상'을 죽인 '유가(儒家)의 사대사상(事大思想)'의 표본적 죄인으로 그 비판이 더욱 심화되었다. [136)]

12. 맺음말

지금까지 소개하고 검토한 신채호의 "독사신론"(讀史新論)은 발해국까지 다룬 '미완성'의 저작이었다. 그는 후편에서 그 이후를 다룬다고 기록해 놓았으나 그후 저술되지 않았으므로 그가 조선왕조 시대를 어

---

136) "朝鮮歷史上 一千年來 第一大事件,"《전집》, 중권, pp. 103~124 참조. 《朝鮮上古文化史》,《전집》, 상권, pp. 371~373 및《朝鮮上古史》,같은 책, pp. 40~41에서도 김부식 비판이 전개되고 있다.

떻게 고찰했는지 정확하게, 또한 구체적으로는 알 수 없다. 그럼에도 불구하고 우리는 "독사신론"이 다룬 부분까지에서도 신채호가 이 저작을 통하여 1908년경에 우리나라에서 '시민적 근대민족주의 사학'을 창건하고 성립시켰음을 확인할 수 있었다.

우선 먼저 강조해야 할 사실은 신채호의 "독사신론"은 신채호의 그 후의 《조선상고사》, 《조선상고문화사》 등의 저작이나 오늘날 발전된 고증사학의 연구결과와 비교분석을 해서는 정당한 평가를 할 수 없다는 점이다. 물론 이러한 작업도 중요하다. 그러나 이에 앞서 우리는 사서의 고찰에 대해서도 역사주의적 방법을 적용하여, "독사신론"을 그 바로 이전이나 동시대의 다른 사서들과 비교 분석할 때 그에 대하여 훨씬 더 정확하고 정당한 평가를 할 수 있을 것이라고 생각한다. 신채호의 "독사신론"은 그 이전 및 동시대의 다른 사서들과 비교할 때 그 고증성(考證性)에서가 아니라 그 시민적 사회과학성과 근대민족주의 사관(史觀)과 민족적 주체성과 참신성에서 다른 종류의 사서들의 추종을 불허하는 탁월하고 '혁명적'인 저작이었다.

신채호의 "독사신론"은 한편으로 '존화사관'(尊華史觀)에 젖어 있는 주자학적 구사(舊史)를 비판·극복하고, 다른 한편으로 새로 대두하는 일본 제국주의 어용사가들의 초기 식민주의 사관을 비판·극복하면서, 이와 동시에 자기 시대의 국사서들에 삼투하여 들어오는 구사와 초기 식민지주의 사관의 영향에 의식적으로 대결하여 이를 비판·극복하려 했던 역사서였다. 그리고 그는 이 작업에서 일단 훌륭히 성공했다고 볼 수 있다.

신채호는 "독사신론"에서 그의 시민적 민족주의 사관에 의하여 우리나라 고대사를 완전히 재편성했으며, 이 과정에서 그는 본론에서 구체적으로 본 바와 같은 수많은 신학설(新學說)과 신론(新論)들을 제시하였다. 뿐만 아니라 신채호는 이 "독사신론"을 통하여 우리나라 역사를 보는 눈 자체를 완전히 새롭게 만들었다.

신채호는 "독사신론"에서 예컨대, ① 부여-고구려 주족설(主族説),

② 단군‧추장시대론(酋長時代論), ③'기자조선'(箕子朝鮮) 부정, ④ 기자일읍수위설(箕子一邑守尉說), ⑤ 만주영토설, ⑥ 초기 대일관계신론, ⑦ 임나일본부설(任那日本府說) 부정, ⑧ 삼국문화의 일본 유입설, ⑨ 초기 북방민족관계신론, ⑩ 초기 대중국 민족관계신론, ⑪ 삼국 흥망 원인신론, ⑫ 삼국통일 및 김춘추 비판론, ⑬ 발해‧신라 양국시대론, ⑭ 김부식 비판론 등과 그 외에 작은 주제들에 대한 수많은 새로운 해석들을 제시하였다.

　오늘날의 역사연구의 수준에서 볼 때, 신채호가 제시한 새로운 학설들과 새로운 해석들이 얼마나 살아남을지 의문스러울지도 모른다. 어떤 학설은 계승 발전되는 것이고 어떤 학설들은 비판‧극복되어야 할 것이다. 그럼에도 불구하고 우리가 주목해야 할 것은 신채호가 "독사신론"에서 이러한 작업을 그의 민족주의 사상에만 의거하여 전개한 것이 아니라, 당시의 진보적 사회과학 이론인 사회진화론‧지리영향설‧계몽사상 등을 기초로 하여 과학적으로 전개하고 분석했다는 사실이다. 당시 사회진화론 등은 서구에서도 역사연구에 널리 원용되던 대표적인 시민적 사회과학 이론들이었다. 신채호는 이러한 시민적 사회과학 이론과 근대민족주의 사상에 기초하여 그의 "독사신론"을 씀으로써, 한편으로는 우리나라에서 시민적 근대민족주의 사학을 창건‧확립했으며, 다른 한편으로 역사를 통하여 애국심을 배양하고 고취함으로써 자기 시대의 국권회복운동에 크게 기여했다고 볼 수 있다.

　신채호의 "독사신론"의 취약점은 크게 두 가지 점에 있다고 생각한다. 첫째는 그 고증의 불충분이다. 이것은 신채호 시대의 한국의 모든 신사서들이 가졌던 공통적 취약점으로서 서구의 시민적 근대민족주의 사학이 창건기에 해석과 함께 고증을 크게 발전시킨 사실과는 대비가 된다. 그러나 신채호가 "독사신론"을 쓴 애국계몽운동기의 당시 한국의 사회적 조건은 신채호와 같은 애국자로 하여금 엄밀한 고증에 많은 시간과 정력을 바치게 허락하지 않았다는 특수성을 고려해야 한다고 생각된다. 신채호는 스스로 국권회복운동‧애국계몽운동에 헌신하느라고 서구의 근대민족주의 사학의 창건자들이 누렸던 바와 같이 시간과 정력을 고증에 집중시킬 여유를 도저히 가질 수 없었다.

둘째는 정치사·대외관계사 중심의 역사이고 사회사·경제사의 부문이 결여된 점이다. 이것은 신채호의 "독사신론"만이 갖는 취약점이 아니라 서구에서도 시민적 민족주의 사학이 공통적으로 가졌던 취약점이었다. 모든 나라에서 일반사 서술에 사회사·경제사 부문이 중요시되어 정당한 비중을 차지한 것은 근대민족주의 사학이 완숙기에 접어든 이후임을 주의할 필요가 있을 것이다.

이러한 취약점에도 불구하고 우리나라에서 19세기 말엽부터 시민적 근대민족주의 사학을 창립하려는 다수의 선구적 학자들의 노력은 1908년경에 이르러 신채호의 "독사신론"에서 그 큰 결실을 보게 된 것이라고 말할 수 있다. 그의 "독사신론"의 사학이 시민적 민족주의 사학이었음에 틀림없으나, 모든 나라에서 근대사학이 시민적 민족주의 사학으로 창건되었음을 고려하면, 신채호의 "독사신론"에 의하여 한국에서 근대사학이 성립되었다고 보는 견해가 이해될 수 있으리라고 생각한다.

우리는 이러한 관점에서 종래 가볍게 등한시되던 신채호의 "독사신론"을 역사주의적으로 더 높이 재평가해야 할 것이며, 이를 한국에서 근대민족주의 사학을 창건하여 확립시킨 대표작으로서 깊이 분석하고 그 계승 발전시킬 부문을 더욱 탐구해 나가야 할 것이다.

제 5 장

신채호의 혁명적 민족주의 사상

1. 머리말

한국이 낳은 위대한 민족주의자이자 사학자이며, 애국계몽사상가이자 언론인이고 독립운동가인 단재(丹齋) 신채호(申采浩)가 개화자강파의 애국계몽운동가가 된 이후 그의 사회사상은 크게 보아 3단계를 거쳐 변화했다고 볼 수 있다.

첫째는 열렬한 시민적 민족주의자의 시기이다. 신채호는 1898년 성균관(成均館)에 입교하기 위해 상경하여 그 해 11월 서울 시민들이 조직한 만민공동회(萬民共同會)에 참가해서 활동한 것을 계기로 하여 주자학도(朱子學徒)로부터 개화자강파로 전환하였다. 그 이후 3·1운동 직후인 1922년까지 그의 생애 중에서 가장 오랜 기간을 그는 시민적 민족주의자로서 활동하였다. 1898~1904년까지의 기간에 신채호는 문헌상의 업적을 남기지 않아서 이 시기의 그의 사상을 상세히는 알 수 없다. 그러나 1905~1910년까지의 기간에는 《황성신문》(皇城新聞)과

《대한매일신보》(大韓每日申報)의 논설기자로서, 그리고 신민회의 주
요 회원으로서 실질적인 대변인 역할을 하면서, 수많은 업적을 내고
열정적 애국계몽운동을 전개하여 국민들에게 실로 지대한 영향을 끼쳤
다. 이 시기의 그의 사상은 '애국계몽사상'으로서 비교적 상세히 정리
할 수 있다. 신채호의 애국계몽사상은 '1905~1910년의' 그의 시민적
민족주의 사상이라고 말할 수 있는 것이다.[1]

　신채호는 1910년 4월 독립운동을 위해 국외로 망명한 후에도 그의
애국계몽사상을 더욱 발전시키면서 열렬한 시민적 민족주의 독립운동
노선을 견지하였다. 그는 독립운동 방략으로써 '무장투쟁'(武裝鬪爭 ㅡ
그의 표현을 빌면 '武裝段鬪')을 주장하는 전투적 민족주의 노선을 추구
했고, 일제와 조금도 타협이 없는 '완전독립', '절대독립'을 추구했으
나, 그 사상은 시민적 민족주의 범주의 것이었다. 신채호가 1919년 4
월 처음에 상해 임시정부에 참가했다가 곧 탈퇴하여 반임시정부(反臨
時政府) 계열의 무장투쟁노선에 의한 독립운동을 열심히 추구했을 때
에도 그가 가지고 있던 사상은 본질적으로 시민적 민족주의 사상이었
다. 그는 1898~1922년까지의 시기에는 열렬한 시민적 민족주의자로
서 일제의 침략으로부터 독립을 쟁취하여 자주부강한 입헌공화국(立憲
共和國)의 문명한 조국을 건설하는 것을 그의 사상과 운동의 목표로
삼았다.

　둘째는 민족주의 사상에 무정부주의의 방법을 포용한 혁명적 민족
주의자의 시기이다. 신채호는 폭력무장투쟁의 독립운동단체인 의열단
의 요청을 받고 '의열단 선언문'(義烈團 宣言文)으로서 1923년 1월 "조
선혁명선언"(朝鮮革命宣言)을 집필한 것을 계기로 하여 무정부주의를
받아들이기 시작하였다. 그 결과 그의 "조선혁명선언"에는 민족주의와
무정부주의가 공존하게 되었다.

　지금까지의 "조선혁명선언"에 대한 연구는 그것을 순연한 민족주의

---

1) 愼鏞廈, "申采浩의 愛國啓蒙思想(上・下)," 《韓國學報》, 제 19~20집(1980)
　　참조.

로 보는 견해와 기본적으로 무정부주의의 범주로 보는 견해가 발표되어 있다.[2] 그러나 "조선혁명선언"은 그 목적과 내용은 기본적으로 혁명적 민족주의를 본질적인 것으로 하고, 운동방법은 주로 무정부주의 방법을 수용한 것이다. 신채호의 "조선혁명선언"은 그의 사상적 변화에서 볼 때에는 그의 민족주의로부터 무정부주의로의 전환의 '과도기'의 작품이라고 볼 수 있다. 이 작품에는 민족주의와 무정부주의가 혼효되어 있으므로 그것을 순연한 민족주의로 보거나 또는 무정부주의의 범주의 것으로 보는 견해들에는 찬성하기 어렵다. "조선혁명선언"은 무정부주의 사상과 방법을 도입하고 그 영향을 받음으로써 그의 종래의 시민적 민족주의로부터 시민적 성격이 소멸되어 버리고 그 대신 민중혁명적 성격이 새로운 내용과 형태로 정립되었다. 따라서 그의 "조선혁명선언"은 단순화해서 말한다면 '민족주의 사상에 무정부주의 방법을 포용한 혁명적 민족주의'의 특성을 가진 것이라고 볼 수 있다. 물론 무정부주의의 영향은 방법뿐만 아니라 목표와 내용에도 일부 침투하고 있으나 아직은 혁명적 민족주의를 압도할 만큼 큰 것은 아니었다. 신채호의 사상의 변화의 둘째 시기인 '민족주의 사상에 무정부주의의 방법을 포용한 혁명적 민족주의자의 시기'는 1923~1924년의 비교적 짧은 기간의 것이었다.

셋째는 무정부주의자의 시기이다. 신채호는 1925년부터는 현저히 무정부주의로 기울고, 1926년에는 재중국(在中國) 조선무정부주의자연맹(朝鮮無政府主義者聯盟)에 가입했으며, 1927년에는 무정부주의동방연맹(無政府主義東方聯盟 ― 일명 A 東方聯盟)에 '조선대표'로 참가했고, 1928년에는 스스로 무정부주의동방연맹 북경회의(北京會議)의 개최를 조직하여 주도했으며, 무정부주의자로서 독립운동을 하다가 체

---

2) ① 安秉直, "申采浩의 民族主義," 《創作과 批評》(1973년 가을호)는 신채호의 "조선혁명선언"을 순연한 민족주의의 혁명선언으로 보고 있다. 반면에 ② 申一徹, "申采浩의 無政府主義思想," 《韓國思想》, 제15집(1977)은 신채호의 "조선혁명선언"을 기본적으로 무정부주의로 범주화하여 표제를 붙이고 있다.

338

포·투옥당하였다. 이 시기의 신채호의 작품들의 내용은 무정부주의 사상으로 충만되어 있다. 그 문헌들이 남아 있으므로 신채호의 무정부주의 사상의 내용을 비교적 상세히 정리할 수 있다.[3]

신채호는 1928년 일제에게 체포·투옥되어 1936년 옥사할 때까지 무정부주의 사상을 버리지 아니했다. 그러므로 신채호의 사회사상 변화의 세 번째 시기인 무정부주의자의 시기는 짧게는 1925~1928년의 기간, 길게는 1925~1936년의 기간에 걸친 것이었다고 볼 수 있다.

이 장에서는 신채호의 사회사상 변화의 두 번째 시기인 '민족주의 사상에 무정부주의 방법을 포용한 혁명적 민족주의자의 시기'의 그의 사상을 "조선혁명선언"의 분석을 통하여 밝혀보려고 한다.

2. 의열단선언문으로서의 "조선혁명선언"

신채호가 "조선혁명선언"을 집필한 것은 직접적으로 의열단의 요청에 의한 것이었다. 의열단은 3·1운동의 영향을 받고 그 직후인 1919년 11월 10일 만주에서 창설된 독립운동단체이다. 1919년 11월 9일 밤에 한국의 독립운동가 김원봉(金元鳳)·윤세주(尹世胄, 小龍)·이성우(李成宇)·곽경(郭敬, 在驥)·강세우(姜世宇)·이종암(李鍾岩, 梁建浩)·한봉근(韓鳳根)·한봉인(韓鳳仁)·김상윤(金相潤, 玉)·신철휴(申喆休)·배동선(裵東宣)·서상락(徐相洛)·권준(權俊) 등 13명이 만주 길림성(吉林省) 파호문(把虎門) 밖 중국인 반모(潘某)의 집에 모여서 독립운동단체를 만들기로 회의를 하고, 이튿날인 11월 10일 새벽에 의열단을 창건한 것이다. 의열단이라는 이름은 그들의 공약의 제1조인 "천하의 정의(正義)의 사(事)를 맹렬(猛烈)히 실행키로

3) 愼鏞廈, "申采浩의 無政府主義 獨立思想,"《東方學志》, 제38집 (1983) 참조.

함"에서 채자한 것이다. 그들은 의열단의 창건과 함께 다음과 같은 10개조의 공약을 결의하였다. 4)

1. 天下의 正義의 事를 맹렬히 실행키로 함.
2. 조선의 독립과 세계의 평등을 위하여 身命을 희생키로 함.
3. 忠義의 기백과 희생의 정신이 확고한 자라야 단원이 됨.
4. 團義에 先히 하고 團員의 義에 急히 함.
5. 義伯 一人을 선출하여 단체를 대표함.
6. 何時何地에서나 매월 一次씩 사정을 보고함.
7. 何時何地에서나 招會에 必應함.
8. 被死치 아니하여 團義에 盡함.
9. 一이 九를 위하여 九가 一을 위하여 헌신함.
10. 團義에 배반한 자는 處殺함.

그들은 또한 의열단의 단장은 '의백'(義伯)으로 호칭키로 하고 김원봉을 의백으로 선출하였다. 의열단의 운동목적이 되는 '정의'(正義)는 '조선의 독립'과 '세계의 평등'이라는 민족주의 독립운동노선의 것이었다. 여기서 주목해야 할 그들의 특징은 그들의 방법이 되는 '맹렬'의 내용이었다.

의열단의 운동방법으로서 '맹렬'의 내용은 '폭력방법' 중에서도 독립군 활동이나 독립전쟁전략이 아니라 단원의 희생에 의한 '암살', '파괴', '폭동'의 방법이었다. 즉 '테러'가 '맹렬'의 내용을 이루는 것이었다. 의열단은 암살의 대상으로서 다음과 같은 7가지의 이른바 '칠가살'(七可殺)을 선정하고, '파괴'의 대상으로서 다음과 같은 이른바 '오파괴'(五破壞)를 선정하였다. 5)

우리가 여기서 주목해야 할 것은 의열단이 기본적으로 민족주의 독립운동단체임에도 불구하고 그 운동방법은 당시 무정부주의자들이 애

---

4) 《若山과 義烈團》, pp. 26~27 참조.
5) 같은 책, pp. 27~28 참조.

340

의열단의 七可殺과 五破壞

七 可 殺	五 破 壞
① 조선총독 이하 고관	① 조선총독부
② 군부(일본군) 수뇌	② 東洋拓植株式會社
③ 대만총독	③ 每日申報社
④ 매국노	④ 각 경찰서
⑤ 친일파 거두	⑤ 기타 왜적 중요기관
⑥ 敵探(일제밀정)	
⑦ 반민족적 土豪·劣紳	

용하던 방법인 암살·파괴·폭동의 방법을 공공연히 택하고 있다는 점
이다. 물론 의열단이 처음부터 의식적으로 무정부주의자들의 운동방
법을 일부러 채택한 것은 아니었다. 그들은 단지 '조국광복'을 위하여
소수의 비밀결사대로서 최대의 효과를 거두는 방법을 모색한 결과가
암살·파괴·폭동의 방법으로 귀결되었는데, 결과적으로 이것이 당시
무정부주의자들의 운동방법과 일치하게 된 것이었다.

　의열단은 창건 후에 1920년부터 이 방법에 의한 독립운동을 맹렬히
전개하였다. 1920～1922년까지의 의열단 운동 중에 몇 가지 대표적인
것들은 ① 1920년 3월의 조선총독부 파괴를 위한 밀양폭탄 사건, ②
1920년 9월의 부산경찰서 투탄사건(投彈事件), ③ 1920년 12월의 밀
양 경찰서 투탄사건, ④ 1921년 9월의 조선총독부 투탄사건, ⑤ 1922
년 3월의 일본군 대장 다나카(田中) 암살저격사건 등이다.[6]

　당시 독립운동가들은 의열단의 독립운동의 이러한 성과를 인정하면
서도 의열단의 운동방법에 대해서는 의문을 표시하는 사람들이 다수
있었다. 당시 민족주의 독립운동의 중심체인 상해 임시정부 등과 공산
주의 독립운동의 중심체인 고려공산당은 그들의 '독립군의 독립전쟁'
전략에 의거하여 은근히 의열단의 운동방법에 비판적 입장을 취하였

---

6) 《韓國民族運動史料》, 中國篇《高等警察要史》(慶尙北道　警察部) 및《藥山
　과 義烈團》참조.

다. 특히 의열단의 운동방법의 테러적 성격이 비판의 초점이 되었음은
물론이다. 오직 무정부주의 독립운동노선의 작은 서클들만이 공공연
히 전폭적으로 의열단의 암살·파괴·폭동의 운동방법을 지지하였다.
그러나 일제의 극악한 강도적 식민지통치라는 특수한 조건에 대해서는
의열단의 극렬한 투쟁방법을 지지하는 한국 청년들이 많이 있었다. 비
단 민족주의자들뿐만 아니라 무정부주의나 공산주의를 추종하는 청년
들까지도 의열단의 운동방법의 특징 때문에 이에 가입해 오는 청년들
이 다수 있었다.

　의열단은 창건 직후에 '구축왜노'(驅逐倭奴), '광복조국'(光復祖國),
'타파계급'(打破階級), '평균지권'(平均地權)의 4대 기본강령을 정하고
그 후에 이를 문장으로 해설하는 19개 조항의 강령을 제정하기는 했으
나,7) 1922년 말까지는 그들의 운동노선과 운동방법을 합리화하여 선
언하지 못하고 있었다. 이에 약산(若山) 김원봉과 의열단원들은 그들
의 독립운동노선과 운동방법을 천명하고 합리화하는 선언의 필요성을
절감하고 있었다.

　　이는 이미 오래 된 일이거니와, 若山은 진작부터 의열단이 주장하는
　　바를 문서로 작성하여 이를 널리 천하에 공표할 뜻을 가지고 있었다.
　　암살과 파괴만이 능사가 아니다. 행동만이 있고 선전이 뒤따르지 않
　　을 때, 일반 민중은 행동에 나타난 폭력만을 보고 그 폭력 속에 들어
　　있는바 정신을 이해하지 못할 것이다. 不絶하는 폭력과 함께 또한
　　꾸준한 선전과 선동과 계몽이 반드시 있어야 한다. 이것은 그가 일
　　즉부터 속으로 느껴오면서도 아직 하지 못한 일이다.8)

　김원봉은 이에 1922년 12월 북경에서 신채호에게 의열단의 독립운
동의 이념과 방법을 천명하는 "조선혁명선언"을 집필해 줄 것을 요청하

7) 《若山과 義烈團》, pp. 29~31 참조.
8) 같은 책, pp. 104~105.

였다.

신채호는 김원봉과 그 이전부터 친분이 있었다. 김원봉은 신민회에
서 세운 신흥무관학교를 졸업하고 폭탄제조법도 신흥무관학교에서 배
웠으며, 신채호는 신민회 주요 간부로서 신흥무관학교에 관련을 갖고
있었다. 김원봉은 의열단 창건 후 상해 임시정부와는 관련을 갖지 않
고 있었으며, 신채호 등의 북경군사통일회(北京軍事統一會)를 지지하
고 언제나 무장투쟁노선을 지지하였다. 김원봉은 1921년 4월의 신채
호가 주동이 된 이승만의 위임통치청원(委任統治請願)에 대한 "성토
문"(聲討文)에 신채호 등 54명과 함께 공동서명하였다. 9) 한편 신채호
도 폭력운동방법을 채택하여 성과를 내고 있는 의열단에 친화력을 느
끼고 있었다. 단지 1922년경의 신채호와 의열단의 폭력운동 방법의
차이는 신채호가 독립군의 독립전쟁을 지지하였고 김원봉은 암살·파
괴·폭동의 테러방법을 지지하는 차이뿐이었으며, '맹렬'을 추구하는
데는 양자가 일치하고 있었다. 신채호와 김원봉은 나이로 보나 신흥무
관학교의 관계로 보나 사제와 비슷한 처지였으나, 독립운동에 있어서
는 친밀한 동지였다.

의열단 운동에 크게 친화력을 느끼고 있던 신채호는 김원봉의 요청
을 쾌히 승낙하여 "조선혁명선언"을 집필하게 된 것이었다.

여기서 주목해야 할 것은 김원봉이 신채호에게 "조선혁명선언"의 집
필을 의뢰하면서 이 작업의 의열단측 책임자로 유자명(柳子明 ― 본명
柳興湜, 號 友槿, 1894~1985)이라는 이론가를 선정하여 합숙시킨 사
실이다. 유자명이 당시에 바로 무정부주의자였던 것이다. 유자명은
충청북도 음성 사람으로서 수원농림학교에서 수학하고, 3·1운동에
참가한 후, 바로 북경으로 망명하여 주로 북경대학의 오치휘(吳稚暉)
·이석증(李石曾) 등 무정부주의 지도자들의 영향을 받고 무정부주의
자가 되었다. 그는 3·1운동 직후에는 상해 임시정부의 수립에 참가하

---

9) "聲討文,"《전집》, 별집, p. 90 참조.

였으며, 그 후 의열단의 독립운동에 공명하여 1921년에 의열단에 가입
하고, 의열단의 가장 탁월한 이론가로서 활약하고 있었다. [10] 신채호
는 1922년 12월에 김원봉 등과 함께 상해로 가서 의열단의 폭탄제조소
를 시찰한 다음, 한 호텔에서 '의열단선언문'으로서 "조선혁명선언"(朝
鮮革命宣言)을 집필하면서 청년 유자명으로부터 의열단의 혁명이념과
함께 무정부주의 이론을 체계적으로 설명 듣게 되었다.

이리한 과정으로 신채호의 "조선혁명선언"에는 무정부주의의 요소가
상당히 많이 들어오게 되고, 신채호는 이를 전기로 하여 점차 무정부
주의를 공부하여 그 후 무정부주의에 몰입하게 된 것이었다.

신채호는 의열단선언문으로서 1개월여의 산고 끝에 마침내 1923년
1월 6,400여 자에 달하는 웅장한 "조선혁명선언"을 완성하였다.

신채호의 이 노작은 김원봉과 의열단원들을 감격시켰다. [11] 의열단
은 이를 그들의 선언문으로 하고 그 끝에 "조선총독부 소속 관공리에"
라는 부속문서를 첨가하여 그들의 독립운동의 선언문서로 사용하였
다. [12]

"조선혁명선언"은 유자명과 협의하여 작성된 것이기는 하지만 그 책
임자와 집필자는 신채호이며, 신채호의 당시의 사상에 의거하여 집필
된 것이었다. 신채호가 유자명을 통하여 무정부주의를 받아들인 부분
도 어디까지나 신채호가 공명하여 취사선택한 것이었다. 그러므로 "조
선혁명선언"은 1923년경의 신채호의 사상을 나타내는 신채호의 작품임
에 틀림없는 것이다. 또한 우리가 여기서 주의해야 할 것은 "조선혁명
선언"이 비록 '의열단 선언문'으로 집필된 것이기는 했지만 신채호의
의도는 그 이상의 것이었다는 사실이다. 이것은 이 선언문을 "의열단

---

10) 《韓國 아나키즘 運動史》(無政府主義運動史 編纂委員會), 前篇(1978),
   p. 292 참조.
11) 《若山과 義烈團》, pp. 108~120 참조.
12) 《韓國民族運動史料》, 中國篇, "義烈團陰謀事件檢擧에 關해 1923年4月 7日字
   로 朝鮮總督府 警察局長이 外務次官에 通報한 要旨," p. 435 참조.

선언"이라고 공식명칭을 붙이지 아니하고 구태여 "조선혁명선언"이라고 일반화시킨 데서도 알 수 있다.

신채호의 "조선혁명선언"은 일제강점기(1910~1945)의 한국 민족주의의 혁명선언이었으며, 그 행동주체를 의열단으로 한 민족혁명선언이라고 보는 것이 신채호의 큰 뜻에 합치한 해석이 될 것이다. ·

3. 조선혁명선언의 사상적 성격

신채호의 "조선혁명선언"의 사상은 순연한 의미의 민족주의도 아니고 그렇다고 무정부주의도 아니다. 필자는 이 작품이 신채호의 사상변화에 있어서 민족주의로부터 무정부주의로 전환하는 과도기적 사상을 나타내는 노작이라고 생각한다.

신채호의 "조선혁명신언"의 목적과 기본구조는 혁명적 민족주의 사상에 의해 지배되고 있다. 그러나 이 "조선혁명선언"의 방법과 기본내용에는 무정부주의의 영향이 심대하며, 특히 그 혁명방법은 완전히 무정부주의적인 것이라고 지적하지 않을 수 없다. "조선혁명선언"의 사상적 성격은 이 작품만을 분리하여 보면 민족주의의 측면에서 볼 때는 '무정부주의를 포용한 민족주의 혁명'의 선언이라고 볼 수 있고, 무정부주의의 측면에서 볼 때에는 '민족독립을 목적으로 한 무정부주의 혁명'의 선언이라고 볼 수도 있을 것이다. 이 작품은 신채호의 민족주의로부터 무정부주의로의 사상전환의 과도기 작품이기 때문에 어떠한 측면에서 그 사상적 특성을 포착하여도 그 설명이 전혀 불가능한 것은 아니다.

그러나 필자는 신채호의 "조선혁명선언"의 사상적 성격을 본질적으로 '무정부주의 방법을 포용한 혁명적 민족주의'라고 생각한다. 무정부주의 요소의 도입이 종래의 신채호의 시민적 민족주의 사상을 혁명적 민족주의로 변화시키는 데 크게 작용했음은 두말할 필요도 없다.

그러므로 이 책에서는 신채호의 "조선혁명선언"을 '무정부주의를 포용한 민족주의 혁명'의 선언으로 보는 관점을 취하고 그것이 내포하고 있는 민족주의적 성격과 무정부주의적 성격을 구분해 가면서 "조선혁명선언"의 내용을 분석하기로 한다.

4. 적(賊) 강도(强盜) 일본에 대한 민족혁명선언

"조선혁명선언"은 5장으로 체계적으로 나뉘어져 구성되어 있다. 그 제1장은 강도 일본이 조선의 '국호'와 '정권'과 '생존적 필요조건'을 모두 박탈하여 온갖 만행(蠻行)을 자행하고 있으므로 일본 제국주의가 '조선민족 생존'의 '적'임을 선언함과 동시에 '혁명'으로 우리의 생존의 적인 강도 일본을 살벌(殺伐)하는 것이 조선민족의 정당한 수단임을 선언한 장이다.

이 장에서는 일본을 먼저 강도로 규정하고, "강도 일본이 우리의 국호를 없이하며 우리의 정권을 빼앗으며 우리의 생존적 필요조건을 다 박탈하였다"라는 글로 시작하여, 일제의 '국호'와 '정권'과 '생존적 필요조건'의 박탈을 규탄하면서도 그 내용은 국호와 정권을 제쳐두고 '생존적 필요조건'의 박탈의 분석으로 바로 들어가고 있다.

신채호가 처음부터 '국호', '정권'보다 '생존적 필요조건'을 강조하여 규탄한 사실부터가 이 시기에 신채호의 사상이 현저히 사회경제적 요소를 중시하는 차원으로 변화하고 있었음을 나타내는 것이라고 말할 수 있다. 그는 '생존적 필요조건'의 박탈을 다음과 같이 규탄했다.

첫째는 경제에서의 생존적 필요조건의 박탈이다. 그 내용은 다음과 같이 구성되어 있다.

① 자원과 일체의 생산기능의 박탈

경제의 생명인 산림·川澤·철도·광산·어장···내지 소공업의 원료까지 다 빼앗아 일체의 생산기능을 칼로 베이며 도끼로 끊고··· 13)

② 조세(租稅)의 수탈과 착취

토지세·가옥세·인구세·가축세·百一稅·지방세·酒草稅·비료세·종자세·영업세·청결세·소득세··· 기타 각종 잡세가 逐日 증가하여 혈액은 있는 대로 다 빨아가고··· 14)

③ 상업자본의 몰락과 일본상품 시장화

如干 상업가들은 일본의 제조품을 조선인에게 매개하는 중간인이 되어 차차 자본집중의 원칙하에서 멸망할 뿐이오··· 15)

④ 농민에 대한 착취와 농민의 참상

대다수 인민 곧 일반 농민들은 피땀을 흘리어 토지를 갈아, 그 終年 소득으로 일신과 처자의 호구거리도 남기지 못하고, 우리를 잡아먹으려는 일본 강도에게 進供하여 그 살을 찌워주는 永世의 우마가 될 뿐이오. 16)

⑤ 일본의 토지약탈과 농민의 유랑

내종에는 그 우마의 생활도 못하게 일본 이민의 수입이 연년 高度의 速率로 증가하여 '딸깍발이' 등쌀에, 우리 민족은 발 디딜 땅이 없어 산으로 물로 서간도로 북간도로 西比利亞의 荒野로 몰리어 가 餓鬼

13) "朝鮮革命宣言," 제 1장, 《전집》, 하권, p. 35.
14) "朝鮮革命宣言," 제 1장, 《전집》, 하권, p. 35.
15) 같은 글.
16) 같은 글.

부터 流鬼가 될 뿐이며 … 17)

둘째는 헌병경찰의 식민지 무단통치(武斷統治)에 의한 민족의 행동의 자유의 완전박탈과 언론·출판·결사·집회의 일체 자유(自由)의 박탈이다.

> 강도 일본이 헌병정치·경찰정치를 여행(勵行)하여 우리 민족이 촌보(寸步)의 행동도 임의로 못하고, 언론·출판·결사·집회의 일체 자유가 없어, 고통과 분한(憤恨)이 있으면 벙어리의 가슴이나 만질 뿐이요, 행복과 자유의 세계에는 눈 뜬 소경이 되고 … 18)

셋째는 국어·국문의 박탈과 노예양육 교육의 강요이다.

> 자녀가 나면 일어(日語)를 국어라, 일문(日文)을 국문이라 하는 노예양성소 — 학교로 보내고 … 19)

넷째는 식민주의 사관(植民主義史觀)에 의한 조선사의 왜곡이다.

> 조선사람으로 혹 조선사를 읽게 된다 하면 '단군을 무(誣)하여 소전오존(素戔嗚尊)의 형제'라 하며 '삼한시대 한강 이남을 일본영지'라 한 일본놈들의 적은 대로 읽게 되며 … 20)

다섯째는 식민지 노예언론과 노예문화의 강요이다.

> 신문이나 잡지를 본다 하면 강도정치를 찬미하는 반(半)일본화한 노

---

17) 같은 글.
18) "朝鮮革命宣言," 제1장, 《전집》, 하권, p. 35.
19) 같은 책, pp. 35~36.
20) 같은 책, p. 36.

예적 문자뿐이며 … 21)

여섯째는 독립운동·민족운동의 가능성에 대한 살인적 탄압이다.

> 똑똑한 자제가 난다 하면 환경의 압박에서 厭世絶望의 타락자가 되
> 거나 그렇지 않으면 '음모사건'22)의 명칭하에 감옥에 구류되어, 周
> 牢·枷鎖·단근질·채찍질·전기질·바늘로 손톱 밑과 발톱 밑을 쑤
> 시는, 手足을 달아매는, 콧구멍에 물 붓는, 생식기에 심지를 박는
> 모든 악형, 곧 야만 전제국의 형률사전에도 없는 갖은 악형을 다 당
> 하고 죽거나, 요행히 살아서 옥문을 나온대야 종신 불구의 廢疾者가
> 될 뿐이다. … 23)

일곱째는 전국을 하나의 대감옥으로 만들고 전민족을 식민지 노예
로 만드는 압박이다.

> 그렇지 않을지라도 발명 창작의 본능은 생활의 곤란에서 단절하며,
> 진취 활발의 기상은 境遇의 압박에서 소멸되어 '찍도 짹도' 못하게 각
> 방면의 속박·鞭笞·구박·압제를 받아, 環海 삼천리가 일개 대감옥
> 이 되어, 우리 민족은 아주 인류의 자각을 잃을 뿐 아니라, 곧 자동적
> 본능까지 잃어 노예부터 기계가 되어 강도수중의 사용품이고 말뿐이
> 며 … 24)

---

21) 같은 글.
22) 이것은 日帝가 1911년에 조작한 이른바 '寺內總督暗殺陰謀事件'을 가리킨 것
    이다. 일제는 이 사건을 날조하여 국권회복을 위한 비밀결사인 新民會의 회원
    약 8백 명을 체포하여 筆舌로 형용할 수 없는 前代未聞의 온갖 가혹한 고문을
    가하여 수많은 애국자들을 불구자로 만들었다. 愼鏞廈, "新民會의 創建과 그
    國權恢復運動(上·下)," 《韓國學報》, 제8~9집(1977) 참조.
23) "朝鮮革命宣言," 제1장, 《전집》, 하권, p. 36.
24) "朝鮮革命宣言," 제1장, 《전집》, 하권, p. 36.

여덟째는 무고한 백성들에 대한 살육과 만행이다.

신채호는 여기서 일제의 조선민족에 대한 침탈과 탄압과 만행을 낱낱이 고발한 후에 일제라는 '강도'가 조선민족의 '생존의 적'임을 선언하고 따라서 '혁명수단'으로 적인 강도 일본을 살벌(殺伐)하는 것이 정당하다는 것을 선언(宣言)하고 있다.

> 이상의 사실에 據하여 우리는 일본 강도정치 곧 이족통치가 우리 조선민족 생존의 적임을 선언하는 동시에, 우리는 혁명수단으로 우리 생존의 적인 강도 일본을 殺伐함이 곧 우리의 정당한 수단임을 선언하노라. [25]

여기서 우리가 주목할 것은 신채호의 '혁명' 선언이 본질적으로 무정부주의 혁명선언이 아니라 일제를 타도하기 위한 '민족혁명선언'이라는 사실이다. 이 점이 무정부주의 혁명을 선언한 그의 1928년의 "선언문"과 근본적으로 다른 점이다. [26] 여기서는 "선언문"의 '계급'이나 '무산민중'이 아니라 '조선민족', '우리 민족'을 주체로서 매우 강조하고 이 '민족'을 적 일제와 대치시키고 있다.

이 장에서 종래의 신채호의 민족주의 사상과 약간 다른 것으로 보이는 것은 우선 다음의 세 가지이다.

첫째, 신채호가 민족주의자였을 때 그처럼 강조하던 '국가'라는 용어를 전혀 사용하고 있지 않다는 점이다. 그는 처음에 일본이 '국호', '정권'을 빼앗아갔다고 한 번 언급한 다음에는 "조선혁명선언" 전 5장에서 '국가'의 중요성은 한 번도 언급하지 않았으며, '국가'라는 용어까지 사용하지 않았다. 이것은 상당히 큰 변화라고 볼 수 있다. 신채호는 '국

---

25) 같은 책, pp. 36~37.
26) "宣言文,"《전집》, 하권, pp. 47~50에서는 혁명의 대상을 일반적인 "자본주의 강도제국"이라고 하여 '세계무산민중'과 '동방무산민중'에 의한 무정부주의 혁명을 선언하고 있다.

350

가'라는 용어가 필요한 자리에는 이 용어를 의식적으로 피하여 '민족',
'조선'을 대치시키고 있다. 27)

둘째, '민족적 생존', '생존의 필요조건', '생존권' 등의 박탈을 강조
하여 문제를 매우 현실주의적으로 그리고 사회경제적으로 분석하고 있
다는 점이다. 신채호가 민족주의자였을 때 많이 간직하던 정신주의적
요소는 이 선언에서는 완전히 불식되고 있다. 이 선언의 처음을 '경제'
의 생존조건부터 시작한 것도 이러한 변화를 나타내는 것이라고 볼 수
있다.

셋째, 종래의 그의 사회진화론의 영향과는 달리 이제는 무정부주의
의 사회이론이 자주 애용하는 용어가 사용되기 시작한 점이다. 예컨
대, '자본집중의 원칙', '생산기능'과 같은 용어들이다. 경제의 생산조
건의 박탈을 설명하는 틀도 사회과학적으로 매우 논리정연한 것이다.

그러나 "조선혁명선언"의 제1장은 민족주의 사상의 지속의 측면이
여전히 강하다. 특히 그의 '역사민족주의'는 조금도 변함 없이 그대로
관철되고 있으며, 이 길지 않은 선언 속에서조차 일제의 식민주의 사
관에 대한 비판을 잊지 않고 있다. 무엇보다도 이 장의 전체가 무정부
주의 혁명이 아니라 격렬한 필치로 '민족혁명'을 선언하고 있다는 사실
을 주목할 필요가 있다.

---

27) 신채호는 "조선혁명선언"에서 '국가'라는 용어를 딱 한 번 사용하고 있는데("公
函이나 열국 공관에 던지며 長書나 일본 정부에 보내어 국세의 孤弱을 애소하
여 國家존망·민족사활의 大問題를 외국인, 심지어 적국인의 處分으로 결정
하기만 기다리였도다."《전집》, 하권, p. 39). 이것도 대한제국의 과거의 사실
의 설명에 사용되었을 뿐이요 미래에 대해서나 혁명의 내용과 관련해서는 '국
가'라는 용어를 한 번도 사용하고 있지 않다.

5. 타협주의와 문화운동자에 대한 '적'(敵) 선언

1) 타협주의자(自治論者 · 內政獨立論者 · 參政權論者)에 대한 '적' 선언

"조선혁명선언"의 제 2장은 3 · 1운동 후 국내 민족주의자의 한 지류에서 '완전독립', '절대독립'을 단념하고 자치론 · 내정독립론 · 참정권론 등 일제에 대한 타협주의가 대두한 사실 및 문화운동자가 대두한 사실을 검토하면서 이를 비판하고 이들을 '적'으로 선언한 장이다.

신채호는 3 · 1운동 후 국내의 일부에서 자치론 · 내정독립론 · 참정권론이 대두한 것은 우리의 독립운동을 완화시키려는 목적으로 일제가 송병준(宋秉畯) · 민원식(閔元植) 등 몇 사람의 매국노를 시켜 이따위 광론을 일어나게 한 것이며, 이에 부화하는 자는 맹인이 아니면 간적(奸賊)이라고 비판하였다. 신채호는 이러한 타협주의가 기만이고 유해한 것임을 다음과 같이 세 단계로 나누어 지적하고 비판하였다.

첫째, 이른바 자치론(自治論) 등은 독립운동을 완화시키려는 기만책에 불과하다. 일제가 러 · 일전쟁 때 '동양평화', '한국독립보전' 등을 담보한 맹약을 해놓고 먹물이 채 마르지도 아니하여 삼천리 강토를 집어삼킨 사실에서 이를 알 수 있다.

> 너희들이 '동양평화' '한국독립보전' 등을 담보한 맹약이 먹도 마르지 아니하여 삼천리 강토를 집어먹던 역사를 잊었느냐? '조선인민 생명 재산 자유보호', '조선인민 행복증진' 등을 申明한 선언이 땅에 떨어지지 아니하여 이천만의 생명이 지옥에 빠지던 실제를 못 보느냐? 삼일운동 이후에 강도 일본이 또 우리의 독립운동을 완화시키려고 宋秉畯 · 閔元植 등 한두 매국노를 시키어 이따위 狂論을 부름이니 이에 附和하는 者ㅣ 맹인이 아니면 어찌 奸賊이 아니냐?[28]

---

28) "朝鮮革命宣言," 제 2장, 《전집》, 하권, p. 37.

둘째, 그럴 리가 없지만 간혹 강도 일본이 자치권 등의 요구를 허락한다 가정할지라도 자치의 허명으로 민족적 생존을 유지할 수 없다.

> 설혹 강도 일본이 과연 관대한 도량이 있어 개연히 此등의 요구를 허락한다 하자, 이른바 내정독립을 찾고 각종 이권을 찾지 못하면 조선민족은 일반의 餓鬼가 될 뿐이 아니냐? 참정권을 획득한다 하자, 자국의 무산계급의 혈액까지 착취하는 자본주의 강도국의 식민지 인민이 되어 幾個 奴隷代議士의 선출로 어찌 餓死의 화를 구하겠느냐? 자치를 얻는다 하자, 그 何種의 자치임을 勿問하고 일본이 그 강도적 침략주의의 招牌인 '帝國'이란 명칭이 존재한 이상에는, 그 부속하에 있는 조선인민이 어찌 구구한 자치의 허명으로써 민족적 생존을 유지하겠느냐?[29]

셋째, 그럴 리가 없지만, 강도 일본이 갑자기 부처님이 되어 하루아침에 총독부를 철폐하고, 각종의 이권을 우리에게 돌려주며, 내정과 외교를 모두 우리의 자유에 맡기고, 군대와 경찰을 일시에 철수하며, 일본 이주민을 일시에 소환하고, 다만 허명의 종주권만 가진다 가정할지라도, '치욕'이라는 말을 아는 사람으로서는 이를 받아들일 수 없다.

신채호의 이상과 같은 비판은 두말할 필요도 없이 당시 국내 지주층 일부 및 천도교 신파에서 일고 있던 자치론 등과 각종 친일단체들의 자치론을 비판한 것이었다.

2) 문화운동자(文化運動者)에 대한 '적' 선언

신채호는 또한 일제와 같이 극악한 식민지 약탈통치 아래서는 민족의 생존권도 유지할 수 없으므로 문화발전의 가능성은 아예 존재하지 않는다고 강조하였다. 따라서 그는 몇 개 신문·잡지를 가지고 문화운

---

29) "朝鮮革命宣言," 제 2장, 《전집》, 하권, p. 37.

동의 목탁이라고 스스로 떠들고 강도 일본의 비위에 거슬리지 아니할
만한 언론이나 주창하면서 이것을 문화발전의 과정이라고 한다면 그러
한 문화발전은 조선에 오히려 불행을 가져온다고 비판하였다.

> 문화는 산업과 문물의 발달한 總積을 가리키는 명사니, 경제약탈의
> 제도하에서 생존권이 박탈된 민족은 그 종족의 보전도 의문이거든,
> 하물며 문화발전의 가능이 있으랴? 쇠망한 인도족·유태족도 문화가
> 있다 하지만, 一은 金錢의 力으로 그 祖先의 종교적 유업을 계속함
> 이며, 一은 그 토지의 廣과 인구의 衆으로 上古의 자유발달한 餘澤
> 을 保守함이니, 어디 蛟蚰같이 豺狼같이 人血을 빨다가 골수까지
> 깨무는 강도 일본의 입에 물린 조선 같은 데서 문화를 발전 혹 保守
> 한 전례가 있더냐? 검열·압수 모든 압박 중에 기개 신문·잡지를
> 가지고 '문화운동'의 목탁으로 自鳴하며, 강도의 脾胃에 거스르지 아
> 니할 만한 언론이나 주창하여 이것을 문화발전의 과정으로 본다 하
> 면, 그 문화발전이 도리어 조선의 불행인가 하노라.[30]

신채호는 이러한 종류의 문화운동은 일제의 강도정치 하에서 '기생'
(寄生)하려는 주의라고 비판하였다. 신채호의 이러한 국내 '문화운동'
비판은 주로 최남선·이광수 등의 문화운동과 일부 예술지상주의적 문
화예술운동을 가리킨 것으로 이해된다.[31]
신채호는 이상의 이유를 들어서 우리의 생존의 적인 강도 일본과 타
협하려는 내정독립론자·자치론자·참정권론자 등 모든 타협주의자와
일제의 강도정치 하에서 여기에 기생하려는 주의를 가진 문화운동자를
다같이 조선민족의 '적'이라고 선언하였다.
여기서 명백히 나타나는 것은 신채호의 털끝만큼도 타협할 줄 모르
는 철저한 '완전독립론', '절대독립론'이다. 이것은 민족혁명가로서 과

---

30) 같은 글, p. 38.
31) "浪客의 新年漫筆,"《전집》, 하권, pp. 32~34에서, 신채호가 국내의 문예운
   동을 비판하는 것과 이 부분은 동일한 맥락의 것이라고 볼 수 있다.

도기의 그의 사상과 독립운동노선을 단적으로 잘 나타내주고 있다.

이 장에서 무정부주의적 요소가 보이는 부분은 일본을 '자국의 무산계급의 혈액까지 착취하는 자본주의 강도국'으로 파악하는 부분이다. 또한 한말의 민족주의자의 시기에는 문화는 경제와는 일단 별도로 선행해서 보전(保全)·발전시킬 수 있다고 보던 신채호가 이때에는 문화를 '산업과 문물의 발달한 총적(總積)'이라고 보고 경제약탈의 제도 하에서는 문화발전이 불가능하다고 보아 문화운동을 격렬하게 비판한 것도 무정부주의 영향을 상당히 받은 것이다.

6. 외교론과 준비론 비판

1) 외교론(外交論) 비판

"조선혁명선언"의 제3장은 상해 임시정부가 중시하던 독립운동 방략(方略)인 외교론과 독립전쟁준비론을 비판한 장이다.

신채호는 독립운동 방략으로서 열국과의 '외교'를 중시하는 견해를 매우 날카롭게 비판하였다. 특히 상해 임시정부 대통령 이승만과 구미위원부를 중심으로 한, 주로 열국과의 '외교'를 중시하는 '외교론'을 매우 신랄하게 비판하였다. 그는 외교론이 한국에서 역사적으로 문제가 있었다고 그 줄기를 다음과 같이 비판하였다.

① 조선왕조 5백 년의 문약정치가 외교로서 호국(護國)의 장책(長策)을 삼아왔으며 더욱 그 말기에 우심하였다.

② 갑신정변 이래 유신당(維新黨)과 수구당(守舊黨)의 성쇠가 거의 외원(外援)의 유무에 의하여 판결되고 위정자의 정책은 오직 갑국(甲國)을 끌어들여 을국을 막음에 불과하였으며, 그 의뢰의 습성이 일반의 정치사회에 전염되었다.

③ '을사조약', '경술합병' 등 일본이 강도적 침략주의로 국권을 박탈

할 때에 조선의 조국을 사랑한다는 이들은 공함(公函)이나 외국공관에 보내고 국세(國勢)의 고약(孤弱)을 외국인에게 애소하여 민족을 구하려 하였다.

> 즉 甲午(1894년의 청일전쟁 — 필자) · 甲辰(1904년의 러 · 일전쟁 — 인용자) 兩戰役에 일본이 累십만의 생명과 累억만의 재산을 희생하여 청 · 러 양국을 물리고, 조선에 대하여 강도적 침략주의를 관철하려 하는데 우리 조선의 "조국을 사랑한다, 민족을 건지려 한다" 하는 이들은 一劍一彈으로 昏庸貪暴한 관리나 國賊에게 던지지 못하고 公函이나 열국公館에 던지며 長書나 일본 정부에 보내어 국세의 孤弱을 애소하여 국가존망 · 민족사활의 대문제를 외국인 심지어 적국인의 처분으로 결정하기만 기다리었도다. 그래서 '을사조약', '경술합병' — 곧 '조선'이란 이름이 생긴 뒤 몇천 년 만의 처음 당하던 치욕에 조선민족의 분노적 표시가 겨우 하얼빈의 총, 鐘峴의 칼, 山林儒生의 의병이 되고 말았도다. [32]

④ 망국 이후 해외로 나간 일부 지사들의 독립운동의 생각이 무엇보다도 '외교'를 첫째로 하였다.

⑤ 지사들의 국내 인민의 독립운동을 고취하는 방법도 '미래의 일 · 미전쟁, 일 · 러전쟁의 기회'를 기다리라 하였다.

⑥ 3 · 1운동에 있어서도 일반 인사의 평화회담 · 국제연맹에 대한 과신의 선전이 도리어 2천만 민중의 용감히 전진하는 의기를 타소(打消)하는 매개가 되었다.

여기서 주목할 것은 신채호는 독립운동 방략으로서의 '외교론'을 '열국에 의뢰하는 방책', '외국에 독립을 애소하고 청원하는 운동'으로밖에 보지 않았으며, 이를 극단적으로 비판하고 있다는 사실이다. 물론 신채호의 '외교'에 대한 이러한 극단적 비판에는 문제가 있다. 그러나 이것은 신채호의 사상의 강렬한 주체성의 특징을 고려하면 당연히 있

---

32) "朝鮮革命宣言," 제3장, 《전집》, 하권, p. 39.

을 수 있는 견해라고 이해될 수 있는 것이다.

뿐만 아니라 신채호는 한말 국권회복운동 중에서 ① 안중근(安重根)의 이토 히로부미(伊藤博文) 포살, ② 이재명(李在明)의 이완용(李完用) 자격(刺擊), ③ 의병운동만을 인정하고, 그 자신이 헌신적으로 참가하였던 애국계몽운동·실력양성운동을 평가하고 있지 않다. 또한 그는 애국계몽운동·실력양성운동의 전략전술의 하나인 '미·일전쟁, 러·일전쟁 … 등이 일어나는 기회'를 포착해서 일제를 치자는 기회포착론도 인정하지 않고 있다. 신채호의 이러한 평가기준은 '폭력'의 유무에 두어지고 있다. 신채호는 한말의 국권회복운동 중에서도 폭력운동만을 인정하고 있다. 이것이 과도기의 신채호의 사상의 특징이자 동시에 한계를 설정하는 것이라고 말할 수 있다. 신채호의 이러한 폭력만의 평가기준 설정에는 무정부주의의 영향이 강렬하게 나타나고 있다.

2) 독립전쟁준비론 비판

신채호는 또한 여기에서 외교론 비판뿐만 아니라 독립전쟁준비론까지도 비판하고 있다. 신채호의 독립전쟁준비론 비판은 두 단계로 나뉘어 전개되었다.

첫째, 구한말 신민회의 독립전쟁전략을 독립전쟁준비론으로 해석하여 비판하는 부분이다. 신채호에 의하면, 구한말에 시세를 아는 식자들은 1907년의 헤이그 밀사파견 등의 외교도 국권회복의 복음을 가져오지 못하자 전쟁이 아니면 안되겠다는 판단이 생겼다. 그러나 그들에게는 군인도 없었고 무기도 없었다. 산림유생들은 성패를 불계(不計)하고 의병을 모집하여 포수(砲手)의 화승총부대를 몰아가지고 조·일전쟁(朝日戰爭)의 전선에 나섰지만 시세를 안다는 식자들은 "그럴 용기가 나지 아니해서"[33] 무기와 군대를 양성한 다음에 일본과 전쟁을

---

33) "朝鮮革命宣言," 제3장, 《전집》, 하권, p. 40.

한다고 하여 독립전쟁준비론이 나왔다는 것이다. 신채호는 구한말 신
민회의 독립전쟁 전략과 독립전쟁준비론을 '용기'가 없어서 나온 독립
운동방략이라고 보며, 패하더라도 즉각 '의병'처럼 총을 들지 않은 것
을 비판한 것이다.

　둘째, 상해 임시정부의 독립운동방략인 독립전쟁준비론을 비판하는
부분이다. 신채호에 의하면, 상해 임시정부의 독립전쟁준비론은, 특
히 안창호(安昌浩)의 독립전쟁준비론은[34] 외세의 침입이 더할수록 우
리의 부족한 것이 자꾸 감각되어 그 준비론의 범위가 전쟁 이외에까지
확장되어서 교육·상공업… 기타 등이 준비론의 부분들이 되었다는 것
이다. 그에 의하면, '경술국치' 이후 지사들이 해외에서 온갖 고초를
겪어가면서 '준비'에 노력하였지만, 얻은 것은 몇 개의 불완전한 학교
와 회(會)뿐이었다. 신채호는 그 이유가 "그들의 성력의 부족이 아니
라 실은 주장의 착오"[35]에 있었다고 비판하였다. 신채호는 강도 일본
이 정치·경제의 양방면으로 압박을 가하여 경제가 날로 곤란하고 생
산기관이 전부 박탈되어 의식(衣食)의 방책도 끊어지게 되는 때에 무
엇으로 어떻게 실업을 발전시키며 교육을 확장하고, 더구나 어디서 얼
마나 '독립군'을 양성할 수 있으며, 양성한들 일본 전투력의 100분의 1
의 비교라도 되게 할 수 있겠느냐고 물으면서, 독립전쟁준비론을 "실
로 일장의 잠꼬대가 될 뿐"[36]이라고 비판하였다. 신채호는 여기서 독
립군을 양성하여 독립전쟁을 준비하는 것까지도 잘못된 독립운동 방략
이라고 비판하고 있는 것이다.

　신채호가 이상과 같이 상해 임시정부를 중심으로 한 ① 외교론과 ②

---

34)　安昌浩, "六大事業,"《改訂版 安島山全書》, pp. 555~567 참조. 안창호는
　　1920년 1월 3일과 1월 5일에 상해의 독립운동가들의 신년축하회에서 독립운동
　　의 육대 준비사업으로서 ① 군사 ② 외교 ③ 교육 ④ 사법 ⑤ 재정 ⑥ 통일 등
　　을 제시하여 설명하고, 독립전쟁을 위한 6부문의 준비사업을 실행할 것을 요
　　청하였다.
35)　"朝鮮革命宣言," 제3장, 《전집》, 하권, p. 40.
36)　같은 글.

독립전쟁준비론을 모두 미몽이라고 신랄하게 비판한 다음 가장 적절한 독립운동 방략이라고 주장한 것이 다음 절에서 보는 바와 같은 그의 '민중직접혁명'의 방법이었다. 여기서 놀라운 것은 신채호가 독립군의 양성까지도 불가능한, 잘못된 독립운동 방략으로 보고 독립전쟁 전략 자체를 부인하고 있다는 사실이다.[37]

　3·1운동 후 당시 민족주의 독립운동을 대표하는 상해 임시정부도 독립전쟁론을 채택하고 있었고 공산주의 독립운동도 독립전쟁론을 채택하고 있었으며, 그밖에 무정부주의자들을 제외하고는 모든 정파들이 신민회(新民會)의 '독립전쟁론'을 발전시켜 각각 독립운동의 최고전략으로 채택하고 있었다. 또한 객관적으로 볼 때 독립전쟁 전략은 과학성이 매우 높은 우수한 독립운동의 전략이었다. 그러나 신채호는 "양병(養兵) 십만이 일척(一擲)의 작탄(炸彈)만 못하다"[38]고 하여 독립전쟁준비론은 물론이요 독립전쟁론 그 자체를 잘못된 전략이라고 신랄하게 비판하고 있는 것이다.

　신채호가 '외교론'을 비판하는 것은 전투적 민족주의자들과 보조를 같이한 것이었으나, 그가 독립전쟁준비론과 독립전쟁 전략을 비판하는 것은 민족주의 독립운동노선과는 다른 것이며 무정부주의 영향을 크게 받은 것이라고 볼 수 있다.[39] 신채호는 무정부주의의 관점에서 독립전쟁준비론을 비판한 것이었음을 주목할 필요가 있다.

---

37) 신채호가 여기서 독립군의 양성과 독립전쟁 전략까지 비판한 것이 그의 본의 였는지 또는 의열단의 투쟁방법을 이 선언에서만 따랐는지에 대해서는 더 검토해야 할 여지가 남아 있다. 왜냐하면 그의 "조선혁명선언"은 의열단의 투쟁 선언문으로서 의열단의 투쟁방법을 정당화하도록 되어 있었기 때문이다.

38) "朝鮮革命宣言," 제4장, 《전집》, 하권, p. 42.

39) 신채호는 그러나 상해 임시정부를 중심으로 한 ① 외교론과 ② 독립전쟁준비론을 비판은 하고 있지만 '적'으로서 규정하고 있지는 않다는 사실을 주목할 필요가 있다.

7. '민중직접혁명'의 선언

1) '민중직접혁명'(民衆直接革命)의 의미와 방법

"조선혁명선언"의 제4장은 신채호가 독립운동 방략으로서의 외교론과 독립전쟁준비론을 비판한 다음에 그가 주장하는 독립운동의 유일한 방법으로서의 '민중직접혁명'을 선언하면서 그 민중직접혁명론의 내용을 밝힌 장이다.

신채호에 의하면, 조선민족의 생존을 유지하려면 강도 일본을 구축해야만 하며, 강도 일본을 구축하려면 오직 '혁명'으로써 할 뿐이니, '혁명'이 아니고서는 강도 일본을 구축할 방법이 없다. 그러면 그 혁명은 어떠한 성격의 혁명이어야 하는가? 신채호에 의하면, 그것은 '민중직접혁명'이어야 한다. 여기서 '민중직접혁명'이란 '민중이 주체가 되어 민중 자기를 위하여 하는 직접의 혁명'을 의미한다.

> 금일 혁명으로 말하면 민중이 곧 자기를 위하여 하는 혁명인 고로 '민중혁명'이라 '직접혁명'이라 칭함이며 … 40)

신채호에 의하면, 구시대의 혁명으로 말하면 민중은 국가의 노예가 되고 그 위에 민중을 지배하는 상전으로서의 특수세력이 있어서 '혁명'이라는 것은 을의 특수세력으로 갑의 특수세력을 변경하는 '특수세력의 명칭의 변경'에 불과하였다. 그러므로 혁명에 의하여 신·구 양상전 중에서 누가 더 인(仁)하고 누가 더 포(暴)한가. 누가 더 선하고 누가 더 악한가를 보아 자기의 향배를 결정할 뿐이요, 혁명과 지배에 대하여 '직접의 관계'가 없었다.

그러나 여기서 말하는 '민중직접혁명'은 민중이 주체와 주인이 되어

---

40) "朝鮮革命宣言," 앞의 책, p. 41.

곧 민중 자기를 위해서 하는 민중의 혁명이다.

　여기서 신채호의 '민중직접혁명'을 보다 깊이 이해하기 위하여 신채호가 말하는 '민중'과 '직접'의 내용과 의미를 나누어 약간 검토해볼 필요가 있다. 여기서 기본적으로 '민중'은 혁명의 주체이고 '직접'은 혁명의 방법을 가리키고 있는 것이라고 말할 수 있다.

　신채호는 '민중'을 '피지배자들'로 보고 있으나 그 이상의 내용을 명백하게는 밝히고 있지 않다. 그가 민중을 무정부주의적으로 해석했다면 으레 그후의 그의 "선언문"에서와 같이 '무산민중', '무산계급'이라고 밝혔을 터인데 "조선혁명선언"에서는 이 용어를 일부러 피하고 있다. 그는 오히려 "'조선민중'이란 그 위에 총독이니 무엇이니 하는 강도단의 특권계급이 압박하여 있으니, 특권계급의 압박 밑에 있는 조선민중은 자유적 조선민중이 아니니 …"[41] 라고 하여, 일제치하에서는 특권계급이 일제와 친일 매국노이고 이들을 제외한 전 민족이 피지배자들로서의 '조선민중'이라는 관점을 보이고 있다. 이 경우 '민중'의 내용과 의미는 '민족'에 거의 접근하는 것이라고 말할 수 있다.

　신채호의 '민중'에서 무정부주의적 색채가 보이는 것은 용어 그 자체이다. 예컨대 당시 외국어 'people'을 번역하는 경우에 독립운동의 3파 중에서 민족주의 독립운동가들은 이를 '국민'으로, 공산주의 독립운동가들은 이를 '인민'으로, 무정부주의 독립운동가들은 이를 '민중'으로 번역하거나 또는 동일한 실체를 각각 위와 같은 다른 용어로 나타내는 경향이 있었다.[42] 신채호는 '민중'이라는 용어를 단연 애용하고 있다. 신채호의 "조선혁명선언"의 '민중'의 개념에 대해서는 논의해야 할 점이 많이 있다고 할 수 있다.

　신채호의 '직접혁명'의 '직접'은 본질적으로 무정부주의적 개념이다.

---

41) "朝鮮革命宣言," 제5장, 앞의 책, p. 44.

42) 이것은 물론 기본적 경향만을 지적한 것으로서 예외와 편차는 얼마든지 있으며, 민족주의자들과 무정부주의자들도 이를 '인민'으로 번역하여 '인민'이라는 용어를 애용하기도 하였다.

당시 민족주의 독립운동가들은 '정부'를 매우 중시하고 공산주의 독립
운동가들은 '당'을 매우 중시하는 경향이 있었는 데 반하여, 무정부주
의자들은 '정부'나 '당'의 지도나 매개 없이 민중이 '직접' 혁명할 수 있
고 또 '직접'의 혁명이어야 한다고 주장하였다. 이는 무정부주의가 '민
중'을 고도로 자율적이고 주체적 사고와 행동을 하는 '자주인'(自主人)
이라고 보는 관점에서 나온 것이었다. 이 점에서 무정부주의의 '민중'
에 대한 관점은 민족주의 및 공산주의의 '민중'에 대한 관점과 상당히
다른 것이다. 신채호는 이러한 무정부주의적 '민중'의 개념에 입각하여
'직접'의 혁명을 주장한 것으로 해석된다.

　신채호는 독립운동 방략으로서의 '민중직접혁명'의 우수성은 엄청난
것이어서 그 팽창의 열도가 숫자상의 양적 강약 비교의 고정관념을 부
숴버릴 만큼 큰 것이며, 그 엄청난 힘의 결과는 자금도 없고 군대도
없는 민중이 백만의 군대와 억만의 실력을 가진 제왕이나 이민족 침략
자를 몰아내는 것으로서 군사학상의 정궤를 벗어나는 놀라운 힘을 가
진 것이라고 설명하였다.

　　민중 직접의 혁명인 고로 그 비등 팽창의 열도가 숫자상 강약 비교의
　　관념을 타파하며, 그 결과의 성패가 매양 전쟁학상의 정궤에 逸出하
　　여 無錢 無兵한 민중으로 백만의 군대와 억만의 부력을 가진 제왕도
　　타도하며 外寇도 구축하나니 … 43)

　신채호에게는 따라서 '민중직접혁명'에서 첫걸음으로 중요한 것은
'민중각오'(民衆覺悟 — 민중의 깨달음)이다. 신채호는 이것도 무정부주
의적으로 해석하고 있다. 그에 의하면 민중은 영웅이나 지도자가 지도
하고 계몽해서 '각오'(깨달음)하는 것이 아니라 민중 스스로가 민중을
위하여(선각적 민중이 민중 전체를 위하여 선구가 되어) 불합리한 장애
부터 타파하는 행동을 통하여 '각오'하게 된다는 것이다.

---

43) "朝鮮革命宣言," 제 4장, 《전집》, 하권, p. 41.

··· 그러므로 우리 혁명의 제일보는 민중각오의 요구니라. 민중이 어떻게 각오하느뇨? 민중은 神人이나 聖人이나 어떤 영웅 호걸이 있어 '민중을 각오'하도록 지도하는 데서 각오하는 것도 아니요. ··· 오직 민중이 민중을 위하여 일체 불평·부자연·불합리한 민중향상의 장애부터 먼저 타파함이 곧 '민중을 각오케' 하는 유일방법이니, 다시 말하자면 곧 선각한 민중이 민중의 전체를 위하여 혁명적 선구가 됨이 민중 각오의 제 1로니라. 44)

신채호에 의하면, 조선의 혁명도 누구의 지도에 의해서 일어나는 것이 아니라 민중이 직접으로 일제의 식민지 착취와 탄압 속에서 용자(勇者)는 그 의분에 못 이기어, 약자는 그 고통에 못 견디어, '아사'(餓死) 이외에 오히려 '혁명'이라는 한 길이 남아 있음을 깨달아서 거국일치의 대혁명을 일으키면, 간교하고 교활하고 잔혹한 강도 일본이 마침내 구축된다고 보는 것이다.

일반 민중이 飢·寒·困·苦·妻呼·兒啼·세납의 督棒·私債의 최촉·행동의 부자유, 모든 압박에 졸리어, 살려니 살 수 없고 죽으려 하여도 죽을 바를 모르는 판에, 만일 그 압박의 主因되는 강도정치의 시설자인 강도들을 擊斃하고, 강도의 일체 시설을 파괴하고, 복음이 四海에 전하며 萬衆이 동정의 눈물을 뿌리어, 이에 人人이 그 '餓死' 이외에 오히려 혁명이란 일로가 남아 있음을 깨달아, 용자는 그 의분에 못 이기어, 약자는 그 고통에 못 견디어 모두 이 길로 모여들어 계속적으로 진행하며 보편적으로 전염하여 거국일치의 대혁명이 되면 간활잔폭한 강도 일본이 필경 구축되는 날이라. 45)

신채호는 이러한 의미의 그의 '민중직접혁명'의 방법으로서는 '폭력'의 방법을 주장했으며, 그 폭력의 내용을 ① 암살, ② 파괴, ③ 폭동으

---

44) "朝鮮革命宣言," 제4장, 《전집》, 하권, pp. 41~42.
45) 같은 책, p. 42.

로 정의하였다. 이것은 전형적 무정부주의의 혁명방법인 것이다. 여기서 주목해야 할 것은 신채호는 혁명의 방법에서 그 '폭력'의 내용에 '독립전쟁'이나 정규군의 '군사활동', '전쟁' 등의 폭력은 포함시키고 있지 않다는 점이다. 그가 주장하는 '폭력'은 '암살·파괴·폭동'[46] 등의 테러이다. 이 점이 같은 시대의 민족주의 독립운동가들이나 공산주의 독립운동가들과는 전혀 다른 점이다. 그들은 무엇보다도 강력한 독립군을 양성하여 일본 정규군과 현대전에서 당당히 겨루어 승전하는 것을 민족혁명운동의 최고의 방법으로서 추구하였다. 그러나 신채호는 독립군을 10만 양성하는 것보다 한 발의 폭탄을 던지는 것이 더 나으며, 억천 장의 신문·잡지보다 1회의 폭동이 더 나은 것이라고 주장하였다.

그러므로 우리의 민중을 喚醒하여 강도의 통치를 타도하고 우리 민족의 신생명을 개척하자면 養兵 십만이 一擲의 炸彈만 못하며 억천 장 신문·잡지가 일회 폭동만 못할지니라.[47]

신채호의 '민중직접혁명'의 방법은 완전히 민족주의에서 벗어나 버린 것이며 전형적인 무정부주의의 혁명방법인 것이다. 신채호는 이러한 무정부주의적 폭력방법의 민중직접혁명이 한 번 일어나기만 하면 마치 절벽에서 굴러 떨어지는 바위와 같이 혁명의 목적을 달성하지 않으면 정지하지 않는다고 설명하였다.

민중의 폭력적 혁명이 발생치 아니하면 已어니와, 이미 발생한 이상에는 마치 懸崖에서 굴리는 돌과 같아서 목적지에 도달하지 아니하면 정지하지 않는 것이라.[48]

---

46) 같은 책, p. 43 참조.
47) "朝鮮革命宣言," 제4장, 《전집》, 하권, p. 42.
48) 같은 글.

신채호는 이상과 같은 무정부주의적 관점에서 '민중과 폭력'[49]의 두 가지를 모든 민족운동의 평가기준으로 설정하고, 몇 가지 독립운동에 대하여 다음과 같은 평가를 내렸다.[50]

① 갑신정변은 '폭력'은 있었으나 '민중'이 없이, 특수세력이 특수세력과 싸우던 궁중의 일시의 활극이 될 뿐이었다.

② 의병운동은 '폭력'은 있었으나 '민중'이 없이 '독서계급'이 충군애국의 대의(大義)로 격기(激起)한 사상과 운동이었다.[51]

③ 안중근(安重根)·이재명(李在明) 등 열사의 '폭력적 행동'은 열렬하였지만 그 후면에 '민중적 역량'의 기초가 없었다.

④ 3·1운동에는 '민중적 일치'의 의기(意氣)가 보였지만 '폭력적 중심'을 갖지 못하였다.

신채호는 '민중과 폭력'의 양자 중에서 그 하나만 빠지면 아무리 장쾌한 운동이라도 전뢰(電雷)같이 바로 수습되어 버리는 반면에, 이 양자를 갖추어 혁명이 일어나면 반드시 목적지에 도달하게 된다고 주장하였다.

2) 민중직접혁명의 목적물

신채호는 그러나 무정부주의 혁명방법에 의한 '민중직접혁명'의 목적을 "조선혁명선언"에서는 일제의 강도정치로부터의 '민족해방'과 '민족독립'에 두고 있다. 이것은 그가 당시 조선 안에 강도 일본이 만든 혁명의 원인이 산같이 쌓여 있다고 민중직접혁명의 폭발을 고취하면서 그 구호를 '독립을 못하면 살지 않으리라', '일본을 구축하지 못하면 물

---

49) 같은 글.
50) 같은 글 참조.
51) 신채호의 이러한 견해는 의병운동을 儒生義兵將의 운동으로만 보는 잘못된 것으로서, 의병의 절대다수를 이루는 사병은 농민으로 구성되어 있었으며 '민중'이 참가하고 있었다.

러서지 않으리라'고 하여 민족독립과 일본구축에 목적을 둔 곳에서도
재확인할 수 있다.

> 조선 안에 강도 일본이 제조한 혁명원인이 산같이 쌓이었다. 언제든
> 지 민중의 폭력적 혁명이 개시되어 '독립을 못하면 살지 않으리라'
> '일본을 구축하지 못하면 물러서지 않으리라'는 구호를 가지고 계속
> 전진하면 목적을 관철하고야 말지니, 이는 경찰의 칼이나 군대의 총
> 이나 간활한 정치가의 수단으로 막지 못하리라.52)

여기서도 명백히 알 수 있는 바와 같이 신채호는 암살·파괴·폭동
의 폭력에 의한 무정부주의 혁명방법을 주장하면서 그 목적은 '무정부
주의 계급혁명'이 아니라 일제를 구축하기 위한 '민족독립혁명'임을 주
장한 것이다. 이 사실은 신채호가 든 '폭력'의 목적물[대상]에서도 잘
나타나고 있다. 그는 그의 폭력의 대상과 목적물로서 6가지를 들었는
데,53) 우선 ① 조선총독 및 각 관공리(官公吏), ② 일본천황 및 각 관
공리, ③ 정탐노(偵探奴) 및 매국적(賣國賊), ④ 적의 일체 시설물 등
을 들고, 여기에 추가하여 두 가지 설명이 첨가되어 제시되었다. ⑤
각 지방의 신사나 부호가 현저히 혁명운동을 방해한 죄가 없을지라도
만일 언어나 혹은 행동으로 우리의 운동을 완화하고 중상하는 자는 우
리의 폭력으로써 대한다. ⑥ 일본의 이주민(移住民)은 일본 강도정치
의 기계가 되어 조선민족의 생존을 위협하는 선봉이 되어 있으므로 또
한 우리의 폭력으로써 구축한다.

신채호의 이상의 여섯 가지의 폭력의 대상은 상해 임시정부의 일곱
가지의 폭력의 대상인 '칠가살'(七可殺)과 상통하는 것이다. 상해 임시
정부의 기관지인 《독립신문》(獨立新聞)은 민족독립혁명을 위한 '칠가
살'로서 다음의 일곱 가지를 제시하였다.54)

---

52) "朝鮮革命宣言," 제4장, 《전집》, 하권, p. 42~43.
53) 같은 책, p. 43 참조.

① 敵魁를 可殺
② 賣國賊을 가살
③ 倀鬼(일본고등경찰)을 가살
④ 친일의 부호를 가살
⑤ 적의 官吏된 자를 가살
⑥ 불량배(독립운동을 해하는 불량배)를 가살
⑦ 모반자를 가살

즉 신채호의 여섯 가지 폭력의 대상은 상해 임시정부의 일곱 가지 폭력의 대상과 다섯 가지가 같고 두 가지가 약간 다를 뿐이다. 또한 신채호의 이 여섯 가지 폭력의 대상은 의열단의 '칠가살' 중에서 대만 총독을 빼고 '일본이민'을 첨가하여 수정한 것이다.

신채호의 폭력의 대상〔목적물〕은 '민중독립혁명'의 범주의 것으로서 전투적 민족주의자들의 그것과 거의 일치하고 있는 것이다.

8. 오파괴(五破壞)와 오건설(五建設)의 선언

"조선혁명선언"의 제5장은 파괴해야 할 다섯 가지 기본목표와 건설해야 할 다섯 가지 기본목표를 밝혀 선언한 장이다. 신채호에 의하면 혁명은 파괴로부터 시작되지만 건설하려고 파괴하는 것이니, 건설할 줄 모르면 파괴할 줄 모르며 파괴할 줄 모르면 건설할 줄도 모르는 것이다.

"파괴와 건설이 하나요 둘이 아닌"[55] 것이다. 신채호는 그의 '민중직접혁명'이 파괴하고 건설해야 할 대상과 목표와 그 이유를 다음의 표와 같이 제시하였다. [56]

54)《獨立新聞》제43호(1920. 2. 5), "七可殺" 참조.
55) "朝鮮革命宣言," 제5장, 《전집》, 하권, p. 452.

여기서 주목해야 할 바는, '파괴'와 '건설'의 상징적 용어와 구체적 내용의 현격한 차이이다. 예컨대, '특권계급의 파괴'는 무정부주의 혁명의 '용어'인데 그 '내용'을 보면 "총독이니 무엇이니 하는 강도단의 특권계급"[57]이라 하여 바로 '일본'을 가리키며, '약탈제도의 파괴'는 무정부주의 혁명이 자본주의 제도의 파괴를 지칭하는 용어인데 그 내용을 보면 역시 강도 일본을 가리키고 있다.[58] 즉 신채호는 기본적으로 '무정부주의 용어'속에 '민족주의 내용'을 담고 있는 것이다.

신채호의 '오파괴' 속에서 ① 이족통치의 파괴, ② 특권계급의 파괴, ③ 경제약탈제도의 파괴는 '민족주의'의 내용으로 되어 있고, ④ 사회적 불평균의 파괴, ⑤ 노예적 문화사상의 파괴는 '무정부주의'의 내용을 많이 담고 있다. 특히 '노예적 문화사상'의 파괴에서는 이 시기의 신채호의 무정부주의 사상의 편린이 단적으로 나타나고 있다. 그러나 신채호가 여기서 선언하는 것은 강도 일본에 대한 민족독립혁명임을 유의할 필요가 있다.

이것은 신채호가 이 선언의 끝에서 "현재 조선민중은 오직 민중적 폭력으로 신조선 건설의 장애인 강도 일본세력을 파괴할 뿐인 줄을 알진대, 조선민중이 한편이 되고 일본 강도가 한편이 되어"[59]라고 묶고 있는 곳에서도 명백히 나타나고 있다. 즉 신채호는 혁명에서의 대립관계의 설정을 '조선민중' 대 '자본주의 특권계급'이라고 무정부주의적으로 설정하지 않고 '조선민중' 대 '강도 일본'이라고 민족주의적으로 설정하고 있는 것이다. 이것은 그가 이 선언에서 '조선민중에 의한 민족독립혁명'을 추구했음을 단적으로 나타내는 것이다.

---

56) 같은 책, pp. 44~45 참조.
57) "朝鮮革命宣言," 제5장, 《전집》, 하권, p. 44.
58) "조선혁명선언"에서의 '강도'는 모두 일본을 가리키고 있다. 申采浩는 이 선언에서 '日本帝國主義'라는 용어를 사용하지 않고 시종일관하여 '강도 일본'이라는 용어를 사용하고 있다.
59) "朝鮮革命宣言," 제5장, 《전집》, 하권, p. 45.

신채호의 "조선혁명선언"의 五파괴와 五건설

순서	五파괴	五건설	이 유
①	이족통치의 파괴	고유적 조선의 건설	'조선'이란 그 위에 '일본'이라는 異族이 專制하여 있으니 이족전제의 밑에 있는 조선은 고유적 조선이 아니므로, 고유적 조선을 발견하기 위하여 이족통치를 파괴해야 한다.
②	특권계급의 파괴	자유적 조선민중의 건설	'조선민중'이란 그 위에 총독이니 무엇이니 하는 강도단의 특권계급이 압박하여 있으니, 특권계급의 압박 밑에 있는 조선 민중은 자유적 조선민중이 아니므로, 자유적 조선민중을 발견하기 위하여 특권계급을 타파해야 한다.
③	경제약탈제도의 파괴	민중적 경제의 건설	약탈제도 밑에 있는 경제는 민중 자기가 생활하기 위하여 조직한 경제가 아니요, 곧 민중을 잡아먹으려는 강도(일본)의 살을 찌우기 위하여 조직한 경제이므로, 민중생활의 발전을 위하여 경제약탈제도를 파괴해야 한다.
④	사회적 불평균의 파괴	민중적 사회의 건설	약자 위에 강자가 있고 賤자 위에 貴자가 있어서 모든 불평균을 가진 사회는 서로 약탈·剝削·질투·仇視하는 사회가 되어, 처음에는 소수의 행복을 위하여 다수의 민중을 殘害하다가 마침내는 또 소수끼리 殘害하여 민중 전체의 행복이 결국 수자상의 空이 되고 말 뿐이므로, 민중 전체의 행복을 증진하기 위하여 사회적 불평균을 파괴해야 한다.
⑤	노예적 문화사상의 파괴	민중적 문화의 건설	遺來하던 문화사상의 종교·윤리·문학·미술·풍속·습관 등은 무엇이나 강자가 제조하여 강자를 옹호하던 것이며, 강자의 오락을 공급하던 諸道具며 일반 민중을 노예화하던 마취제였다. 소수계급은 강자가 되고 다수민중은 도리어 약자가 되어 불의의 압제를 반항치 못함은 전적으로 노예적 문화사상의 속박을 받은 까닭이므로, 만일 민중적 문화를 제창하여 그 속박의 鐵鎖를 끊지 아니하면 일반 민중은 권리사상이 박약하고 자유향상의 흥미가 결핍하여 노예의 운명 속에서 輪廻할 뿐이다. 그러므로 민중문화를 제창하기 위하여 노예적 문화사상을 파괴해야 한다.

신채호의 "조선혁명선언"은 다음과 같은 결론으로 끝맺고 있다.

　… 조선민중이 한편이 되고 일본 강도가 한편이 되어, 네가 망하지
아니하면 내가 망하게 된 '외나무다리 위'에 선 줄 알진대, 우리 이천
만 민중은 일치로 폭력 파괴의 길로 나아갈지니라.
　민중은 우리 혁명의 대본영이다. 폭력은 우리 혁명의 유일무기이
다. 우리는 민중 속에 가서 민중과 携手하여 不絶하는 폭력 — 암
살·파괴·폭동으로써 강도 일본의 통치를 타도하고, 우리 생활에
불합리한 일체 제도를 개조하여 인류로서 인류를 압박치 못하며, 사
회로서 사회를 剝削치 못하는 이상적 조선을 건설할지니라.[60]

　신채호가 '민족혁명' 후에 건설하려던 그의 '이상적 조선'은 어떠한
나라와 사회의 조선인가? 그는 이것을 구체적으로는 밝히지 않았다.
이때 무정부주의의 영향을 받은 신채호는 파괴대상은 매우 구체적으로
제시하면서 그가 주창한 '이상적 조선', '신조선'은 "'고유적 조선의',
'자유적 조선민중의', '민중적 경제의', '민중적 사회의', '민중적 문화
의' 조선"[61]임을 추상적으로 밝히고 있을 뿐이며, "우리 생활에 불합리
한 일체 제도를 개조하여 인류로서 인류를 압박치 못하며 사회로서 사
회를 박삭치 못하는 '이상적 조선'의 건설"임을 추상적으로 원칙만 밝
혔을 뿐이다.

　우리가 주목해야 할 것은 신채호는 여기서 일본을 구축한 후의 '건
국', '국가건설', '정부수립'을 주창하고 있지 않으며 오직 추상적으로
'이상적 조선', '민중의 조선', '신조선'의 건설을 주창하고 있을 뿐이라
는 점이다. 신채호가 이때 그 이전과 같은 민족주의자였다면 그는 일
제를 구축한 후의 조국에 자주부강한 '입헌공화국'과 '민주적 정부'를
건설하기 위한 열정적인 구체적 제안들을 제시했을 것이다. 그러나 그

60) 같은 책, pp. 45~46.
61) "朝鮮革命宣言," 제5장, 《전집》, 하권, p. 45.

370

는 구태여 '국가'와 '정부'에 대해서는 언급하지 않고 있다. 신채호는
1923년경에 이 정도만큼의 '무정부주의'의 영향을 받고 있었던 것이다.

9. 맺음말

신채호의 "조선혁명선언"은 이상 고찰한 바와 같이 무정부주의의 영
향을 상당히 받고 있으나 그 자체가 무정부주의 사상에 의거한 것은
아니었다. 그것은 본질적으로 혁명적 민족주의에 의거한 민족독립 혁
명선언이었다.

"조선혁명선언"은 신채호의 사회사상의 변화에서 민족주의로부터 무
정부주의로 전환해가던 '과도기'의 작품이었다. 그것은 혁명의 방법에
서는 무정부주의의 영향에 더 많이 지배되고 있지만 혁명의 목적과 기
본내용에서는 민족주의에 의하여 지배되는 민족독립 혁명선언인 것이
다. 그것은 한마디로 표현하면 '민족주의 사상에 무정부주의를 포용한
혁명적 민족주의'의 민족독립 혁명선언이라고 말할 수 있다.

신채호의 "조선혁명선언"은 당시의 민족주의 독립운동노선과 독립운
동 일반에 커다란 영향을 끼치고 큰 역할을 수행하였다. 그 몇 가지
측면을 들면 다음과 같다.

첫째, 신채호의 "조선혁명선언"은 의열단을 비롯하여 독립운동단체
들에게 이념과 신념을 부여하고 그들의 독립운동을 크게 고취하였다.
의열단원들은 일제에 대한 싸움에서 폭탄과 함께 반드시 신채호의 "조
선혁명선언"을 들고 혈투를 전개하였다.[62] 비단 의열단원만이 아니었
다. 모든 독립운동가들이 신채호의 "조선혁명선언"을 구하여 읽고 감격

---

62) 《韓國民族運動史料》, 中國篇, "義烈團陰謀事件檢擧에 關해 1923年 4月 7日
字로 朝鮮總督府 警務局長이 外務次官에 通報한 要旨," pp. 422~435 참조.

하여 독립투쟁에 더한층 분발했으며, 이를 읽은 국내외의 한국인들이 감격하여 독립운동에 떨쳐나서게 되었다.

둘째, 신채호의 "조선혁명선언"은 3·1운동 후에 대두한 자치론·내정독립론·참정권론 등 일제와의 타협주의를 분쇄하는 데 결정적 공헌을 하였다. 한국민족 독립운동사에서 1920년대의 특징의 하나는 국내의 민족주의 독립운동노선의 일부에 완전독립을 체념한 자치론자들이 대두하여 일제와의 타협론을 제창함으로써 완전독립론과 자치론과 사이에 대립투쟁이 전개된 사태에 있었다. 신채호의 "조선혁명선언"은 이러한 대립투쟁에서 민족주의 독립운동노선의 완전독립론·절대독립론이 압도적으로 승리케 하는 데 결정적 역할을 하였다. 또한 신채호의 "조선혁명선언"은 1927년에 자치론을 철저히 분쇄하고 완전독립과 절대독립을 추구하는 민족협동전선인 신간회(新幹會)의 노선을 정립하는 데도 일정한 영향을 끼치었다.

셋째, 신채호의 "조선혁명선언"은 일제의 강도적 식민지 통치는 혁명에 의해서만 축출할 수 있으며, 독립운동이 바로 민족혁명운동임을 가르쳐주었다. 신채호의 "조선혁명선언" 이후에 민족주의 독립운동가들이 스스로 혁명가라고 자처하고 독립운동을 혁명운동으로 인식하게 된 것은 신채호의 이 '선언'과 무관한 것이 아니었다. 신채호가 "조선혁명선언"을 통하여 모든 독립운동가들에게 한국의 독립운동이 바로 한국의 민족혁명운동임을 가르쳐주고 혁명적 민족주의가 있을 수 있음을 가르쳐준 것은 한국의 민족주의 독립운동의 사상적 발전에 큰 기여를 한 것이었다.

넷째, 신채호의 "조선혁명선언"은 당시의 한국민족주의와 민족주의 독립운동노선으로 하여금 당시 민족주의의 '시민적' 성격을 탈피하여 '민중'을 발견하게 하는 데 커다란 기여를 하였다. 신채호는 그의 "조선혁명선언"에서 종래의 그의 사회진화론적 관점들과 이에 기초한 시민적 민족주의를 극복하여 민중적 민족주의를 전개하였다. 신채호의 이 선언 이후에는 예컨대 조소앙(趙素昻) 및 임시정부의 삼균주의(三

均主義) 에서 볼 수 있는 바와 같이 민족주의 독립운동노선의 대부분이 민중적 민족주의를 지향하였다. 이러한 한국 민족주의의 새로운 차원의 전개는 신채호의 이 '선언'의 영향과 결코 무관한 것이 아니었다.

다섯째, 신채호의 "조선혁명선언"은 한국 민족의 생존의 조건까지 철저히 박탈하는 강도적 일본 제국주의에 대해서는 폭력 등 모든 수단을 동원한 투쟁이 정당함을 가르쳐주어 그 후의 민족주의 독립운동의 방법의 선택에 큰 영향을 끼쳤다. 신채호의 "조선혁명선언" 이후에 의열단뿐만 아니라 김구(金九) 영도하의 상해 임시정부까지 신채호가 합리화하고 정당화한 폭력수단을 채용하게 된 것은 신채호의 이 '선언'의 영향과 결코 무관한 것이 아니었다.

신채호는 "조선혁명선언" 집필 이후에 다른 여러 가지 요인들의 복합적 영향으로 점차 무정부주의 사상에 빠져들어 결국 무정부주의자로 전환하였다. 그 전환의 최초의 계기가 된 것이 이 "조선혁명선언"의 집필이었다. 그러나 "조선혁명선언" 그 자체는 신채호의 혁명적 민족주의 사상을 나타내는 것이며, 민족주의 독립운동의 범주에 속하는 문헌이라고 볼 수 있다.

신채호의 "조선혁명선언"은 일제강점기(1910~1945)의 한국의 민족독립운동이 성취한 가장 귀중한 불멸의 문헌의 하나이며, 독립선언문들 중에서도 정상에 서 있는 문헌이라고 할 수 있다.

제 6 장

신채호의 무정부주의 독립사상

1. 머리말

단재 신채호가 개화자강파의 지식인이 된 이후 그의 사회사상은 그의 일생에 걸쳐 3단계로 변화했다고 볼 수 있다. 즉 ① 열렬한 시민적 민족주의자의 시기, ② 민족주의 사상에 무정부주의의 방법을 포용한 혁명적 민족주의자의 시기, ③ 무정부주의자의 시기가 그것이다.

한국의 근대사회사상과 독립운동은 단순화하여 말하면, 1919년의 3·1운동까지는 민족주의 노선에 통일되어 발전해오다가 3·1운동 이후에는 ① 민족주의 독립운동노선, ② 공산주의 독립운동노선(이 시기 공산주의와 민주사회주의는 아직 뚜렷하게 분화되지 않았다), ③ 무정부주의 독립운동노선으로 분화되어 1945년까지 이르렀다. 당시 앞의 두 개 사조는 막강한 세력을 갖고 있었는 데 비하여 셋째의 무정부주의 독립운동노선은 그 세력이 매우 미약한 가느다란 흐름이었다.

신채호는 구한말부터 3·1운동 직후까지 한국의 대표적 민족주의자의 한 사람으로 학문과 사상과 운동에 모두 실로 거대한 업적을 내었는데, 3·1운동 이후에는 만년에 애석하게도 뜻밖에 무정부주의로 전환하여 가장 미약한 흐름인 무정부주의 독립운동노선을 선택하였다.

우리들이 널리 아는 바와 같이, 신채호가 위대한 민족주의자로서 구한말에 애국계몽사상을 정립하여 국권회복을 위한 애국계몽운동에 지대한 공헌을 하고, 박은식 등과 함께 우리나라 근대민족주의 사학을 창건하는 불멸의 업적을 세웠으며, 민족주의 독립운동에 거대한 공헌을 한 사실을 생각하면, 그가 만년에 그의 민족주의를 더욱 심화 발전시키지 않고 무정부주의에로 전환한 것은 이해하기 어려운 일이라고 말할 수 있다.

신채호는 왜 무정부주의로 전환했는가? 신채호가 만년에 주장한 무정부주의는 어떠한 내용을 가진 것인가? 종래 신채호의 무정부주의의 사상에 대한 몇 편의 논문은 그의 1923년의 "조선혁명선언"의 분석에 집중되어 있고,[1] 그 이후의 그의 작품에 대한 분석을 결여하고 있다. 그러나 신채호의 "조선혁명선언"은 그가 민족주의로부터 무정부주의로 전환해가던 '과도기'의 작품이며, 엄격하게는 무정부주의 방법을 포용했으나 본질적으로는 혁명적 민족주의 범주의 작품이다. 오히려 신채호의 무정부주의 사상의 진수는 "조선혁명선언" 이후의 작품들에서 정작 명쾌히 주장되고 나타나는 것이다. 따라서 신채호의 무정부주의 사상은 아직도 밝혀야 할 과제로 남아 있다고 할 수 있다. 일부 연구자들은 신채호의 무정부주의 사상을 민족주의의 일환으로 보는 견해도 피력하고 있으나, 이것은 정확하고 엄격한 해석이라고 보기 어렵다.[2]

---

1) 申一澈, "신채호의 무정부주의사상,"《한국사상》, 제15집(1977); 河岐洛, "丹齋와 아나키즘,"《단재 신채호선생 탄신 100주년 기념논집》(1980); 張乙炳, "단재 신채호의 민족주의와 무정부주의," 같은 책.

2) 신채호의 무정부주의 사상을 민족주의의 범주 안에 넣는 견해는 다음과 같은 세 가지 경향에 지배되는 것으로 보인다. 첫째, "조선혁명선언"을 순연한 무정

사상사적으로 민족주의와 무정부주의는 전혀 다른 것이다.

그러나 신채호의 무정부주의는 서구의 무정부주의와는 달리 일차적
으로 민족해방과 민족독립을 목적으로 한 것이었다. 이 때문에 신채호
의 무정부주의에는 민족문제가 큰 비중을 차지하고 있다. 이 특징을
개념에 포착하기 위해서는 신채호의 무정부주의 사상은 '무정부주의
독립사상'이라고 표현하는 것이 정확할 것이라고 생각된다.

신채호는 역사적 인물이므로 그가 남긴 것은 무엇이나 깊이 연구할
필요가 있으며, 그의 사상의 전 시기를 세밀히 고찰할 필요가 있다.
그의 무정부주의 독립사상은 과격한 것이어서 입장에 따라서는 논란이
있을 수 있다.[3] 그러나 이것을 고찰하지 않고서는 일본 제국주의가
한국 민족을 말살하려고 했던 고통스러웠던 '식민지시대와 신채호'를
학문적으로 다 알 수 없다. 뿐만 아니라, 일본 제국주의 침략하에서
한국독립운동 노선 중에 무정부주의 사상과 운동이 존재했던 것이 엄
연한 객관적 사실이며 신채호의 무정부주의 관계 논문들은 이 시기의
거의 유일한 무정부주의 문헌이므로, 한국사회사상사의 유산을 풍부
하게 정리하기 위해서도 신채호의 무정부주의 독립사상은 여러 연구자
들에 의하여 깊이 고찰될 필요가 있을 것이다.

이 논문에서는 신채호의 "조선혁명선언" 이후의 그의 무정부주의 독
립사상을 포괄적으로 고찰하려고 한다.

부주의 작품으로 오해한 경우이다. 둘째, 신채호의 만년의 사상적 전환을 인
정하려 하지 않는 경우이다. 셋째, 신채호의 무정부주의가 일차적으로 민족해
방을 목적으로 한 점을 '무정부주의 독립사상'으로 보지 않고 바로 민족주의로
오해한 경우이다.

3) 필자의 개인적 입장은 신채호의 민족주의 사상에 공감을 갖고 무정부주의 사상
에 비판적인 것이다. 그러나 학문적으로 신채호의 무정부주의 사상도 엄격하
게 객관적으로 여러 연구자들에 의하여 연구되어야 한다는 입장이다.

2. 신채호의 무정부주의의 전환의 이유와 배경

1) 사회적 조건

(1) 3·1운동의 충격

열렬한 민족주의자였던 신채호가 왜 만년에 무정부주의자로 전환했는가? 그의 사상적 전환의 이유와 배경은 무엇인가? 이에 대해서는 몇 가지 복합적 요인들이 제시될 수 있다. 여기서는 신채호의 사상적 전환의 이유와 배경이 되는 요인들을 사회적 조건과 사상적 배경으로 나누어 차례로 들기로 한다.

사회적 조건으로서 맨 처음 주목해야 할 사실은 '민중운동으로서의 3·1운동의 충격'이다. 신채호는 3·1운동 이전까지는 '민중'을 주로 계몽의 대상으로 생각한 것이 사실이다. 그는 시민적 민족주의자의 시기에 국민주권론에 입각한 입헌공화국의 건설을 이상으로 하여 국민이 나라와 권력의 주인이라는 사상을 갖고는 있었으나, 국민은 아직 계몽되지 않아서 '신국민'으로 더욱 계발되어야 할 대상으로 생각하고 있었다.[4] 따라서 신채호는 1910년 8월 나라가 완전히 일제의 식민지로 강점당한 직후 독립운동의 주체세력이 되는 것을 민중이라기보다는 직업혁명가적 성격을 가지고 있던 국외에 망명한 독립운동가들과 국내의 애국지사들이라고 생각하였다. 이러한 견해는 비단 신채호뿐만 아니라 당시의 모든 독립운동가들이 공통으로 가지고 있던 사상이었다.

1910년부터 1919년 3·1운동 이전까지의 국외에 망명한 독립운동가들의 독립운동은 말과 글로 다 형용할 수 없는 고난 속에서 줄기차게 전개되기는 했으나 소기의 성과를 얻지는 못했다. 신채호는 이 시기 국외의 독립운동가들의 독립운동의 성과를 "그 소득이 몇 개 불완전한 학교와 실력 없는 회(會) 뿐이었다"[5]고 상징적으로 표현하였다. 신채

---

4) "二十世紀 新國民,"《전집》, 별집, pp. 210~229 참조.

5) "朝鮮革命宣言,"《전집》, 하권, p. 40.

호 자신도 이 시기에 블라디보스토크에 망명하여 광복회(光復會) 등을
조직하고 《권업신문》(勸業新聞) 등에서 일하기도 했으나 독립운동이
뜻과 같이 되지 못하여 상해·북경 등지로 유랑하는 형편이었다. 특히
국내의 독립운동은 일제가 이른바 '데라우치(寺內) 총독 암살음모사
건'(新民會事件)이란 것을 날조하여 전국의 대표적 애국지사들을 체포
해서 전대미문의 온갖 악독한 고문을 가하고 투옥한 것을 비롯해서 일
제의 가혹한 대탄압을 받게 되었다.[6] 그에 따라 3·1운동 이전의 국
내의 독립운동은 1910년대 후반에 들어서서 캄캄한 암흑 속에서 신음
하고 있었으며, 신채호를 포함한 독립운동가들은 커다란 좌절에 부딪
치고 있었다.

　이러한 상황 속에서 한국민중의 3·1운동이 폭발하였다. 3·1운동
은 한국 민족을 재생시켰으며, 민족 내부의 파괴할 수 없는 거대한 독
립역량을 확고히 정립하고 비약시켜 내외에 독립의 쟁취를 스스로 보
장하였다.[7] 신채호는 3·1운동에 감격하였다. 그는 3·1운동의 특징
을 '민중운동'이라는 사실에서 구하였다.[8] 그는 어떠한 독립운동가 집
단도 해내지 못한 일을 '민중'들이 자발적으로 '직접' 봉기하여 훌륭히
수행해내는 것을 보고 처음으로 '민중의 커다란 힘'을 절실히 깨달았
다. 신채호가 3·1운동에서 본 것은 이제는 독립운동의 주체가 '민중'
이 된 것이었으며, 지도자의 계몽이나 지도 없이 '민중'이 자발적으로
'직접' 봉기하여 대규모의 독립운동을 전개했다는 사실이었다. 그가
3·1운동에서 발견한 것은 앞으로의 독립쟁취에 있어서 새로이 전면
에 대두한 '민중의 역할', '민중의 커다란 힘', '민중 직접의 투쟁'이었

---

6) 愼鏞廈, "新民會의 創建과 그 國權恢復運動(上·下)," 《韓國學報》, 제8~9
　　집(1977) 참조.
7) 愼鏞廈, "3·1 獨立運動의 社會史(上·下)," 《韓國學報》, 제30~31집(1983)
　　참조.
8) "朝鮮革命宣言," 앞의 책, p. 42에서 신채호는 3·1운동에 대하여 "삼·일운동
　　에 만세소리에 민중적 일치의 의기가 瞥見하였지만, 또한 폭력적 중심을 가지
　　지 못하였도다" 라고 하여 그것이 민중운동임을 밝히고 있다.

다. 이것은 신채호의 사상에 큰 변환을 갖다준 결정적 계기의 하나를 만들어내었다. 신채호는 민중운동으로서의 3·1운동의 충격을 받고 이 운동의 본질이 '민중직접봉기'임을 발견하여 '민중직접혁명'을 주장하는 무정부주의 사상에 기울어질 경험적 소인을 갖게 된 것이었다고 말할 수 있다.

(2) 상해 임시정부와 반임정활동(反臨政活動)

신채호는 3·1운동 직후 4월 10일을 전후하여 독립운동가들이 상해에서 대한민국 임시정부를 수립하려 하자 처음에는 상당히 능동적으로 이에 참여하였다. 그는 상해에서 맨 처음의 임시정부를 수립하는 4월 10일의 '29인 모임'(제1회 임시의정원 회의)에도 참가하였다.[9] 이 회의에서는 29인의 임시정부 발기회의를 '임시의정원'으로 하자는 조소앙(趙素昻)의 동의가 채택되어 의정원(議政院)이 성립되고 내각책임제 하에서의 임시정부의 각료 조직이 진행되었다.

이 회의에서 임시정부의 행정수반인 국무총리의 후보로서는 이승만(李承晩)·박영효(朴泳孝)·이상재(李商在)·안창호(安昌浩)·이동녕(李東寧)·신채호·박용만(朴容萬)·조성환(曹成煥)·김규식(金奎植)·이회영(李會榮) 등이 추천되었다. 신채호는 박용만을 국무총리 후보로 추천했고, 신채호 자신은 현창운(玄彰運)에 의하여 후보로 천거되었다. 이 회의에서 의정원 의원들의 일부는 이승만을 초대 국무총리로 선출하자는 동의를 제의하고 이를 추진하였다. 이에 대하여 신채호는 1919년 2월에 이승만·정한경(鄭翰景) 등이 미국 대통령 윌슨에게 조선의 '위임통치'(mandatory) 청원서를 제출한 일이 있다는 사실을 들어 이승만의 국무총리 선출을 강력히 반대하였다.[10]

신채호의 '완전독립', '절대독립'의 주장에 비추어볼 때에는 이승만

---

9) "臨時議政院紀事錄 第一回集" 2, 《韓國獨立運動史資料》(국사편찬위원회), 臨政篇 Ⅱ, p. 386 참조.
10) 같은 자료, p. 387 참조.

등의 위임통치론은 아무리 그것이 임시적 전술이나 방편이라 할지라도 절대로 받아들일 수 없는 매국적(賣國的)인 것이었다. 11) 다른 의원들이 "위임통치청원서"의 진부가 불확실하다고 하여 이승만을 국무총리로 선출할 것이 확실시되자 신채호는 회의장에서 일시 퇴장하였다. 12) 신채호가 퇴장한 후 제1회 임시의정원은 이승만을 국무총리, 안창호를 내무총장, 김규식을 외무총장, 최재형(崔在亨)을 재무총장, 이시영(李始榮)을 법무총장, 이동휘(李東輝)를 군무총장, 문창범(文昌範)을 교통총장으로 하고, 주로 신한청년당(新韓靑年黨)의 당원들을 차장으로 한 제1차 상해 임시정부를 조직했던 것이다.

신채호는 제1차 상해 임시정부의 조직 때에는 그 자리에서 퇴장을 했으나 그렇다고 임정과 '결별'을 한 것은 아니었다. 신채호는 계속 임시의정원의 제2차 회의(1919년 4월 22일)에도 의정원 의원으로서 상해 임시정부에 참여했으며, 13) 1919년 7월 7~19일까지의 제5회 의정원 회의에서 그는 다시 의정원의 전원위원회(全員委員會) 위원장을 맡고, 또한 충청도 의원으로 선임되었다. 14) 그러므로 신채호는 1919년 4~7월까지에는 상해 임시정부에 참가했다고 볼 수 있다.

신채호가 임시정부와 결별을 선언하고 반임정활동을 전개하기 시작한 것은 제6회 의정원회의(1919년 8월 18일~9월 17일)에서 안창호 등의 주도하에 상해 임시정부와 러시아아령의 국민의회임시정부와 한성정부(漢城政府)를 통일하여 통합 임시정부를 조직할 때부터이다. 안창호등은 3·1운동의 결과로 세워진 하나이어야 할 임시정부가 적어도 세개로 수립된 셈이므로 이를 통합할 필요를 절감하고 한성정부의 조각을

---

11) "聲討文,"《전집》, 별집, pp. 87~90 참조.
12) 李光洙, "脫出途中의 丹齋 印象,"《朝光》, 1936년 4월호 및 《전집》, 하권, p. 473 참조.
13) "大韓民國臨時議政院紀事錄 第二回集,"《韓國獨立運動史資料》2, 臨政篇 II, p. 390 참조.
14) "大韓民國臨時議政院紀事錄 第五回集," 같은 자료, p. 399 참조.

중심으로 하여 통합된 단일 임시정부의 수립을 추진하였다. 그들은 한성정부의 조각에 이승만을 집정관총재(執政官總裁)로 지명하고 있으므로 통합 임시정부의 '대통령'에도 이승만을 추대하려고 하였다. 신채호는 이번에는 그것이 '국무총리'가 아니라 '대통령'이므로 이승만의 대통령 선출을 더욱 강경하게 반대하였다. 그러나 제6회 의정원회의에서 이승만을 대통령으로, 이동휘를 국무총리로 한 통합 임시정부의 조직안이 통과되어 새로운 단일 임시정부가 1919년 9월 11일 출범하게 되었다.[15] 신채호는 이번에는 임시정부와 완전히 결별했을 뿐 아니라 맹렬한 '반임정'(反臨政) 활동을 전개하기 시작하였다.

신채호는 상해에 머물면서 동지들과 함께 1919년 10월에 주간신문 《신대한》(新大韓) 지를 창간하여 임시정부를 맹렬히 비판하고 공격하였다. 그에 따라 임시정부의 기관지인 《독립신문》과 《신대한》 사이에는 끊임없이 논쟁이 교환되었다. 신채호는 《신대한》지를 통하여 특히 이승만의 위임통치안 제출 사실, 독립운동 방략으로서의 외교론, 임시정부의 독립운동노선의 불철저한 전투성, 임시정부의 무능과 파쟁, 여운형(呂運亨)의 도일(渡日) 등을 격렬히 비판하고 공격하였다.[16]

신채호는 임시정부의 압력 등에 의하여 상해에서의 《신대한》지의 발행이 불가능하게 되자 1920년 4월에 북경으로 자리를 옮겨 반임정 노선을 걷는 박용만(朴容萬) 등 50여 명의 동지들과 제2회 보합단(普合團)을 조직하고 그 내임장(內任長)으로 선임되었다. 제2회 보합단은 무장군사활동을 유일한 독립운동 방략으로 주장하던 전투적 독립운동단체로서, '대한민국 군정부(軍政府)'로 자칭하면서 임시정부의 독립운동노선을 비판하였다.[17]

---

15) "大韓民國臨時議政院紀事錄 第六回集," 같은 자료, p. 413 및 pp. 421~422 참조.
16) "上海居住抗日獨立運動者の書信入手の件," 金正明 編, 《朝鮮獨立運動》 Ⅱ, pp. 407~408 참조.」
17) "北京における第二回普合團組織の件," 같은 책, pp. 458~461 참조.

물론 신채호의 이 시기의 반임정활동은 전투적 민족주의자로서 당
시의 상해 임시정부의 활동을 비판하고 임시정부를 부인한 것이었지
일반적으로 모든 '정부'를 부인한 것은 아니었다.

그러나 이 시기 이후의 신채호의 독립운동은 순국할 때까지 시종일
관하여 반임시정부 노선을 걸었다. 또한 신채호의 이 시기의 '반임시
정부'의 활동과 경험이 그후 '정부'라는 기구에 근본적 회의를 갖게 하
고 결국은 무정부주의의 '반정부'의 사상에 동조할 경험적 소인을 만들
었음은 의문의 여지가 없다고 할 것이다.

(3) 독립군활동의 난항(難航)

신채호는 3·1운동 직후 독립운동의 방략으로서 처음에는 '독립군'
의 독립전쟁을 유일한 방법이라고 생각하였다. 이것은 신채호가 신민
회의 주요 간부였음을 생각하면 당연한 것이었다고 볼 수 있다. 실제
로 3·1운동 직후에는 만주와 러시아령에 비 온 뒤의 죽순같이 수많은
독립군단들이 속출하여 무장투쟁을 전개하기 시작하였다. 그 중요한
독립군단들만 들어보아도, 북만지방의 ① 대한독립군(大韓獨立軍),
② 도독부군(都督府軍), ③ 의단군(義團軍), ④ 대한정의군정사(大韓
正義軍政司), ⑤ 의군부(義軍府), ⑥ 조선독립군(朝鮮獨立軍), ⑦ 북
로군정서(北路軍政署), ⑧ 광복단(光復團), ⑨ 광정단(光正團), ⑩
의민단(義民團), ⑪ 야단(野團), ⑫ 대한신민회(大韓新民會), ⑬ 혈
성단(血誠團), ⑭ 태극단(太極團), ⑮ 노농회(勞農會), ⑯ 광영단(光
榮團) 등과, 남만지방의 ⑰ 서로군정서(西路軍政署), ⑱ 광한단(光韓
團), ⑲ 대한독립단(大韓獨立團), ⑳ 대한청년단연합회(大韓靑年團聯
合會), ㉑ 광복군총영(光復軍總營), ㉒ 천마산대(天麻山隊), ㉓ 보합
단(普合團) 등과, 러시아령지방의 ㉔ 대한독립군결사대(大韓獨立軍決
死隊), ㉕ 대한독립군(大韓獨立軍) 등 다수였다.

이러한 자연발생적 독립군 부대들은 홍범도(洪範圖)가 이끄는 대한
독립군의 봉오동 전투와 김좌진(金佐鎭)이 이끄는 북로군정서(北路軍

政署)의 청산리 전투와 같은 대규모 전투에서 큰 승전을 거두기도 하고 한만(韓滿) 국경지방에서 무수한 유격전을 전개하여 많은 성과를 올리기도 하였다. 그러나 이러한 독립군 부대들은 그 지휘계통이 하나로 통일되어 있지 못하고 지휘와 작전이 자연발생적으로 분산되어 있었기 때문에 그것이 하나로 통합되었을 경우의 총역량을 다 발휘하지 못하고 있었다. 또한 상해 임시정부와의 관계에서도 어떤 독립군 부대들은 임정의 지도에 복종하거나 승복하여 활동보고서를 제출했지만, 어떤 독립군 부대들은 공공연히 임정에 반기를 들었다. 특히 1921년 초부터는 독립군 부대들에 대한 상해 임시정부의 지도·통솔능력은 극도로 약화 소멸되어 독립군 부대들은 거의 모두 개별적으로 분산 독립하여 활동하고 있었다.

박용만·신숙(申肅)·신채호 등은 독립군 부대들의 통일의 필요성을 절감하고 북경에서 1920년 9월에 '군사통일촉성회'를 발기하고 이의 실천을 위하여 1921년 4월 21일에 '군사통일주비회'(軍事統一籌備會)를 개최해서 독립군 부대의 지휘계통의 통일을 기도하였다.[18] 신채호는 당시 독립군의 독립전쟁을 유일한 최고의 독립운동 방략으로 생각하고 있었기 때문에 이 군사통일의 일에 많은 노력을 기울였다.

박용만·신숙·신채호 등이 주도한 북경 군사통일회에는 10개 단체가 참가했으나 개회 초부터 군사통일 이외에도 토의주제로 임시정부를 공격하기 시작하여, 4월 27일에는 마침내 상해의 임시의정원에 임시정부 및 임시의정원에 대한 불신임결의안을 보내고 3일 이내에 임시의정원의 해산을 요구하기에 이르렀다.[19] 그 결과 북경 군사통일회도 독립운동가들 사이에 한 분파로 지목되어 결국 실패로 끝나고 말았으며, 그들은 모든 희망을 국민대표회의에 걸게 되었다. 뿐만 아니라 신채호에게는 독립군의 독립전쟁의 수행에 큰 장애로 판단되는 두 개의 사건

---

18) "中國各地における獨立運動者の動靜報告の件," 앞의 책, p. 465 참조.

19) 《韓國獨立運動史》(愛國同志援護會 編), pp. 367~368 참조.

이 일어나서 독립군의 독립전쟁 전략에 신채호가 회의를 갖게 하는 데 작용하였다.

첫째는 1921년 6월 22~28일에 일어난 이른바 '흑하사변'(黑河事變, 自由市 慘變)이다.[20] 1920년 10월 청산리 전투 이후 북로군정서·대한독립군 등 다수의 독립군 부대들은 자발적으로 통합하여 대한독립군단(大韓獨立軍團)을 조직하고 소·만 국경 부근에 있는 자유시(自由市) '이만'에 들어가서 소비에트의 적군(赤軍)과 상호원조협정을 맺는 데 성공하였다. 한국의 독립군 부대들은 소련의 적군과 합작해서 대규모의 독립전쟁을 준비하다가 갑자기 무장해제하라는 소련군의 통보를 받고 이에 응할 수 없으므로 소련군과 충돌하게 되었다. 이에 소련군은 독립군을 2중으로 포위하고 유리한 지형을 선점하여 각종 대포와 중기관총으로 공격했다. 이 전투에서 독립군들은 막대한 희생을 내고 무장해제 당하게 되었다. 소수의 독립군 부대원들이 다시 만주로 넘어와서 독립군 부대를 재건했으나 독립군의 역량은 이 흑하사변으로 큰 타격을 입게 되었다.[21]

둘째는 1925년 6월에 체결된 일제와 만주군벌(滿洲軍閥) 사이의 이른바 미쓰야 협정(三失協定)의 결과이다. 1925년에 조선총독부 경무부장 미쓰야가 만주 봉천(奉天)에 파견되어 봉천성 경무부장과 협정을 체결하였다. 그 내용의 요점은 중·일 양국이 합동으로 한국인의 독립운동을 방지하도록 하고, 중국 관헌이 한국인 독립운동가들을 체포하여 일본 관헌에게 인도한다는 것이었다.[22] 이른바 미쓰야 협정은 일제의 압력에 만주 군벌이 굴복하여 맺은 협정인데, 그 결과는 종래 위법이 아니었던 한국인의 독립운동이 이제는 만주에서 위법으로 되어, 만주 경찰이 일본 경찰과 합동으로 또는 단독으로 다수의 한국인 독립운동가들을 체포한 것이다. 이러한 상황에서는 한국인들이 만주에서 대

---

20) 《韓國獨立運動史》(국사편찬위원회), 제3권, 자료편, pp. 920~951 참조.
21) 《韓國獨立運動史》(愛國同志援護會 編), pp. 393~397 참조.
22) 《독립운동사》(독립운동사 편찬위원회), 제5권, pp. 529~540 참조.

규모의 독립군을 양성하고 독립전쟁을 전개하기가 지극히 어렵게 되었다. 이 미쓰야 협정은 독립군의 활동에 실로 막대한 타격을 주었다.

신채호는 이러한 상황에 직면하여 '독립군'의 양성과 대규모의 '독립전쟁' 수행이라는 종래의 독립운동 방략에 대한 신념이 크게 흔들리게 되었다.[23] 그보다는 소집단별로 소규모의 '테러'를 행하고 '암살', '파괴', '폭동'을 일으키는 방법이 더욱 효과적인 것이 아닌가 하는 회의를 갖게 된 것으로 보인다. 이러한 독립군 활동의 난항에서 온 신채호의 회의와 암살·테러·폭동의 방법에 대한 재고가 신채호로 하여금 무정부주의의 암살·파괴·폭동의 방법을 긍정적으로 받아들이게 만든 현실적 조건을 형성한 것이었다고 볼 수 있다.

(4) 국민대표회의(國民代表會議)의 실패

상해의 임시정부는 1921년 1월 24일 국무총리 이동휘의 탈퇴와 그의 러시아령 연해주로의 퇴거를 전환점으로 하여 완전한 분열상을 밖으로 내보이게 되었다. 이에 독립운동을 지도하는 최고기관의 재정비가 절실히 요구되자, 1921년 2월 초에 박은식(朴殷植)·원세훈(元世勳)·김창숙(金昌淑)·왕삼덕(王三德)·유례균(劉禮均) 등 14명은 북경에서 "우리 동포에게 고함"이라는 성명서를 발표하고 국민대표회의의 소집을 요구하였다. 박은식·원세훈 등 14명이 국민대표회의의 소집을 요구한 동기는 ① 통일적인 강고한 정부의 조직과 ② 중지(衆智)와 중력(衆力)을 모은 독립운동 최량방침의 수립을 위한 것이라고 성명되었다.[24] 이것은 실제로는 당시의 상해 임시정부의 역량을 불신하

---

23) "朝鮮革命宣言,"《전집》, 하권, p. 40에서 신채호는 "더구나 어디서? 얼마나? 군인을 양성하며, 양성한들 일본 전투력의 百分之一의 비교라도 되게 할 수 있느냐? 실로 일장의 잠꼬대가 될 뿐이로다"라고 하여 독립군 양성의 가능성에 회의를 표시하고 있으며, p. 42에서는 "강도의 통치를 타도하고 우리 민족의 신생명을 개척하자면 養兵 十萬이 一擲의 炸彈만 못하며"라고 하여 독립군의 독립전쟁보다 한 발의 폭탄투척에 의한 암살·파괴·폭동을 더 높이 평가하고 있다.

고 이것을 명실상부하게 독립운동의 최고기관으로 개편하기 위한 것이
었으며, 또한 독립운동을 효과적으로 수행하기 위한 독립군 단체들의
통합과 군사적 지휘계통 통일을 확립하기 위한 것이었다.

신채호가 적극적으로 가담하여 활동하던 북경군사통일회는 박은
식·원세훈 등의 국민대표회의 소집 제의에 대하여 1921년 4월 20일
군사통일주비회를 개최한 자리에서 이를 적극 지지하기로 하고, 국민
대표회의 주비위원으로 박용만·신숙 등 5명을 임명했으며, 신채호로
하여금 국민대표회의의 개최를 지지하고 선전하기 위해《대동》(大同)
이라는 주간잡지를 간행케 하기로 결의하였다.

신채호는 이 국민대표회의 소집이 독립운동전선을 통일할 수 있으
리라고 큰 희망을 걸고 이를 적극적으로 지지하고 성원하였다. 뿐만
아니라, 상해에서 독립운동에 큰 영향력을 갖고 있던 여운형과 안창호
는 1921년 5월 12일부터 강연을 통하여 국민대표회의의 소집을 적극
지지했으며,25) 5월 19일에는 3백여 명의 찬동을 얻어 상해국민대표회
기성회(上海國民代表會期成會)를 조직하고 여운형 등 20명을 그 위원
으로 선정하여 이 운동에 박차를 가하였다.26) 안창호 등의 국민대표
회의 소집의 지지는 이 회의의 개최가 대세로 되도록 하는 데 결정적
계기가 되었다.

상해 임시정부는 처음에는 국민대표회의 소집에 반대했으나, 대세
가 그 개최로 기울자 소수의 현 임시정부 고수파를 제외하고는 다수가
국민대표회의 소집에 찬동하게 되었다. 그리하여 1922년 4월 14일에

---

24) "反臨時政府側의 國民代表會議開催에 관해 1921年 2月 18日字로 朝鮮總督
　　府 警務局長이 外務次官에게 通報한 要旨, 反臨時政府側의 國民代表會議開
　　催에 관한 件,"별지 및 "우리 同胞에게 告함,"《韓國民族運動史料》(국회도
　　서관), 中國篇, pp. 276~277 참조.

25) "呂運亨·安昌浩의 國民代表會促進을 위한 演說,"《韓國獨立運動史資料》,
　　제2권, pp. 548~576 참조.

26)《獨立新聞》(1921. 5. 21), "國民代表會期成會 組織委員 二十人 選出,"《韓
　　國獨立運動史資料》, 제2권, pp. 577~578 참조.

386

는 의정원에서도 국민대표회의의 소집이 가결되기에 이르렀다.[27] 이에 상해에서 1922년 5월 10일에 국민대표회주비위원회가 조직되어 선언서를 발표하고, 그 위원장에 남형우(南亨祐), 회계에 김철(金澈)·원세훈, 서기에 나용균(羅容均)·서병호(徐丙浩)가 선임되어 국민대표회의를 개최하기 위한 본격적 사무가 진행되었다.[28] 주비위원회는 공장정(公章程)을 정하고 각 지역과 독립운동 단체별로 위원수를 정하여 대표들의 참석을 요청한 결과, 마침내 온갖 우여곡절 끝에 1923년 1월 3일부터 70여 독립운동단체의 124명의 대표들이 상해에 모여 역사적인 국민대표회의가 개최되었다.

국민대표회의는 의장에 김동삼(金東三), 부의장에 안창호·윤해(尹海), 비서장에 배천택(裵天澤), 비서에 김○○·오창환(吳昌煥)·박완(朴完) 등을 선출한 다음[29] 그들의 주도하에 ① 보고(주비회의 경과보고와 각 지방 각 단체의 사정보고), ② 시국문제, ③ 선서 및 선언, ④ 독립운동의 대방침(군사·재정·외교), ⑤ 생계, ⑥ 교육, ⑦ 노동, ⑧ 국호 및 연호, ⑨ 헌법, ⑩ 과거문제의 해결(위임통치사건·자유시사건·40만 원 사건·虎林密山사건·統義府事變·기타 사건), ⑪ 기관조직, ⑫ 신사건(新事件), ⑬ 실포(實佈)의 순으로 토의하기로 결의하였다.[30] 국민대표회의는 또 재정·군사·외교 분과위원회의 결의안까지 토의하여 통과시키고, 대통령불신임안을 가결시켰다.

그러나 그 다음에 상해 임시정부를 원칙적으로 인정하고 이를 '개조'할 것인가, 상해 임시정부를 완전히 부정하고 러시아령 등지에 새로운 임시정부를 '창조'할 것인가의 문제를 놓고 대표들 사이에서 3월부터

386

27) 《獨立新聞》(1922. 6. 24), "人民의 請願案通過,"《韓國獨立運動史資料》, 제 2권, p. 525 참조.

28) "國民代表會의 경과 및 국민대표회 籌備委員會 宣言書,"《韓國獨立運動史資料》, 제 2권, pp. 585~587 참조.

29) "國民代表會議記事,"《韓國獨立運動史資料》, 제 2권, pp. 614~623 참조.

30) 《獨立新聞》(1923. 3. 1), "회의 제 16일,"《韓國獨立運動史資料》, 제 2권, pp. 626~627 참조.

대립되어 오던 견해가 5월에는 표출되어 회의가 더 이상 잘 진전되지
않게 되었다. 개조파는 ① 안창호 등 초기 상해 임시정부의 수립인사
들, ② 여운형 등 신한청년당과 상해 교민회의 인사들, ③ 고려공산당
의 이르쿠츠크파, ④ 김동삼·배천택·이진산(李震山) 등 서간도의
독립군단체 대표들이 중심이 되었다. 창조파는 ① 윤해 등 고려공산당
상해파, ② 원세훈 등 북경의 독립운동가들, ③ 박용만·신숙·신채
호 등 북경 군사통일회, ④ 김규식 등 상해 임시정부를 전면 부정하고
러시아령이나 만주에 무장투쟁을 독립운동 방략으로 하는 완전히 새로
운 망명 임시정부를 수립할 것을 강력하게 주장하였다.

국민대표회의가 임시정부의 개편문제를 놓고 개조파·창조파·중립
파로 분열되어 난항에 빠지자, 서간도의 독립군 단체들은 분개하여 국
민대표회의 의장 김동삼과 비서장 배천택, 헌법기초위원 이진산 등 그
들의 대표를 소환해 버렸다. 개조파의 중추세력이 소환되어 가버리자
이에 창조파가 회의의 헤게모니를 장악하고 의장에 윤해, 부의장에 신
숙, 비서장에 오창환 등을 선출한 다음, 회의를 창조파 중심으로 이끌
어나갔다. 개조파는 5월 23일부터는 회의에 출석하지 않았으므로, 이
에 국민대표회의는 분열에 직면하게 되었다.[31] 창조파는 단독으로
1923년 6월 7일 회의를 열어 새로운 헌법을 제정하고, 국호와 연호를
새로 결정했으며, 입법부인 국민위원회를 조직하여 윤해 등 33명을 위
원으로 선출하고, 행정부인 국무위원회를 조직하여 김규식을 정부수
반으로 선출했으며, 박은식·신채호·이동휘·문창범(文昌範) 등 30
명을 고문으로 추대하였다. 이에 분개한 개조파는 창조파의 활동을 비
판하는 성명을 내었으며, 상해 임시정부는 국무원포고 제3호와 내무
부령 제1호로 이 창조파의 새 임시정부를 격렬하게 규탄하였다. 이에
국민대표회의는 완전히 분열되어 실패로 끝나고 말았다.[32]

---

31) 《獨立新聞》(1923. 6. 13), "회의 제63일,"《韓國獨立運動史資料》, 제2권,
   pp. 648~649 참조.
32) "國民代表會議決裂,"《韓國獨立運動史資料》, 제2권, pp. 651~654 참조.

388

김규식을 행정수반으로 하는 창조파의 새 '임시정부'는 1923년 8월에 러시아령 블라디보스토크로 옮겨갔으나, 일본과의 외교관계를 중시하는 소련 정부가 자기 영토 내에서의 한국인의 임시정부 활동을 인정해주지 않았으므로 자연히 해산되어 버렸다.

신채호는 국민대표회의의 실패에 정신적으로 큰 타격을 입었다. 그는 국민대표회의에서 무장투쟁을 방침으로 한 강력한 새 임시정부가 창조되어 독립군 단체들의 군사활동을 통일하게 되기를 열망하고 있었으므로 이 회의의 실패에서 커다란 좌절감을 맛보았다. 신채호는 또한 이 회의를 통하여 민족주의 독립운동노선뿐만 아니라 공산주의 독립운동노선에 대해서도 크게 실망하였다.[33] 신채호는 국민대표회의에서 고려공산당이 상해파와 이르쿠츠크파로 분열되어 서로 헐뜯을 뿐만 아니라, 상해파는 창조파를 주도하고 이르쿠츠크파는 개조파를 주도하면서 결국 독립운동전선의 대단결운동을 분열로 이끄는 것을 보고 공산주의 독립운동의 분열성에 크게 실망하였다. 뿐만 아니라 자유시 참변에서의 소련군의 독립군 학살과 소련 정부의 창조파의 새 임시정부 활동 불인정의 조치에도 불구하고 소련의 국제공산당 지시에 따라 움직이는 공산주의 독립운동을 보고 신채호는 이를 사대주의적인 것으로 비판하기 시작하였다.

이 무렵의 신채호는 민족주의 독립운동노선과 공산주의 독립운동노선 모두에 크게 실망하고, 독립운동노선에 대하여 실의에 빠져 방황하고 있었다.[34] 신채호의 이러한 회의와 실의와 방황 속에서 제3의 독립운동노선으로서의 무정부주의 독립운동노선에 관심을 갖게 된 소지

[33] 국민대표회의의 개최의 자금은 韓馨權 등 고려공산당이 레닌으로부터 얻어온 자금에 많이 의존했으며, 따라서 고려공산당계의 발언권이 상당히 큰 영향력을 행사하였다.
[34] 李丁奎, "友堂 李會榮先生略傳,"《又觀文存》(1974), p. 48에서는 "당시에 단재로 사상적으로 방황하던 때였으나 두 분이 서로 만나면 그러한 심경을 자연히 서로 토론할 수밖에 없었던 것"이라고 이 시기의 신채호의 사상적 방황을 지적하고 있다.

가 마련된 것이었다고 볼 수 있다.

(5) 의열단(義烈團) 운동의 성장

3·1운동 후 국내외에서 일어난 독립운동들 중에서 신채호가 독립운동의 난항과 국민대표회의의 실패에 즈음하여 방황하던 시기에 신채호에게 접근해오고 또한 신채호가 주목한 독립운동단체가 의열단이었다. 신채호는 의열단의 독립운동에 큰 친화력을 느꼈던 것으로 보인다.

의열단은 3·1운동 직후인 1919년 11월 10일에 만주 길림성 파호문(吉林省 把虎門) 밖의 중국인 반모(潘某)의 집에서 한국의 독립운동가 김원봉(金元鳳)·윤세주(尹世冑〔小龍〕)·이성우(李成宇)·곽경(郭敬〔在驥〕)·강세우(姜世宇)·이종암(李鍾岩〔梁建浩〕)·한봉근(韓鳳根)·한봉인(韓鳳仁)·김상윤(金相潤〔玉〕)·신철휴(申喆休)·배동선(裵東宣)·서상락(徐相洛)·권준(權俊) 등 13명이 모여 창건한 독립운동단체였다. 이 단체는 그 공약 제 1조 "천하의 정의(正義)의 사(事)를 맹렬히 실행키로 함"에서 채자하여 이름을 '의열단'이라고 지었으며, 단장을 '의백'(義伯)으로 호칭키로 하고, 김원봉을 의백으로 뽑았다. 의열단은 '조국광복'을 위하여 목숨을 바칠 것을 결의하고, '구축왜노'(驅逐倭奴), '광복조국', '타파계급', '평균지권'(平均地權)을 기본강령으로 했으며,[35] 다음과 같은 10개조의 공약을 결의하였다.[36]

---

35) 朴泰遠, 《若山과 義烈團》(1947), p. 29 참조. 이 자료에 의하면, 의열단은 그후 수 차례의 수정을 거치어 위의 4개항의 기본강령을 다음과 같은 문장으로 만들어 공표했다고 한다. ① 조선민족의 生存의 敵인 일본 제국주의의 통치를 근본적으로 타도하고 조선민족의 자유독립을 완성할 것. ② 봉건제도 및 일체 반혁명세력을 잔제(剗除)하고 진정한 민주국을 건립할 것. ③ 소수인이 다수인을 剝削하는 경제제도를 소멸시키고 조선인 각개의 생활상 평등의 경제조직을 건립할 것. ④ 세계상 반제국주의의 민족과 연합하여 일체 침략주의를 타도할 것. ⑤ 민중의 무장을 실시할 것. ⑥ 인민은 언론·출판·집회·결사·거주에 절대자유권이 있을 것. ⑦ 인민은 무제한의 선거 및 피선거권이 있을 것. ⑧ 一郡을 단위로 하여 지방자치를 실시할 것. ⑨ 여자의 권리를 정치·경제·교육·사회상에서 남자와 동등으로 할 것. ⑩ 의무교육·직업교육

① 천하의 正義의 事를 맹렬히 실행키로 함.

② 조선이 독립과 세계의 평등을 위하여 신명을 희생하기로 함.

③ 충의의 氣魄과 희생의 정신이 확고한 자라야 단원이 됨.

④ 團義에 先히 하고 團員의 義에 급히 함.

⑤ 義伯 일인을 선출하여 단체를 대표함.

⑥ 何時何地에서나 매월 일차씩 사정을 보고함.

⑦ 하시하지에서나 招會에 必應함.

⑧ 被死치 아니하여 단의에 盡함.

⑨ 一이 九를 위하여, 九가 一을 위하여 헌신함.

⑩ 團義에 배반한 자는 處殺함.

의열단 운동의 목적이 되는 '정의'는 '조선의 독립'과 '세계의 평등'이라는 민족주의 독립운동의 목표와 동일한 것이었으나, 그들의 방법이 되는 '맹렬'의 내용은 '폭력방법' 중에서도 독립군전투나 독립전쟁 전략이 아니라 단원에 의한 '암살', '파괴', '폭동'의 방법이었다. 즉 '테러'가 '맹렬'의 내용을 이루는 것이었다. 또한 의열단은 암살의 대상으로서 ① 조선총독 이하 고관, ② 군부(일본군) 수뇌, ③ 대만총독, ④ 매국노, ⑤ 친일파 거두, ⑥ 敵探(일제 밀정), ⑦ 반민족적 土豪·劣紳 등 일곱 가지의 '칠가살'(七可殺)을 선정하였다. [37]

의열단은 또한 파괴의 대상으로서 ① 조선총독부, ② 동양척식주식

을 국가의 경비로 실시할 것. ⑪ 조선내 일본인의 각종 단체(東拓·興業·朝銀 등) 및 개인(이민 등)의 소유한 일체 재산을 몰수한 것. ⑫ 賣國賊, 偵探奴 등 叛徒의 일체 재산을 몰수할 것. ⑬ 농민운동의 자유를 보장하고 貧苦農民에게 토지·가옥·기구 등을 공급할 것. ⑭ 工人運動의 자유를 보장하고 노동평민에게 가옥을 공급할 것. ⑮ 양로·육영구제 등 공공기관을 건설할 것. ⑯ 대규모의 생산기관 및 독점성질의 기업(철도·광산·輪船·전기·수리·은행 등 속)은 국가에서 경영할 것. ⑰ 소득세는 누진율로 징수할 것. ⑱ 일체 苛損雜稅를 發除할 것. ⑲ 해외거류 동포의 생명·재산을 안전하게 보장하고 귀국동포에게 생활상 안전지위를 부여할 것.

36) 《若山과 義烈團》, pp. 26~27 참조.

37) 《若山과 義烈團》, pp. 27~28 참조.

회사, ③ 매일신보사, ④ 각 일제 경찰서, ⑤ 기타 왜적 중요기관 등
다섯 가지의 '오파괴'(五破壞)를 선정하였다. 38)

여기서 주목할 것은 의열단의 목적은 민족주의의 내용이었으나 그
운동방법은 당시 무정부주의자들이 애용하던 방법인 암살·파괴·폭
동을 택하고 있다는 사실이다. 물론 의열단이 처음부터 의식적으로 무
정부주의자들의 운동방법을 선택한 것은 아니었고, 오직 조국광복을
위하여 소수의 비밀결사대로서 최대의 효과를 거두는 방법을 모색한
결과가 암살·파괴·폭동의 방법으로 귀결되었는데, 결과적으로 이것
이 당시 무정부주의자들의 운동방법과 일치한 것이었다. 당시 의열단
의 암살·파괴·폭동의 운동방법에 대해서는 민족주의 독립운동의 중
심체인 상해 임시정부 등과 공산주의 독립운동의 중심체인 고려공산당
등은 그들의 '독립군의 독립전쟁' 전략에 의거하여 내면적으로는 은근
히 비판적 입장을 취하였다. 특히 의열단의 운동방법의 테러적 성격이
비판의 초점이 되었다. 오직 무정부주의 독립운동노선의 작은 서클들
만이 공공연히 전폭적으로 의열단의 암살·파괴·폭동의 운동방법을
지지하고 성원하였다.

그러나 일제의 극악한 강도적 식민지통치라는 특수한 조건에 대해
서는 의열단의 극렬한 투쟁방법을 지지하는 한국 청년들이 많이 있었
다. 민족주의자들뿐만 아니라 무정부주의나 공산주의를 추종하는 청
년들도 가입하여 의열단의 결사적 단원 수는 1925년에는 60여 명에 달
하게 되었다. 또한 의열단의 독립운동은 1920년부터 그 활동의 결과
가 나타나기 시작해서 독립운동가들과 일제에게 크게 주목의 대상이
되었다. 의열단의 창단 이후부터 신채호가 무정부주의자로 전환한 무
렵까지의 의열단의 주요 활동을 들어보면 다음과 같다. 39)

---

38) 같은 책, p. 28 참조.
39) 《韓國民族運動史料》(中國篇), 《高等警察要史》(慶尙北道 警察部) 및 《若山
과 義烈團》에서 종합하여 작성함.

① 1920년 3월 : 조선총독부 파괴를 기도한 密陽 폭탄사건(郭在驥
　　　　　　　　 등 16명)

② 1920년 9월 : 부산경찰서 投彈 사건(朴載赫)

③ 1920년 12월 : 밀양경찰서 투탄사건(崔壽鳳〔敬鶴〕)

④ 1921년 9월 : 조선총독부 투탄사건(金益相〔鳳南〕)

⑤ 1922년 3월 : 일본군 대장 田中 암살저격사건(金益相·吳城崙·
　　　　　　　　 李鍾岩)

⑥ 1923년 1월 : 종로경찰서 투탄사건(金相玉)

⑦ 1923년 3월 : 조선총독부·조선은행·경성우체국·경성전기회사
　　　　　　　　 파괴 및 조선총독과 정무총감 암살기도사건(金始
　　　　　　　　 顯 등 10명)

⑧ 1923년 12월 : 일본정부대신 암살기도 사건(具汝淳 등 6명)

⑨ 1924년 1월 : 일본동경 天皇宮城 二重橋 투탄사건(金祉燮)

⑩ 1925년 10월 : 의열단 군자금사건(梁建浩 등 10명)

⑪ 1926년 12월 : 조선식산은행 및 동양척식주식회사 투탄사건(羅錫
　　　　　　　　 疇)

　　의열단의 이상과 같은 활동은 의열단의 작은 규모에 비하여 상대적
으로 매우 큰 전과였다. 한국인들과 독립운동가들은 의열단의 엄연한
객관적 업적에 당면하여 의열단의 독립운동 방법에 대해서도 재고를
해보지 않을 수 없었다. 신채호는 전투적 민족주의자로서 폭력방법을
중시했으며, 독립운동 방략으로서의 독립군의 무장투쟁노선을 적극
지지했었다. 그러나 그는 독립군 운동이 난관에 부딪치게 되자 자연히
의열단의 폭력방법에 관심을 갖게 되었다. 신채호가 독립운동방법의
형태로서 폭력방법을 가장 중요시하는 한 당시 한국 독립운동가들의
폭력방법으로 제기되었던 ① 독립군의 독립전쟁전략과 ② 의열단의 암
살·파괴·폭동의 방법의 양자를 모두 지지하거나 그 중의 하나를 선
택하여 지지하게 된 것은 당연한 일이었다. 신채호는 독립군의 독립전
쟁 수행의 난관을 보고 좌절감을 느끼게 되자, 의열단의 암살·파괴·

폭동의 폭력방법에 기울어지게 되고, 자연히 무정부주의의 운동방법
에 접근하게 된 것이었다고 볼 수 있다.

2) 사상적 배경

(1) 사회진화론의 강권주의(强權主義)에 대한 비판

신채호는 위에서 든 주로 다섯 가지 사회적 조건 위에서 다시 무정
부주의에로 기울어질 몇 가지 '사상적' 배경을 갖고 있었다. 무엇보다
도 먼저 들어야 할 것은 신채호의 '민족주의 이론의 내부모순'을 무정
부주의 사회이론이 해결해줄 수 있었다는 점에 그가 무정부주의 사상
에 기울어진 직접적인 사상적 원인이 있었다고 볼 수 있다.

신채호의 민족주의는 이미 지적한 대로 스펜서(Herbert Spencer)와
키드(Benjamin Kidd) 등의 사회진화론에 이론적 기초를 두고 있었다.
신채호는 사회조직의 일반 원리가 '경쟁'이며 사회진화의 원동력도 '경
쟁'에서 나온다는 스펜서의 사회학을 적극적으로 받아들였다. 그는 사
회진화론의 생존경쟁·적자생존·우승열패(優勝劣敗)·약육강식·사
회진화의 개념과 이론을 그의 사상에 흡수하였다.

신채호는 이 사회진화론을 수용하여 민족들 사이의 '외경'(外競)에
서 제국주의 침략에 대항하여 한국민족 등 약소민족이 '우자'(優者)가
되고 '강자'가 되고 '승자'가 되는 이데올로기로서 '민족주의'를 주장하
고 '자강'(自强)을 주장하였다. 40) 그런데 신채호는 민족주의와 함께
제국주의도 또한 사회진화론으로 설명하였다. 즉, 민족들 사이의 외
경에서의 적자생존·우승열패·약육강식의 원리에 비추어볼 때 적자
(適者)·우자(優者)·강자(强者)·승자(勝者)의 위치에 서서 "다른
나라로 영토와 국권을 확장하는 주의"41)가 제국주의인 것이다. 즉 신

---

40) 愼鏞廈, "申采浩의 愛國啓蒙思想(上·下)," 《韓國學報》, 제 19~20집 (1980)
　　참조.
41) "帝國主義와 民族主義," 《전집》, 하권, p. 108.

채호에 의하면 국제간의 민족경쟁에서 적자·우자·강자·승자가 되어 다른 민족과 국가를 침략해서 자기의 국권을 확장하려는 주의가 제국주의이며, 우승열패·약육강식의 '도태'(淘汰)과정에서 패배하여 멸망하지 않고 '자강'을 도모해서 자기 민족의 생존과 독립과 발전을 추구하여 강자의 침략에 대항하는 주의가 '민족주의'인 것이다. 신채호의 이러한 해석은 제국주의와 민족주의를 '강자와 약자', '침략자와 저항자'의 위치에 근본적 차이를 둘 뿐이지 모두 사회진화론의 '경쟁'의 원리로써 설명한 것이었다.

그러나 신채호가 민족주의와 제국주의를 사회진화론에 의거하여 모두 하나의 경쟁의 원리로서 해석한 것은 그의 제국주의에 대한 이론적 비판능력에 근본적 한계를 설정하였다. 왜냐하면 제국주의를 국제간의 민족경쟁에서의 적자·우자·강자·승자로 보는 것은 우승열패·약육강식의 사회진화론의 원리에 의거할 때에는 강권(強權, *the right of the strongest*)을 묵시적으로 당연시하여 인정하게 되며, 또한 제국주의와의 '외경'에서 패배한 민족의 도태를 '공례'(公例)로서 묵시적으로 인정하게 되는 요소를 내포하기 때문이었다. 이것이 바로 '신채호의 민족주의 이론의 내부모순'이라고 부를 수 있는 것이었다.

신채호는 이러한 그의 '민족주의 이론의 내부모순' 때문에 독립운동과 실천에서는 철저하게 전투적 제국주의 비판과 반제운동을 하면서도 이론적으로는 제국주의를 실천에 대응할 만큼 철저하게 비판하지 못하였다. 뿐만 아니라 이러한 그의 민족주의 이론의 내부모순 때문에 신채호의 민족주의는 제국주의에 대항하는 저항적·대항적 민족주의였음에도 불구하고 끊임없이 제국주의에 대한 선망의 편린을 나타내었다. 신채호는 전투적 민족주의자였을 시기에는 이 이론의 내부모순에 시달렸을 뿐이지 그것을 이론적으로 해결하지는 못했었다. 42)

신채호는 이러한 문제를 안은 채 크로포트킨의 무정부주의의 사회이

---

42) 愼鏞廈, "申采浩의 愛國啓蒙思想(下)," 《韓國學報》, 제 20집(1980) 참조.

론에 접하였다. 신채호는 바쿠닌(Mikhail Bakunin), 프루동(Pierre Joseph Proudhon), 크로포트킨(Peter Kropotkin)과 중국의 이석증(李石曾)·유사복(劉師復), 일본의 고토쿠 슈스이(幸德秋水) 등의 무정부주의 저작들을 읽었으나, 이 중에서 단연 압도적 영향을 신채호에게 준 것은 크로포트킨이었다. 이 사실은 신채호가 석가·공자·예수·맑스·크로포트킨 등 인류의 5대 사상가에 크로포트킨을 넣고 있는 사실이다.[43] 한국의 청년들에게 유독 "아아 크로포트킨의 '청년에게 고하노라'란 논문의 세례를 받자!"[44]고 절규한 곳에서도 잘 나타나고 있다.

신채호가 크로포트킨에 심취한 이유의 핵심은 크로포트킨의 사회학이 사회조직의 일반 원리를 상호부조·상호지지에서 찾아내고, 사회진화의 원동력을 '경쟁'이 아니라 '상호부조'라고 증명하면서, 강권주의와 제국주의를 철저하게 이론적으로 비판하는 부분에 있었다. 크로포트킨은 수많은 무정부주의자 중에서도 다윈의 진화론을 가장 적극적으로 수용하여 '사회진화'의 보편성을 가장 강력하게 주장한 사상가였다. 이 점은 '사회진화' 자체를 무시하거나 등한시한 다른 무정부주의 이론가들과 크게 다른 점이었다. 우선 이 사실이 사회진화론에서 출발한 신채호의 사상에 연결성과 친화력을 갖게 한 것임은 재론의 여지가 없는 것으로 보인다.

그러나 크로포트킨은 인류의 사회조직의 일반원리가 '경쟁'이 아니라 '상호부조'(mutual aid)라고 주장하면서 이것을 역사적·이론적으로 증명하였다. 또한 크로포트킨은 사회진화를 추진하는 원동력으로서 '경쟁', '개인의 자기긍정', '상호부조'의 3요소를 들고 이 중에서 가장 지배적 요인은 경쟁이 아니라 상호부조라고 주장하였다. 크로포트킨은 그의 《상호부조론》(Mutual Aid : A Factor in Evolution)에서 ① 동물의 상호부조, ② 몽매인(蒙昧人)의 상호부조, ③ 야만인의 상호부조, ④

---

43) "浪客의 新年漫筆,"《전집》, 하권, p. 25 참조.
44) 같은 글, p. 30.

중세도시의 상호부조, ⑤ 근대사회의 상호부조로 나누어 동물의 세계에서나 인간사회 속에서는 상호부조가 사회진화의 원동력임을 논증하였다. 크로포트킨은 스펜서의 설명과는 달리, 개별적 투쟁을 가능한 한 적게 하고 상호부조를 가능한 한 많이 발달시킨 종(種)이 적자로서 살아남아 더 번성하고 진화했다는 사실이 증명된다고 하였다.

　　개별적 투쟁을 될 수 있는 대로 적게 하고 상호부조적 습관을 가장
　　많이 발달시킨 동물의 종은 반드시 그 수가 많고, 가장 번성하고,
　　또 가장 진보할 수 있다. 이 경우에 얻는 상호부호와 노령까지 살아
　　서 경험을 쌓을 가능성과, 고도한 지식의 진보와 사교적 습관의 발
　　달은 그 종의 유지와 번식과 진보적 진화를 보장한다. 이와 반대로
　　비사회적 종은 쇠멸하게 된다. 45)

　크로포트킨에 의하면, 인간사회에서는 상호부조가 더욱더 큰 역할을 하는 것으로서, 원시사회로부터 근대사회에 이르기까지 사회진화를 가져온 것을 상호투쟁이 아니라 본질적으로 상호부조였다. 피상적으로 경쟁이 진화를 가져오는 것처럼 보이는 것도 그 내용을 정밀히 들여다보면 경쟁 속에서의 상호부조가 진화를 가져온 것임을 알 수 있다는 것이다. 크로포트킨에 의하면, 경쟁의 극단적 형태인 전쟁은 수백 년간 쌓은 상호부조의 업적을 파괴하는 악이다. 때때로 전쟁이 사회진화를 가져오는 측면이 있는 경우에도 그 내용을 들여다보면 그 진화를 가져오는 것은 전쟁 그 자체가 아니라 전쟁의 과정에 이룩한 인간의 상호부조의 결과인 것이다.

　　다만 한 번의 전쟁도 수백 년간 꾸준히 내려온 상호부조의 원칙의 활
　　동이 빚어낸 선보다도, 더 많은 직접적 또는 차후적 악을 빚어낸다

---

45) Peter Kropotkin, *Mutual Aid : A Factor in Evolution* (1902), 成仁基 譯, 《相
　　互扶助論》(1948), p. 225.

는 것은 누구나 아는 바다. 그러나 동물계에서는 진보적 발달과 상호부조가 병행하고 종의 내부의 투쟁이 그 종의 진보시대에 상응한 것을 보며, 인류계에서는 투쟁과 전쟁에서의 성공까지도 서로 싸우는 각 국민, 각 도시, 각 당파 또는 각 씨족 내부의 상호부조의 발달에 정비례하는 것을 알며, 또 진화과정에서는 이 과정 그 자체도 국민, 도시, 또는 씨족 내부의 상호부조의 진보를 위하여 어느 정도까지 도움이 된다는 것을 알으매, 진보의 일요소로서의 상호부조의 작용이 지배적 세력을 가지고 있다는 것은 이미 인정된 것이다. 그리고 또 상호부조의 실행과 그 계속적 발달이 인류로 하여금 그 예술과 지식과 이성을 발달시킨 사회생활의 모든 조건 그것을 창조하고, 또 이 상호부조적 경향에 기인한 모든 제도가 가장 발달된 시대가 역시 예술과 공업과 과학이 가장 발달된 시대라는 것을 알았다. 46)

크로포트킨은 인류의 문명을 발달시킨 사회생활의 조건을 창조해온 것은 상호부조이며, 앞으로 인류의 이상적 사회생활을 가져올 요소도 상호부조임을 강조한 것이었다. 크로포트킨은 이러한 관점에서 스펜서 등의 사회진화론이 가지고 있는 우승열패·약육강식을 공례로 보는 강권주의를 격렬하게 비판하였다. 동물도 같은 종끼리는 약육강식을 하지 않으며 상호부조하여 진화하는데, 인류가 같은 인류끼리 상호부조하지 않고 약육강식하여 침략하고 압박하고 박삭(剝削)하는 것은 도저히 용납할 수 없는 악이다. 여기서 강권주의·제국주의는 인류의 최대의 악이요 적으로서 철저히 이론적으로 비판되고 부정되는 것이다.

신채호가 일찍이 이론적으로 강권주의·제국주의를 철저하게 비판하지 못했던 그의 민족주의 이론의 내부모순은 크로포트킨의 상호부조의 사회이론을 수용하면 사회진화의 개념을 받아들인 전제 위에서도 용이하게 해결될 수 있었으며, 제국주의와 강권주의를 이론적으로 철저하게 비판하고 근본적으로 부정할 수 있었다. 신채호가 크로포트킨의 상호부조의 사회학에 기울어진 배경과 이유는 사상적으로 이미 형

46) 같은 책, p. 227 참조.

성되어 있었던 것이다. 뿐만 아니라 신채호는 크로포트킨의 '민중혁명
론'에도 심취했던 것으로 보인다. 크로포트킨은 강권주의는 혁명으로
써 타도해야 하며, "모든 혁명은 민중 속에서 시작되는 것이다"[47] 라고
하여 강권주의 타도를 위한 '민중혁명'을 주장하였다.

 3·1운동을 경험하여 민중의 힘을 새로이 발견한 신채호에게 크로
포트킨의 '민중혁명론'은 직접적 호소력을 가진 것이었다고 볼 수 있
다. 신채호는 이같이 크로포트킨 등의 무정부주의 사회이론이 스펜서
등의 사회진화론의 강권주의의 측면도 근본적으로 비판하는 특징에 심
취하기 시작하여 그밖의 무정부주의 사상도 점차 수용하게 된 것이었
다고 이해된다.

 (2) 민족주의에 대한 회의
 신채호의 민족주의에 대한 회의는 상해 임시정부에 대한 실망에서
비롯되었으며, 당시의 민족주의의 사상적 한계성에 대한 발견과도 관
련된 것이었다. 당시의 민족주의는 단순화하면 ① 스펜서 등의 사회진
화론에 기초한 민족주의와 ② 루소 등의 민권사상에 기초한 민족주의
로 나눌 수 있는데, 민족주의가 어느 계통의 사상에 더 기반을 많이
두고 있는가에 따라 그 포용의 폭에 큰 차이를 내고 있었다. 신채호의
민족주의와 당시 한국 독립운동가들의 민족주의는 그 발전과정에서 불
가피하게 스펜서 등의 사회진화론에 더 많이 기초했으며, 루소 등의
사상은 민족주의와는 별개의 민권사상으로 이해하고 있었다.[48]
 스펜서 등의 사회진화론은 본질적으로 경쟁에서의 강자의 이론이며
세계사적으로 당시 성공하여 부와 권력을 장악한 시민층(부르주아)의

---

47) Peter Kropotkin, *La Science Moderne et l'Anarchie*(1912), 李乙奎 譯, 《現代
  科學과 아나키즘》(1973), p. 139.
48) "二十世紀 新國民," 《전집》, 별집, p. 213에서 볼 수 있는 바와 같이 신채호는
  루소(Jean Jacque Rousseau)를 읽고 이를 그의 사상에 흡수했으나 이를 '평등
  자유정신'의 민주주의 사상으로 이해하였으며, 루소의 民族主義思想에는 눈을
  돌리지 않고 있다.

옹호이론이었다. 이러한 이론에 기초한 민족주의는 시민적 편협성이 강하고 시민층 이하의 민중을 포용하기에는 폭이 좁을 수밖에 없었다. 신채호는 3·1운동 후에 그의 민족주의를 루소류의 사상의 방향으로 심화시키지 않고 크로포트킨에 접하여 민족주의에 대한 근본적 회의를 갖게 된 것이라고 이해된다.

(3) 공산주의에 대한 비판

신채호는 3·1운동을 전후하여 한국의 독립운동가들과 국민들 사이에 퍼지기 시작한 공산주의에 대해서도 비판적 견해를 갖고 있었다. 49) 신채호의 후기의 주장과 관련하여 보면 그의 공산주의에 대한 비판은 주로 두 가지 점에 집중되었던 것으로 보인다.

첫째는 공산주의의 '프롤레타리아 독재론'을 '공산전제'라고 비판하는 것이다. 신채호는 전투적 민족주의자의 시기부터 '자유'를 매우 중시하였고 '전제'와 '독재'를 비판하였다. 신채호의 생각에는 공산주의의 '프롤레타리아 독재론'은 또 하나의 새로운 전제로 보았고 또 하나의 새로운 강권주의의 사상으로 판단되었던 것으로 보인다.

둘째는 공산주의의 모스크바 추종을 '사대적'인 것으로 비판하는 것이다. 신채호는 전 생애를 통하여 사상적으로나 실천적으로나 '주체성'이 매우 강하였다. 이러한 그의 생각으로는 한국의 공산주의가 국제공산주의 운동에 추종한다는 이름 아래 모스크바의 지시에 따라 움직이는 것이 민족적 주체성을 잃은 새로운 '소련 사대주의'로 보였다.

신채호의 이러한 공산주의 비판은 근본적으로 이 무렵의 재중국(在中國) 조선무정부주의자들의 공산주의 비판을 따른 것이었다고 볼 수 있다. 당시와 그 후의 재중국 조선무정부주의자들은 공산주의와 공산주의 독립운동노선을 '사이비혁명적 허식인 공산전제'라고 비판했으며, '공산당 이용자의 애매한 사대사상'이라고 비판하였다. 50)

---

49) "龍과 龍의 大激戰," 같은 책, p. 280에서 신채호는 예컨대 "공산당의 대조류에 독립군이 떠나갑니다"라고 하여 공산주의를 비판적으로 보고 있다.

(4) 무정부주의의 자유연합론(自由聯合論)에의 공감

신채호는 이 시기의 다른 사상가들과 비슷하게 자유와 평등을 매우 귀중한 가치로 생각하였다. 신채호는 3·1운동 후 민중의 결정적 중요성을 자각한 후에, 민족주의 독립운동노선과 공산주의 독립운동노선의 분열과 대립과 상호비판 속에서, 민족주의는 자유를 보장하나 평등을 희생하는 경향이고, 공산주의는 평등을 보장하나 자유를 희생하는 경향이 있는 것으로 관찰하였다. 신채호의 당시의 눈에는 무정부주의야말로 자유와 평등을 다 함께 보장하는 사상으로 비쳤다. 무정부주의는 공산주의와 달리 개인의 절대적 자유를 무엇보다도 강조했으며, 개인적 자유와 사회적 평등을 동시에 실현하는 방식으로서 '개인의 자유로운 결합에 의거한 소규모 결사체의 자유연합'의 사회를 주장하고 있었다.

신채호는 무정부주의를 '기성(旣成)의 국체를 변혁하여 다같이 자유로서 잘 살자는 것'[51]이라고 하여, '다같이 평등하게 잘 살자는 것'이 아니라 '다같이 자유로서 잘 살자는 것'으로 이해하였다. 뿐만 아니라 당시의 무정부주의는 신채호가 당시 매우 중시하던 민중을 무엇보다도 강조했으며, 무정부주의 운동방법인 폭력방법도 언제나 과격한 성향을 가졌던 신채호에게는 당연하고 적합한 것이라고 판단되었던 것으로 보인다. 이러한 당시 무정부주의의 주장들에 신채호는 공감을 가져서 점차 무정부주의에로 기울어졌다고 볼 수 있다.

(5) "조선혁명선언"의 집필

신채호를 민족주의자로부터 무정부주의자로 전환케 하는 데 작용한 이상과 같은 사회적 조건과 사상적 배경을 기초로 하여, 신채호가 무정부주의자로 전환하기 시작한 직접적 계기를 이룬 것이 의열단의 요청에 의거한 "조선혁명선언"의 집필이었다. 의열단의 의백(義伯) 김원

---

50) 《最近に於ける朝鮮治安狀況》(朝鮮總督府 警察局, 1933) p. 276 참조.

51) 《東亞日報》(1929. 10. 7), "제 4의 공판기사,"《전집》, 하권, p. 433.

봉은 1922년 12월 북경에서 신채호에게 의열단의 독립운동의 이념과
방법을 천명하고 "조선혁명선언" 집필을 요청하였다.[52]

신채호는 김원봉과 그 이전부터 친분이 있었다. 김원봉은 신민회에
서 세운 신흥무관학교를 졸업하고 폭탄제조법도 신흥무관학교에서 배
웠으며, 신채호는 신민회의 주요 간부로서 신흥무관학교에 관련을 갖
고 있었다. 김원봉은 의열단 창건 후 상해 임시정부와는 관련이 없었
으며, 신채호 등의 북경 군사통일회를 지지하고 언제나 무장투쟁노선
을 지지하였다. 김원봉은 1921년 4월의 신채호가 주동이 된 이승만의
위임통치안에 대한 "성토문"에 신채호 등 54명과 함께 공동서명하였
다.[53] 신채호와 김원봉은 나이로 보나 신흥무관학교의 관계로 보나
사제간과 비슷한 처지였으나 독립운동에서는 친밀한 동지였다.

1922년 말 당시의 김원봉은 열렬한 혁명적 민족주의자였다. 김원봉
의 민족주의는 실천활동을 몹시 중시해서 의열단의 공약과 방법에 동
조하는 청년이면 무정부주의자나 공산주의자일지라도 가입시키는 포
용력을 가지고 있었다. 이 때문에 의열단에는 민족주의자들뿐만 아니
라 무정부주의자나 공산주의 사상을 가진 청년들도 가입되었다.

의열단은 1919년 11월 창단 이후 크게 성장해서 단원도 현저히 증
가하고 업적도 크게 내었으나 실천활동에 치중한 나머지 의열단의 이
념을 정교화하고 이론화하는 일은 잘하지 못하고 있었다. 그러나 의열
단이 급성장함에 따라 그 이념을 이론적으로 정교화할 필요가 절실하
게 되었다. 또한 의열단의 암살·파괴·폭동의 방법에 대해서 일부 독
립운동가들 사이에서 비판과 비난이 있었으므로 그 운동방법의 해설과
합리화도 절실히 필요하게 되어 있었다.[54] 김원봉은 이에 신채호에게

---

52) 《若山과 義烈團》, pp. 104~105 참조.
53) "聲討文,"《전집》, 별집, p. 90 참조.
54) 《若山과 義烈團》, p. 104. "若山은 진작부터 의열단이 주장하는 바를 문서로
　　작성하여 이를 널리 천하게 공표할 뜻을 가지고 있었다. 암살과 파괴만이 능
　　사가 아니다. 행동만이 있고 선전이 뒤따르지 않을 때, 일반 민중은 행동에 나

의열단의 이념과 방법을 천명하는 "조선혁명선언"의 집필을 의뢰하였고, 의열단 운동에 친화력을 느끼고 있던 신채호는 이를 쾌히 승낙하여 "조선혁명선언"을 집필하게 된 것이다.

여기서 우리의 주제와 관련하여 주목할 것은 김원봉이 신채호에 "조선혁명선언"의 집필을 의뢰하면서 이 작업의 의열단측 책임자로 유자명(柳子明, 본명 柳興湜)이라는 인물을 선정하여 합숙시킨 사실이다. 유자명이 당시에 바로 무정부주의자였던 것이다. 유자명은 충북 음성인으로서 수원농림학교에서 수학하고 3·1운동에 참가한 후 바로 북경으로 망명하여 주로 북경대학의 오치휘(吳稚暉)·이석증(李石曾) 등 무정부주의자 그룹의 영향을 받고, 무정부주의자가 되었다. 그는 3·1운동 직후에는 상해 임시정부의 수립에 참가했으며, 그 후 의열단의 독립운동에 동조하여 1921년 의열단에 가입하고, 의열단의 가장 탁월한 이론가로서 활약하고 있었다. 신채호는 김원봉 등과 함께 상해로 가서 의열단의 폭탄제조소를 시찰한 다음 한 호텔에서 의열단의 선언문으로 "조선혁명선언"을 집필하면서 청년 유자명으로부터 의열단의 혁명이념과 함께 무정부주의 이론을 체계적으로 설명 듣게 되었다.

한 지식인이 독립운동단체의 의뢰를 받고 그 단체의 선언문을 기초할 때 그 단체의 대표이론가의 설명을 들어 그 영향을 받는 것은 당연한 일이라고 할 수 있다. 또한 이 과정에서 그 지식인이 특정단체의 이념을 나타내는 선언서를 기초하다가 그 이념의 사상가로 전환하는 일도 자주 있는 일인 것이다. 신채호는 의열단의 선언문으로서 1개월여의 산고 끝에 마침내 1923년 1월 6,400여 자의 웅장한 "조선혁명선언"을 완성했다. 신채호의 이 노작은 김원봉과 의열단원들을 감격시켰다.[55]

타난 폭력만을 보고, 그 폭력 속에 들어 있는 바 정신을 이해하지 못할 것이다. 不絶하는 폭력과 함께 또한 꾸준한 선전과 선동과 계몽이 반드시 있어야만 한다." 참조.

55) 같은 책, pp. 108~120 참조.

신채호의 "조선혁명선언"(朝鮮革命宣言)의 내용에는 그 집필과정에서 민족주의와 함께 무정부주의적 요소가 깊이 들어가게 되었다. 즉, "조선혁명선언"에는 민족주의와 무정부주의가 혼효(混淆)하여 공존하게 된 것이다. 신채호의 민족주의로부터 무정부주의로의 사상적 전환에 "조선혁명선언"과 유자명은 의미심장한 것이다. 신채호는 "조선혁명선언"의 집필을 계기로 서서히 무정부주의자로 전환하기 시작한 것이며, 유자명을 통하여 무정부주의를 본격적으로 알게 된 것이었다.

3. 무정부주의로의 전환

신채호는 1923년 1월 "조선혁명선언"의 집필을 전환점으로 하여 현저히 무정부주의로 기울어지기 시작하였으나 바로 무정부주의자로 전환한 것은 아니었다. 국민대표회의의 실패 이후 1923년경부터 중국에 있던 한국의 독립운동가들 일부에서는 이회영(李會榮)을 원로로, 유자명을 이론가로 하여 중국의 무정부주의자 이석증(李石曾) 등과 접촉을 가지면서 무정부주의를 공부하는 분위기가 고조되었으며, 신채호도 그들과 함께 무정부주의를 공부하였다. 그러나 1924년 4월에 이회영·유자명·이을규(李乙奎)·이정규(李正奎)·정화암(鄭華岩)·백정기(白貞基) 등이 중심이 되어 북경에서 재중국 조선무정부주의자연맹을 조직할 때에 신채호는 북경에 있으면서도 이에 참가하지 않았다.[56] 이 연맹이 기관지로서 순간(旬刊)《정의공보》(正義公報)를 발행했을 때에도 주간을 이회영이 맡았으며, 신채호는 이에 참가도, 기고도 하지 않았다. 이 사실은 신채호의 민족주의에의 집착이 얼마나

---

56)《韓國아나키즘 運動史》(無政府主義運動史 編纂委員會, 1978), 前篇, p. 129
   참조.

큰 것이었는가를 시사해 준다.

그러나 신채호의 1924년에 쓴 "문제 없는 논문"에서는 무정부주의 사상의 요소가 일부 보이며, 1925년에 쓴 "낭객(浪客)의 신년만필(新年漫筆)"은 무정부주의의 논문으로 되어 있는 것으로 보아 그가 무정부주의로 더욱 기울고 있었던 것은 틀림없다. 그가 재중국 조선무정부주의자연맹에 가입한 것은 1926년으로 보인다.[57]

일단 무정부주의 조직체에 가입하게 되자 그의 성격대로 적극적 활동을 시작하였다. 중국의 천진에서 1927년 9월에 광동에 있던 중국 무정부주의자 서건(黍健)의 발의로 조선·중국·일본·대만·베트남·인도 등 6개국 대표 120여 명이 모여 무정부주의 동방연맹(東方聯盟, 일명 A 동방연맹)을 조직하게 되자 신채호는 이필현(李弼鉉, 일명 李志永·李三永)과 함께 조선대표로 참가하였다. 신채호가 이 회의의 '조선대표'라는 사실에서 그가 무정부주의자로서 얼마나 적극적으로 활동했는가를 알 수 있다.[58]

무정부주의 동방연맹은 이때 북경 교외에 폭탄총기공장을 설치하고 독일인 기사를 초빙해 폭탄과 총기를 제조하여 동방연맹에 가맹한 각국으로 보내어 무정부주의 운동을 전개하도록 하고 또한 선전기관을 설치하기로 하여 총예산을 25만 원으로 책정하였다. 이 회의에서 각국 대표들은 각각 자기 나라로 돌아가서 상호연락하면서 무정부주의의 목적을 달성하기로 선서하고 본부를 상해에 두기로 결정한 후 산회하였다.[59] 신채호는 이듬해인 1928년 4월에 스스로 주동이 되어 한국인을 중심으로 한 무정부주의동방연맹 북경회의(北京會議)를 개최하였다. 신채호가 1928년에 쓴 유명한 "선언문"은 이 회의의 선언문인 것이다.[60] 이 회의에서 신채호는 이 연맹의 선전기관(잡지 또는 신문)을

57) 《東亞日報》(1929. 4. 8), "제3회 공판기사,"《전집》, 하권, p. 432 참조.
58) 《朝鮮日報》(1929. 2. 12), "제2회 공판기사" 참조.
59) 《朝鮮日報》(1928. 12. 28), "제1회 공판기사" 참조.
60) "宣言文,"《전집》, 하권, pp. 47~50 참조.

설립할 것과 일제 관공서를 폭파하기 위한 폭탄제조소의 설치를 결의
하였다.

신채호는 이 회의 결의를 실천하기 위하여 잡지 발행의 자금을 마련
하려고 북경우무(北京郵務) 관리국 외국위체계(外國爲替係)에 근무하
는 대만인 무정부주의자 임병문(林炳文)과 협의하여 외국위체 2백 매
를 위조인쇄하여 액면총계 6만 4천 원을 일본·대만·조선·관동주(關
東州) 등의 중요한 32개소의 우편국에 유치위체(留置爲替)로 발송한
후 이 자금을 찾아 쓰기로 하였다.[61] 이 자금을 찾는 데는 지역을 바
꾸어 임병문이 관동주와 조선을 담당하고, 이필현은 일본을 맡고, 신
채호는 대만을 담당하기로 정하였다.

임병문은 1928년 4월 25일에 대련은행(大連銀行)에서 위체(爲替) 2
천 원을 대련 화북물산공사 장도화(張同華)라 칭하고 찾아서 북경의
이필현에게 부치고 일본 모지(門司)를 거쳐 고베(神戶)에 도착해서
고베일본은행에서 2천 원을 찾으려다가 일본 경찰에 먼저 체포되었다.
신채호는 1928년 5월 8일에 유병택(柳炳澤)이라는 가명으로 책임액 1
만 2천 원을 찾기 위하여 일본 모지를 거쳐 대만 기륭항(基隆港)에 도
착해서 상륙하려다가 기륭 수상서원(水上署員)에게 체포되었다.[62] 신

---

61) 《東亞日報》(1929.2.12), "제 2회 공판기사,"《전집》, 하권, p.428에서 보는
바와 같이 신채호는 이 國際換僞造事件에 대하여 죄의식을 갖고 있지 않았다.
재판과정에서 신채호는 다음과 같이 말한다.

　裁 : 그대는 國際爲替를 사기하려고 하였나?
　申 : 그렇소.
　裁 : 그것은 무엇에 쓰려고 한 것인가?
　申 : 동방연맹에 자금으로 쓰되 爲先 主義 선전잡지를 발간하여 동지를 규합
　　　코자 한 것이오.
　裁 : 사기를 나쁘다고 생각지 않나?
　申 : 우리 ○○가 ○○를 하기 위하여 취하는 수단은 모두 정당한 것이나 사
　　　기가 아니며, ××××××××××××××××××× 할지라도 양심
　　　에 부끄럼이나 거리낌이 없소.

채호의 무정부주의자로서의 활동은 이것으로 종결되고, 10년형을 언도받아 복역하다가 1936년 2월 21일 옥중에서 순국하였다.

일부의 연구자들 사이에서는 신채호가 민족주의자로부터 무정부주의자로 전환한 사실을 애써 부인하거나 감추려는 경향이 있다. 그러나 우리는 그럴 필요가 없다고 생각한다. 신채호가 무정부주의로 전환한 것은 사실이므로 이를 인정하고, 왜 그가 무정부주의로 전환했는가 그 이유를 과학적으로 인식하고 밝히는 일이 필요한 것이라고 생각된다. 신채호는 제1회 공판(1928년 12월 13일)에서 그가 의심 없는 무정부주의자임을 다음과 같이 스스로 인정하였다.

> 裁 : 그대는 언제부터 무정부주의에 공명하였나?
> 申 : 내가 황성신문사에 있을 때에 幸德秋水의 무정부주의의 長廣舌을 읽은 때부터이오.
> 裁 : 그대는 아나키스트인가?
> 申 : 나는 의심 없는 무정부주의자요. [63]

신채호는 제3회 공판(1929년 4월 4일)에서는 그가 무정부주의자임은 틀림이 없되 황성신문사에 있을 때 고토쿠 슈스이(幸德秋水)의 저작을 읽고 무정부주의에 공명하여 무정부주의자가 되었다는 말은 다음과 같이 수정하여 부정하였다.

> 다만 나는 그간 오랫동안 옥중에 시달리어 이따끔 정신상 착각이 되므로 내가 한 말도 알 수가 없으니, 이전에 말한 것은 다 어떻게 되었는지 모르겠지만, 前審 供述한 가운데서 어렴풋이 기억되는 점은 내가 본시 무정부주의연맹을 조직할 때 어떤 책자를 보고 동기가 되었다고 말한 듯하나, 절대로 그런 것은 아니고 오직 현 제국주의 제도에 불평과 약소민족의 미래를 위하여 단행한 것이다. [64]

---

62) 《朝鮮日報》(1928. 12. 28), "제1회 공판기사" 참조.
63) 같은 글 참조.

즉 신채호는 그가 무정부주의자가 된 동기는 절대로 고토쿠 슈스이 등의 저작을 읽어서 된 것이 아니고 당시의 제국주의 제도의 불균형을 타파하고 약소민족의 미래를 위하여 전환을 단행한 것이라고 명백히 밝히고 있다.

신채호는 제 4회 공판(1929년 10월 3일)에서 재판관의 유도심문을 피하면서 그가 무정부주의동방연맹에 가입하게 된 직접적 계기는 대만인 임병문의 소개임을 다음과 같이 밝히고 있다.

> 裁 : 그 후 일본 무정부주의자 幸德秋水의 저작한 책을 보고, 공명하여 李弼鉉의 소개로 동방연맹에 가입하였던가?
>
> 申 : 幸德秋水의 저서가 가장 합리한 줄 알았으며, 동방연맹에 가입한 것은 이필현의 소개가 아니오.
>
> 裁 : 동방연맹에는 大正 13년경에 入會하였으며, 그때 李弼鉉과 안일이 있었던가?
>
> 申 : 일본 연대를 써보지 못하여 大正 몇 년이란 것을 모르며, 어쨌든지 지금부터 삼 년 전 여름에 입회하였노라 ….
>
> 裁 : 동방연맹의 主將은 누구이었던가?
>
> 申 : 林炳文이었소.
>
> 裁 : 그러면 피고는 林의 소개로 입회하였던가?
>
> 申 : 그렇소. 65)

위의 세 자료에서도 거듭 명백해지는 바와 같이 신채호가 만년에 무정부주의에로 전환한 것은 의문의 여지 없이 틀림없는 사실이다. 또한 신채호가 무정부주의에로 전환한 동기는 그 스스로 명백히 밝히고 있는 바와 같이 일반적으로는 '당시의 제국주의 제도의 민족간의 불평등을 타파하고 약소민족의 미래를 위한 것'이었으며, 더 직접적으로는 '일본 제국주의로부터의 한국 민족의 해방과 독립을 쟁취하기 위한 것'

---

64) 《東亞日報》(1929. 4. 8), "제 3회 공판기사," 《전집》, 하권, pp. 431~432.
65) 《東亞日報》(1929. 1. 7), "제 4회 공판기사," 《전집》, 하권, pp. 431~432.

이었음도 의문의 여지없는 사실이다.

다음에 신채호의 저작들을 통하여 "조선혁명선언" 이후의 그의 무정
부주의 독립사상의 내용을 알아보기로 한다.

4. 신채호의 무정부주의 독립사상

1) 무정부주의적 세계관

다시 한 번 요약하여 강조하면, 신채호는 1926년 재중국 조선무정
부주의자연맹에 가입하였다. 또 1927년에는 중국의 천진에서 중국·
한국·일본·대만·인도·베트남 등 6개 민족의 무정부주의자들이 모
여 무정부주의동방연맹을 조직하게 되자, 신채호는 '조선대표'로 이에
참가하여 적극적으로 활동하였다.

우리는 때때로 신채호가 "조선혁명선언" 집필 이후 무정부주의에 관
심을 가졌으나 그것은 민족주의의 실천을 위한 수단으로서 무정부주의
의 방법을 채택한 것뿐이라는 견해에 부딪히게 된다. 그러나 이것은 사
실과 다른 것이다. 이 무렵의 신채호는 그 스스로 무정부주의 사상에
공감을 갖고 그 자신이 진정한 무정부주의자가 되어 있었다. 무엇보다
도 "조선혁명선언"이후의 신채호의 작품들인 "문제 없는 논문"(1924),
"낭객의 신년만필"(1925), "선언문"(1928), "용과 용의 대격전"(1928)
등을 비롯하여 이 무렵의 그의 논문들이 이 사실을 증명하고 있다. 뿐
만 아니라 이 무렵의 신채호의 무정부주의자로서의 활동이 또한 이를
잘 증명해주고 있다.

신채호는 1928년 4월 대만인 동지 임병문 등과 함께 무정부주의동
방연맹 북경회의를 개최하는 데 주동적 역할을 하였다. 신채호는 이
회의에서 "선언문"을 작성하고, 동지들과 함께 이 연맹의 선전기관(잡
지 또는 신문)을 설립할 것과 일제 관공서를 폭파하기 위한 폭탄제조소

의 설치를 결의하였다. 신채호는 이 회의의 결의를 실천하기 위하여 잡지발행의 자금을 마련하려고 북경 우무(郵務) 관리국에 근무하는 임병문과 함께 외국위체(外國爲替)를 위조했다가 1928년 5월에 기륭수상서원(基隆水上署員)에게 체포되어 투옥되었던 것이다. 신채호는 그의 최후의 독립운동을 무정부주의로써 마무리한 것이었다. 그러므로 신채호의 사회사상의 전부를 알기 위해서는 그의 무정부주의 사상을 반드시 고찰할 필요가 있다.

신채호는 이 무렵에 1920년대의 세계와 동양과 한국을 무정부주의적 세계관에 의거하여 설명하였다. 신채호에 의하면, 1920년대의 세계는 '자본주의 강도제국'이 세계 무산대중을 생존하기 어려울 만큼 착취하는 상태의 세계이다. 특히 '자본주의 강도제국'은 동방의 각 식민지 무산민중을 뼈까지 모두 착취하여, 동방의 식민지 무산민중은 죽음보다도 더 어둡고 참담한 부생존(不生存)의 생존을 하고 있다고 그는 지적하였다.

> 우리의 세계 무산대중! 더욱 우리 동방 각 식민지 무산민중의 血・皮・肉・骨을 빨고, 짜고, 씹고, 물고, 깨물어 먹어온 자본주의의 강도제국 野獸群들은 지금에 그 창자가 꿰어지려 한다. 배가 터지려 한다. 그래서 彼等이 그 최후의 발악으로 우리 무산민중 ― 더욱 동방 각 식민지 민중을 대가리에서부터 발끝까지 박박 찢으며 아삭아삭 깨물어, 우리 민중은 死滅보다도 더 陰慘한 不生存의 生存을 가지고 있다. 아, 세계 무산민중의 생존! 동방 무산민중의 생존![66]

신채호는 자본주의 제국의 지배계급과 '세계 및 동방 무산민중'과의 대립관계를 격렬한 필치로 묘사하였다.[67] 신채호에 의하면, 소수는 다수에게 지는 것이 원칙이다. 그런데 '최대다수인 민중이 최소수인' 지

---

66) "宣言文,"《전집》, 하권, p. 47.
67) "龍과 龍의 大激戰,"《전집》, 하권, p. 276 참조.

배계급에게 도리어 착취당하고 박멸당하는가 라는 문제를 제기하였다.

> 소수가 다수에게 지는 것이 원칙이라 하면, 왜 최대 다수의 민중이
> 최소수인 야수적 강도들에게 피를 빨리고 고기를 찢기느냐? 왜 우리
> 민중의 피와 고기가 아니면 굶어 뒈질 강도들을 박멸하지 못하고 도
> 리어 그놈들에게 박멸을 당하느냐? 彼等의 군대 까닭일까? 경찰 까
> 닭일까? 군함・비행기・대포・장총・장갑차・독가스 등 凶慘한 무
> 기 까닭일까? 아니다. 이는 그 결과요, 원인이 아니다. 68)

신채호는 이 문제에 대한 해답을 전적으로 무정부주의적 세계관에
의하여 설명하고 있다. 그에 의하면, 지배계급의 민중지배는 역사적
으로 오랜 기간에 걸쳐 형성되고 발달된 것이다. 원래는 민중들이 자
유롭고 평등한 사회에서 살았는데, 소수의 사람들이 민중들을 속여 지
배자의 지위를 얻어서 민중을 조직적으로 영원히 약탈하려는 정치와
정부와 법률과 윤리 등을 만들고 민중의 노예적 복종을 가르치고 세뇌
시켜 왔다는 것이다.

> 彼等은 역사적으로 발달 성장하여온 累千年이나 묵은 괴동물들이
> 다. 이 괴동물들이 맨 처음에 교활하게 자유・평등의 사회에서 사는
> 우리 민중을 속이어 지배자의 지위를 얻어서, 그 약탈행위를 조직적
> 으로 백주에 행하려는 이른바 政治를 만들며, 약탈의 소득을 분배하
> 려는 곧 '人肉 分臟所'인 이른바 정부를 두며, 그리고 영원 무궁히
> 그 지위를 누리려 하여 반항하려는 민중을 제재하는 이른바 법률・
> 형법 등 부어터진 조문을 제정하며, 민중의 노예적 복종을 시키려
> 는, 이른바 명분・윤리 등 먼동이 같은 도덕률을 조작하였다. 69)

신채호의 이러한 관점은 전형적인 무정부주의적 세계관을 나타내는

68) "宣言文," 앞의 책, p. 47.
69) 같은 글, p. 48.

것이다. 신채호는 비단 정치·정부·법률·형법·윤리·도덕뿐만 아
니라 과학자·문학가도 "학설로써 지배계급의 권리를 옹호하며 시와
소설로써 지배계급의 장엄을 구가하는 지배계급의 주구(走狗)"[70] 라고
보았으며, 기자·학자·문인·교수도 마찬가지로 지배계급의 주구라
고 보았다.[71] 신채호는 역사에 큰 인물로 전해지는 제왕·성현도 지
배계급의 '주구'들에 불과한 것이라고 해석하였다.

신채호는 역사상 민중이 지배계급의 약탈에 견딜 수 없어 반항적 혁
명을 한 때도 많았지만 결국은 위와 같은 교활한(狡猾漢)들에 속아서
지배자의 지위를 허여하여 폭군으로써 폭군을 바꾸는 역사의 되풀이를
해온 것이 다수의 민중이 소수의 지배자들의 압박을 계속 받아오게 된
원인이라고 설명하였다.

> 동서 역사에 전하여온 帝王·聖賢이, 강도나 야수를 옹호한 강도 야
> 수의 主構들이다. 민중이 왕왕 그 약탈에 견딜 수 없어 반항적 혁명
> 을 행한 때도 많았지만, 마침내 기개 狡猾漢에 속아 다시 그 강도적
> 지배자의 지위를 허여하여 以暴易暴의 현상으로서 역사를 繰返하고
> 말았다. 이것이 곧 다수의 민중으로 소수의 야수들의 유린을 당하
> 여온 원인이다.[72]

신채호는 이러한 원인으로 "인세(人世)의 지배계급의 세력은 모두
민중의 시인으로 존재한 것인즉 민중이 만일 철저히 부인만 하면 모든
세력이 추풍의 낙엽"[73] 이 되는 것이라고 설명하였다.

신채호는 근대에 이르러 지배계급이 과학과 기계의 수단을 절취하
여 모든 정치적·경제적·상공업적·군용적 시설들을 확대하고 증가
시켜서 온 지구를 무산민중을 가루가 되도록 가는 한 개의 맷돌짝으로

---

70) "龍과 龍의 大激戰,"《전집》, 별집, p. 278.
71) "宣言文," 앞의 책, p. 49 참조.
72) 같은 글, p. 48.
73) "龍과 龍의 大激戰," 앞의 책, p. 289.

412

만들어놓고서도 민중의 참상에는 눈을 주지 않는 상태에 있다고 날카
롭게 비판하였다.

> 彼等 야수들이 중세기 이래 자유도시에서 발달하여오는 과학과 공업
> 적 기계 — 증기기계·전기기계 등을 竊取하여 나날이 정치적·경제
> 적·상공업적·군용적 모든 시설을 확대하며 증가하여 麗然한 大地
> 球가 우리 무산민중의 頭腦身骨을 가루가 되도록 갈고 있는 일개의
> 맷돌짝이 되고 말았다. 그러나 彼等은 우리 민중의 참상에는 눈이
> 멀었다. 우리 민중의 비명과 哀呼에는 귀가 먹었다. 彼等은 다만 우
> 리 민중의 고기를 먹는 입만 딱 벌리고 있다.[74]

신채호는 이 시기에는 우리나라의 역사와 사회에 대해서도 무정부
주의적 세계관에 의거하여 이를 해석하였다. 그에 의하면, 우리나라
에도 고대부터 고정된 신분제도가 있어서 그 차별이 극심하였으므로
우리의 선민(先民)들도 이를 타파하려고 자주 반역혁명의 시도를 하였
다. 그러나 매시대마다 혁명의 싹은 이민족의 침략 때문에 멸절되었다
고 신채호는 지적하였다.

신채호에 의하면, 삼국시대에는 당의 침략으로 말미암아 고구려·
백제가 멸망함으로써 그 싹이 꺾였으며, 고려시대에는 '양반 대 군주
의 쟁투'와 '노예(및 雜類) 대 양반의 쟁투'가 있었으나 몽골의 침략으
로 그 영향이 없어졌고, 조선시대에는 소년계(少年稧)·검계(劍稧)·
양반살육계(兩班殺戮稧) 등 비밀혁명단체가 분기하였으나 임진왜란의
8년 전란으로 온 나라가 피폐하게 됨에 따라 그 씨앗까지 절멸되었다.

> 우리 조선이 고대부터 고정한 계급제가 있어 고구려의 五部, 백제의
> 八姓, 신라의 三骨이 모두 귀와 부를 소유한 자의 별명이다. … 우리
> 선민들이 이것을 타파하여 사회문제를 해결하려 하여 반역혁명의 종

---
74) "宣言文," 앞의 책, p. 48.

적이 그 모호불비한 역사의 기록 속에도 자주 출몰하였으나 당의 外
寇가 麗·濟 양국을 유린하며 그 맹아가 摧折되며, 고려 일대에 더
욱 양반 대 군주의 쟁투, 노예·잡류 대 양반의 쟁투에 누차의 유혈
이 있었으나, 몽고의 외구가 침입하여 그 영향이 沈寂하였으며, 李
太祖가 고려대의 四制遺弊를 개혁하여 빈부의 조화를 도모하였으
나, 그 귀천의 계급이 존재하므로 미구에 다시 그 罅隙이 爆裂하여
少年稧·劍稧·兩班殺戮稧 등 비밀혁명단체가 紛起하더니 또한 임
진란의 8년 兵火로 말미암아 八道가 瘡殘함에 드디어 그 종자까지
멸절되었다. 75)

신채호는 조선왕조의 유교와 풍기(風氣)에 대해서도 성리학이라고
하는 "비도덕률의 도덕률이 인심을 속박하여, 관습이 성경이 되고 복
종이 미덕이 되어, 아무리 비상한 용사라도 그 범위를 뛰어날 수 없는
사회니, 수백 년래의 조선이 그런 사회가 아니었더냐"76)고 비판하였
다. 신채호는 우리나라의 역사를 평하여 "사회진화의 경로를 개척하려
는 혁명이 매양 반혁명적 외구(外寇) 때문에 붕괴"77)되었던 역사라고
관찰하였다.

신채호는 일제치하의 한국사회는 "조선혁명선언"에서 밝힌 바와 같
이 일제의 가혹하기 비할 데 없는 식민지 무단통치의 탄압과 착취에
의해 "환해(環海) 삼천리가 일개 대감옥"78)의 실태에 있다고 고발하였
다. 그는 일제 치하에서 한국인들이 "송곳못으로 박을 땅도 없이 타인
(일본인)에게 빼앗기고 소수의 상업가들은 선진국(일본) 생산품의 수
입을 소개하는 중간에서 떨어지는 밥풀을 주워먹게 되고, (일제의) 경
찰과 군대가 끊임없이 위압을 주는 판"79)에서 일부 사람들은 '금전주

---

75) "浪客의 新年漫筆,"《전집》, 하권, pp. 27~28.
76) "思想家의 勞力을 要求하는 때," 같은 책, p. 154.
77) "浪客의 新年漫筆," 같은 책, p. 28.
78) "朝鮮革命宣言," 제1장, 같은 책, p. 36.
79) "浪客의 新年漫筆," 같은 책, p. 28.

의'[80] 에 현혹되고 있지만 이것은 모두 말기의 환상에 불과한 것이라고 지적하였다.

신채호는 일제 치하의 한국사회의 현실은 일제의 야수적 강도들이 조선민중을 "대가리에서부터 발끝까지 박박 찢으며 아삭아삭 깨물어, 우리 민중은 사멸보다도 더 음참(陰慘)한 불생존(不生存)의 생존"[81] 을 영위하고 있는 것이라고 지적하고, 일제 치하에서 조선민중이 가진 것은 '고통'뿐이라고 천명하였다. "우리는 아무 소유가 없다. 소유가 있다면 오직 고통 그것뿐이다."[82]

신채호는 이러한 관점에서 그 타개책을 무정부주의 혁명에서 구하려고 한 것이었다. 신채호는 이러한 고통 속에서 한국민중이 하루살이처럼 간절히 비는 것은 그저 감옥에나 가지 않고, 타국 타향의 비렁거지나 되지 않고 자살이나 하지 않게 되기를 바라는 것뿐이다 라고 묘사하였다.

> …"금년에는 稅納이나 많이 안 물리도록 하여주옵소서. 금년에는 賭租나 많이 안 달라게 하여주옵소서. 금년에는 감옥구경이나 않게 하여주옵소서. 금년에는 생활난에 철도 자살이나 없게 하여주옵소서. 금년에는 타국 타향에 비렁거지나 안되게 하여주옵소서. 금년에는 ○○○○○○○이 흥왕하게 하여 주옵소서" 하면서 손이 발이 되도록 빈다.[83]

신채호는 당시의 역사와 사회에 대한 이러한 관점에서 그 타개책을 무정부주의 혁명에서 구하려고 한 것이었다.

---

80) "問題 없는 論文," 같은 책, p. 158.

81) "宣言文,"《전집》, 하권, p. 47.

82) "豫言家가 본 戊辰," 같은 책, p. 161.

83) "龍과 龍의 大激戰,"《전집》, 별집, p. 276.

2) 무정부주의 혁명의 선언

  신채호는 1928년경에는 일본 제국주의로부터 조선이 해방되려면 무
정부주의 혁명이 가장 좋은 길이라고 생각하였다. 신채호를 포함해서
1928년 전후의 재중국 조선무정부주의자들은 민족주의 혁명과 공산주
의 혁명은 모두 사이비 혁명이고 무정부주의 혁명만이 진정한 혁명이
라고 생각하고 주장하였다. 그들은 민족주의 혁명을 불순하다고 보았
으며, 공산주의 혁명을 '사이비 혁명적 허식인 공산전제'라고 비판하고
국제공산주의 운동을 '애매한 사대사상'이라고 배척하였다. 84) 신채호
도 물론 이렇게 보고 무정부주의 혁명만을 진정한 혁명이라고 주장한
것이었다.

  신채호에 의하면 무정부주의 혁명이란 세계 무산민중과 특히 동방
각 식민지 무산민중이 자본주의와 강도 제국주의를 비롯해서 기성의
모든 권위와 세력을 부인하고 파괴하는 혁명이다.

> 아! 殘虐・陰慘・不道한 야수적 강도! 강도적 야수! 이 야수의 유린
> 밑에서 고통과 비참을 받아오는 우리 민중도 참다 못하여, 견디다 못
> 하여, 이에 저 야수들을 퇴치하려는, 박멸하려는, 在來의 정치며,
> 법률이며, 도덕이며, 윤리며, 기타 일체 文具를 부인하자는, 군대
> 며, 경찰이며, 황실이며, 정부며, 은행이며, 회사며, 기타 모든 세
> 력을 파괴하자는 분노적 절규 '혁명'이라는 소리가 大地上 일반의 耳
> 膜을 울리었다. 85)

  신채호의 위의 혁명선언의 내용은 바로 알 수 있는 바와 같이 전형
적 무정부주의 혁명의 내용이다. 그는 제국주의 강도야수를 파괴하려
할 뿐 아니라 재래의 모든 제도와 세력, 예컨대 재래의 정치・법률・

---

84) 《最近に於ける朝鮮治安狀況》, p. 276 참조.
85) "宣言文,"《전집》, 하권, pp. 48~49.

416

도덕, 기타 모든 문구(文具), 군대·경찰·황실·정부·은행·회사
등 기존의 세력을 파괴하고자 하는 것이다. 그는 다른 곳에서 혁명의
대상을 "제국·천국(종교 등)·자본가, 기타 모든 지배세력"[86]이라고
설정하였다. 신채호는 여기서 명백하게 무정부주의 혁명을 주장하고
있는 것이다.

신채호의 무정부주의 혁명의 방법은 물론 "조선혁명선언"에서와 같
이 '암살·파괴·폭동의 폭력'에 의한 '민중직접혁명'이었다.[87] 제국주
의 지배세력은 대다수 민중의 용허에 의하여 존재하는 것이므로 대다
수 민중이 민중직접혁명에 의하여 이를 철저히 부인하고 파괴하면 그
것은 존재를 잃고 사멸한다고 그는 주장하였다.[88]

> 彼等의 세력은 우리 대다수 민중의 용허에 의하여 존재한 것인즉,
> 우리 대다수 민중이 부인하며 파괴하는 날이 곧 彼等이 그 존재를
> 잃는 날이며, 彼等의 존재를 잃는 날이 곧 우리 민중이 열망하는 자
> 유·평등의 생존을 얻어 무산계급의 진정한 해방을 이루는 날이다.
> 곧 개선의 날이니, 우리 민중의 생존할 길이 여기 이 혁명에 있을 뿐
> 이다.[89]

신채호에 의하면, 일단 민중직접혁명이 일어나면 군인과 경찰이 총
칼로 혁명적 민중을 위압하는 동시에 제국주의 지배세력의 도구인 기
자·학자·문인·교수 등도 지배세력을 변호하고 예찬하면서 혁명을
소멸시키려고 시도한다고 한다.

그래서 군인의 총과 경찰의 칼로 혁명적 민중을 위압하는 동시에 신
문·서점·학교 등을 設始 혹 매수 혹 검정하여, 彼等의 주구인 기

---

86) "龍과 龍의 大激戰,"《전집》, 별집, p. 285.
87) "朝鮮革命宣言," 제 4장, 《전집》, 하권, pp. 40~43 참조.
88) "龍과 龍의 大激戰," 앞의 책, p. 289 참조.
89) "宣言文,"《전집》, 하권, pp. 49~50.

자·학자·문인·교수 등을 시키어 그 야수적 약탈, 강도적 착취를 공인하며, 변호하며, 예찬하며, 민중적 혁명을 삭멸하려 한다. 90)

그러나 신채호는 무정부주의 혁명에서는 군인들도 민중의 편으로 돌아가 버린다고 생각하였다.

모든 지배계급들이 叛民을 정복하려 하여 군인을 소집하나 원래 민중 속에서 온 군인들인 고로 다 민중의 편으로 돌아가버리었다. 다수의 상금을 걸고 新軍을 모집하나 한 사람의 응모자도 없었다. 그래서 山砲·野砲·速射砲… 등이 산적하였으나 一丸도 발사할 수 없었다. 이에 지배계급들이 각기 자기들이 혈전하기로 결의하였으나 민중보다 너무 소수일 뿐더러 또 돈·계집 모든 소유를 가진 자로서 전사하기가 冤痛하여 모두 철옹성으로 逃亡하였다가 민중의 포위를 입어 먹을 것이 없어 아사하였다. 91)

신채호는 민중의 무정부주의 혁명은 일단 개시되면 멎지 않으며 결국은 최후의 승리를 얻게 된다고 주장하였다. 92) 신채호는 무정부주의 혁명이 모든 지배세력을 '0'으로 만든 후에 그가 꿈꾸는 정체적(正體的) 건설이 시작될 것임을 다음과 같이 설명하였다.

명일에는 드래곤의 대상의 敵이 '0'으로 소멸되어 諸國도 '0', 천국도 '0', 자본가도 '0', 기타 모든 지배세력이 '0'으로 될 것이다. 모든 지배세력이 '0'으로 되는 때에는 드래곤의 정체적 건설이 우리의 눈에 보일 것이다. 93)

90) 같은 글, p. 49.
91) "龍과 龍의 大激戰,"《전집》, 별집, p. 287.
92) "宣言文," 앞의 책, pp. 49~50 참조.
93) "龍과 龍의 大激戰,"《전집》, 별집, p. 285.

신채호는 세계 무산대중의 무정부주의 혁명의 최후의 승리에 대해서는 이를 낙관적으로 전망하였다.

그러나 신채호에 의하면, 동방의 각 식민지·반식민지의 무산민중은 옛부터 불교·유교의 낡은 도덕의 지배와 전제군주의 지배하에 있다가 하루아침에 급속히 영국·프랑스·일본 등의 자본제국주의의 경제적 착취와 정치적 지배를 받아 다 죽게 되었기 때문에, 동방민중의 혁명이 급속히 진행되지 않으면 동방민중은 그 존재를 잃어버린다고 하여 이를 낙관적으로 보지 않았다.

> 우리 무산민중의 최후 승리는 確定必然한 사실이지만, 다만 동방 각 식민지·반식민지의 무산민중은 자래로 곰팡내 나는 도덕의 독 안에 빠지며, 帝王·酋長 등이 건설한, 비린내 나는 정치의 그물 속에 걸리어 수천 년 헤매다가, 一朝에 영·독·일본 등 자본제국 경제적 야수들의 경제적 착취와 정치적 압력이 전속력으로 전진하여 우리 민중을 맷돌의 한 돌림에 다 갈아 죽이려는 판인즉, 우리 동방민중의 혁명이 만일 급속도로 신행되지 않으면 동방민중은 그 존재를 잃어버릴 것이다. 94)

신채호가 '세계무정부주의 혁명'을 논하는 부분은 전세계의 다른 무정부주의자들의 주장과 동일한 것이지만 그가 '동방무정부주의 혁명'을 주장하는 부분은 그의 독자적 주장이었다.

3) 무정부주의사회의 모색

신채호가 무정부주의 혁명 후에 건설하려고 한 사회는 어떠한 사회였는가? 불행하게도 신채호의 무정부주의 독립사상에는 이에 대한 구체적 구상이 없었다. 신채호는 그의 무정부주의 혁명 후의 사회가 기

---

94) "宣言文,"《전집》, 하권, p.50.

존의 모든 제도와 관습이 하나도 남아 있지 않는 새로운 사회임을 꿈
꾸었을 뿐이었다.

> 그러나 신부나 목사 等物만 눈에 뜨이지 안할 뿐 아니라 곧 황제대
> 왕이니, 대통령이니, 국무총리니 … 하는 명사도 들을 수 없고, 은행
> 이니, 회사니, 트러스트니 … 하는 건물 볼 수 없고, 풍속이나 風慣
> 이 하나도 옛날 것대로 있는 것이 없다.[95]

　여기서 신채호가 말하는 대통령도, 국무총리도, 은행도, 회사도,
옛날의 풍속도 없는 사회는 무정부주의 사회임에는 틀림이 없으나 그
이상의 자세한 구상이나 설명은 제시되지 않고 있다. 신채호는 동일한
내용의 그의 무정부주의 사회에 대한 모색을 다음과 같은 내용으로 상
상하였다.

> 민중들이 耶蘇를 죽인 뒤 미구에 공자·석가·마호메트 … 등 종교·
> 도덕가 등을 때려죽이고, 정치·법률학교·교과서 등 모든 지배자의
> 권리를 옹호한 서적을 불지르고, 교당·정부·관청·公廨·은행·
> 회사 … 등 건물을 파괴하고, 과거의 사회제도를 일체 부인하고, 지
> 상의 만물을 萬衆의 공유임을 선언하였다.[96]

　신채호의 혁명 후의 무정부주의 사회 건설의 모색은 매우 소박한 생
각의 범주를 벗어나지 못하는 것이다. 신채호는 그가 모색하는 무정부
주의 사회가 "민중이 열망하는 자유·평등의 생존"[97]을 보장하는 새로
운 사회임은 명확히 밝히고 있으나, 이러한 구호 이상의 상세하고 구
체적인 새 사회 조직의 내용은 제시하지 못하였다. 일반적으로 전세계
의 무정부주의자들은 그들이 구상하는 새 사회는 정치와 정부와 모든

---

95) "龍과 龍의 大激戰,"《전집》, 별집, p. 294.
96) 같은 글, p. 286.
97) "宣言文,"《전집》, 하권, p. 50

형태의 지배가 없는 민중의 자발적 결사체의 자유연합의 사회임을 밝히는 정도에서 더 나아가지 못하였다. 신채호도 전세계의 다른 무정부주의자들과 마찬가지로 이 정도의 범위 이상은 그의 무정부주의 사회에 대한 모색을 진전시키지 못했다고 볼 수 있다.

4) 제국주의 강국민중과 식민지민중

신채호는 동방 각 식민지・반식민지 민중의 무정부주의 혁명의 특수성을 세계무정부주의 혁명으로부터 일단 구분한 생각과 관련하여, 민중을 ① 제국주의 강국 민중과 ② 식민지 민중으로 엄격하게 구분하였다. 신채호에 의하면, ① 제국주의 강국 민중은 으레 애국심을 갖고 있으나 국가를 당연히 지배계급의 국가로 오인하여 지배계급의 세력을 확장・증진하는 것을 '애국'으로 잘못 믿어서 그 애국심이 '위애국심'(僞愛國心)이 되고 말며, 보통선거의 권리, 노동임금의 증가, 위애국심의 장려 등을 주면 약소국의 민중을 정복하여 식민지 민중을 압박하고 지배계급의 선봉이 되기도 하는 것이다.

> 지상의 민중을 대개 두 부분으로 나눌 수 있으니, 一은 강국의 민중이요 또 一은 식민지의 민중이올시다. 강국의 민중은 아주 그 惰力的의 애국심을 가진 동시에 國을 지배계급의 國으로 오인하여 지배계급의 세력을 확장 증진케 하는 일을 애국으로 오신하여 그 애국심이 僞愛國心이 되고 말았습니다. 그런즉 강국의 민중에게는 보통선거의 권리 같은 것, 노동임금의 증가 같은 것이나 許하여 주고, 일면으로 그 僞愛國心을 장려하여 약소국의 민중을 압박케 하여, 지배계급—자본주의—의 선봉이 되게 하면 피등의 고픈 배가 다시 이이익 없는 허영에 불려져 우리가 비록 몇십 년 동안 彼等의 피를 빨아먹어도 아픈지를 모를 것이오. [98]

---

98) "龍과 龍의 大激戰,"《전집》, 별집, p. 279.

신채호에 의하면, 한편 ②의 식민지 민중은 그 고통의 정도가 다른 민중보다 만 배나 되지만 매양 허망한 요행심을 가져서 반항해야 할 경우에도 반항을 잘 못하므로 속이기가 매우 쉬운 민중이다. 식민지 민중은 온갖 착취를 다 하면서도 생존안녕을 보장해준다고 떠들면 속으며, 온갖 살인만행을 다 하고서도 문화정치를 한다 하면 속고, 민족을 말살하면서도 동종동문(同種同文)의 정의(情誼)를 말하면 속으며, 건국·혁명·독립·자유를 단어까지 잊어버리라고 탄압하면서도 자치·참정권을 준다고 하면 속는다는 것이다.

식민지의 민중은 그 고통의 정도가 다른 민중보다 만 배나 되지만 매양 그 허망한 요행심을 가져 굶어죽는 놈이 요행의 포식을 바라며, 얼어죽는 놈이 요행의 暖衣를 바라며, 교수대에 목을 디민 놈이 요행의 생을 바랍니다. 그래서 반항할 경우에도 반항을 잘 못합니다. 그런즉 식민지의 민중처럼 속이기 쉬운 민중이 없습니다. 철도·광산·어장·삼림·옥답·상업·공업… 모든 권리와 이익을 다 빼앗으며 稅納과 賭租를 자꾸 더 받아 몸서리나는 착취를 행하면서도 겉으로 "너희들의 생존안녕을 보장하여 주노라"고 떠들면 속습니다. 草鞭·鐵椎·竹針질·단근질·전기뜸질, 심지어 口頭에 올리기도 참악한… 형벌을 행하면서도, 군대를 출동하여 부녀를 찢어죽인다, 소아를 산 채로 묻는다, 전촌을 도륙한다, 穀粟가리에 방화한다… 하는 전율한 수단을 행하면서도 한두 신문사의 설립이나 허가하고 "문화정치의 혜택을 받으라"고 소리하면 속습니다.

학교를 제한하여 그 지식을 없도록 하면서도, 국어와 국문을 금지하여 그 애국심을 못 나도록 하면서도, 피국의 인민을 이식하여 그 본토의 민중을 살 곳이 없도록 하면서도, 악형과 학살을 행하여 그 종족을 멸망토록 하면서도, 부어터질 同種同文의 정의를 말하면 속습니다. 건국·혁명·독립·자유 등은 그 명사까지 잊어버리라고 일체 구두 筆頭에 오르지도 못하게 하지만, 옴 올라갈 자치·참정권 등을 주마 하면 속습니다. 99)

여기서 신채호가 말하는 '식민지 민중'은 일반적으로는 전세계의 식민지·반식민지의 민중을 가리킴과 동시에 특수적으로는 '일제하의 조선민중'을 가리키는 것이다. 이 점은 신채호가 예시한 제국주의 강국의 식민지 정책들이 다음과 같은 일본 제국주의의 한국에 대한 식민지 정책을 들고 있는 점에서도 바로 알 수 있다.

① 일제의 조선내에서의 철도·광산·어장·삼림·양전·옥답·상업·공업 … 등 모든 권리와 이익의 약탈.
② 일제의 조세와 賭租(小作料)의 증가에 의한 착취의 강화
③ 일제의 한국민중에 대한 온갖 고문과 형벌과 살인과 만행(예컨대 水原 堤岩里와 북간도에서의 만행) 등의 자행과 한두 신문사의 설립의 허가 따위의 '문화정치'의 기만.
④ 일제의 한국어·한국문자의 사용금지 등 민족말살정책과 '일선동조론(日鮮同祖論)'의 날조.
⑤ 일제의 한국독립운동을 완화하고 저지하기 위한 '자치·참정권'론의 기만.

여기서 주목해야 할 것은 신채호는 ① 제국주의 강국 민중과 ② 식민지 민중을 본질적으로 상호연대적 관계를 가진 것으로 파악하고 있는 것이 아니라 양자가 제국주의 지배계급의 조종과 속임에 의하여 상호대립하고 상호투쟁하는 모순관계에 놓인다는 사실을 강조했다는 점이다.

臣이 지상에 내려가 강국 민중의 애국심을 고취하여 식민지 민중을 잡아먹게 하고, 식민지 민중에게는 자치나 참정권을 준다고 속이어 강국 민중에게 잡히어 먹게 하며 민중이 相食하는 틈에 천국의 권리를 회복할까 합니다. 100)

99) 같은 글, pp. 279~280.

신채호는 여기서 일반론도 논하고 있지만, 동시에 제국주의 강국 민중으로 일본민중을 시사하고 식민지 민중으로 일제하의 조선민중을 시사하고 있다. 이 점은 신채호가 위에서 본 바와 같이 제국주의의 식민지 민중에 대한 기만책을 논하면서 그 구체적 내용으로 일본 제국주의의 조선민중에 대한 기만책의 내용을 들고 있는 사실에서 바로 알 수 있다. 따라서 신채호는 당시의 일부 좌익운동자들이 일본의 무산계급과 일제하의 조선의 무산계급의 '연대'를 주장하는 것을 반대하였다. 당시 일부 인사들은 일본의 무산계급과 조선의 무산계급은 매일반이니 운동을 '민족'별로 나누지 말고 '유·무산'별로 구분하자는 이른바 일본 무산자와의 연대론을 주장하였다. 신채호는 이러한 일본 무산자와의 연대론의 허구성을 통렬하게 비판하였다. 신채호는 일본의 무산자가 조선의 유산자보다도 더 나은(사회적 지위가 더 높은) 존재임을 잊지 말아야 할 뿐 아니라, 조선에 이식하는 일본 무산자는 조선민중의 생활을 위혁(威嚇)하는 식민의 선봉이 되기도 하므로 일본 무산자를 환영하는 것이 곧 식민의 선봉을 환영하는 것이 된다고 지적하고 경고하였다.

일부 연구자들은 "유산자보다 나은 무산자의 존재를 잊지 말라"[101]는 신채호의 경구를 마치 일반론으로서 그가 유산자보다 나은 무산자의 우위성을 주장한 무정부주의적 구호로 오해하는데, 이것은 내용과는 정반대의 오해이다. 신채호의 이 말은 "조선 유산자보다 (사회적 지위가) 나은 일본 무산자의 존재를 잊지 말라"는 내용이며, 이른바 일부 인사들의 일본 무산자와의 연대론을 정면에서 비판하는 경구인 것이다. 신채호는 이 사실을 다음과 같이 설명하였다.

연전 상해에서 《民衆》이라는 주일신문에 어떤 문사가 이러한 논문을 썼다. "조선인 중에도 유산자는 세력 있는 일본인과 같고, 일본인 중

100) 같은 글, p. 290.
101) "浪客의 新年漫筆,"《전집》, 하권, p. 28.

에도 무산자는 가련한 조선인과 한 가지니 우리 운동을 민족으로 나눌 것이 아니오 유·무산으로 나눌 것이라"고. 유산계급의 조선인이 일본인과 같다 함은 우리도 승인하는 바이거니와, 무산계급의 일본인을 조선인으로 본다 함은 몰상식한 언론인가 하니, 일본인이 아무리 무산자일지라도 그래도 그 뒤에 일본제국이 있어 위험이 있을까 보호하며, 재해에 걸리면 보조하며, 자녀가 나면 교육으로 지식을 주도록 하여, 조선의 유산자보다 豪强한 생활을 누릴 뿐더러 하물며 조선에 이식한 자는 조선인의 생활을 威嚇하는 식민의 선봉이니, 무산자의 일인을 환영함이 곧 식민의 선봉을 환영함이 아니냐.[102]

신채호는 일부 인사들의 일본 무산자와의 연대론을 '몰상식'한 것이며 '강족에게 아첨하는 비열한 것'으로서 잘못된 것이라고 다음과 같이 혹독하게 비판하였다.

일본 무산자를 조선인으로 본다 함이 强族에게 納諂하는 못난 卑劣이 아니면, 종로거지가 도승지를 불쌍타 하는 지나친 仁厚가 될 뿐이다.[103]

여기서 주의해야 할 것은 신채호의 무정부주의 독립사상이 그의 민족주의자의 시대와는 달리 각 민족간의 '연대'를 주장하는 새로운 차원을 갖게 되었다고 할지라도 전세계 무산민중의 연대를 주장한 것이 아니라, 제국주의 강국 민중은 별도로 하고, 식민지·반식민지의 민중, 특히 동방 각 식민지·반식민지 무산민중의 연대를 주장했다는 사실이다.[104]

---

102) 같은 글, pp. 28~29.
103) 같은 글, p. 29.
104) 신채호가 민족주의자의 시기에는 '국제적 연대의 사상'이 없다가 무정부주의자의 시기에는 국제적 연대의 사상을 갖게 된 것은 그의 사상의 큰 변화이다. 그러나 신채호의 국제적 연대는 일차적으로 식민지·반식민지 민중들 사이의 연대를 강조한 것이었으며 전세계 민중의 연대는 '제국주의 강국 민중'과 '식

신채호가 무정부주의 혁명을 주장하면서도 제국주의 강국 민중과 식민지 민중을 엄격하게 구분한 것은 다른 전세계의 무정부주의자들에게서는 찾아볼 수 없는 그의 탁견이라고 할 수 있다. 특히 신채호는 일본 무산민중과 조선 무산민중의 동일시나 연대를 주장하기는커녕 당시의 그러한 주장들을 통렬하게 비판했으며 양자의 대립관계를 예리하게 관찰하고 강조하였다. 이 점은 바로 신채호의 무정부주의 독립사상이 다른 한국 무정부주의자들과 다른 그의 사상의 특징이 되는 것이라고 말할 수 있다. 신채호가 제국주의 강국 민중과 식민지 민중의 모순 대립관계, 더 나아가서는 일본민중과 조선민중의 상호대립관계와 상호쟁투관계를 예리하게 관찰하고 강조한 것은 그가 관념적 무정부주의자가 아니었으며, 독립쟁취를 위하여 무정부주의 사상을 매우 실천적 구체적으로 모색했음을 나타내는 것이다.

신채호는 일부 무정부주의자들과 좌익운동자들의 일본 무산자와의 연대론의 관념성을 다음과 같이 비판하였다.

> 오늘에 와서 주의를 부르고 강권을 반대하지만, 그 실은 정부가 민중으로 변할 뿐이며, 執政大臣이 일본 무산자로 변할 뿐이며, 통감 伊藤博文, 군사령관 長谷川이 片山潛·堺利彦으로 변할 뿐이니, 변하는 자는 그 명사뿐이오 정신은 의구하다. [105]

신채호의 무정부주의 독립사상이 제국주의 강국 민중과 식민지 민중을 엄격히 구분하여 그 서로 다른 사회적 역할을 찾아낸 탁견을 제시한 것은 그가 비록 무정부주의자로 전화했다 할지라도 그 전단계에서 전투적 민족주의 독립사상을 거쳤기 때문에 가능했던 것이라고 볼 수 있을 것이다.

민지 민중'을 엄격히 구분한 다음 그 상호대립관계가 발생하지 않을 때에 추구되어야 할 다음 단계의 연대의 문제였다.

105) "浪客의 新年漫筆,"《전집》, 하권, p. 29.

5) 반(反)정치와 반권위와 반지배

일반적으로 전세계의 모든 무정부주의자들은 '정치'와 '정부'를 부인하고 '지배'와 관련된 모든 '권위'를 부정하고 반대하는 공통적인 사상의 특성을 가지고 있다. 신채호도 무정부주의자로서 종래 권위를 가지고 있던 정치·정부·법률·형법·윤리·도덕… 등을 모두 무정부주의적 개념으로 파악하고 이들을 부정하였다.

신채호는 '정치'를 "자유·평등의 사회에 사는 우리 민중을 속여 지배자의 지위를 얻어 그 약탈행위를 백주에 행하려는 이른바 정치"[106] 라고 무정부주의 관점으로 정의하였다. 그는 "정치법률이 코뚜레보다 더 잔악"[107] 한 것으로 보았으며, "비린내 나는 정치의 그물"[108] 인 것으로 묘사하였고, 따라서 그는 "일체의 정치는 곧 우리의 생존을 빼앗는 우리의 적이니 제일보에 일체의 정치를 부인하는 것"[109] 이 우리의 적을 없애는 것이라고 주장하였다. 신채호의 이러한 반정치의 사상은 전세계 무정부주의자들의 그것과 공통되는 것이다.

신채호는 또한 정부를 "정치에 의한 약탈의 소득을 분배하려는 인육(人肉) 저장소인 이른바 정부"[110] 라고 하여 무정부주의 관점으로 정의하였다. 신채호의 '정부'에 대한 이러한 관점도 다른 전세계 무정부주의자들의 그것과 공통의 것이라고 볼 수 있다. 또한 신채호는 법률도 '나라 있는 놈이 나라 없는 놈을 속박하려고 제정한 것'이며, '권리 있는 놈이 권리 없는 놈을 압박하려고 제정한 것'이라고 다음과 같이 설명하였다.

---

106) "宣言文," 같은 책, p. 48.
107) "龍과 龍의 大激戰,"《전집》, 별집, p. 278.
108) "宣言文,"《전집》, 하권, p. 50.
109) 같은 글, p. 49.
110) 같은 글, p. 48.

이른바 법률은 나라 없는 놈이 나라를 찾으려고 제정한 것이 아니라,
나라 있는 놈이 나라 없는 놈을 속박하려고 제정한 것이며, 권리 없
는 놈이 권리를 찾으려고 제정한 것이 아니라, 권리 있는 놈이 권리
없는 놈을 압박하려고 제정한 것이니, 나라도 권리도 없는 우리가
울며 堂上하듯이 법률에 복종함은 可커니와 誠心으로 법률에 복종하
면 이는 영혼까지의 자살이니라. 111)

신채호는 법률·형법을 "지배층이 영원무궁히 그 지위를 누리려 하
여 반항하려는 민중을 제재하는 이른바 법률·형법"112)이라고 무정부
주의적 관점으로 정의하였다. 그는 '법률'을 '코뚜레'와 같은 것으로 보
았다. 113) 신채호의 이러한 법률에 대한 관점도 다른 전세계의 무정부
주의자들의 그것과 공통의 것이라고 할 수 있다.

신채호는 또한 윤리·도덕을 "민중의 노예적 복종을 시키려는 이른
바 명분·윤리 등 먼동이 같은 도덕률"114)이라고 무정부주의적 관점으
로 정의하였다. 신채호는 "윤리·도덕이 굴레보다 더 흉참"115)한 것이
라고 기술하였다. 여기서의 '윤리', '도덕'은 '기존'의 윤리·도덕을 의
미하고 있다. 116) 신채호의 윤리·도덕에 대한 이러한 관점도 전세계
의 다른 무정부주의자들의 그것과 공통의 것이다.

신채호의 무정부주의적 관점은 모든 지배와 권위를 반대하고 부정

---

111) "利害,"《전집》, 하권, p. 150.
112) "宣言文," 같은 책, p. 48.
113) "龍과 龍의 大激戰," 앞의 책, p. 278 참조.
114) "宣言文," 앞의 책, p. 48.
115) "龍과 龍의 大激戰,"《전집》, 별집, p. 278.
116) 신채호 등 무정부주의자들의 '반정치·반법률·반정부·반지배'의 사상과 '반
　　도덕·반윤리'의 사상 사이에는 원칙으로 구분해야 할 차이점이 있다. 그들은
　　인류의 과거뿐만 아니라 미래에 있어서도 정치·법률·정부·지배 등에는 반
　　대하지만, 도덕·윤리 등에 대해서는 기존의 도덕과 윤리를 반대하고 있을 뿐
　　이요 그들이 이상으로 하는 무정부주의 사회에서도 그들의 신도덕·신윤리는
　　필요하다고 본다.

하였다. 신채호는 지배의 기구가 되는 군대·경찰·황실·은행·회사 등은 물론이요, 117) 과학과 문학에 대해서도 "오늘은 과학·문학 등이 크게 위력을 가진 때니 다수한 과학자·문학자들을 꾀어다가 부자·귀자 ─ 지배계급의 주구를 만들어 학설로써 지배계급의 권리를 옹호하며 시와 소설로써 지배계급의 장엄을 구가"118) 한다고 부정적으로 비판하였다. 신채호의 이러한 관점도 전세계의 다른 무정부주의자들의 그것과 공통의 것이라고 볼 수 있다.

신채호의 위에서 든 반정치·반지배·반권위·반정부·반법률·반형법·반윤리·반도덕 등의 개념과 사상들은 그가 처음에는 비록 일본 제국주의의 지배에 반대하는 독립운동의 일환으로 시작되었다고 할지라도 만년에는 그가 결코 독립운동의 수단으로서만 무정부주의를 채용한 것이 아니라 그 스스로가 전형적인 무정부주의자가 되어 있었음을 나타내는 것이라고 말할 수 있을 것이다.

6) 주체성과 이해(利害)

신채호는 민족주의자였을 때는 물론이요, 무정부주의자로 전화한 후에도 '주체성'을 매우 중요시하고 강조하였다. 신채호는 우리나라의 식자층의 일부가 특히 사상적으로 주체성이 없는 사실을 크게 통탄했다. 그는 조선에 '석가가 들어오면 조선의 석가가 되지 않고 석가의 조선이 되며, 공자가 들어오면 조선의 공자가 되지 않고 공자의 조선이 되며, 무슨 주의가 들어와도 조선의 주의가 되지 않고 주의의 조선'이 되는 사실을 통렬히 비판하고 '도덕과 주의를 위하는 조선은 있고 조선을 위한 도덕과 주의는 없다'는 전도된 상태를 '노예의 특색'이라고 통탄하였다.

---

117) "宣言文,"《전집》, 하권, pp. 48~49 참조.
118) "龍과 龍의 大激戰," 앞의 책, p. 278.

우리 조선사람은 매양 利害 이외에서 진리를 찾으려 하므로, 석가가 들어오면 조선의 석가가 되지 않고 석가의 조선이 되며, 공자가 들어오면 조선의 공자가 되지 않고 공자의 조선이 되며, 무슨 주의가 들어와도 조선의 주의가 되지 않고 주의의 조선이 되려 한다. 그리하여 도덕과 주의를 위하는 조선은 있고 조선을 위하는 도덕과 주의는 없다.

아! 이것이 조선의 특색이냐, 특색이라면 특색이나 노예의 특색이다. 나는 조선의 도덕과 조선의 주의를 위하여 哭하려 한다. 119)

신채호에 의하면 식자들의 외래사상에 대한 이러한 비주체적 수용태도는 역사적으로 뿌리가 깊은 것이다. 삼국시대 중엽부터 고려 말까지 불교가 들어오자 제왕부터 평민까지 마치 불교를 위한 조선인 것처럼 불교만 숭상했으며, 조선 5백년 동안 유교만 전승하여 학술은 심(心)·성(性)·이(理)·기(氣)의 강론뿐이었고, 근래에 예수교를 믿어야 한다 하면 자기의 처지도 잊고 전적으로 이에 몰입하니 이것은 '단조(單調)로 진행되는 사회'요 '맹종 부화(附和)하는 사회'를 만드는 것이라고 그는 지적하였다.

삼국 중엽부터 고려 말세까지 염불과 목탁이 勢가 남에 제왕이나 평민을 勿問하고 남은 여에 권하며, 祖는 孫에 전하여 나무아미타불의 한소리로 천 년의 긴 세월을 보내었으며, 이조 이래로 유교를 존상하며 오백 년 동안이나 서적은 四書五經이나 四書五經의 되풀이요, 학술은 心·性·理·氣의 강론뿐이었나니 이같이 단조로 진행되는 사회가 어디 있느냐. 야소교를 믿어야 한다면 삼두락밖에 못되는 토지를 톡톡 팔아 교당에 바치며 정치운동을 한다 할 때에는 수간 상점을 뜯어 엎고 덤비나니, 이같이 맹종 부화하는 사회가 어디 있느냐. 120)

119) "浪客의 新年漫筆,"《전집》, 하권, p. 26.

120) "問題 없는 論文," 같은 책, p. 156 또한 "차라리 怪物을 取하리라," 같은 책,

신채호는 이것을 '단조로 진행되는 사회', '부화뇌동하기를 즐기는 사회'[121] 라고 표현하고, "조선인은 자래로 단조로 나아가는 사람이라, 공자를 외운다 하면 문전옥답이 물에 떠나가든지 조전보물(祖傳寶物)이 불에 타든지 다 불고(不顧) 하고 공자만 외웠었나니"[122] 라고 하여 과거의 일부의 비주체성을 비판하였다. 그는 이러한 일부의 주체성이 없이 부화뇌동하는 사람들을 '나는 없고 남만 있는 노예근성'을 가진 사람이라고 혹독하게 비판하였다.

> 그 원인을 溯究하면, 나는 없고 남만 있는 노예의 근성을 가진 까닭이다. 노예는 주장은 없고 복종만 있어 갑의 판이 되면 갑에 복종하고, 을의 판이 되면 을에 복종할 뿐이니, 비록 方寸의 心理上인들 무슨 혁명할 조건이 있으랴. [123]

신채호는 그의 강렬한 주체성에의 희구를 표현하여 주체성이 있는 사람이라면 괴물일지라도 차라리 이를 취하겠다고 기술하였다.

> … 괴물은 괴물이 될지언정 노예는 아니된다. 하도 雷同附和를 좋아하는 사회니 괴물이라도 보았으면 하노라. [124]

신채호는 한국인의 일부 우유 속사(迂儒 俗士)에 주체성이 없고 부화뇌동하는 노예근성이 생기게 된 것은 사상·도덕·주의·종교의 평가기준을 인류의 '이해'(利害)에 두지 않고 외부의 '시비'(是非)에 두기 때문이라고 보았다. 여기에서 그는 '주의와 도덕의 표준으로서 인류에의 이해'를 주장하였다. 그에 의하면, 인류는 생존하는 것이 가장 큰

　　p. 369에도 동일한 구절이 있다.

121) "차라리 怪物을 取하리라," 같은 책, p. 369.

122) "問題 없는 論文,"《전집》, 하권, p. 157.

123) "차라리 怪物을 取하리라," 같은 책, p. 370.

124) 같은 글, p. 372.

목적으로서 생존에 부합하는 것을 '이'(利)와 '선'(善)과 '정'(正)이라고 하고 생존에 반대하는 것을 '해'(害)와 '악'(惡)과 '사'(邪)라고 하는 것이다. 그에 의하면 윤리·도덕·종교·정치·풍속·습관 모든 것이 '이해'에 표준을 두어 평가되는 것이다.

> 대개 인류는 생존하는 이외에 다른 목적이 없는 것이라. 생존에 부
> 합하는 것은 利라 하며, 생존에 반대되는 것은 害라 하여, 이해의
> 權衡으로 온갖 논설이 생길새, 인류가 이되는 것은 선이라 하며, 해
> 되는 것은 악이라 하며, 이되는 것은 正이라 하며, 해되는 것은 邪
> 라 하며, 福慧安榮으로 우리에게 이를 주신 이는 우리가 이를 聖人
> 이라 높이며, 禍敗凶蘗로 우리에게 해를 끼친 이는 우리가 이를 小
> 人이라 이름하며, 밭을 갈며 짐을 실어 우리를 이케 하는 牛馬는 우
> 리가 이를 良畜이라 하여 사랑하며, 사람을 먹으며 가축을 해하여
> 우리를 불안케 하는 虎狼은 이를 毒獸라 하여 싫어하나니, 嗟呼라.
> 윤리·도덕·종교·정치·풍속·습관 모든 것이 '이해' 二字 밑에서
> 비평을 하는 것이라.
> 시비가 어디 있느뇨! 시비가 어디 있느뇨! 시비가 어디 있느뇨!
> 만일 시비가 있다 하면 이는 이해의 별명뿐이니라. [125]

따라서 신채호에 의하면, 이른바 성인이니 대사상가니 하는 것은 인류에 이를 주고 해를 제거하는 방법을 가르쳐준 사람을 말하는 것이며, 각각의 시대와 경우가 같지 않은데 성인이나 대사상가들의 제자들도 이 본뜻을 알아서 자기 나라나 자기 겨레의 이를 구하므로 중국의 석가가 인도와 다르며 일본의 공자가 중국과 다르며 맑스도 카우츠키의 맑스와 레닌의 맑스와 중국이나 일본의 맑스가 모두 다르게 된다는 것이다.

舊時의 도덕이나 금일의 주의란 것이 그 표준이 어디서 났느냐? 이

---

125) "利害,"《전집》, 하권, p. 145.

432

해에서 났느냐? 시비에서 났느냐? … 그러므로 인류는 이해문제뿐이다. 이해문제를 위하여 석가도 나고 공자도 나고 예수도 나고 맑스도 나고 크로포트킨도 났다. 시대와 경우가 같지 않으므로 그들의 감정의 충동도 같지 않아야 그 이해표준의 大小廣狹은 있을망정 이해는 이해이다. 그의 제자들도 本師의 精義를 잘 이해하여 자가의 이를 구하므로, 중국의 석가가 인도와 다르며, 일본의 공자가 중국과 다르며, 맑스도 카우츠키의 맑스와 레닌이 맑스와 중국이나 일본의 맑스가 다르다. 126)

신채호가 여기서 도덕과 주의의 표준이라고 말하는 '이해'는 일신일가(一身一家)의 좁은 '이해'를 가리키는 것이 아니라 민족과 인류의 넓은 '이해'를 말하는 것이다. 그에 의하면 '이해'에는 대소광협(大小廣狹)이 있다. 그가 말하는 광대한 이해는 일신일가의 이해를 넘어선 보다 넓고 큰 이해로서 민족과 인류와 전체에 관련된 이해이며, 이것만이 참다운 이해이다. 한편 협소한 이해는 일신일가의 좁고 작은 이해로서 전체를 고려하는 것이 아니기 때문에 참다운 이해가 아니다. 그가 말하는 생존이란 개신(個身)의 생존이 아니라 전체의 생존이며 전체가 사멸하면 개신도 따라서 사멸하는 것이므로 생존의 이해에 근거를 둔 그의 이해의 개념도 광대한 민족과 인류와 전체의 이해만을 가리키게 되는 것이다.

나의 이른바 생존은 個身의 생존이 아니라 전체의 생존이며, 軀殼의 生存이 아니라 정신의 생존이니, 軀殼과 個身의 생존만 알면 이는 금수요, 정신과 전체의 생존을 알아야 이를 사람의 생존이라 하나니, 나는 사람의 生存을 위하여 利害를 가리라 함이요, 금수의 생존을 위하여 이해를 가리라 함이 아니로다. 個身의 생존만 구하다가 전체의 사멸을 이루면 個身도 따라 사멸하나니, 그러므로 군자는 개신을 희생하여서라도 전체를 살리려 하며, 軀殼의 생존만 구하다가

126) "浪客의 新年漫筆," 같은 책, pp. 25~26.

정신이 사멸되면 쓸데없는 일부의 臭皮囊만 남아 무엇이 귀하리
오.127)

   신채호에 의하면 또한 이해에는 소극적 이해와 적극적 이해가 있다.
소극적 이해란 매국노가 되지 않고 애국자가 되는 이해이며 외국보호
의 선정(善政) 하에서보다도 독립자유의 가정(苛政) 하에서 생활하는
것을 선택하는 이해이다. 한편 적극적 이해란 "민족의 자유를 위하여
혹은 계급의 평등을 위하여 목전에 유혈천리 복시백만(流血千里 伏屍
百萬)의 참해가 있음을 불고(不顧)하고 미래의 실제상 혹 정신상의 어
떠한 이익을 취"128)하는 것을 가리키는 것이다.
   신채호에 의하면, 또한 이해에는 모순이 있다. 고구려의 해(害)가
당의 이(利)가 되며 고구려의 이가 당의 해가 될 수 있는 것이다.

   이해가 매양 모순이 있는 고로 시비도 매양 모순이 있나니, 마치 고
  구려 사람에게는 蓋蘇文이 호국의 거물이요 薛仁貴가 叛國의 逆臣
  으로 보이지만, 唐書에서는 薛仁貴를 높이고 개소문을 쳤나니, 이
  는 고구려의 해가 당의 이되는 까닭이며, 백제사람의 입에는 扶餘福
  信을 擎天의 偉人이라 하며, 黑齒常之를 敗戰의 降將이라 부르지
  만, 中國史에는 黑齒常之를 기리고 扶餘福信을 헐었나니 이는 백제
  의 해가 중국의 이되는 까닭이라.129)

   신채호에 의하면, 또한 '이해'에는 '변천'이 있다. 그러므로 고대의
이와 중세의 이와 근대의 이가 각각 다르며, 과거의 이가 현금에는 해
가 될 수 있는 것이다.

   이해가 태양 변천이 있는 고로 시비도 매양 변천하나니, 그러므로

127) "利害,"《전집》, 하권, pp. 150~151.
128) "浪客의 新年漫筆," 같은 책, pp. 26~27.
129) "利害," 같은 책, pp. 145~146.

月城 松嶽에 法席을 열고 십만 飯僧이 아미타불을 부를 때는 元曉・義湘이 大聖이 되나니, 佛法시대라, 불법에 이한 인물이 자리를 차지함이며, 漢陽 오백 년에 팔도 章甫가 《中庸》《大學》을 외울 때는 靜庵・退溪가 高賢되나니, 儒術時代라, 儒術에 이한 인물이 머리에 앉음이로다.

噫라. 天時는 순환하는지라, 고로 冬夏裘葛이 시의에 맞아야 善타 함이며, 人事는 變換하는지라, 고로 古禮今文이 경우를 잃으면 악이라 하나니, 만일 穴處시대에 床椅를 가지면 贅物이 될 뿐이며, 神權시대에 과학을 말하면 妖人이 될 뿐이라. 시비 시비여, 시비가 어디 있느뇨. 오직 이해의 별명뿐이로다.[130]

그러므로 신채호는 한 국민이 되어 이 세계에서 생존을 구하려 할 때에는 '주체성'을 갖고 '이해'에 따라서 활동해야 한다고 강조하였다. 왜냐하면 시비란 이해의 별명에 불과한 것이기 때문이다.[131] "이해로부터 시비를 가릴 줄 알아야"[132] 하는 것이다.

신채호는 민족과 인류의 생존에 비추어 기존의 시비가 어떠하든 개의치 말고 주체적으로 '이'한 것이면 그것이 무엇이든지 매우 과감하게 이를 환영하여 받아들이고 '해'한 것이면 그것이 무엇이든지 주저하지 말고 배척하여 말살해야 한다고 다음과 같이 주장하였다.

칼을 가지고 살륙을 부름이 우리에게 利하거든 이대로 하며, 눈을 감고 평화를 찾음이 우리에게 이하거든 이대로 하며, 윤리・도덕으로 터를 잡아 전도를 개척함이 우리에게 이하거든 윤리・도덕을 힘쓰며, 폭동・암살로 선봉을 삼아 적의 치안을 흔듦이 우리에게 이하

---

130) 같은 글, p. 146.
131) 신채호의 사상・주의・도덕의 표준에 대한 생각을 도식화하면 '生存→利害→是非'의 규정관계가 있다. '생존'을 최저변의 規定因子로 보고 '是非'를 단순히 '利害'의 반영으로서의 별명으로 보고 있기 때문에 신채호의 생각은 사회경제적 관점인 것이라고 말할 수 있다.
132) "利害," 앞의 책, p. 148.

거든 폭동·암살로 일하며, 佛을 좇음이 이하다 하면 좇으려니와 屠
刀를 잡고 佛의 목을 베임이 이하다 하거든 佛의 몸을 베이며, 야소
를 믿음이 이하다 하면 믿으려니와 유태 사람을 따라 야소의 머리에
못박음이 이하다 하거든 야소의 머리에 못박아, 이 세계 안에 무릇
우리에게 이되는 것이라 하거든 환영하여 수입하고, 해되는 것이거
든 배척하여 말살할지라. 무엇에 주저하며 무엇에 恐怕하리오.133)

여기서 우리는 신채호의 주체성의 주장이 민족과 인류의 생존을 위
하여 그 이해에 비추어서 활동하고 바꾸는 것이며, 시비는 이(利)한
것을 시(是)라 하고 해(害)한 것을 비(非)라 하는 이해의 별명에 불과
한 것으로 보는 관점에 입각하고 있음을 알 수 있다. 신채호의 주체성
의 주장에는 ① 기성관념의 시비에 근거를 두지 않고 생존을 위한 이
해에 근거를 두고 있으므로 관념성이 완전히 불식되어 현실주의적 특
성이 강하게 드러나며, ② 민족과 인류의 생존에 이를 주고 해를 제거
하기 위해서는 무엇이든지 과감하게 베어야 한다는 혁명성이 강하게
드러나고 있다.

신채호는 이상과 같은 관점에서 외부로부터 온 주의(主義)로서 자
기시대 조선의 병을 고치려고 하여 주의의 조선이 되고 '조선의 주의'
가 되지 않는 사상의 비주체성(또는 맹종부화)을 통렬히 비판하였다.
그는 과거에 또는 '다른 경우'에 아무리 효험을 본 권위를 가진 도덕·
주의일지라도 조선의 현재와 미래의 경우에 이(利)를 가져올 수 없는
도덕과 주의는 과감히 버리거나 개정해야 한다고 주장하였다. 그는
"병을 따라 약을 쓰자"고 강조하였다.134) 그는 근대에 들어서서 서구
의 사상가들이 만든 약(藥)은 인류의 보통 유행의 병을 고치기 위하여
제조한 것이요 특별히 조선을 진찰하고 만든 것이 아니므로 조선의 병
은 조선에서 조선을 연구한 사상가들이 많이 나와서 그에 알맞는 약을

---

133) 같은 글, pp. 146~147.
134) "浪客의 新年漫筆,"《전집》, 하권, p. 27.

만들어 치료해야 할 것이라고 주장하였다.

> 근세에 비록 선지자 · 예언자 · 과학자 · 문학자가 배출하여 인류의 고통을 구함에 전력하며, 또 얼만큼 성공도 하였지만, 그러나 그네들의 약이 보통 유행의 병을 고치기 위하여 제조한 것이요 특별히 조선을 진찰하고 제조하지 안하였은즉, 조선의 병은 조선에서 조선을 전문한 명의가 많이 나서 치료하여야 될지니, 이는 일반 사상가의 더욱 노력할 바라 하노라. [135]

신채호는 서양 사상가가 만든 약 중에서 자기 시대인 1925년경의 조선에 가장 알맞는 약 처방을 크로포트킨의 무정부주의 사상이라고 보았다.

> 아아, 크로포트킨 "청년에게 고하노라"란 논문의 세례를 받자! 이 글이 가장 병에 맞는 약방이 될까 한다. [136]

신채호는 이러한 주체성의 관점에서 당시 '조선민족의 생존'의 '이해'와 관련하여 무정부주의 사상을 선택한 것이었다. 그러나 신채호의 무정부주의는 서양의 그것을 그대로 맹종한 것이 아니라, 당시의 조선의 현실에 비추어 그 자신의 독특한 견해에 의하여 대폭 수정되고 개정된 주체성 있는 무정부주의 독립사상이었다. 신채호가 제시한 것은 '무정부주의의 조선'이 아니라 '조선의 무정부주의'였던 것이다.

7) 반전통(反傳統)으로서의 반형식과 반도피

일반적으로 전세계의 무정부주의자들은 '전통'에 대하여 전면적으로

---

135) "思想家의 努力을 要求하는 때," 같은 책, pp. 154~155.
136) "浪客의 新年漫筆,"《전집》, 하권, p. 30.

격렬하게 이를 반대하고 부정하는 사상적 특징을 가지고 있다. 신채호
의 무정부주의는 전반적으로 '반전통'의 측면이 상대적으로 약하며, 전
통 중에서 특정 요소를 가려내어 격렬하게 반대하고 비판하는 특징이
라고 이해된다.

신채호는 한국문화의 전통 중에서 민족주의자의 시대에는 김부식
(金富軾) 류의 일부 유학자의 '사대성'을 가장 격렬히 비판하였고, 137)
무정부주의자의 시대에는 다음의 두 가지를 '양대악마'(兩大惡魔) 라고
반대하고 격렬히 비판했다.

첫째는 '형식화', '형식성'이다. 신채호에 의하면 유교가 처음 조선에
들어왔을 때에는 예컨대 정암 조광조(靜庵 趙光祖) 와 충암 김정(沖庵
金淨) 등에서 볼 수 있는 바와 같이, 수천 년 묵은 구속(舊俗) 을 소탕
하고 공자교화(孔子敎化) 의 이상국을 건설하려던 진성(眞誠) 과 노력
이 있었다. 그러나 그 후 삼강오륜의 유교도덕은 완전히 형식화되어
눈물 한 방울 없이 3년 시묘(侍墓) 하는 효자도 나오게 되었다. 그에
의하면, 구한말에 집집마다 유교도덕에 의한 효자가 있고 사람과 충신
이 가득 찬 사회가 소수의 적신(賊臣) 조차 주멸(誅滅) 하지 못했음은
이러한 충효의 사상이 이미 형식화되어 인세(人世) 에 전쟁하는 무기가
될 수 없었기 때문이다. 그는 오늘날에도 무슨 주의의 간판을 내세워
자유·개조·혁명의 명사를 외우는 형식적 주장이 많으나 이보다는 주
의대로 혈전하는 것이 중요한 것이라고 강조하였다. 138)

---

137) 신채호가 한국문화의 유교적 전통 중의 일부에서 '事大性'을 끄집어내어 격렬
히 비판한 것은 그가 민족주의자의 시기에 있어서나 무정부주의자의 시기에서
나 마찬가지였다. 신채호는 무정부주의자로 轉化한 후에도 일부의 儒生 俗儒
들의 '사대성'을 통렬히 비판하였다. 여기서 신채호의 '사대성'에 대한 비판을
구태여 그의 무정부주의 사상의 '反傳統'의 특징으로서 거론하지 않는 이유는
그가 이미 민족주의자의 시기에도 '사대성'을 격렬히 비판했다는 사실에 의거
한 것뿐이다. 따라서 신채호의 사상의 '反事大性'을 그의 무정부주의 사상의
'반전통'의 한 요소로 들어도 무방한 것이다.

138) "浪客의 新年漫筆,"《전집》, 하권, pp. 27~28 참조.

둘째는 '피난의 심리', 즉 '도피성'이다. 신채호에 의하면, 한국문화의 전통 속에는 온 조선 사람이야 다 죽든 말든 내 한몸과 내 한가족만 살면 그만이라고 하는 도피성이 많이 있다. 그는 《정감록》의 십승지(十勝地)를 찾아다니는 치인(癡人)으로부터 시작해서 중학교·대학교의 교육까지도 이 세계의 모든 동포가 더 행복을 누리게 하자는 심리에서가 아니라 오직 내 한몸과 내 한가족이 더 잘 살자는 심리에서 공부하는 것이라고 개탄하였다. 이 때문에 한국에는 난을 토평(討平)할 인물은 많이 나지 않고 난을 피하는 인사만 많이 나와서 난을 구하지 못했다고 그는 지적하고는 우리가 모두 피난심리·도피성의 대적(大賊)을 토멸해야 할 것이라고 주장하였다.139) 신채호는 불만의 현실에서 도피하는 자는 은사(隱士)에 불과한 것이고, 굴복하는 자는 노예이며, 격투하는 자는 전사라고 이를 설명하였다.

> 불만의 현실 — 곧 최대 위력을 가진 현실에서 도피하는 자는 隱士이며, 굴복하는 자는 노예이며, 격투하는 자는 전사이니, 우리는 위의 三者에서 그 하나를 선택하지 안을 수 없는 경우에 선 줄을 자각할지니라.140)

신채호는 전통의 특정요소 중에서 '형식성'과 '도피성'을 뽑아내어 특히 격렬하게 반대하고 비판한 것이었다.

8) 반예술지상주의와 문예운동 비판

신채호는 일제 치하의 국내 문예운동의 비민중혁명적 성격을 언제나 비판하고, 그 중에서도 특히 '예술지상주의', '순예술주의', '예술주의'의 흐름이 민중의 실생활과 하등의 관련이 없이 상류사회의 남녀의

---

139) 같은 글, pp. 30~31 참조.
140) "大黑虎의 一夕談,"《전집》, 별집, p. 324.

연애나 다루고 있음을 신랄하게 비판하였다.

> 그러나 예술도 고상하여야 예술이 될지어늘, 紈袴浪子의 肉奴가 되
> 려는 自殺鬼의 康明花도 열녀되는 문예가 무슨 예술이냐, 누백만의
> 餓鬼를 곁에다 두고 일 원 내지 오 원의 소설책이나 팔아 一飽를 구
> 하려는 문예가들이 무슨 예술가냐, … 일 원이면 一家인구의 며칠 생
> 활할 민중의 눈에 들어갈 수도 없는, 이 원, 삼 원의 高價되는 소설
> 을 지어놓고 민중문예라 호칭함도 얄미운 짓이거니와, 민중생활과
> 접촉이 없는 상류사회 富貴家 남녀의 연애사정을 그림으로 위주하는
> 獎淫文字는 더욱 문단의 수치이다. 141)

신채호는 일제하의 이른바 예술주의 연애문학을 "망국제(亡國祭)를
지낸 연애문단에 여학생의 단 입술을 빠는 청년들"142) 이라고 혹평하였
다. 신채호는 일제하의 국내 예술주의의 문예라 하면 '현조선'(現朝鮮)
을 그리는 예술이 되어야 할 것이며, 인도주의의 문예라 하면 '조선을
구하는 인도'가 되어야 할 것이라고 주장하였다.

> 예술주의의 문예라 하면 현조선을 그리는 예술이 되어야 할 것이며,
> 人道主義의 문예라 하면 조선을 구하는 人道가 되어야 할 것이니,
> 지금에 민중에 관계가 없이 다만 간접의 해를 끼치는 사회의 모든 운
> 동을 소멸하는 문예는, 우리의 취할 바가 아니다. 구주 각국에는 매
> 양 문예의 작물이 혁명의 선구가 되었다 하나, 이는 그 역사와 환경
> 이 다른 까닭이니 현재의 조선에 비할 것이 아니다. 143)

신채호는 3·1운동 후의 국내의 문예운동(특히 순예술주의 운동)의
성행과 영향이 그가 말하는 민중혁명운동을 오히려 소멸시키는 경향이

---

141) "浪客의 新年漫筆,"《전집》, 하권, pp. 33~34.
142) "龍과 龍의 大激戰,"《전집》, 별집, p. 280.
143) "浪客의 新年漫筆," 앞의 책, p. 34.

440

있음을 매우 우려하였다. 신채호는 봉건적 가족관계를 타파하고 연애와 결혼과 이혼의 자유를 고취하는 자유주의 문예의 혁명성의 주장을 부정하였다.144) 그에 의하면 이러한 문예는 봉건시대의 후기나 말기에 나왔으면 혁명적 문예라고 할 수 있으나, 이미 뒤늦은 것이기 때문에 혁명적이라고 할 수 없고, 일제 치하에서 "살도 죽도 못하는 조선민중"의 참혹한 현실을 예술적으로 그리어 "혁명의 선구"가 되는 문예가 바로 그가 기대하는 혁명적 문예라고 지적하였다. 그는 3·1운동 이후 민족해방과 민중현실에 직결되지 않는 문예운동이 특히 국내의 학생계에서 성행되어 다른 사회운동이 소멸되는 경향을 비판적으로 논평하였다.145)

9) 반종교론

신채호는 구한말의 민족주의자의 시기에는 종교의 사회적 역할을 긍정적으로 높이 평가했었다. 그는 종교가 국민에게 '양감화'(良感化)를 주는 일대(一大) 기관이며 국민의 정신기개(精神氣慨)와 정의도덕(正義道德)이 이에서 나오는 것이 많다고 보고 종교와 교육은 자매관계에 있는 것이라고 생각하였다.

> 종교는 국민에게 良感化를 與하는 일대 기관이라. 국민의 精神氣慨가 此에서 基하는 자l 多하며, 국민의 정의도덕이 此에서 發하는 자l 多하나니, 彼 구미열강이 종교와 교육을 자매의 관계로 보호확장함이 此를 以함이라.146)

그러나 신채호의 만년의 종교관은 무정부주의 사상의 관점에 의거

) "大黑虎의 一夕談,"《전집》, 별집, p. 323 참조.
145) "浪客의 新年漫筆,"《전집》, 하권, pp. 32~33 참조.
146) "二十世紀 新國民,"《전집》, 별집, p. 227.

하여 종교의 사회적 역할을 극히 부정적으로 보는 것이었다. 신채호는 종교를 민중에 대한 '마취약'[147]이라고 정의하였다. 신채호의 이러한 관점은 이미 1923년의 "조선혁명선언"에 종교·윤리 등을 "일반 민중을 노예화케 하던 마취제"[148]라고 했을 때 이미 나타나 있었다. 또한 신채호가 일단 종교를 '마취약'으로서 유해한 것으로 보았을 때 격렬한 반종교론자가 된 것은 그가 사상과 주의와 도덕의 표준을 민족과 인류의 생존에 대한 '이해'에서 구할 것을 주장하면서 "불(佛[陀])을 좇음이 이(利)하다 하면 좇으려니와 도도(屠刀)를 잡고 불(陀)의 목을 베임이 이하다 하거든 불(陀)의 목을 베이며, 야소(耶蘇)를 믿음이 이하다 하면 믿으려니와 유태 사람을 따라 야소의 머리에 못박음이 이하다 하거든 야소의 머리에 못박아, 이 세계 안에 무릇 우리에게 이되는 것이라 하거든 환영하며 수입하고 해되는 것이거든 배척하여 말살할지라"[149]고 한 곳에서 이미 나타나 있었다.

신채호는 1928년에 소설 형식으로 쓴 "용과 용의 대격전"에서 하느님과 지배자를 '상제'(上帝)로, 상제의 사랑하는 아들을 '기독'(基督)으로, 종교가를 '천사'로, 하느님과 지배층이 사는 곳을 '천국'으로, 하느님과 지배층의 충실한 부하를 '미리'(龍의 한국 고어)로, 민중이 사는 곳을 '지상'으로, 민중의 편에 서서 무정부주의 혁명을 추진하는 부하를 '드래곤'(龍의 영어)으로 설정해놓고, 극단적 반종교론을 전개하였다. 그는 석가·공자·예수 등을 모두 세력자를 위하여 마취약으로 민중을 속이는 무리라고 설명하였다.

　　공자놈을 시키어 名分說을 지어 "貧者·賤者는 貧賤의 天分을 安受하여 세력자의 명령을 잘 받아 忠臣·烈士의 명예를 후세에 끼쳐라"고 속이며, 석가놈과 예수놈을 시켜 "너희들이 남에게 고통을 받을지

---

147) "龍과 龍의 大激戰," 같은 책, p. 278 참조.

148) "朝鮮革命宣言," 제5장, 《전집》, 하권, p. 45.

149) "利害," 《전집》, 하권, p. 147.

라도 이것을 반항 없이 간과하면 죽어서 너희의 영혼이 천국으로, 蓮花臺로 가리라'고 속이었다. 이러한 마취약들이 또 어디 있겠느냐? 이천 년 동안이나 크게 그 약효를 보았더니 지금에는 그 약력도 다하여 그놈들이 점점 자각하여 반역이니 혁명이니 하고 떠드는구나. [150)

신채호는 물론 불교·유교 등 동양의 종교에 대해서도 마찬가지로 극단적인 반종교적 견해를 갖고 있었다.

동방 각 식민지·반식민지 무산민중은 自來로 석가·공자 등이 제창한 곰팡내 나는 도덕의 '독' 안에 빠지며 …. [151)

신채호는 종교에서 말하는 '하느님'(上帝) 을 "모두 상고(上古) 민중의 일시 미신(迷信) 의 조작"[152) 으로 발생한 것이라고 보았으며, 종교가를 "지배계급의 주구인 종교가·윤리가"[153) 라고 무정부주의적으로 규정하였다. 신채호는 종교에 대한 이러한 무정부주의적 관점에서 자기 시대의 종교의 위치를 종교의 지배력이 끝나는 '천국의 내일'[154) 이라고 설명하였다. 신채호의 이상과 같은 극단적 반종교론은 그의 만년의 무정부주의 사상을 단적으로 잘 나타낸다.

10) 반기독론

신채호의 극단적인 무정부주의적 반종교론은 불가피하게 극단적 반기독론으로 귀결되었다. 신채호는 민족주의자의 시기에는 기독교가

---

150) "龍과 龍의 大激戰,"《전집》, 별집, p. 278.

151) "宣言文,"《전집》, 하권, p. 50.

152) "龍과 龍의 大激戰,"《전집》, 별집, p. 297.

153) 같은 글, p. 285.

154) 같은 글, pp. 292~293 참조.

한국의 덕육에 상당한 기여를 할 수 있으리라고 기대했으나,[155] 만년
의 무정부주의자의 시기에는 한국 근대사회사상사에서 가장 격렬하게
기독교를 비판하고 부정하는 견해를 갖게 되었다. 신채호의 반기독교
론은 일본 무정부주의자 고토쿠 슈스이(幸德秋水)의 영향을 상당히 받
은 것이라고 할 수 있다.[156]

　　신채호에 의하면, '하느님'의 외아들인 기독(예수 그리스도)은 민중
에 의해서 이미 부활할 수 없이 참사(慘死)하였다고 한다. 민중들이
기독을 참살한 이유는 하느님의 이름을 팔아 1천 9백년 동안이나 민중
을 '협잡'하고 '사기'했기 때문이라는 것이다.

　　　상제의 외아들님 耶蘇基督이 ○○○○지방의 농촌 야소교당에서 상
　　　제의 道를 강연하더니, 不意에 同지방 농민들이 "이놈! 제 아비 이
　　　름을 팔아 1천 9백년 동안이나 협잡하여 먹었으면 무던할 것이지 오
　　　늘까지 무슨 개소리를 치고 다니느냐"고, "1천 9백년 동안 빨아간 우
　　　리 인민의 피를 다 어디다 두었느냐?"고, "서양에서 협잡한 것도 적
　　　지 않을 터인데 왜 또 동양까지 건너와 사기하느냐?"고, "당일 예루
　　　살렘의 십자가 못맛을 또 좀 보겠느냐?"고, 발길로 차며 주먹으로 때
　　　리며, 末乃에 호미날로 퍽퍽 찍어 야소기독의 전신이 곤죽이 되어
　　　인제는 아주 부활할 수 없이 참사하고 말았다.[157]

　　신채호는 기독을 민중을 기만하여 강권자와 지배자에게 편의를 준 간
휼(奸譎) 험악한 성질을 골고루 가진 성자(聖子)라고 표현하였다.

　　야소기독은 그 聖父인 상제를 빼쏘듯한, 奸譎 험악한 성질을 골고루

155) "西湖問答,"《전집》, 별집, pp. 138~139 및 "二十世紀 新國民," 같은 책,
　　　p. 228 참조.
156) 신채호는 幸德秋水의《基督抹殺論》을 읽었으며, 이를 중국어로 번역하였다
　　　고 한다.
157) "龍과 龍의 大激戰,"《전집》, 별집, p. 282.

가지신 聖子이었겠다. 그 출생 후에 聖父의 도를 펴려다가 겨우 서른이 넘어 예루살렘에서 유태인의 凶手에 걸리었었다. 그러나 그때의 유태인은 너무 얼된 백성이었던 때문에 다 잡히었던 야소를 다시 놓쳐 십자가를 진 채로 도망하여 '부활'한다 자칭하고, 구주 인민을 속이시사 모두 그 敎旗하에 들게 하셨다. 십자군 그 뒤에 '十字軍 東征', '삼십 년 전쟁' 같은 대전쟁을 유발하여 일반 민중에게 사람이 사람잡는 술법을 가르쳐주셨으며, 늘 "고통자가 복받는다, 핍박자가 복받는다"는 거짓말로 망국민중과 무산민중을 거룩하게 속이사 실제의 적을 잊고 허망한 천국을 꿈꾸게 하여 모든 강권자와 지배자의 편의를 주셨으니 그 聖德神功은 만고역사에 쓰고도 남을 것이다. 그러나 이번에는 너무 참혹하게 피살하였을 뿐만 아니라, 오늘의 자각의 민중들과 비기독 동맹의 청년들이 상응하여 붓과 칼로써 죽은 기독을 더 죽이니, 從今 이후의 기독은 다시 부활할 수 없도록 아주 영영 참사한 기독이다. 158)

신채호는 이번의 기독의 사망은 민중과 청년들의 자각에 의한 것이므로 다시는 부활할 수 없는 참사라고 보고, "부활할 수 없도록 참사한 야소"159)를 논평하였다.

신채호의 이상과 같은 기독관은 전적으로 무정부주의적 관점으로서 매우 극단적 반기독론이다. 우리는 신채호의 반기독론에서 만년의 그의 무정부주의 사상의 일단을 볼 수 있다.

5. 맺음말

지금까지 우리는 신채호가 그의 만년에 왜 민족주의자로부터 무정

---

158) 같은 글, pp. 282~283.
159) 같은 글, p. 281.

부주의로 전환했는가의 이유와 그의 무정부주의 독립사상의 내용을 고
찰하였다. 여기서 우리가 주의해야 할 것은 신채호의 무정부주의 사상
은 1925~1928년에 정립된 일제강점기의 사상이라는 사실이다. 신채
호가 스스로 밝힌 바와 같이 그의 무정부주의 사상은 본질적으로 '당
시의 제국주의 제도의 불평등을 타파하고 약소민족의 미래를 위하여',
더 직접적으로는 일본 제국주의를 타도하고 한국민족의 해방과 독립을
위하여 주장한 사상이었다.

당시 일본 제국주의의 침략과 식민지 통치와 식민지 수탈이 강도와
같이 극악했기 때문에 신채호의 이에 대한 반항투쟁도 극렬한 무정부
주의로 대응되었던 것이라고 볼 수 있다. 신채호가 갖고 있던 이상주
의와 자기 겨레에 대한 지극한 민족애가 일본 제국주의의 지배라는 조
건 밑에 본론에서 고찰한 이유와 배경에 의거하여 결국 그를 무정부주
의로 전환케 하는 데 작용했다고 말할 수 있는 것이다.

따라서 우리는 신채호의 무정부주의 사상을 그 사상이 형성된 '시기'
와 '사회적 조건'으로부터 분리시켜 고찰해서는 안될 것이다. 지식사회
학의 방법론이 강조하는 바와 같이 신채호의 무정부주의 독립사상은
그의 역사적 시기와 사회적 조건과의 관련하에서 고찰될 때에만 그 진
정한 의미를 알 수 있는 것이다. 신채호의 시대에 한국 민족은 그가
지적한 바와 같이 일본 제국주의의 식민지 통치에 의하여 민족적 '생
존'이 불가능하게 되어 있었으며, 일본 제국주의는 한국민족을 지구
위에서 소멸시키려는 민족말살정책을 강행하고 있었다. 이러한 역사
적·사회적 조건에 비추어볼 때 우리는 비로소 신채호의 무정부주의
독립사상의 진정한 의미를 이해할 수 있는 것이다.

그럼에도 불구하고, 필자와 같이 일반적으로 무정부주의에 대하여
비판적 견해를 가진 학도들에게는 신채호의 무정부 독립사상에 대하여
근본적인 의문이 남는다. 당시 신채호가 그처럼 사랑했던 한국의 민족
과 민중은 일본 제국주의를 구축한 후 당연히 자주부강한 독립 '국가'
를 세우고 민주적 '정부'를 수립하여 자유·평등·평화로운 사회의 건

설을 희구하였다. 신채호는 한국의 민족과 민중이 간절히 소망하던 이러한 '국가'와 '정부'없이 어떻게 해방 후의 자기의 민족사회를 건설하려고 했을까? 신채호가 생존했다면 해방 후에도 과연 무정부주의를 주장했을 것인가? 필자의 사견으로는 신채호가 8·15해방 후까지 생존했더라면 해방 후에도 무정부주의를 주장했으리라고는 상상하기 어렵다. 신채호의 무정부주의 독립사상은 일본제국주의의 지배하에서 한국민족이 신음하던 시대의 사상이며, 해방 후의 한국에는 적용되지 않는 사상이라고 말할 수 있다.

신채호의 사회사상은 그의 생애에서 전기의 민족주의로부터 후기의 무정부주의에 이르기까지 크게 변화하였다. 그러나 그러한 변화 속에서도 변하지 않은 몇 가지 공통된 요소가 있다. 특히 다음과 같은 몇 가지 공통적 특징이 주목된다.

첫째, 강고한 '독립사상'이다. 신채호는 그의 민족주의에서나 무정부주의에서나 강렬한 독립사상을 굳게 가지고 있었으며, 그의 독립은 조금도 타협이 없는 '완전독립', '절대독립'이었다.

둘째, 강렬한 '자유사상'이다. 신채호는 민족주의자였을 때에도 집요하고 열렬하게 자유를 추구하였고, 무정부주의자였을 때에는 나아가 '절대자유'를 추구하였다.

셋째, 강렬한 '주체성'이다. 신채호는 그의 민족주의에서는 물론이요 무정부주의에서도 정치적 주체성뿐만 아니라 '문화적·사상적 주체성'을 가장 귀중한 것으로 강조하고 추구하였다.

넷째, 집요한 '진보사상'이다. 신채호는 민족주의자였을 때에도 집요하게 '진보', '혁신'을 추구하였으며, 무정부주의자였을 때에도 집요하게 '진보', '혁신'을 추구하였다.

다섯째, 열렬한 '전투성'이다. 신채호는 민족주의자였을 때에도 과격하리만큼 '전투적' 민족주의자였고, 무정부주의자였을 때에도 과격한 '전투적' 무정부주의자였다.

여섯째, 뜨거운 '민족애'이다. 신채호는 그의 민족주의에서는 말할 것도 없고 '민중'을 강조한 무정부주의에서도 변함 없는 '민족에 대한 뜨거운 사랑'으로 사고하고 행동하였다.

신채호의 사회사상은 시간의 경과와 더불어 변하였으나 신채호의 '민족에 대한 사랑'은 시간도 사상도 이를 변화시킬 수 없었다. 신채호의 무정부주의 독립사상은 한국사회사상사에서 일제강점기(1910~1945)의 민족문제를 해결하기 위하여 한국인이 만든 사회사상 중의 중요한 한 흐름을 나타내는 것이며 한국사회사상사의 중요한 유산의 하나를 만든 것이라고 말할 수 있다.

제 7 장

신채호의 민족독립운동론의 특징

1. 머리말

단재 신채호는 새삼스럽게 인물소개를 할 필요도 없이 잘 알려진 위대한 민족주의자이자 애국계몽사상가이며, 역사학자이고 언론이며, 열정적 독립운동가였다. 신채호는 주자학도로부터 출발했으나, 1898년의 만민공동회 운동에의 참여를 전환점으로 하여 각성해서 개화자강파의 애국계몽사상사가 된 이후 1936년 순국할 때까지 그의 전생애를 민족독립과 조국광복에 바쳤다.

신채호는 "독사신론"(1908), 《을지문덕》(1908), 《수군제일위인 이순신전》(1908), 《동국거걸 최도통전》(1909), 《대동 4천년사》(1910), 《조선사》(1914), 《조선상고문화사》(1931), 《조선상고사》(1924년 집필, 1931년 간행), 《조선사연구초》(1930), 그 밖의 논문들에 의하여 이미 1908년경부터 우리나라 근대민족주의 사학을 창건하는 위대한 업적을 이룩하였다. 신채호의 근대민족주의 사학 창건의 작업까지도 그 사

상적 배경을 보면, 역사학자로서의 학문연구의 문제의식뿐만 아니라 무
엇보다도 국민의 애국심을 배양하여 국권회복운동·독립운동의 정신적
원동력을 창출하고 공급하려는 문제의식이 일차적으로 뒷받침되어 있
었다.[1] 그는 역사연구까지도 독립운동의 일환으로 전개한 것이었다.

그러므로 신채호의 사상과 학문과 행동의 골간을 이해하려면 그의 독
립운동론의 구조를 알아야 할 필요가 있다. 신채호의 독립운동가로서의
민족독립운동론의 특징은 무엇인가? 이 주제는 여러 각도에서 고찰할
수 있지만, 독립운동의 노선과 방략의 측면에서 찾아보면 3대 특징이
두드러지게 드러나고 있음을 볼 수 있다. 즉 ① 무장투쟁론, ② 절대독
립론, ③ 민족혁명론(민족민중 직접혁명론)이 그것이다.

이 논문에서는 1910년 이후의 신채호의 독립운동론의 이러한 3대
특징의 내용을 알아보고 그것이 한국독립운동사에서 어떠한 의의를 가
진 것이었는가를 고찰해 보려고 한다.

2. 무장투쟁론

신채호의 독립운동론의 첫째의 특징은 무장투쟁론이었다. 그는 이
것을 '무장단투'(武裝段鬪)[2]라고 표현하였다.

신채호의 무장투쟁론은 1910년 4월 망명 후에 명시적으로 더욱 강
조되었지만, 사실은 구한말 애국계몽운동기에도 그의 사상의 일부를
차지하고 있던 생각이었다. 이 점은 그가 신민회의 주요 회원으로서
애국계몽운동을 전개하던 시기에도 의병운동을 지지하고 성원한 사
실, 그가 애국계몽사상의 일부로서 문무쌍전론(文武雙全論)과 무력양

---

1) "歷史와 愛國心의 關係,"《改訂版 丹齋申采浩全集》(이하《개전집》으로 약
   함), 하권, pp. 72~80 참조.
2) "李수상에게 圖書閱覽을 要請하는 便紙,"《전집》, 별집, p. 368.

성론(武力養成論)을 전개한 사실,3) 한국역사상의 3걸로서 을지문
덕·이순신·최영 등 무장을 선택하여 역사적 전기를 쓴 사실, 독립군
기지 창건을 목적으로 망명하는 신민회 간부들과 일행이 되어 망명한
사실 등에서 잘 알 수 있다.4)

신채호는 1910년 4월 망명을 결행하여 중국 청도(淸島)를 거쳐서 러
시아령 블라디보스토크에 도착한 1910년 8월에 일제가 조국을 완전히
식민지로 강점했다는 소식을 들었으며, 1911년에는 일제가 이른바 '데
라우치(寺內) 총독 암살음모사건'이라는 것을 날조하여 신민회 회원을
대대적으로 검거 투옥함으로써 그가 속한 신민회가 국내에서 사실상
해체되는 형편에 이르렀다는 소식을 들었다. 이때 신채호와 그의 동지
들이 망명한 것은 신민회의 독립전쟁전략 채택과 국외 독립군기지 창
건계획에 따라 만주나 러시아령에 무관학교를 세우고 독립군을 창설할
근거지를 만들기 위한 것이었다.5) 즉, '무장투쟁'의 근거지를 창설하
기 위하여 망명한 것이었다. 이것은 신채호가 이때 신민회의 독립전쟁
전략을 지지하여 무장투쟁론을 갖고 있었음을 나타내는 것이라고 할
수 있다.

신채호는 신민회가 해체되자 신민회 시기의 망명동지들인 이동휘
(李東輝)·이갑(李甲) 등과 함께 러시아령 블라디보스토크에서 광복
회(光復會)를 조직하고 부회장으로 선임되었다.6) 광복회는 신민회를

3) 愼鏞廈 "申采浩의 愛國啓蒙思想"(下), 《韓國學報》, 제 20집(1980) 및 《申采
浩의 社會思想研究》, pp. 126~129 참조.
4) 독립군기지 창건을 목적으로 신민회가 1910년 4월 일부의 간부를 망명시킬
때, 그 人選은 전년의 안중근의 伊藤博文 포살사건 때 일제 헌병대에 구속되
었던 간부들을 선임하였다. 신채호는 이때 구속되지 않았었다. 그럼에도 불구
하고 신채호가 이때 망명간부의 일원이 된 것은 그가 무장투쟁을 목적으로 하
는 독립군기지 창건계획에 적극 찬동하여 자원한 것이라고 이해된다.
5) 愼鏞廈, "新民會의 創建과 그 國權恢復運動"(下), 《韓國學報》, 제 9집(1977)
및 《韓國民族獨立運動史研究》, 乙酉文化社(1985), pp. 100~124 참조.
6) "申采浩의 光復會 通告文과 告示文 解題," 《韓國學報》, 제 32집(1983) 참조.

계승하여 무장투쟁을 위한 준비사업을 실시하였다. 신채호는 광복회 시기에 더욱 선명하게 일본 제국주의에 대한 무장투쟁을 전개하였다. 신채호는 이것을 그가 '武裝段鬪'를 주장해 왔다고 스스로 회고하였다.[7] 이극노(李克魯)는 이 무렵(1910년대)의 신채호가 철혈주의(鐵血主義)를 부르짖었고 주전론자(主戰論者)였다고 회상하였다.[8] 신채호는 1910년대에 쓴 "꿈하늘"이라는 소설작품에서까지 일제[大敵]에 대한 무장투쟁의 호소를 다음과 같이 상징적으로 노래하였다.

내가 살면 大敵이 죽고
大敵이 살면 내가 죽나니
그러기에 내 올 때에 칼들고 왔다.
大敵아 大敵아,
네 칼이 세던가 내 칼이 센가 싸워를 보자.[9]

그러나 주의해야 할 것은 신채호가 이 시기에 외곬으로 무장투쟁만을 유일한 독립운동방략이라고 주장한 것은 아니었다는 사실이다. 신채호는 그가 쓴 광복회의 고시문(告示文)에서 문(文)에 능한 자는 문으로, 무(武)에 능한 자는 무로, 기타 자기의 능한 바에 따라서 다양한 방법으로 광복을 위한 독립운동을 전개할 것을 호소하였다.

광복會는 尹世復을 중심으로 한 大倧敎 계열의 민족주의자들과 신채호·이동휘·이갑 등을 중심으로 한 신민회 계열의 민족주의자들이 합작하여 1912년에 러시아령 블라디보스토크에서 창립한 독립운동단체였다. 일제의 조사자료에 의하면, 1917년 현재의 회장은 윤세복, 부회장은 신채호, 총무는 이동휘로서 회원이 약 2만명에 달했다고 한다. 1917~1918년에는 국내에서도 지회들이 활동했으며, 3·1운동 직전까지 1910년대의 중요한 독립운동 단체였다.

7) "李수상에게 圖書閱覽을 要請하는 便紙,"《전집》, 별집, pp. 367~368 참조.
8) 李克魯, "西間島時代의 先生,"《개전집》, 하권, p. 477 참조.
9) "꿈하늘,"《개전집》, 하권, p. 190.

… 사람들이 그 能한 바에 의하여 文에 능한 자는 文으로써 國光을 揚하고, 武에 능한 자는 武로써 國을 恢復하고, 權謀에 능한 자는 권모로써 國光을 揚하고, 術에 능한 자는 術로써 國을 회복하고, 業務에 능한 자는 업무로써 國光을 揚하고, 財에 능한 자는 財로써 國을 회복해야 할 것이다.[10]

신채호는 이러한 다양한 독립운동방략을 모두 승인할 뿐만 아니라 독립운동가들과 국민들의 서로 다른 개인적 능력에 적합성을 갖도록 맞추어 다양한 독립운동방략이 절대로 필요한 것임을 주장하였다. 그는 이러한 다양하고 넓은 폭의 독립운동방략의 절대적 필요성 위에서 그 핵심을 이루어야 하고 골간이 되어야 할 것이 바로 무장투쟁이라고 본 것이었다.

신채호는 왜 무장투쟁을 독립운동방략의 핵심이라고 주장했는가? 그는 두 가지 이유를 가장 절실한 것으로 지적하였다.

첫째, 일본인들의 습성은 야만적 침략성을 갖고 있고 그들의 식민지 통치는 극악한 야만적 무단통치이기 때문에 무장투쟁이 아니면 일제를 몰아낼 수 없다는 것이다.[11]

이것은 신채호가 일본 제국주의의 특수성에 주목하여 무장투쟁의 절대적 중요성을 설파한 것이었다고 볼 수 있다. 일제의 역사적으로 축적되어 습성처럼 되어버린 무사적 침략근성과 일제가 1910년 한국 강점 이래 자행해 온 야수적 식민지 무단통치는 국민학교 교사에게도 제복을 입히고 칼을 차게 하여 한국민족을 무단으로 폭압하는 극악한 것이었기 때문에, 신채호가 일제 침략자들의 야수적이고 살인적인 식민지 무단통치의 특수성을 무엇보다도 먼저 지적한 것은 그가 문제에 매우 구체적으로 접근하는 탁월한 통찰력을 갖고 있었음을 잘 나타내

---

10) "光復會 告示文,"《韓國學報》, 제32집(1983), p. 227.

11) "論日本之有罪惡而無功德,"《天鼓》, 創刊號,《전집》, 별집, pp. 255∼257 참조.

는 것이라고 할 수 있다.

둘째, 제국주의 대해서는, 인도주의나 민주주의 같은 아무리 고상한 목적도 궁극적으로 무장투쟁에 의거해야 성공할 수 있다는 것이다.

> 그러나 실제를 조사하면 人道主義니, 民主主義니, 기타 무엇이니 하는 소리가 반드시 大砲소리와 함께 떨어지는 소리라야 成功하며, 성공을 못할지라도 일부의 拍掌소리가 높았다.[12]

신채호에 의하면, 하물며 제국주의에 대항하는 독립운동에 대해서는 무장투쟁에 의거하지 않고서는 성공할 수 없음은 물론이다. 여기서 주목할 것은 신채호의 '박장'소리라는 표현이다. 즉, 두 손뼉을 쳐야 소리가 나는데, 인도주의·민주주의·비무장투쟁은 한 손뼉이고, 다른 한 손뼉인 '무장투쟁'이라는 손뼉과 동시에 이것이 수행되어야 비로소 성공할 수 있다고 보는 것이다. 여기서 독립운동에 있어서 '무장투쟁'을 필수의 가장 효과적인 것이며 가장 핵심적인 것이라고 보는 신채호의 견해가 잘 드러나고 있다.

신채호는 이러한 무장투쟁론의 관점에 의거하여 3·1운동 직후에 쓴 논문에서 간디의 비폭력주의 독립운동방략을 다음과 같이 신랄하게 비판하였다.

> 大砲를 가지지 않은 無抵抗·不合作 등의 운동도 일시에 선전하지 않았는가. 인심이 可喜할 만한 快事에만 叫絶할 뿐 아니라 可笑할 만한 怪物에도 갈채하나니, 세인이 간디를 위하여 운운함은 印度의 幽靈的 성질을 칭함이오, 主義의 위대함을 칭함이 아니다. "부모의 원수를 報함도 罪라" 함은 釋迦씨의 菩薩戒의 말이니, 석가나 간디나 무저항의 정신이 일치하지 안하냐. 그 主義가 전후 일시에 전인도를 풍미함을 보면 개인을 곧 전인도로 볼 수 있나니, 인도는 幽靈

으로 비롯하여 유령을 마칠 것이 아니냐. 내가 印度人이 되었으면 '釋迦'를 縛하여 火에 投하며, '간디'를 報하여 海에 葬하리로다.13)

신채호가 제시한 이러한 무장투쟁론의 둘째의 이유는 제국주의 일반(물론 인도를 식민통치하는 영국 제국주의도 포함한)에 대한 독립운동과 인도주의·민주주의 운동은 반드시 무장투쟁이 병행되고 무장투쟁이 핵심이 될 때에야만이 성공할 수 있다는 일반론을 천명한 것이라고 볼 수 있다.

신채호는 이러한 그의 무장투쟁론에 입각하여, 한국민족은 일본 제국주의를 몰아내고 조국의 해방과 독립을 성취하기 위해서는 '혈전'14)을 전개해야 한다고 주장하였다. 그는 우리나라의 역사가 신라 이래 수천 년간 '왜(倭)에 대한 혈전사(血戰史)'15)로 점철된 것과 같이, 한국의 청년들은 신라의 화랑들이 전장의 선봉에서 나라를 위하여 전사한 것을 본받아,16) 청년들이 희생적으로 일본 제국주의에 대한 '혈전'을 전개해야 한다고 촉구하였다.

신채호는 그의 '광복회 통고문'에서 동포들을 향하여 "우리 조국을 회복하고 우리 세수(世讐)를 몰아내고 우리 동포를 구함은 실로 우리 민족의 천직으로서 우리들이 반드시 하지 않으면 안될 의무이다"17) 라고 천명하였다.

신채호가 강조한 무장투쟁과 혈전의 의미는 폭넓은 것이지만 그 골간에 있는 것은 독립전쟁전략에 의거한 독립군의 무장투쟁이었음은 물론이다. "조선혁명선언"을 쓰기 직전, 신채호의 1922년 말까지의 무장투쟁론은 단순화하여 표현하면 의문이 여지없이 독립군의 무장투쟁을

---

13) "人道主義 可哀," 《개전집》, 하권, p. 375.

14) "聲討文," 《전집》, 별집, pp. 87~88.

15) 《天鼓》, "創刊辭," 《전집》, 별집, p. 248.

16) "靑年의 犧牲," 《개전집》, 하권, pp. 386~387 참조.

17) "光復會 通告文," 《韓國學報》, 제32집 (1983), p. 225.

의미한 것이었다.

신채호는 3·1운동 직후에 상해 임시정부의 독립운동노선이 무장투쟁에 철저하지 못하다고 이를 날카롭게 비판하였다. 그는 3·1운동 후 만주와 러시아령에서 일어난 독립군단들의 무장투쟁을 적극적으로 지지하고 성원했으며, 박용만(朴容萬)·신숙(申肅) 등과 함께 북경에서 군사통일회(軍事統一會)를 조직하고 독립군단들의 통합과 군사통일을 위하여 노력하였다.

3. 절대독립론

신채호의 독립운동론의 둘째의 특징은 절대독립론 또는 완전독립론이었다. 당시 독립운동가들은 이를 '절대독립'[18] 이라는 용어로 표현하였다.

3·1운동 후 국내에서는 일부에서 '자치론'이라고 하는 전에 없던 독립운동노선이 대두하였다. 한국민중의 3·1운동에 대타격을 받은 일제는 친일분자인 민원식(閔元植) 등을 사주하여 완전독립의 추구를 포기하고 '자치'를 추구하도록 공작하였다. 뿐만 아니라 일제가 기만적 회유정책을 전개하자 일부의 민족주의자들 사이에서는 완전독립의 추구를 포기하고 일제와 타협하여 자치, 내정독립, 참정권획득 등을 추구하자는 여러 갈래의 자치론자, 내정독립론자, 참정권론자들이 대두하여 상당한 세력을 이루게 되었다.

자치론의 내용에는 여러 가지 편차가 있으나, 조국의 완전독립을 포기하고 대일본제국 내에 속한 조선자치구역을 추구하자는 큰 틀에서는 동일한 것이었다. 이것은 독립운동노선에 큰 혼란을 가져왔으며, 종

---

18) 《獨立新聞》(1919.12.2), "絕對獨立" 참조.

래의 민족주의 독립운동의 중요한 인사들이 자치론으로 전환하였으므
로 한국 민족의 독립운동노선은 상당히 비틀거리는 현상을 보이었다.

신채호는 독립운동노선의 측면에서 자치론의 대두에 대하여 격분하
였다. 그는 3·1운동 후 국내 민족주의자들의 일부에서 자치론·내정
독립론·참정권론이 대두한 것은 한국민족의 독립운동을 완화시키고
분열시키려는 목적으로 일제가 '화국(禍國)의 요얼(妖孽)'[19]인 송병준
(宋秉畯)·민원식 등 몇 사람의 매국노를 시켜 이따위 광론(狂論)이
일어나게 한 것이며, 이에 부화(附和)하는 자는 맹인이 아니면 간적
(奸賊)이라고 신랄하게 비판하였다.

그는 그의 유명한 "조선혁명선언"을 통하여 이러한 자치론의 타협주
의가 일제에 기만당하는 것이고 유해한 것임을 다음과 같이 세 단계로
나누어 지적하고 혹독하게 비판하였다.

첫째, 이른바 자치론 등은 독립운동을 완화시키고 분열시키려는 일
제의 기만책에 불과하다. 일제가 러·일전쟁 때 '동양평화', '한국독립
보전' 등을 담보한 맹약을 해놓고 먹물이 채 마르지도 아니하여 한국
을 식민지로 강점한 사실에서 이를 알 수 있다.

> 너희들이 '동양평화', '한국독립보전' 등을 담보한 맹약이 墨도 마르
> 지 아니하여 삼천리 강토를 집어먹던 역사를 잊었느냐? '조선인민 생
> 명·재산·자유보호', '조선인민 행복증진' 등을 申明한 선언이 땅에
> 떨어지기 아니하여 이천만의 생명이 지옥에 빠지던 실제를 못 보느
> 냐? 3·1운동 이후에 강도 일본이 또 우리의 독립운동을 완화시키려
> 고 宋秉畯·閔元植 등 한두 매국노를 시키어 이따위 狂論을 부름이
> 니 이에 附和하는 자, 盲人이 아니면 어찌 奸賊이 아니냐?[20]

둘째, 그럴 리가 없지만 설혹 강도 일본이 자치권 등의 요구를 허락

---

19) "聲討文,"《전집》, 별집, p. 88.
20) "朝鮮革命宣言,"제 2장,《개전집》, 하권, p. 37.

한다 가정할지라도 자치의 허명으로는 민족적 생존을 유지할 수 없다.

> 설혹 강도 일본이 과연 관대한 도량이 있어 개연히 此등의 요구를 허
> 락한다 하자, 소위 內政獨立을 찾고 각종 이권을 찾지 못하면 조선
> 민족은 일반의 餓鬼가 될 뿐이 아니냐? 참정권을 획득한다 하자, 自
> 國의 무산계급의 혈액까지 착취하는 자본주의 강도국의 식민지 인민
> 이 되어 幾個 奴隷代議士의 선출로 어찌 餓死의 禍를 구하겠느냐?
> 자치를 얻는다 하자, 그 何種의 자치임을 勿問하고 일본이 그 강도
> 적 침략주의의 招牌인 '帝國'이란 명칭이 존재한 이상에는, 그 부속
> 하에 있는 조선인민이 어찌 구구한 자치의 허명으로써 민족적 생존
> 을 유지하겠느냐?21)

셋째, 그럴 리가 없지만 강도 일본이 하루아침에 총독부를 철폐하며
이권을 우리에게 돌려주고 군대와 경찰과 이주민을 철수하여 내정과
외교를 모두 우리의 자유에 맡기고 다만 허명의 종주권만 가진다 가정
할지라도 이것은 민족적 치욕이므로 받아들일 수 없다.

> 설혹 강도 일본이 돌연히 佛菩薩이 되어 一朝에 총독부를 철폐하고
> 각종 이권을 다 우리에게 還付하며, 내정 외교를 다 우리의 자유에
> 맡기고 일본의 군대와 경찰을 일시에 撤還하며 일본의 이주민을 일
> 시에 소환하고 다만 虛名의 宗主權만 가진다 할지라도 우리가 만일
> 과거의 기억이 전멸되지 아니하였다 하면, 일본을 宗主國으로 奉戴
> 한다 함이 '恥辱'이란 명사를 아는 人類로서는 못할지니라. 22)

신채호는 이러한 이유로 조선민족의 절대독립을 포기하고 일본 제
국주의에 타협하려는 자치론자·내정독립론자·참정권론자를 단호하
게 '우리의 적'23)이라고 선언하였다.

---

21) "朝鮮革命宣言," 제2장, 《개전집》, 하권, p. 37.
22) "朝鮮革命宣言," 제2장, 《개전집》, 하권, pp. 37~38.

신채호가 국내 일부의 자치론을 단호하게 조선민족의 적이라고 규정하여 선언하고 이를 분쇄하는 투쟁에 온 민족이 궐기할 것을 호소한 곳에서 그의 견결한 절대독립론의 진면목을 볼 수 있다.

신채호는 그 후에도 기회가 있을 때마다 자치론을 통렬히 비판하고, 일제가 온갖 착취와 살인만행을 자행하며, 건국·혁명·독립·자유를 잊어버리라고 탄압하는데도 자치론·참정권을 준다고 하면 속는 인사들을 개탄하였다.

> … 한두 신문사의 설립이나 허가하고 "문화정치의 혜택을 받으라"고 소리 하면 속습니다. 학교를 제한하여 그 지식을 없도록 하면서도, 國語와 國文을 금지하여 그 애국심을 못 나도록 하면서도, 彼國의 인민을 移殖하여 그 본토의 민중을 살 곳이 없도록 하면서도, 惡刑과 학살을 행하여 그 종족을 멸망토록 하면서도, 부어터질 同種同文의 情誼를 말하면 속습니다. '건국'·'혁명'·'독립'·'자유' 등은 그 명사까지 잊어버리라고 일체 口頭 筆頭에 오르지도 못하게 하지만, 옴 올라갈 자치·참정권 등을 주마 하면 속습니다. 24)

신채호는 자치론에 대한 철저한 비판 다음으로 이승만(李承晩)·정한경(鄭翰景〔漢慶〕) 등이 3·1운동 직전에 미국에 제출한 조선의 국제연맹에의 위임통치청원도 비판하였다. 25) 신채호는 이승만 등의 위임통치청원이 조국의 절대독립을 포기하고 조국을 일본의 식민지로부터 미국의 식민지로 바꾸는 데 불과한 매국·매족 행위라고 통렬하게

---

23) "朝鮮革命宣言," 제2장, 《개전집》, 하권, p. 38.
24) "龍과 龍의 大激戰,"《전집》, 별집, p. 280.
25) 《聯合通信》(UP)은 1919년 2월 16일발 電信으로 이승만·정한경 등이 대한인국민회(Korean National Association) 임시위원회의 대표자격으로 한국이 완전한 독립정부를 수립하고 내치와 외교의 권리를 회복할 때까지 한국을 국제연맹의 위임통치에 부쳐달라는 이른바 〈위임통치청원〉을 미국 대통령 월슨에게 제출했다고 보도했다. 신채호 등은 이 소식을 듣고 크게 분개하여 위임통치청원 문제를 거론하여 비판한 것이었다.

비판하였다.

> … 彼等이 합병 10년 日人의 식민지 된 痛恨을 잊었던가. 독립을 위하여 釖에, 銃에, 惡刑에 죽은 先忠先烈이 계심을 몰랐던가. 조선을 자래 독립국이 아닌 줄로 생각하였던가. 거연히 위임통치청원서 및 조선의 미국 식민지 되어지이다 하는 요구를 미국 정부에 제출하여 賣國·賣族 행위를 감행하였도다. 26)

신채호는 그가 위임통치청원을 반대하는 이유로 다음의 세 가지를 들었다. 27)

첫째, 절대독립·완전독립에서 한 줄이라도 물러서면 노예의 상태를 벗어나지 못하는 것이니, 오직 절대독립·완전독립을 위한 혈전에 동포의 성력(誠力)을 단합시켜야 한다.

둘째, 위임통치의 사론(邪論)을 허용하면 독립운동노선에 여러 갈래의 혼선이 생기어 동포들을 미혹(迷惑)에 빠뜨린다.

셋째, 한편으로 독립운동을 하면서 다른 한편으로 독립을 포기한 위임통치를 요청하여 외국인에게 조선민족의 진의가 어디에 있는가를 회의케 만든다.

신채호는 1919년 4월 10일 상해 임시정부를 수립하는 제 1차 의정원회의에 참석했다가 이승만이 국무총리로 천거되자 바로 이 위임통치청원 사실을 들어 반대했으며, 뜻이 관철되지 않자 퇴장할 정도로 이 문제에 단호하였다. 28) 그는 이승만 등의 위임통치청원은 민원식 등의 자치운동과 같이 철저한 주장이 아니고 다만 임시적 미오(迷誤)에 불과한 것이며 이승만도 잘못을 자처하고 있으나, 그렇다면 즉시 미국정

---

26) "聲討文,"《전집》, 별집, p. 88.

27) "聲討文,"《전집》, 별집, pp. 88~89 참조.

28) 李光洙, "脫出途中의 丹齋印象,"《朝光》(1936. 4) 및 《개전집》, 하권, p. 90 참조.

부에 대하여 그 청원의 취소를 성명하고 동포들에게 잘못을 사과해야
할 것이라고 주장하였다. 신채호는 이승만이 위임통치청원의 취소를
성명하지 않자, 1921년 4월 19일에 독립운동가 54명이 공동서명한
"성토문"(聲討文)을 스스로 기초하여, 이승만 등의 위임통치청원의 무
효를 선언하였다. 29)

신채호는 내외의 동포들에게 일본 제국주의의 종말이 멀지 않았음
을 알리면서, 30) 한국민족은 절대독립·완전독립을 목표로 한 독립운
동노선에 굳게 단결하여 일제를 타도하기 위한 혈전을 전개할 것을 호
소하였다.

자치론을 조선민족의 적으로 규정한 신채호의 절대독립론은 그의
유명한 "조선혁명선언"에 포함되어 천명되었고 이 선언과 신채호의 활
동이 독립운동가들의 사고에 큰 영향을 끼쳤기 때문에, 신채호의 절대
독립론은 3·1운동 후 대두한 각종의 자치론에 의하여 혼선이 일어나
서 비틀거리던 한국민족의 독립운동노선을 다시 바로잡아 주는 데 지
대한 영향을 끼쳤으며, 1927년 신간회(新幹會)의 형성에도 커다란 사
상적 영향을 끼쳤다.

4. 민족혁명론

신채호는 "조선혁명선언"을 쓴 1923년 1월부터는 독립운동을 민족혁
명운동으로 파악하고 '혁명'을 주장하는 견해를 천명하였다.

신채호는 강도와 같은 일본 제국주의가 조선의 국호와 정권과 생존
적 필요조건을 다 강탈해 갔다고 규탄하였다. ① 생존적 필요조건의

---

29) "聲討文,"《전집》, 별집, p. 90 참조.
30) "日本帝國主義之末運將至,"《天鼓》 創刊號 및《전집》, 別集, pp. 261~265
참조.

462

박탈로서는, 자원과 일체의 생산기능의 박탈, 조세의 수탈과 착취, 일본의 상품시장화, 농민에 대한 착취와 농민의 참상, 토지약탈과 농민의 유랑 등을 대표적인 것으로 들었다. 신채호는 그밖에 일제의 식민지 정책의 악랄성으로서 ② 헌병·경찰의 식민지 무단통치(武斷統治)에 의한 감옥과 같은 탄압과 언론·출판·집회·결사의 자유의 박탈, ③ 국어·국문의 박탈과 노예양성 교육의 강요, ④ 식민주의 사관에 의한 조선사의 왜곡, ⑤ 식민지 노예언론과 노예문화의 강요, ⑥ 독립운동·민족운동에 대한 살인적 탄압, ⑦ 전국을 하나의 대감옥(大監獄)으로 만들고 전민족을 식민지노예로 만드는 압박, ⑧ 무고한 조선백성들에 대한 살육과 만행을 낱낱이 들어 고발하였다.[31]

신채호는 조선민족의 생존을 말살시키려는 강도 일본은 조선민족의 '적'이라고 규정하고, 조선민족의 생존을 유지하려면 강도 일본을 구축해야 하며, 강도 일본을 구축하려면 오직 '혁명'으로써 할 수 있을 뿐이니 혁명이 아니고서는 강도 일본을 구축할 방법이 없다고 하였다.[32] 따라서 그는 적, 강도 일본을 '혁명'에 의하여 살벌(殺伐)하는 것이 정당한 것임을 선언하였다.

> 이상의 사실에 據하여 우리는 일본 강도정치 곧 異族統治가 우리 조선민족 생존의 敵임을 선언하는 동시에, 우리는 혁명수단으로 우리 생존의 적인 강도 일본을 殺伐함이 우리의 정당한 수단임을 선언하노라.[33]

여기서 주목할 것은 신채호가 "조선혁명선언"에서 선언하는 '혁명'은 조선민족이 일본 제국주의를 타도하고 강도 일본을 몰아내기 위한 '민족독립혁명'을 의미한다는 사실이다. 이것은 그가 1928년에서 쓴 '선

---

31) "朝鮮革命宣言," 제1장, 《개전집》, 하권, pp. 35~36 참조.
32) "朝鮮革命宣言," 제4장, 《개전집》, 하권, pp. 40~41 참조.
33) "朝鮮革命宣言," 제1장, 《개전집》, 하권, pp. 36~37.

언문'의 '혁명' 개념과 약간 다른 점이다. 34)

그러면 일본 제국주의를 타도하고 조선민족의 해방을 쟁취하기 위한 민족독립혁명은 어떠한 성격의 혁명이어야 하는가? 신채호는 '민중직접혁명'이어야 한다고 밝히었다. 여기서 '민중직접혁명'이란 '민중이 주체가 되어 민중 자기 자신을 위하여 하는 직접의 혁명'을 의미하는 것이다.

> … 금일 혁명으로 말하면 민중이 곧 자기를 위하여 하는 혁명인 고로 '민중혁명'이라, '직접혁명'이라 칭함이며 …. 35)

여기서 신채호의 민중직접혁명을 이해하기 위하여 그가 말한 '민중'과 '직접'의 내용과 의미를 살펴볼 필요가 있다. 여기서 기본적으로 '민중'은 혁명의 주체이고, '직접'은 혁명의 방법을 가리키는 것이라고 말할 수 있다.

신채호는 '민중'을 '피지배자들'이라고 보고 있으며, "조선혁명선언"에서는 "'조선민중'이란 그 위에 총독이니 무엇이니 하는 강도단의 특권계급이 압박하여 있으니, 특권계급의 압박 밑에 있는 조선민중은 자유적 조선민중이 아니니 …"36) 라고 하여, 일제 치하의 조선에서는 특권계급이 일제와 매국노들이고 이를 제외한 전 민족이 피지배자들로서의 '조선민중'이라는 관점을 보이고 있다. 이 경우의 신채호의 '민중'의 내용과 의미는 '민족'에 거의 접근하는 것이라고 말할 수 있다. 37)

---

34) "宣言文,"《개전집》, 하권, pp. 47~50에는 혁명의 대상을 일반적인 '자본주의 강도 제국'이라고 하여 '세계무산민중'과 '동방무산민중'에 의한 무정부주의혁명을 선언하고 있다. 그러나 그의 무정부주의 혁명론에 있어서도 혁명의 방법은 동일하며 조선의 무산민중의 혁명 대상은 일본 제국주의·강도 일본으로 설정되고 있다.

35) "朝鮮革命宣言," 제4장, 《개전집》, 하권, p. 41.

36) "朝鮮革命宣言," 제5장, 《개전집》, 하권, p. 44.

37) "宣言文,"《전집》, 하권, pp. 47~50 및 "龍과 龍의 大激戰,"《전집》, 별집,

464

    신채호의 '직접혁명'의 '직접'은 본질적으로 무정부주의에서 빌려온 개념이었다. 당시 민족주의 독립운동가들은 '정부'를 매우 중시하고 공산주의 독립운동가들은 '당'(黨)을 매우 중시하는 경향이 있었는 데 반하여, 무정부주의자들은 "정부나 당의 지도나 매개 없이" 민중이 '직접' 혁명할 수 있고 또 '직접'의 혁명이어야 한다고 주장하고 있었다. 이는 당시의 무정부주의가 '민중'을 고도로 자율적이고 주체적인 사고와 행동을 하는 '자주인'(自主人)이라고 보는 관점에서 나온 것이었다. 신채호는 사상적으로는 무정부주의의 이러한 개념의 영향을 받고, 사회적으로는 3·1운동의 영향을 받아 민중직접혁명의 중요성을 자각한 것으로 보인다. 38)

    신채호는 3·1운동에서 큰 충격을 받았으며, 3·1운동의 특징을 민중직접봉기라는 사실에서 구하였다. 그는 어떠한 독립운동단체(정부와 당을 포함하여)도 해내지 못한 일을 '민중'들이 자발적으로 '직접' 봉기하여 훌륭히 수행해 낸 것을 보고 처음으로 '민중의 커다란 힘'을 절실히 깨달았다. 신채호가 3·1운동에서 본 것은 이제는 민족독립운동의 주체가 '민중'이 된 것이었으며, 지도자의 계몽이나 지도 없이 '민중'이 자발적으로 '직접' 봉기하여 대규모의 독립운동을 전개했다는 사실이었다. 그가 3·1운동에서 발견한 것은 앞으로의 민족독립운동에서 새로이 전면에 대두한 '민중'이 손에 무기를 들고 혁명적 운동을 전개하기만 하면, 즉 '민중직접혁명'을 하기만 하면 일본 제국주의를 몰아내고 독립을 쟁취할 수 있는 확실한 가능성이었다. 39)

---

    pp. 275~298 등 무정부주의 작품에서 나오는 '민중'은, 그러나 무산계급을 가리키는 것으로서 "조선혁명선언"에서의 '민중'과 차이를 보이고 있다.

38) "朝鮮革命宣言," 제4장, 《개전집》, 하권, p. 42에서, 신채호는 "3·1운동의 만세소리에 民衆的 一致의 意氣가 瞥現하였지만 또한 暴力的 中心을 가지지 못하였도다."라고 하여 민중직접봉기이지만 폭력적 혁명이 아닌 것을 문제점으로 지적하였다.

39) 愼鏞廈, "申采浩의 無政府主義 獨立思想,"《東方學志》, 제38집(1983) 및 《申采浩의 社會思想研究》, pp. 269~329 참조.

신채호에 의하면, 독립운동 방략으로서의 '민중직접혁명'의 우수성
은 엄청난 것이어서 그 팽창의 열도가 숫자상의 양적인 강약 비교의
고정관념을 부숴버릴 만큼 큰 것이며, 그 엄청난 힘의 결과는 자금도
없고 군대도 없는 민중이 백만의 군대와 억만의 실력을 가진 제왕이나
이민족 침략자를 몰아낼 수 있는 것으로서 군사학상의 정궤(定軌)를
벗어나는 놀라운 힘을 가진 것이라고 하였다.

> … 민중 직접의 혁명인 고로 그 비등 팽창의 열도가 숫자상 강약 비
> 교의 관념을 타파하며, 그 결과의 성패가 매양 전쟁학상의 定軌에
> 逸出하여 無錢 無兵한 민중으로 백만의 군대와 억만의 富力을 가진
> 제왕도 타도하며 外寇도 驅逐하나니…. 40)

신채호에 의하면, '민중직접혁명'은 민중 스스로가 깨달아서 일어나
는 것이다. 조선의 민족혁명도 누구의 지도에 의해서 일어나는 것이
아니라, 민중이 직접으로, 일제의 식민지 착취와 탄압 속에서 용자(勇
者)는 그 의분(義憤)에 못 이기어, 약자는 그 고통에 못 이기어, '아
사'(餓死) 이외에 오히려 '혁명'이라는 한 길이 남아있음을 깨달아서
거국일치의 대혁명을 일으키면 간교하고 교활하고 잔혹한 강도 일본도
마침내 구축된다고 그는 설명하였다.

> 일반 민중이 飢·寒·困·苦·妻呼·兒啼·세납의 督棒·私債의
> 催促·행동의 부자유, 모든 압박에 졸리어, 살려니 살 수 없고 죽으
> 려 하여도 죽을 바를 모르는 판에, 만일 그 압박의 主因되는 强盜政
> 治의 시설자인 강도들을 擊斃하고, 강도의 일체 시설을 파괴하고,
> 복음이 四海에 전하며 萬衆이 동정의 눈물을 뿌리어, 이에 人人이
> 그 '아사' 이외에 오히려 혁명이라는 一路가 남아 있음을 깨달아, 勇
> 者는 그 義憤에 못 이기어, 약자는 그 고통에 못 이기어, 모두 이 길

---

40) "朝鮮革命宣言," 제 4장, 《개전집》, 하권, p. 41.

로 모여들어 계속적으로 진행하며 보편적으로 전염하여 거국일치의
대혁명이 되면 奸猾잔폭한 강도 일본이 구축되는 날이라. 41)

신채호는 이와 같이 일제를 몰아내고 민족해방을 쟁취하는 독립운
동에서 민중직접혁명의 방법을 주장하므로, 일제의 허가를 받고 타협
적으로 진행되는 각종 문화운동을 신랄하게 비판하여 '적'이라고 선언
했으며, 42) 상류사회 부귀가(富貴家) 남녀의 연애사정이나 그리는 순
수예술주의나43) 연애문학을 통렬하게 비판했다. 44) 그는 '혁명의 선
구'45)가 되는 문예를 높이 평가하여 주창했으며, 연애와 결혼·이혼의
자유를 고취하는 자유주의 문예는 이미 혁명적 문예가 아니라고 비판
하였다. 46) 그는 3·1운동 이후 민족해방과 민중현실에 직결되지 않은
문예운동이 특히 국내의 학생계에서 성행되어 민족독립운동이 약화되
는 경향을 우려하고 비판하였다. 47)

또한 신채호는 이러한 민중직접혁명론의 관점에서 독립운동방략으
로서 열국과의 '외교'를 중시하는 견해도 날카롭게 비판하였다. 그는
일본이 강도적 침략주의를 관철하고 있는데 외교로는 독립을 찾을 수
없음을 강조하고 '외교론'을 철저하게 비판하였다. 48)

신채호는 1923년부터는 민족의 해방과 독립을 쟁취하는 길은 '혁명'
밖에 없으며, 그 중에서 '민중직접혁명'이 최선의 방법이라는 확고한
신념을 갖게 되었다.

---

41) "朝鮮革命宣言," 제4장, 《개전집》, 하권, p. 42.
42) "朝鮮革命宣言," 제2장, 《개전집》, 하권, p. 38 참조.
43) "浪客의 新年漫筆,"《개전집》, 하권, pp. 33~34 참조.
44) "龍과 龍의 大激戰,"《전집》, 별집, p. 280 참조.
45) "浪客의 新年漫筆,"《개전집》, 하권, p. 34.
46) "大黑虎의 一夕談,"《전집》, 별집, p. 323 참조.
47) "浪客의 新年漫筆,"《개전집》, 하권, pp. 32~33 참조.
48) "朝鮮革命宣言," 제3장, 《개전집》, 하권, pp. 38~39 참조.

그러면 한 단계 더 들어가서 '민중직접혁명'의 방법은 무엇인가? 신
채호는 이것을 ① 암살, ② 파괴, ③ 폭동의 폭력이라고 하였다.49)

여기서 주목해야 할 것은 신채호는 그의 1923년의 "조선혁명선언"에
서는 '폭력'의 내용에 독립전쟁이나 독립군의 군사활동을 포함시키고
있지 않고 있다는 사실이다. 그는 독립군을 10만 양성하는 것보다 한
발의 폭탄을 던지는 것이 더 나으며, 억천 장의 신문·잡지보다 1회의
폭동이 일본 제국주의를 구축하는 데는 더 나은 것이라고 주장하였다.

> … 그러므로 우리의 민중을 喚醒하여 강도의 통치를 타도하고 우리
> 민족의 신생명을 개척하자면 養兵 십만이 一擲의 炸彈만 못하며, 億
> 千 장 신문·잡지가 1회 폭동만 못할지니라.50)

신채호는 이러한 관점에서 구한말 그가 헌신적으로 참여했던 신민
회의 독립군 양성을 통한 독립전쟁론과 상해 임시정부의 독립전쟁준비
론을 모두 다 비판하였다. 신채호는 강도 일본이 정치·경제의 양방면
으로 압박을 가하여 경제가 날로 곤란하고 생산기관이 전부 박탈되어
의식(衣食)의 방책도 끊어지게 된 형편에 무엇으로 어떻게 실업(實業)
을 발전시키며 교육을 확장하고, 더구나 어디서 얼마나 '독립군'을 양
성할 수 있으며, 양성한들 그 독립군이 일본 전투력의 100분의 1의 비
교라도 되게 할 수 있겠느냐고 물으면서, 독립전쟁준비론을 "실로 일
장(一場)의 잠꼬대가 될 뿐"51)이라고 비판하였다.

그러나 신채호가 여기서 독립군의 양성과 독립전쟁전략까지 비판한
것이 그의 본의였는지 또는 의열단(義烈團)의 투쟁방법을 합리화하기
위한 동기 때문이었는지는 좀더 검토해야 할 여지가 남아 있다. 왜냐
하면 그의 1923년의 "조선혁명선언"은 의열단의 요청에 의하여 씌어진

---

49) "朝鮮革命宣言," 제4장, 《개전집》, 하권, p. 43 참조.
50) "朝鮮革命宣言," 제4장, 《개전집》, 하권, p. 42.
51) "朝鮮革命宣言," 제3장, 《개전집》, 하권, p. 40.

의열단 선언문으로서 처음부터 의열단의 투쟁방법인 '암살·파괴·폭동'의 방법을 합리화하도록 되어 있었기 때문이다.

신채호가 1928년에 쓴 무정부주의 작품인 "용과 용의 대격전"에서 공산당의 대조류에 '독립군'이 약화되는 것을 개탄하는 것은 그가 '독립군'을 여전히 중시하고 있었다는 반증이 될 수 있다.

··· 고국을 빼앗기고 驅逐을 당하여 天涯 외국에서 더부살이하는 남자들이 누울 곳만 있으면 제2고국의 安樂을 노래하지 안 합니까? 공산당의 대조류에 독립군이 떠나갑니다. 52)

그러므로 신채호의 민족독립을 위한 민중직접혁명의 방법은 '암살·파괴·폭동'의 의열단의 방법과 함께 '독립군'의 군사활동을 여전히 중시한 것이 그의 본의였다고 말할 수 있다. 그는 독립군의 무장투쟁방법을 여전히 중시한 위에 다시 의열단의 '암살·파괴·폭동'의 방법을 "조선혁명선언"을 통하여 긍정적으로 수용하고 중시하게 되었다고 보는 것이 보다 타당한 해석일 것이다.

신채호는 민중직접혁명의 폭력의 대상으로서 ① 조선총독부 및 각 관공리(官公吏), ② 일본천황 및 각관공리, ③ 정탐노(偵探奴) 및 매국적(賣國賊), ④ 적의 일체 시설물, ⑤ 언어나 행동으로 우리의 운동을 완화하고 중상하는 자, ⑥ 일본인 이주민(조선민족의 생존을 위협하는 일제의 선봉) 등 여섯 가지를 들었다. 53)

신채호의 이상의 여섯 가지 폭력의 대상은 의열단의 '칠가살'(七可殺) 중에서 '대만총독'(臺灣總督)을 빼고 '일본인 이주민'을 첨가하여 수정한 것이다. 54) 또한 신채호의 여섯 가지 폭력의 대상은 상해임시

---

52) "龍과 龍의 大激戰," 《전집》, 별집, p. 280.

53) "朝鮮革命宣言," 제4장, 《개전집》, 하권, p. 43 참조.

54) 朴泰遠, 《若山과 義烈團》, pp. 27∼28 참조. 의열단의 "七可殺"은 ① 조선총독 이하 고관, ② 군부(일본군) 수뇌, ③ 대만총독, ④ 매국노, ⑤ 친일파거

정부 논설의 "7가살"과 다섯 가지가 동일하고 두 가지가 약간 다를 뿐이다.[55)

여기서 명확히 알 수 있는 것은 신채호의 민중직접혁명의 '암살·파괴·폭동'의 폭력방법의 대상은 '일본 제국주의'라는 사실이다. 이것은 그의 민중직접혁명론이 일제로부터의 민족독립운동을 위한 민족혁명론이었음을 단적으로 잘 나타내 주고 있다.

5. 맺음말

지금까지 고찰한 신채호의 민족독립운동론의 특징들은 일제 강점기 한국민족 독립운동에 큰 영향을 끼쳤다.

무엇보다도 먼저 신채호의 절대독립론은 3·1운동 후에 대두한 자치론·내정독립론·참정권론 등 일제와의 타협주의를 분쇄하는 데 큰 공헌을 하였다. 한국민족 독립운동에서 1920년대의 특징의 하나는 국내의 민족주의 독립운동노선의 일부에 조국의 완전독립을 체념하고 대일본제국 내의 조선자치구역을 추구하는 자치론자들이 대두하여 일제와의 타협론을 제창함으로써 완전독립론과 자치론 사이에 대립·투쟁이 전개된 사태에 있었다. 자치론의 대두는 독립운동노선에 혼선을 가져오고, 일제에 대항하여 똑바로 굳건히 서야 할 독립운동노선을 비틀거리게 하였다.

이러한 조건에서 신채호의 절대독립론은 완전독립론과 자치론의 대립·투쟁에서 완전독립론·절대독립론이 압도적으로 승리케 하는 데

___

두, ⑥ 적탐(일제밀정), ⑦ 반민족적 토호·열신(劣紳) 등이 있다.

55) 《獨立新聞》 제43호(1920. 2. 5), "七可殺" 참조. 상해 임시정부 논설의 "七可殺"은 ① 敵魁 ② 賣國賊 ③ 倀鬼(일본고등경찰), ④ 친일부호 ⑤ 적의 관리된 자 ⑥ 독립운동을 해하는 불량배 ⑦ 모반자 등이었다.

결정적 역할을 했으며, 비틀거리던 독립운동노선을 바로 잡아주고 한국 민족의 갈 길을 명료하게 가르쳐 주었다. 또한 신채호의 "조선혁명선언"을 통해서 극명하게 선언된 절대독립론은 1927년에 자치론을 철저히 분쇄하고 절대독립을 추구하는 민족주의 독립운동과 사회주의 독립운동의 민족협동전선인 신간회의 노선을 정립하는 데도 큰 영향을 끼치었다.

또한 독립운동 방략으로서의 신채호의 무장투쟁론과 민족혁명론은 한국민족의 생존의 필수조건까지 철저히 박탈하는 강도적 일본 제국주의에 대해서는 무장투쟁만이 이를 몰아낼 수 있으며 민중직접의 폭력 혁명방법이 가장 효율적으로 이를 타도할 수 있다는 것을 가르쳐 주었다. 신채호의 이러한 독립운동론은 큰 영향을 끼치어 독립운동가들이 독립운동을 바로 민족혁명운동이라고 이해하게 되었으며 스스로 혁명가라고 자처하고 독립운동을 혁명적으로 전개하도록 작용하였다.

또한 신채호의 무장투쟁론과 민족혁명론은 강도와 같은 일본 제국주의에 대해서는 폭력 등 모든 수단을 동원한 투쟁이 정당함을 가르쳐 주어 그 후의 민족주의 독립운동의 방법의 선택에도 큰 영향을 끼쳤다. 의열단뿐만 아니라 김구(金九) 영도하의 상해 임시정부까지 신채호가 합리화하고 정당화한 폭력수단을 채용하게 된 것은 신채호의 "조선혁명선언"에서 천명한 독립운동 방략과 깊이 관련된 것이었다고 할 수 있다.

찾아보기
(일반)

【ㄱ】

《가뎡잡지》 ·············· 26, 140, 237
가락 ······································ 293
가문관념 ······························ 216
가정교육 ······························ 192
가족주의 ······························ 216
갑신정변 ······························ 364
갑오개혁 ······························ 218
갑오경장 ·································· 17
강국 민중 ······························ 420
강권(強權, the right of the strongest)
······························· 117, 394
강권주의 ·························· 395, 397
강도 일본 ······························ 367
강도적 일본제국주의 ·············· 372
강도적 침략주의 ·············· 354, 355
강도정치 ······························ 364
개조파 ······················· 70, 387
경술합병 ······························ 354
경제경쟁 ······························ 224
계급주의 ······························ 219

계몽사상 ······························ 265
고구려 ································· 293
고려공산당 ····························· 340
고려공산당 상해파 ·················· 387
고려공산당 이르쿠츠크파 ···· 70, 387
공산당 ································· 468
공산주의 ······························ 399
공산주의 독립운동가 ·············· 360
공산주의 독립운동노선 ············ 373
관음사(觀音寺) ························ 74
광개토왕릉(廣開土王陵) ············ 44
광복회(光復會) ···· 38, 130, 377, 451
구서(舊書) 간행 ······················ 200
구서수집간행론 ······················ 186
구세불교론(救世佛敎論) ············ 230
구세주의 ·························· 230, 231
구영웅 ································· 209
구체적 국가 ····························· 152
국가관념 ······························ 104
국가보전 ·································· 98
국가보전론 ····················· 105, 159
국가의 미 ······························ 199

국가정신 ································ 190
국가주의 ··························· 106, 231
국권회복 ························· 98, 107
국권회복운동 기지 ·················· 259
국권회복정신 ························· 111
국문소설 ···························· 238
국문연구회 ························· 236
국문전용 ···························· 237
국민개병주의(國民皆兵主義) ······· 204
국민국가 ···························· 102
국민대표회의 ··············· 70, 71, 385
《국민신보》 ························· 156
국민주권론 ························· 112
국백(國魄) ·························· 108
국사교과서 ························· 252
국사사론(國史私論) ················ 180
국수보전(國粹保全) ················ 127
국수보전론 ························· 182
국수주의 ···························· 128
국어·국문의 박탈 ················· 347
국외 독립군기지 창건 ·············· 130
국제공산주의 운동 ················· 415
국채보상운동(國債報償運動) ········ 35
국토 문제 ·························· 258
국한문 혼용 ························ 236
국혼(國魂) ····················· 108, 153
군국주의 ···················· 110, 143, 197
군사통일주비회(軍事統一籌備會) ·· 59
군사통일촉성회 ····················· 57
군사형 사회 ························ 265
《권업신문》(勸業新聞) ·········· 38, 377
권업회(勸業會) ····················· 38
근대민족주의 사관(史觀)
·················· 29, 31, 316

근대민족주의 사학 ······· 32, 80, 122
180, 253, 263
기자수봉(箕子受封) ················ 285
기자일읍수위설(箕子一邑守尉說)
················ 285, 288
기자조선설(箕子朝鮮說) ····· 281, 284
기호흥학회(畿湖興學會) ·············· 25
《기호흥학회 월보》 ··········· 26, 140
기회포착론 ························· 356
김부식 비판 ············· 327, 328, 330
"꿈하늘" ························· 49, 240

【ㄴ·ㄷ】

내정독립론 ················· 68, 351, 457
내정독립론자 ······················ 353
노예문화 ···························· 347
단군교(檀君敎) ····················· 233
단군내셔널리즘 ·············· 233, 277
단군릉(檀君陵) ····················· 279
단군민족주의 ······················ 233
단군숭배사상 ······················ 233
단군조선 ······················ 275, 283
단군조선시대 ······················ 233
《단기고사》(檀奇古史) ········· 234, 281
"대가야 천국고"(大伽倻 遷國考)
·················· 91, 269
대동사상(大同思想) ················ 117
《대동 4천년사》(大東四千年史) ····· 32
대동학회(大東學會) ·········· 157, 229
대종교(大倧敎) ··· 39, 233, 263, 280
대종교 사학 ························ 264
대통령불신임안 ···················· 386
대한독립군단(大韓獨立軍團) ······· 383

"대한독립선언서" 52
《대한매일신보》 23, 140
대한민국 53
《대한신보》 156
대한의 희망 155
《대한협회월보》(大韓協會月報)
.... 25, 140
데라우치(寺內) 총독 암살음모사건
.... 38, 130, 377, 451
《뎨국신문》(帝國新聞) 20
도피성 438
독립군 130, 381, 451, 468
독립군기지 창건사업 36
독립군의 무장투쟁 455
독립사상 446
《독립신문》(獨立新聞) 20, 55
365, 380
독립운동 371
독립운동노선 456, 469
독립운동방략 357, 452
독립운동방법 65
독립전쟁 381
독립전쟁론 467
독립전쟁전략 33, 65, 130
356, 451, 455, 467
독립전쟁준비론 ··· 68, 354, 356, 467
독립정신 109, 111, 152
독립협회(獨立協會) 19
"독사신론"(讀史新論) 30, 76, 123
141, 249, 323, 331
《동국거걸 최도통전》 25, 32, 141
207, 215, 240, 260
《동국사략》(東國史略) 282, 320
《동국통감》(東國通鑑) 129, 189

'동등적' 사상의 모방 185
'동화적' 사상의 모방 185
《동사강목》(東史綱目) · 129, 188, 269
동방무정부주의 혁명 418
동방민중 418
동부여(東夫餘) 268, 293
동아개진교육회(東亞開進敎育會) 157
동아일보사 93
동양주의(東洋主義) 105, 158
동창(東昌)학교 43

【ㄹ · ㅁ】

러 · 일전쟁 13, 16, 91
101, 181, 364
《리순신전》 25, 240
마(삼)한 정통론(馬[三]韓 正統論)
.... 270
만민공동회(萬民共同會) 19, 335
만주 258, 259
만주영토론(滿洲領土論) 288, 293
말갈족(靺鞨族) 267
매국노 157, 169, 229
351, 390, 457, 463
매국적(賣國賊) 365
《매일신문》 20
먼로(門羅) 주의 97
몽골족(蒙古族) 268
무관학교 37, 130, 451
무단통치 132, 453
무력양성론(武力養成論) 451
무산계급 423
무산민중 415, 418
무산민중의 연대 424

474

무역경쟁 ·························· 224
무장단투(武裝段鬪) ····· 73, 131, 450
무장투쟁 ·············· 49, 110, 131
무장투쟁론 ···················· 41, 450
무정부주의 ··· 67, 81, 118, 374, 400
무정부주의 독립사상 · 375, 418, 424
무정부주의 독립운동가 ············ 360
무정부주의 독립운동노선 ··· 341, 373
무정부주의 동방연맹 ··········· 83, 88
404, 407
무정부주의 동방연맹 북경회의 ·· 404
무정부주의 방법 ··············· 69, 344
무정부주의 사관 ···················· 127
무정부주의 사상 ········· 67, 84, 436
무정부주의 사회 ···················· 419
무정부주의 혁명 ···················· 414
무정부주의 혁명방법 ········· 363, 365
무정부주의적 세계관 ··············· 410
문동학원(文東學院) ··············· 21
문명주의 ··························· 190
문무쌍전론(文武雙全論) ············· 450
문화운동자 ················· 351, 353
미신타파 ··························· 221
미쓰야 협정(三失協定) ············· 383
민권사상 ·················· 117, 398
민족 ····························· 463
민족경쟁 ·························· 394
민족국가 ················· 101, 107
민족국가 발전 ····················· 98
민족국가의 자결주의 ················ 98
민족독립 ················· 364, 449
민족독립 혁명선언 ················· 370
민족독립운동 ····················· 464
민족독립혁명 ·············· 365, 462

민족말살정책 ····················· 422
민족문제 ·························· 375
민족문화 ·························· 206
민족문화의 발전 ···················· 129
민족문화의 보전 ···················· 128
민족문화의 정수 ·············· 127, 130
민족보전 ··························· 98
민족보전론 ·················· 105, 159
민족애 ···························· 446
민족영웅 ·························· 326
민족자주독립사상 ··················· 97
민족적 생존 ························ 350
민족적 자부심 ····················· 260
민족적 주체성 ····················· 255
민족주의 ··········· 97, 116, 144
182, 190, 254, 259
민족주의 독립운동가 ··············· 360
민족주의 독립운동노선
·················· 339, 371, 373
민족주의 사관(史觀)
·············· 76, 123, 126, 255
민족주의 이론 ····················· 117
민족주의 사상 ················ 67, 140
민족주의 시대 ····················· 142
민족주의의 외경이론 ·············· 116
민족주의 혁명선언 ·················· 344
민족주의자 ························· 27
민족해방 ·························· 364
민족해방전선 ······················ 84
민족혁명 ·························· 350
민족혁명가 ························ 353
민족혁명론 ·················· 461, 469
민족혁명선언 ·············· 344, 349
민족혁명운동 ·············· 371, 470

민족협동전선 ······················ 371, 470
민주주의 ··························· 131, 454
민중 ······························· 463
민중각오(民衆覺悟) ···················· 361
민중운동 ····························· 376
민중적 민족주의 ····················· 371
민중직접봉기 ····················· 378, 464
민중직접혁명 ······· 68, 359, 378, 463
민중혁명론 ························· 398

【ㅂ · ㅅ】

《박연암선생집》(朴燕岩先生集)
······························ 129, 188
《반계수록》(磻溪隨錄) ········· 129, 189
반권위 ····························· 428
반기독론 ························· 442, 444
반도덕 ····························· 428
반도피 ····························· 436
반법률 ····························· 428
반변적(半邊的) 통일 ················· 321
반예술지상주의 ····················· 438
반윤리 ····························· 428
반전통 ····························· 437
반정부 ····························· 428
반정치 ························· 426, 428
반종교론 ························· 440, 441
반지배 ····························· 428
반형법 ····························· 428
반형식 ····························· 436
발해 ······························· 173
《발해고》(渤海考) ···················· 259
발해국 ························· 255, 259
                          323, 325, 328

백제 ······························· 293
보국론(保國論) ················· 105, 159
보국보종이원론(保國保種二元論)
······························ 159
보세장민주의(輔世長民主義) ······· 112
보종론(保種論) ················· 105, 159
보종론 · 보국론 논쟁 ················· 105
보합단 ····························· 56
본국정치사(本國政治史) ············· 121
부여-고구려 주족론 ···· 257, 265, 271
부여족(扶餘族) ················· 267, 293
부외노(附外奴) ····················· 184
북경군사통일회(北京軍事統一會)
······················· 342, 382, 401
《북경일보》 ······················· 50
북부여(北扶餘) ················· 268, 293
불평등주의 ························· 218
비폭력주의 ····················· 132, 454
《사기》(史記) ····················· 255
사당관념 ························· 217
사대사상(事大思想) ··········· 123, 330
사대주의 ·············· 29, 121, 172
                          250, 325, 399
사문난적(斯文亂賊) ···················· 187
사회 · 민족유기체설 ··················· 265
사회과학 이론 ····················· 332
사회관습 ························· 218
사회관습 개혁 ····················· 244
사회교육 ························· 194
사회진화론 ········ 113, 117, 265, 393
사회학 ························· 393, 395
《산수명화》(山水名畵) 129, 189, 267
《삼국사기》(三國史記) ········· 313, 325
삼국통일 ························· 319, 322

476

삼균주의(三均主義) ················ 372
《삼일신고》(三一神誥) ··········· 280
3 · 1운동 ············· 364, 376, 464
삼한정통론 ······················· 271
상무(尙武) 교육 ··················· 197
상해 임시정부 ········· 340, 354, 470
상해국민대표회기성회
　(上海國民代表會期成會) ········· 385
《상호부조》(mutual aid) ······· 395, 397
생산기능의 박탈 ··················· 346
생존권 ···························· 350
생존의 적 ························ 349
서양문명 추종주의 ·········· 129, 185
선비족(鮮卑族) ············· 267, 308
성균관(成均館) ···················· 18
《소년》(少年) ················ 31, 180
소중화(小中華) ············· 121, 169
소중화사상 ············· 123, 172, 250
《수군제일위인 이순신전》 ····· 25, 32
　　　　　 141, 207, 240, 260
《수산집》(修山集) ················ 273
숭배화하주의(崇拜華夏主義) ······· 184
《시대일보》 ························ 77
시민적 민족주의 ······· 103, 118, 135
시민적 민족주의 사상 ··············· 97
식민의 선봉 ······················ 423
식민주의 사관 ············· 296, 298
　　　　　 347, 350, 462
식민지 노예 ······················ 348
식민지 노예언론 ·················· 347
식민지 무단통치(武斷統治)
　　　　　 347, 453, 462
식민지 무산민중 ·················· 415
식민지 민중 ··········· 420, 423, 425

신간회(新幹會) ············· 83, 86
　　　　　 371, 461, 470
신공황후(神功皇后) 침공설
　　　　　 296, 303, 306
신관습 ···························· 216
신국민(新國民) ···················· 163
신국민경제론 ····················· 227
신국민설 ·························· 113
《신단민사》(神檀民史) ············· 281
《신단실기》(神檀實記) ·············· 281
《신대한》(新大韓) ············· 55, 380
신대한동맹단(新大韓同盟團) ········ 56
신도덕 ···························· 216
신동국 영웅 ············· 207, 209
신동국(新東國) ···················· 163
신라 ······························ 293
신문화 ···························· 206
신민족국가 ······················· 242
신민회(新民會) ······· 24, 33, 66, 112
　　　　　 130, 140, 163, 243
　　　　　 342, 356, 451, 467
신민회 기관지 ····················· 24
신민회 본부 ······················· 24
신분제도 ·························· 412
신서(新書) ························· 20
신서간행 ·························· 200
《신세기》(新世紀) ·················· 82
신역사(新歷史) ···· 30, 123, 179, 251
신채호 노선 ······················· 72
신한민촌(新韓民村) ······· 37, 46, 130
신한청년당(新韓青年黨) ······· 70, 379
신흥무관학교 ······· 46, 66, 342, 401
씨족관념 ·························· 216

【ㅇ】

악교과서 178

암살・파괴・폭동 363
                        365, 384, 390

애국계몽문학 237, 240

애국계몽사상 26, 139, 182

애국계몽사학 121, 166
                        171, 251, 260

애국계몽운동 25

애국계몽운동단체 164

애국심 118, 148
                167, 190, 198, 259

애국정신 109

애국주의 190

약육강식 116

양국시대(兩國時代) 259, 321

양국시대론 324

어문민족주의(語文民族主義)
                .... 29, 120, 166

《여유당(與猶堂) 전집》 188

《여유당집》(與猶堂集) 129

여진족(女眞族) 267

역사교과서 177, 250

역사민족주의 29, 120, 122, 127
                130, 166, 251, 350

《역사집략》(歷史輯略) 282, 320

《연려실기술》(燃藜室記述) ‥ 129, 188

영웅주의 사관 207, 260, 314

예술지상주의 438

오건설(五建設) 368

오산학교 34

오파괴(五破壞) ‥ 339, 367, 368, 391

완전독립 68

완전독립론 135, 353, 371, 456

왕조사 255

왕조사관 330

외경력 114, 213

외경론(外競論) 114

외경사상 115, 213

외교론 68, 354, 466

외래문명 206

"용(龍)과 용의 대격전" 240

우승열패 116

위임통치 청원서 378

위임통치론 379

위임통치청원 134, 459

유교개혁 228

유교개혁론 230

유교구신론(求新論) 230

유림 229

육가야사(六伽倻史) 91

《윤백호집》(尹白湖集) 86

을사 5조약 146, 354

《을지문덕전》(乙支文德傳) ‥‥‥ 25, 32
            115, 141, 207, 240, 260

을지문덕주의 214

의무교육제도 194

의병무장투쟁 25

의병운동 130, 356, 364

의열단(義烈團) 64, 338, 389

의열단 선언문 ‥‥‥ 64, 336, 343, 468

《이상국집》(李相國集) 189

《이순신전》(李舜臣傳) 115

이승만 탄핵 61

29인 모임 378

《이십사걸전》(二十四傑傳)
                .... 129, 189, 267

《이태리건국 삼걸전》 ········· 240, 260

이토 히로부미 포살사건 ············· 33

이해(利害) ······················· 430, 434

인도주의 ····························· 131, 454

일본구축 ································· 365

일본 무산계급 ·························· 423

일본 무산민중 ·························· 425

일본 무산자와의 연대론 ············ 423

일본민중 ································· 423

일본 제국주의 ······ 68, 115, 156, 158

　　345, 375, 423, 453, 461, 463, 469

일본 제국주의 어용사가 ············ 316

일본 제국주의의 동양침략론 ······ 106

일본 제국주의의 침략 ··············· 100

일본족(日本族) ························· 268

일본천황 ································· 365

"일이승"(一耳僧) ······················ 240

일진회(一進會) ························· 156

임나(任那) ······················· 295, 302

임나일본부(任那日本府) ············· 175
　　　　　　　　　　　　　250, 301

임나일본부설 ······· 30, 294, 303, 306

임시의정원 ······························· 53

임시정부 ································· 52

입헌공화국 ········· 111, 136, 162, 242

입헌공화제 ······················· 113, 162

입헌국가 ································· 162

입헌시대 ································· 112

【ㅈ·ㅊ】

자강(自强) ······························· 393

자강론 ································· 116

자강사상 ································· 115

자강주의 ································· 319

자유사상 ····························· 220, 446

자유생활 ································· 220

자유정신 ································· 109

자유주의 ································· 145

자유주의적 민족주의 ················· 146

자주인(自主人) ··················· 361, 464

자치론 ··············· 68, 134, 351, 457

자치론자 ································· 353

자치운동 ································· 134

장구성 ································· 224

재중국 조선무정부주의자연맹
　　　　　　　　　　········· 81, 403

전기소설 ································· 240

전문화 ································· 223

전제군주제 ································· 111

전체적 통일 ································· 321

전투성 ································· 446

전투적 민족주의 ················· 134, 137

절대독립 ································· 68

절대독립론 ························· 136, 353
　　　　　　　　　　371, 456, 459

《정감록》 ································· 438

정미 7조약 ································· 146

정신상 국가 ····················· 107, 152

정육(情育) ································· 198

《정의공보》(正義公報) ··········· 81, 403

"정인홍공 약전"(鄭仁弘公 略傳) ··· 91

제1회 임시의정원 회의 ············· 378

제2회 보합단(普合團) ········· 56, 380

제국주의 ············ 97, 116, 142, 397

제국주의 강국 민중 ··· 420, 423, 425

제국주의 비판 ························· 394

제국주의 시대 ························· 197

제국주의 침략 ·············· 100
제국주의 침략 격퇴 ·········· 98
조·일전쟁(朝日戰爭) ········ 356
조국사상 ··················· 184
조기교육 ··················· 193
조선 무산민중 ·············· 425
조선민족 ··············· 80, 349
조선민중 ···· 360, 367, 414, 423, 463
《조선사》 ···················· 89
"조선사색당쟁사"(朝鮮四色黨爭史)
·························· 91
《조선사연구초》(朝鮮史研究艸)
··················· 77, 89, 125
《조선상고문화사》(朝鮮上古文化史)
···· 43, 76, 89, 125, 180, 251, 263
《조선상고사》(朝鮮上古史) ·········· 124
180, 264
《조선상고사》"총론" ··············· 76
조선의 무산계급 ·················· 423
조선일보사 ······················· 93
조선총독 ··················· 365, 390
조선혁명 ························· 68
"조선혁명선언"(朝鮮革命宣言)
·········· 64, 336, 343, 400, 403
조세의 수탈과 착취 ··············· 346
《조야집요》(朝野輯要) ········ 129, 188
존화사관(尊華史觀) ····· 29, 121, 123
172, 250, 331
존화주의 ··················· 129, 184
주자학적 정통론 ·················· 330
주족-객족 구분론 ·················· 257
주종족의 진화과정 ················ 266
주체성 ··············· 428, 434, 446
중앙일보사 ······················· 93

《중화보》 ························· 50
지나족(支那族) ··········· 267, 310
지리영향설 ····················· 265
지배계급 ······················· 409
지배세력 ······················· 416
진보사상 ······················· 446
《진언집》(眞言集) ·············· 235
진화사관(進化史觀) ············· 171
257, 262, 277
《징비록》(懲毖錄) ·············· 189
참정권론 ············ 68, 351, 457
참정권론자 ····················· 353
창조파 ························· 387
《천고》(天鼓) ·················· 57
천도교(天道敎) ················· 232
《천부경》(天符經) ·············· 281
철혈주의(鐵血主義) ············· 452
청년학우회(靑年學友會) ······· 26, 140
청도회의(靑島會議) ··············· 36
초기 식민주의 사관 ···· 32, 124, 295
298, 315, 316, 331
추상적 국가 ···················· 152
추장정치시대론 ················· 277
춘추강목체사학(春秋綱目體史學) 256
친러수구파 정부 ················· 20
친일 매국노 ···················· 360
친일단체 ················· 157, 352
친일분자 ······················· 157
칠가살(七可殺) ·· 339, 365, 390, 468

【ㅌ·ㅍ·ㅎ】

타율성론(他律性論) ·············· 316
타협주의 ························ 351

480

타협주의자 ·································· 353

탐라 ···301

태백산 ·····································279

《택리지》(擇里志) ··············· 129, 189

토족(土族) ·······························267

통일책진회(統一策進會) ···············61

파시즘 ·····································128

학교교육 ··································193

한국 민족주의 ···················· 101, 116

평등자유정신 ·····························112

평등주의 ··································218

프롤레타리아 독재론 ·················399

한국민중 ··································377

한국사 왜곡 ·····························29

한국사회사상사 ················· 375, 447

한문무용론(漢文無用論) ········ 21, 237

《한서》(漢書) ·····························255

한성임시정부(漢城臨時政府) ·········53

한씨조선(韓氏朝鮮) ···················282

해석사학(解釋史學) ···················292

헌병경찰 ··································347

헤이그 밀사파견 ························356

혁명수단 ··································349

혁명적 민족주의 · 69, 337, 344, 370

형식상 국가 ······················ 107, 152

형식성 ·····································437

《황성신문》(皇城新聞) ···· 20, 23, 140

흑하사변 ··································383

찾아보기
(인명)

【ㄱ·ㄴ·ㄷ】

간디 ································· 132, 454
강감찬(姜邯贊) ······················· 327
강민첨(姜民瞻) ······················· 327
강세우(姜世宇) ················ 338, 389
견 훤(甄萱) ··························· 322
고국양왕(故國壤王) ··················· 309
고령 신씨(高靈 申氏) ················ 14
고토쿠 슈스이(幸德秋水) ····· 82, 395
406, 443
공자(孔子) ······················ 112, 255
곽 경(郭敬) ···················· 338, 389
관구검(毋丘儉) ······················· 311
광개토대왕 ···················· 173, 309
권경지(權敬止) ························· 59
권승근(權承[聖]根) ···················· 59
권 준(權俊) ···················· 338, 389
기본(Edward Gibbon) ················ 43
기자(箕子) ··························· 283
김 갑(金甲) ··························· 59
김교헌(金敎獻) ······················· 281

김 구(金九) ················ 24, 372, 470
김구우(金九禹) ······················· 59
김규식(金奎植) ······ 42, 70, 378, 387
김대지(金大地) ······················· 53
김동삼(金東三) ········ 53, 70, 71, 386
김부식(金富軾) ············· 29, 45, 172
255, 325, 437
김상윤(金相潤) ···················· 338, 389
김연성(金演性) ························· 19
김원봉(金元鳳) ············· 64, 338, 401
김유신 ······························· 312, 320
김 정(金淨) ··························· 437
김정묵(金正默) ························· 61
김좌진(金佐鎭) ···················· 40, 381
김지간 ······························· 33
김창숙(金昌淑) ······· 56, 58, 81, 384
김 철(金澈) ················ 62, 53, 386
김춘추(金春秋) ········· 255, 319, 321
김택영(金澤榮) ······· 282, 320, 323
김한종 ······························· 40
김희선 ······························· 33, 37
김현구(金鉉九) ························· 59

나수연(羅壽淵) ······················ 22
나용균(羅容均) ············· 62, 386
나 철(羅喆, 나인영) ········· 49, 233
남공선(南公善) ······················ 59
남궁억(南宮檍) ······················ 22
남궁훈(南宮薰) ······················ 22
남 생(男生) ························· 312
남형우(南亨祐) ······ 53, 56, 62, 386
노백린(盧伯麟) ······················ 24
단군(檀君) ··················· 173, 275
단재 ································· 13
당태종(唐太宗) ····················· 314
대무신왕(大武神王) ·················· 311
대무예(大武藝) ····················· 325
대조영(大祚榮) ··········· 173, 317, 325
대중상(大仲象) ················ 312, 325
동명성왕(東明聖王) ···· 173, 308, 311

【ㄹ·ㅁ·ㅂ】

루소(Jean Jacques Rousseau) ········ 112
                         117, 265, 398
맥철장(麥鐵杖) ····················· 310
맹자 ······························ 112
모용격(慕容格) ····················· 309
모용수(慕容垂) ····················· 309
모용황(慕容皝) ····················· 308
문일평(文一平) ····················· 79
문창범(文昌範) ············ 71, 379, 387
민원식(閔元植) ·········· 134, 351, 456
밀 우(密友) ······················· 311
바쿠닌(Mikhail Bakunin) ········ 82, 395
박건병(朴建秉) ····················· 59
박봉래(朴鳳來) ····················· 61
박상진 ···························· 40

박영효(朴泳孝) ····················· 378
박 완(朴完) ······················· 386
박용만(朴容萬) ··········· 57, 59, 70
                         378, 380, 382
박용태(朴龍泰) ····················· 89
박은식(朴殷植) ··············· 22, 56, 71
                      108, 133, 230, 384
박자혜(朴慈惠) ··············· 57, 93
박정동(朴晶東) ····················· 320
박 진(朴晋) ······················· 155
박혁거세 ··························· 173
반 고(班固) ······················· 255
배동선(裵東宣) ············· 338, 389
배셀(Ernest Thomas Bethell) ········· 23
배천택(裵天澤) ··············· 70, 386
백남칠(白南七) ····················· 53
백정기(白貞基) ··············· 81, 403
변영만(卞榮晩) ··············· 19, 52
부 루(扶婁) ··············· 173, 278
부분노(扶芬奴) ····················· 321
브룬칠리(Johann Caspar Brunchilli)
                                 ··· 265
비미호(卑彌乎[呼]) ············· 175, 298

【ㅅ·ㅇ】

사마천(司馬遷) ····················· 255
서 건(黍健) ··············· 83, 404
서병호(徐丙浩) ··············· 62, 386
서상락(徐相洛) ············· 338, 389
서세충(徐世忠) ····················· 93
선우혁(鮮于爀) ····················· 53
세종대왕 ··························· 235
소정방(蘇定方) ····················· 318
손정도(孫貞道) ····················· 53

송병준(宋秉畯) ·········· 156, 351, 457
송 운(松雲, 사명당) ·················· 231
송 호(宋虎) ······························· 59
스펜서(Herbert Spencer) ·············· 113
117, 265, 393
신공황후(神功皇后) ····················· 250
신광식(申光植) ·························· 14
신규식(申圭植) ·························· 40
신기선(申箕善) ···················· 18, 157
신달모(申達模) ·························· 59
신석우(申錫雨) ···················· 53, 93
신 숙(申肅) ················· 57, 59, 70
71, 133, 382
신익희(申翼熙) ·························· 53
신채호 ····························· 13, 33, 53
61, 70, 85, 120
166, 342, 378, 404
신 철(申鐵) ······························· 53
신철휴(申喆休) ················· 338, 389
심 훈(沈熏) ······························· 58
안재홍(安在鴻) ········· 27, 48, 79, 83
안정복(安鼎福) ··················· 269, 326
안중근(安重根) ············ 33, 356, 364
안창호(安昌浩) ············· 24, 33, 61
70, 357, 386
안태국(安泰國) ·························· 24
양계초(梁啓超) ·········· 24, 75, 260
양기탁(梁起鐸) ·············· 23, 24, 140
양만춘(梁[楊]萬春) ·········· 173, 314
엄정섭 ·································· 40
여운형(呂運亨) ······· 53, 61, 70, 385
여운홍(呂運弘) ·························· 53
연개소문(淵蓋蘇文) ···· 311, 312, 313
영양왕(嬰陽王) ·························· 173

오창환(吳昌煥) ··············· 71, 386
오치휘(吳稚暉) ·········· 67, 342, 402
오 혁(오기호) ·························· 233
온 달(溫達) ··················· 309, 321
온조왕 ································· 173
왕 건(王建) ······························· 322
왕건태조 ································· 173
왕삼덕(王三德) ··················· 58, 384
요 의(了義) ······························· 235
우문술(宇文述) ·························· 310
우응규(禹應奎) ·························· 51
우이견(禹利見) ·························· 40
원 광(圓光) ······························· 230
원세훈(元世勳) ··········· 58, 70, 384
웰즈(Herbert George Wells) ··········· 86
윌슨 ··································· 53
유 근(柳瑾) ··················· 22, 320
유동열(柳東說) ·············· 24, 33, 37
유득공(柳得恭) ··················· 259, 323
유례균(劉禮均) ··················· 58, 384
유병택(柳炳澤) ··················· 85, 405
유사복(劉師復) ··················· 82, 395
유 유(紐由) ······························· 311
유 익(劉益) ······························· 326
유자명(柳子明) ······ 66, 81, 342, 403
유홍식(柳興湜) ·························· 402
윤세복(尹世復) ············· 38, 43, 263
윤세주(尹世胄) ··················· 338, 389
윤영한(尹英漢) ·························· 38
윤 해(尹海) ······························· 386
을지문덕(乙支文德) ············· 24, 214
310, 312, 321
의자왕(義慈王) ·························· 317
이 갑(李甲) ·· 24, 33, 38, 130, 451

484

이관용(李灌鎔) ······························· 86
이 광(李光) ···································· 53
이광동(李光東) ······························ 59
이광수(李光洙) ············ 34, 53, 353
이극노(李克魯) ············ 41, 46, 452
이동녕(李東寧) ······ 24, 33, 53, 378
이동휘(李東輝) ·············· 24, 33, 58
71, 130, 379, 451
이보경 ·· 34
이상설 ·· 38
이상재(李商在) ······························ 378
이석증(李石曾) ··············· 67, 75, 81
342, 395, 403
이성계(李成桂) ··············· 322, 326
이성우(李成宇) ················· 338, 389
이세민(李世民) ················· 311, 313
이순신(李舜臣) ···· 24, 155, 215, 312
이승만(李承晩) ···· 53, 134, 354, 459
이승훈(李昇薰) ····················· 24, 34
이시영(李始榮) ··················· 53, 379
이완용(李完用) ····························· 356
이용익(李容翊) ······························ 36
이윤재(李允宰) ······························ 48
이은숙(李恩淑) ······························ 56
이을규(李乙奎) ··················· 81, 403
이장호(李章浩) ······························ 59
이재명(李在明) ················· 356, 364
이 적(李勣) ···································· 317
이정규(李正奎) ··················· 81, 403
이종만 ·· 33
이종암(李鍾岩) ················· 338, 389
이종원(李鍾元) ···················· 18, 86
이종호(李鍾浩) ········ 24, 33, 36, 38
이종휘(李種徽) ······························ 273

이진산(李震山) ··················· 70, 387
이토 히로부미(伊藤博文) ··· 231, 356
이필현(李弼鉉) ············ 83, 86, 404
이하영(李夏榮) ······························ 21
이해고(李楷固) ····························· 312
이홍근(李洪根) ······························ 53
이회영(李會榮) ······· 37, 53, 81, 403
임병문(林炳文) ······· 84, 86, 405, 407
임봉주 ·· 40
임세주 ·· 40
임치정(林蚩正) ····················· 34, 52
임태보(林泰輔) ···· 32, 124, 276, 315
임헌회(任憲晦) ······························ 18

【ㅈ·ㅊ·ㅋ】

장두환 ·· 40
장지연(張志淵) ··················· 22, 140
장 통(張統) ·································· 308
전덕기(全德基) ······························ 24
정 교(鄭喬) ·································· 320
정도전(鄭道傳) ····························· 322
정여립(鄭汝立) ····························· 127
정영도 ·· 33
정인보 ····················· 41, 47, 79
정재관 ·· 38
정한경(鄭翰景) ····· 61, 134, 378, 459
정화암(鄭華岩) ··················· 81, 403
조광조(趙光祖) ····························· 437
조동진(趙東珍) ······························ 53
조동호(趙東祜) ······························ 53
조성환(曹成煥) ········· 24, 53, 378
조소앙(趙素昻) ········· 21, 53, 378
조완구(趙琬九) ······························ 53

조 준(趙浚) ····························· 322
조중응(趙重應) ························ 157
주시경(周時經) ···· 28, 120, 140, 236
주자(朱子) ······························ 255
주진수 ···································· 37
진희창(秦熙昌) ························· 53
최근우(崔謹愚) ························· 53
채기중 ··································· 40
최광옥(崔光玉) ························ 24
최남선(崔南善) ·················· 31, 353
최도통(崔都統) ······················ 187
최 영(崔瑩) ·················· 24, 115
215, 258, 312, 327
최재형(崔在亨) ················ 38, 379
최춘명(崔春命) ······················ 173
최치원 ································· 172
칼라일(Thomas Caryle) ··············· 42
크로포트킨(Peter Kropotkin) ········· 82
395, 436
키드(Benjamin Kidd) ·········· 114, 117
213, 265, 393

【ㅌ · ㅍ · ㅎ】

태종 무열왕(太宗 武烈王) ·· 173, 319
프루동(Pierre Joseph Proudhon)
····························· 82, 395
한기악(韓基岳) ························ 77
한봉근(韓鳳根) ················ 338, 389
한봉인(韓鳳仁) ················ 338, 389
한진교(韓鎭敎) ························ 53
현 린(玄麟) ························· 230
현 순(玄楯) ························· 53
현창운(玄彰運) ················ 53, 378
현 채(玄采) ··········· 282, 320, 323
홍량호(洪良浩) ······················ 314
홍명희(洪命熹) ············ 50, 77, 83
홍범도(洪範圖) ······················ 381
황학수(黃學秀) ······················ 59
휴정(休靜, 서산대사) ················ 231

■ 저자 약력 ■

신 용 하

서울대학교 문리과대학 사회학과 졸업
서울대학교 대학원 경제학석사·사회학박사
미국 하버드대학교 객원교수
서울대학교 사회과학대학 학장
서울대학교 사회과학대학 사회학과 교수 역임
현재 백범학술원 원장
서울대학교 명예교수
한양대학교 석좌교수

나남신서 1010

증보 신채호의 사회사상 연구

2003년 12월 30일 인쇄
2004년 1월 5일 발행

저 자 : 愼 鏞 廈
발행자 : 趙 相 浩

발 행 처 : ㈜ 나남출판

1 3 7 - 0 7 0 　 서울 서초구 서초동 1364-39 지훈빌딩 501호
전화 : (02) 3473-8535 (代), FAX : (02) 3473-1711
등록 : 제 1-71호 (79.5.12)
http://www.nanam.net
post@nanam.net

ISBN 89-300-8010-3 　　　　책값은 뒷표지에 있습니다.
ISBN 89-300-8001-4 (세트)